MEISTERHAFTES MODELLIEREN MIT TON

–

DER MENSCHLICHE KÖRPER

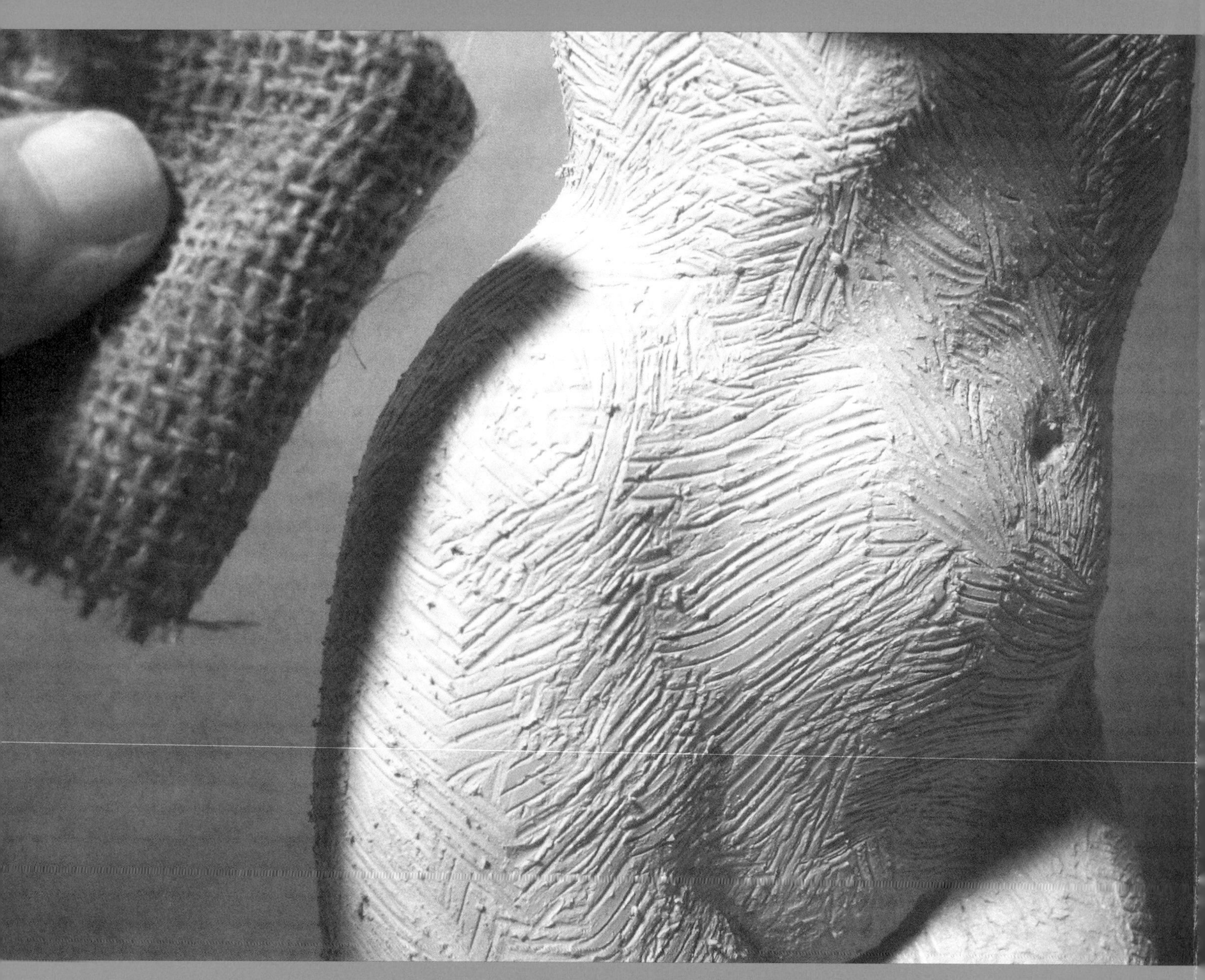

PETER RUBINO

MEISTERHAFTES MODELLIEREN MIT TON

—

DER MENSCHLICHE KÖRPER

KUNST UND TECHNIK

AUS DEM AMERIKANISCHEN ENGLISCH
VON RITA KLOOSTERZIEL

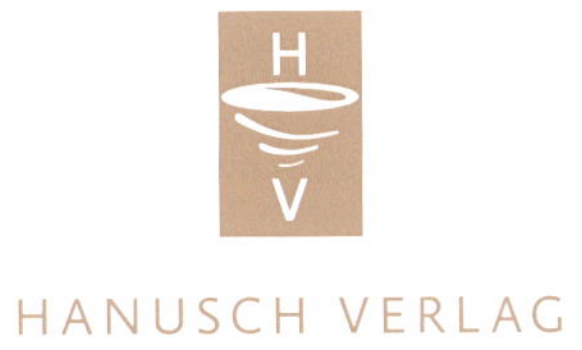

HANUSCH VERLAG

Im Gedenken an meinen Vater, Bernard – Ben – Freund und Mentor. Sein kreativer Geist, seine brilliante Palette, seine meisterhafte Beherrschung seines Mediums und seine künstlerische Vision waren ohne jeden Kompromiss. Er bringt nach wie vor das Beste in mir hervor. Ich werde seinen Rat vermissen.
Und im Gedenken an meine Mutter, Ruth. Sie war mein größter Fan und sie glaubte an kleine Wunder. Ich werde ihre Energie, ihre Ermutigung und ihre Liebe vermissen.

DANKSAGUNG

Zuallererst möchte ich meinem Anker und meiner sehr geduldigen Frau, Michael, meine innigste Wertschätzung und meinen tief empfundenen Dank ausdrücken, für ihr Verständnis, für ihre Ermutigung und dafür, dass sie alles Gute in meinem Leben beflügelt.

An meine Söhne, Dean, Lukas und Jesse und ihre wunderbaren Familien, dafür, dass sie meinen Traum am Leben erhalten.

An meine Schwiegermutter, Lillian, und im Gedenken an meinen Schwiegervater, Michael, für ihre freundliche und fürsorgliche Unterstützung und dafür, dass sie immer an mich glauben.

An meinen „fratello" und Meister im Formenbau, Dominic Ranieri, für seine Hingabe und sein Streben nach Perfektion.

An Dave Brubeck, für seine Großzügigkeit, sein Genie und sein aufschlussreiches Vorwort.

An Dale Shaw, für seine Ermutigung und seine Unterstützung.

An meine lieben Freunde David und Maureen Canary, dafür, dass sie da sind und meine Sache unterstützen.

An meinen Kumpel Joe Pantoliano, für seinen Mut, seine Hoffnung und sein Vertrauen in mich.

An alle meine Schüler, zu Hause und bei meinen Workshops, für euer Talent, eure hohen Erwartungen und eure Bereitschaft zu empfangen.

Und im Gedenken an meinen besten Freund, Tom Mortellaro, der uns viel zu früh verlassen hat, dafür, dass er da war, als alles anfing und mir so geholfen hat, wie es nur ein bester Freund tun kann.

BESONDERER DANK

Fotografin Sierra Dobson, für ihre Kreativität und ihre Kompetenz bei den Aufnahmen der liegenden Pose und aller Posen zum Nachschlagen.

Fotograf Andrew Zygart, für seinen intuitiven Blick und seine Hingabe an die Pose bei den Aufnahmen für den stehenden Torso.

Fotograf und Fotoassistent Romanus Dolor, für sein Foto von der Brubeck-Büste.

Modelle Mary Ellen (Torso), Laurie (liegende Pose und Posen zum Nachschlagen) und Sue (Posen zum Nachschlagen), dafür, dass sie dieses Buch mit Leben gefüllt haben.

Und an die engagierten Mitarbeiter bei Watson Guptill Publications/Random House:
Leitende Redakteurin Candace Raney, für ihren Glauben.
Leitende Projektredakteurin Alisa Palazzo, dafür, dass sie meinem Manuskript den letzten Schliff gegeben und es verstanden hat.
Redaktionsassistentin Autumn Kindelspire für mein Art Log.
Leiterin der Öffentlichkeitsarbeit Kimberly Small dafür, dass sie die Nachricht verbreitet hat.

Die amerikanische Originalausgabe erschien 2010 unter dem Titel
Sculpting the figure in clay: an artistic and technical journey to understanding the creative and dynamic forces in figurative sculpture

This translation has been published by arrangement with Watson-Guptill, an imprint of The Crown Publishing Group, a division of Random House, Inc., New York.
www.crownpublishing.com

Lektorat: Wolf Matthes
Satz: Martin Kring
Druck: Druckerei Dimograf, Bielsko-Biala

Peter Rubino
Meisterhaftes Modellieren mit Ton – der menschliche Körper
Kunst und Technik
Übersetzung aus dem Amerikanischen Englisch Rita Kloosterziel

5. Auflage 2026

ISBN 978-3-936489-33-0

Hanusch Verlag
Martin Kring
Emser Straße 3
56112 Lahnstein
www.hanusch-verlag.de
e-mail info@hanusch-verlag.de

Design & Cover Design: Vera Thamsir Fong
Cover photograph: Peter Rubino

VORWORT

Seitdem Goethe die Architektur als „gefrorene Musik" bezeichnet hat, gibt es immer wieder Versuche, unterschiedliche Formen der bildenden Künste mit der Tonkunst der Musik zu verknüpfen. Es handelt sich dabei um eine abstrakte Verbindung, die schwer zu erklären ist, weil sich die Medien scheinbar so sehr voneinander unterscheiden. Und doch glaube ich, dass man instinktiv eine Verwandtschaft herstellt. Ich habe es jedenfalls getan. Als ich vier oder fünf Jahre alt war, war mein größter Wunsch, entweder Bildhauer oder Musiker zu werden. Meine Mutter wusste von meinem Interesse und schickte mir ein Buch über die Bildhauerei, als sie zum Studium in Italien war. In meinen einsamen Stunden verbrachte ich so manchen verregneten Nachmittag damit, mir diese Fotos von klassischen Statuen anzusehen.

Am Ende hat die Musik natürlich den Sieg davongetragen. Ich glaube aber, dass es eine Ähnlichkeit gibt zwischen der Kunst, Musik zu schaffen und der Kunst der Bildhauerei. Es beginnt alles mit einer Idee – einem Bild oder einem musikalischen Thema. Der Bildhauer nimmt sich zunächst einen Marmorblock oder einen Klumpen Ton. Er meißelt oder modelliert und durch seine Arbeit mit dem Material nimmt eine Form Gestalt an, die angenehm für das Auge ist. Beim Komponieren verläuft es ähnlich, angefangen von einem leeren Blatt Papier bis hin zu aufgeschriebenen Noten und einer Vorstellung von Klängen, bis schließlich ein Musikstück mit einer erkennbaren Form entstanden ist.

Handwerkliches Können, durch jahrelange Übung erworben, liefert die Werkzeuge, die der inneren Vision dienen. In der Kunst steckt ein Empfinden und ein einzigartiges Leben, und wie abstrakt das musikalische oder visuelle Kunstwerk auch sein mag, es ist die individuelle Note oder Stimme des Künstlers wahrnehmbar. Ich glaube, dass man das in Rubinos abstrakteren Werken besonders deutlich erkennt. Dort geht er neue Wege, weicht ab von der klassischen Tradition und macht eine persönlichere Aussage, ganz ähnlich einem Jazzmusiker, der eine konventionelle Form bearbeitet, um aus dem Gefühl des Moments heraus ein neues Musikstück zu erfinden.

Rhythmus ist das Innerste, der Herzschlag des Ganzen – der visuelle Rhythmus eines Auges, das die Form einer Skulptur betrachtet, der Puls in der Musik und in der Poesie, der den Klang lebendig werden lässt.

Ich kenne Peter Rubino seit vielen Jahren und wenn ich mir seine Werke anschaue und den Meister in Aktion erlebe, wenn er bei der Arbeit um seine Skulpturen herumtanzt, habe ich den Eindruck, dass er diese Verwandtschaft ähnlich empfindet wie ich.

Dave Brubeck

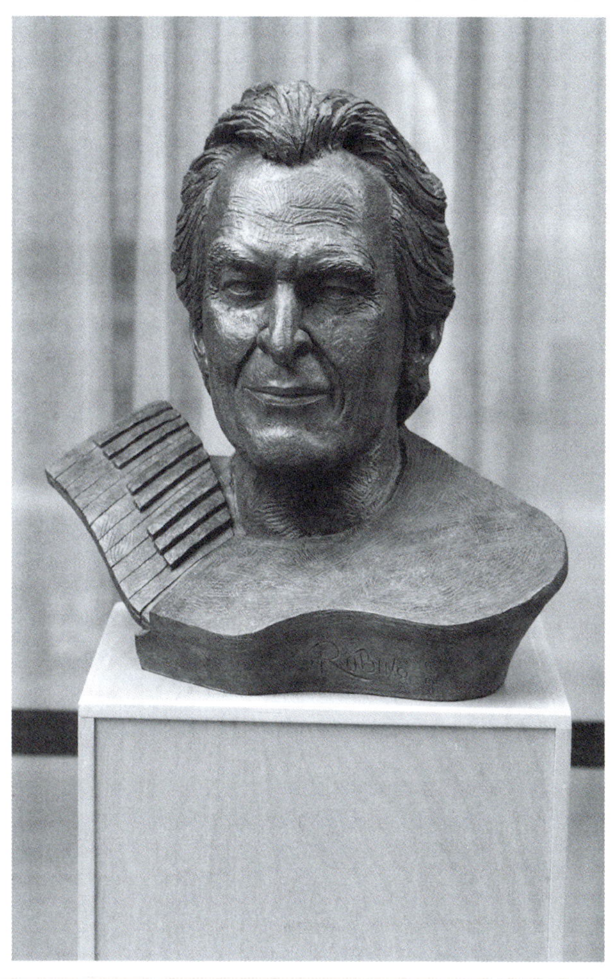

Dave Brubeck, Büste von Peter Rubino

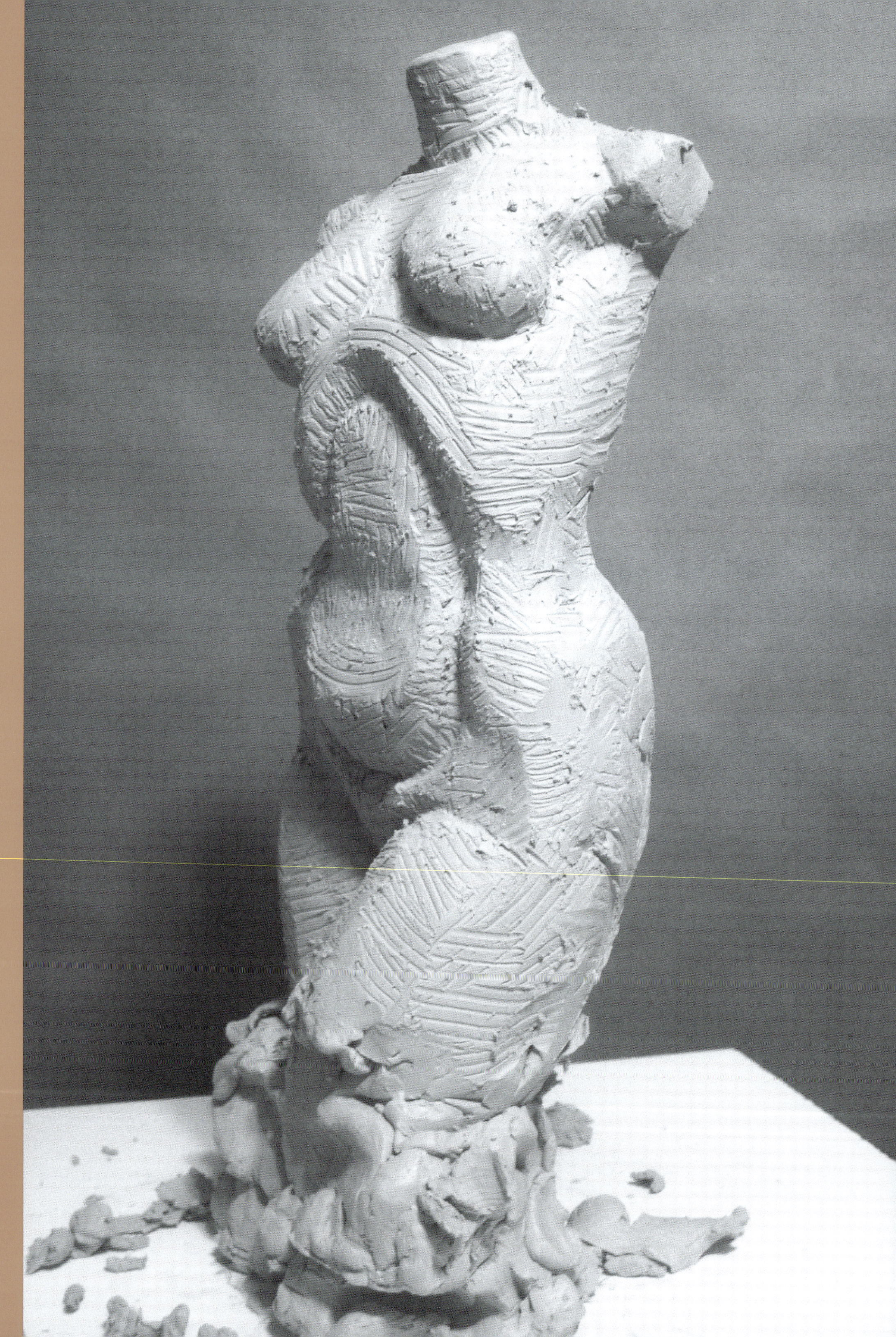

INHALT

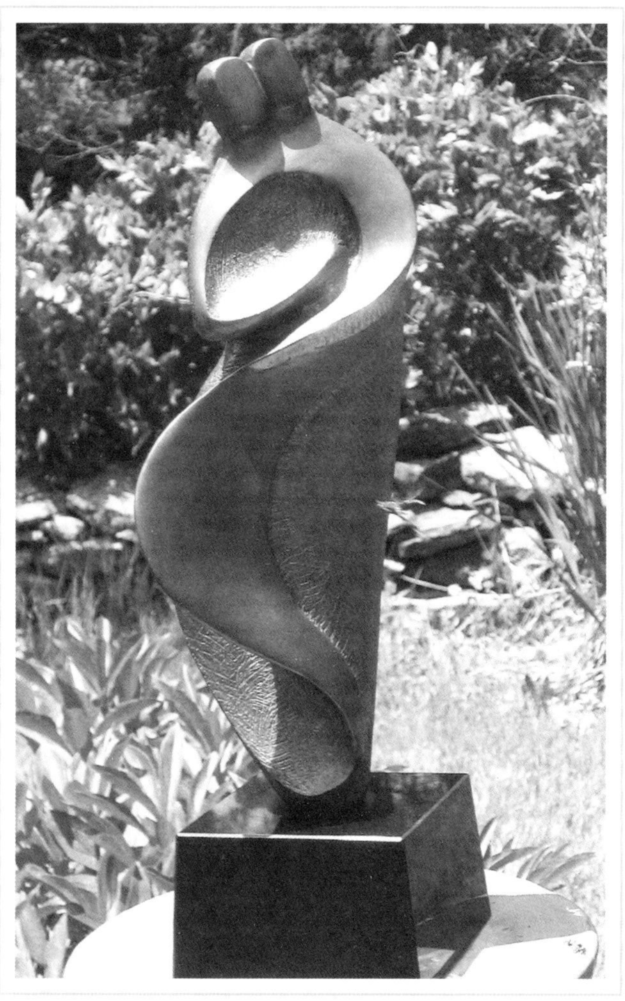

Hope (Hoffnung), Auftragsarbeit für die Stiftung No Kidding Me Too des Schauspielers Joe Pantoliano.

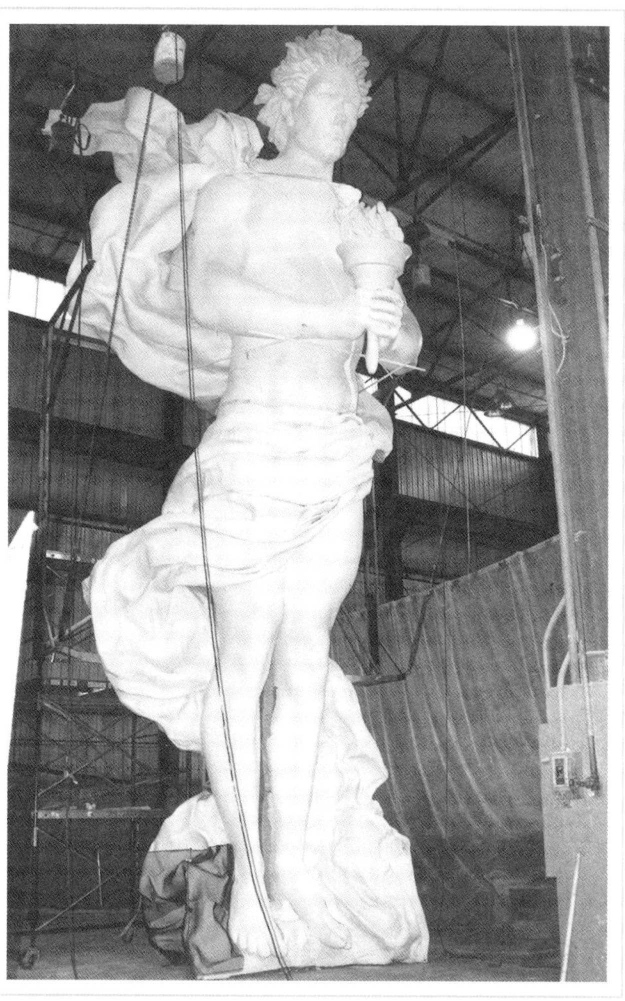

Angel (Engel), Auftragsarbeit für die Disney Corporation.

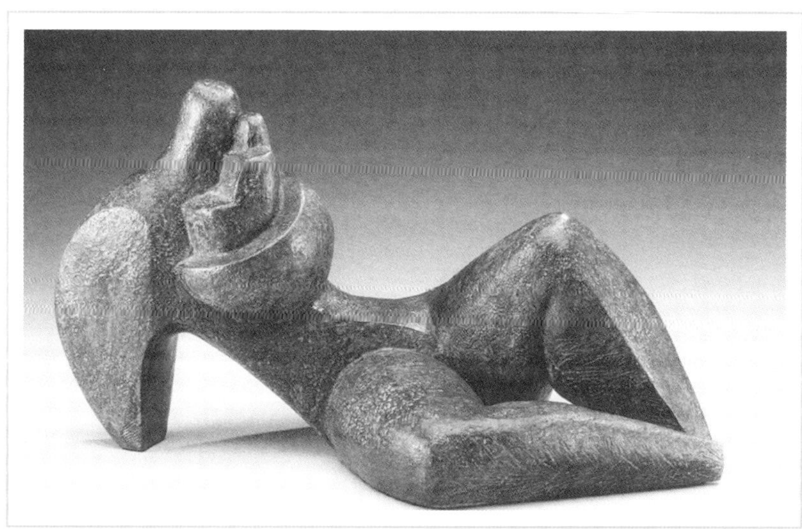

Nurture (Hegen).

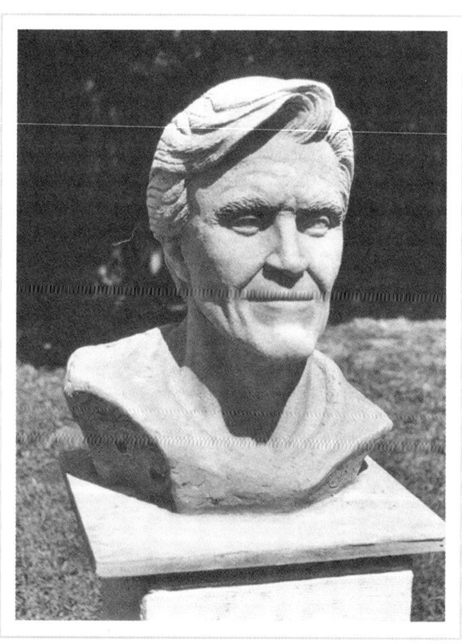

Büste des Schauspielers David Canary.

EINFÜHRUNG

Warum die menschliche Gestalt? Seit Tausenden von Jahren inspiriert die Figur des Menschen zu heroischen und erhabenen künstlerischen Schöpfungen. Auch heute noch ist die Figur das Thema der Wahl für viele zeitgenössische Bildhauer auf der ganzen Welt. Sie ist eine äußerst faszinierende Form: Es gibt sie in vielen unterschiedlichen Formen und Größen und es gibt zwei Geschlechter. Perfekt konstruiert, voller Kraft und Grazie, wartet sie mit dramatischen Bewegungen und einer endlosen Auswahl an Posen auf. Die Figur besitzt eine Vielzahl an Volumina und Konturen und bietet dem Bildhauer unendliche Möglichkeiten der Gestaltung, Komposition und emotionaler Ausdruckskraft. Die Figur genau zu betrachten und bildhauerisch zu gestalten kann das Tor zu Selbsterkenntnis, Selbstfindung und Ausdruckskraft sein. Außerdem kann man die Erfahrung, Mensch zu sein, kaum großartiger feiern.

Dies ist nicht noch ein Anatomiebuch für Künstler. Die Lektionen, die in diesem Buch vorgestellt werden, sollen Bildhauern helfen, dreidimensional zu sehen und zu denken, indem sie ihnen eine frische und zweckmäßige bildhauerische Sprache an die Hand geben. Diese Konzepte eignen sich für die Arbeit sowohl an männlichen als auch für die weiblichen Figuren in Ton. Der Schwerpunkt dieses umfassenden Handbuches liegt auf der weiblichen Figur und beschäftigt sich mit einem stehenden Torso und einer ganzfigurigen liegenden Pose. Zusätzlich gibt es Bildmaterial für sitzende Posen. Meine Schritt-für-Schritt-Methode, einfache Tonblöcke so anzuordnen, dass sie die Proportionen und Flächen des Modells aufgreifen, bietet eine leicht umsetzbare Modelliertechnik. Mit ihr lässt sich die Ausgangsform einer Pose ohne die Hilfe einer Armatur aufbauen (obwohl Sie eine verwenden können, wenn Sie es möchten, so wie ich es auf Seite 30 mache). Wenn die Grundform herausgearbeitet ist, beginnt die Skulptur, ihre endgültige figürliche Form anzunehmen.

Meine Absicht ist es, einen ergänzenden und alternativen Ansatz zur menschlichen Figur zu bieten. Ich hoffe, das Sie lernen, eine Figur zu sehen und Ihre Sichtweise der Figur zu erweitern. Mein Ziel ist es, die Komplexität der Figur zu vereinfachen. Meine Mission ist es, Schüler zu einem individuellen künstlerischen Stil zu ermutigen. Mein Manifest lautet: „Wir machen keine Fehler, wir passen nur an." Mein Mantra ist: „Machen Sie es mit Leidenschaft."

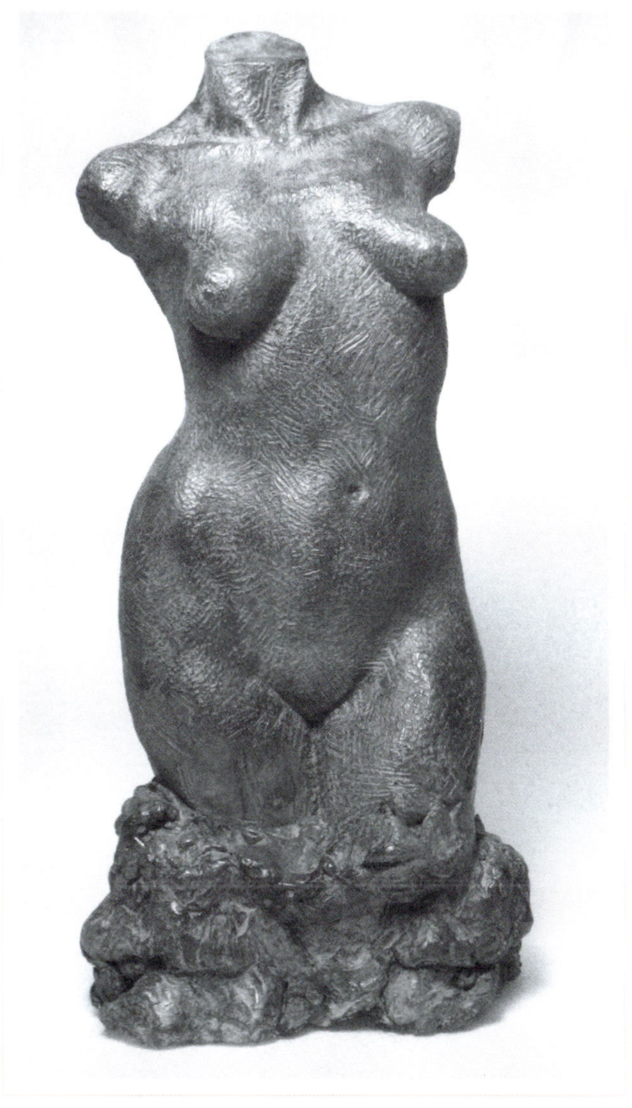

Gebrannter Torso, Vorführstück mit bronzefarbenem Patinaauftrag.

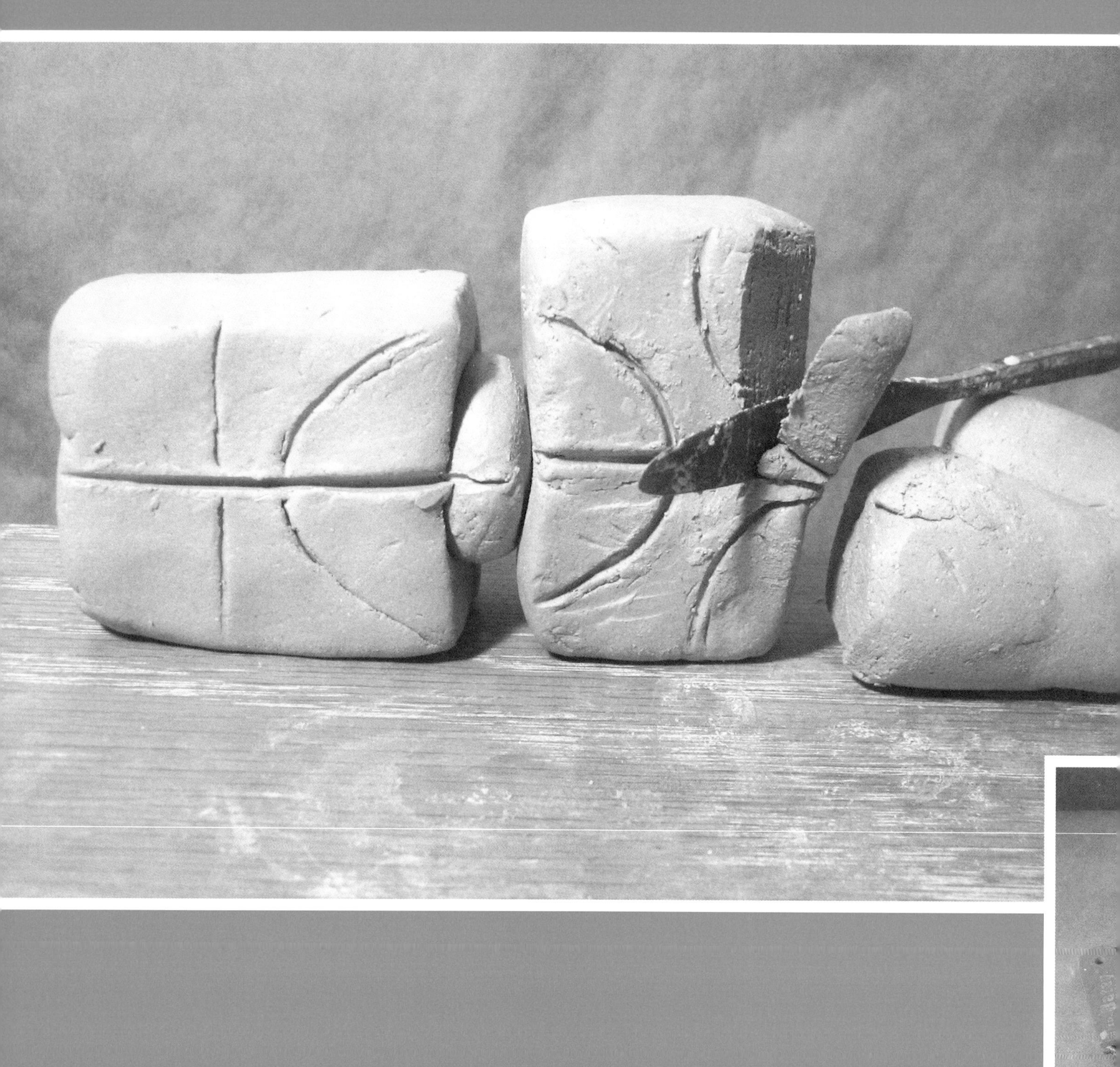

TEIL 1

DIE GRUNDLAGEN

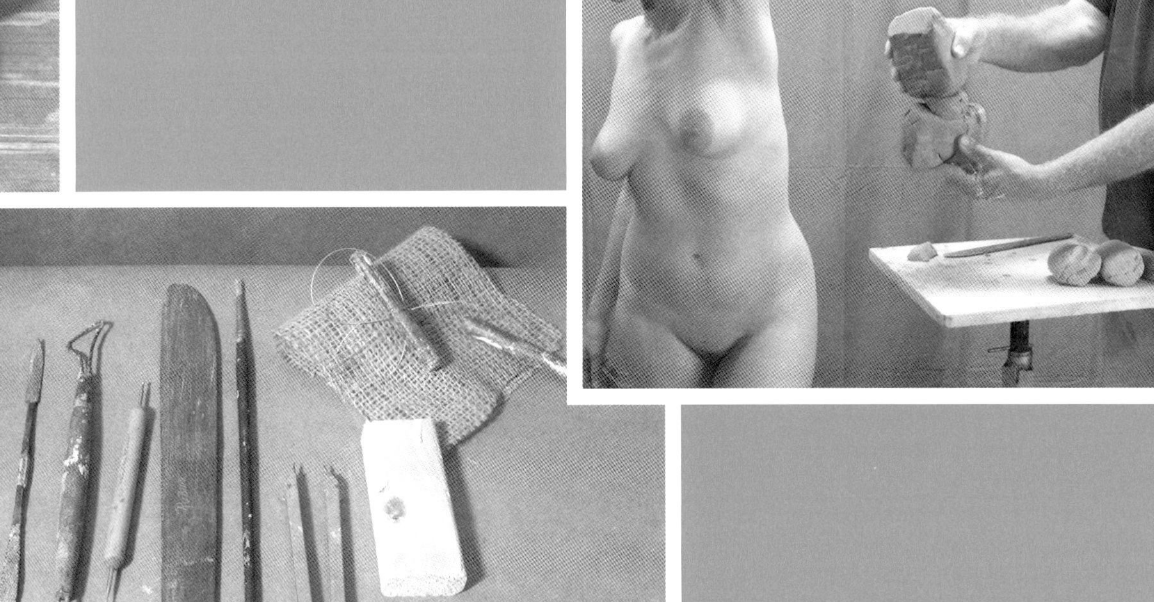

1

DIE BASIS DES TON-TORSOS

Es gibt bestimmte charakteristische Merkmale, die jeder Torso einer Figur aufweist, unabhängig von Körpertyp oder Geschlecht. Dazu gehören eine begrenzte Anzahl von Segmenten und ähnliche Bewegungsmöglichkeiten. Diese Elemente bilden die Grundlage Ihrer Skulptur und können Ihnen als Orientierungshilfen dienen. Sie können Ihnen helfen, bei jedem Projekt die Dinge an die richtige Stelle zu setzen. Die folgenden Bilder zeigen Ihnen, wie Sie die komplexe Anatomie in einfache Formen übertragen und die Bewegung der Pose einfangen können.

DAS TON-BLOCK-SYSTEM

Stellen Sie sich den menschlichen Körper als etwas vor, das aus zwei großen Massen besteht, einem Brustkorb und einem Becken. Diese Massen sind übereinander angeordnet. Sie hängen an einem Rückgrat, mittig zwischen ihnen sitzt eine Muskelgruppe. Der menschliche Körper kann sich gleichzeitig in drei Richtungen bewegen: Er kann den Brustkorb vor oder zurück beugen, das Becken von einer Seite zur anderen neigen und Becken und Brustkorb in entgegengesetzte Richtungen drehen.

Wenn Sie sich ein Modell in einer bestimmten Pose ansehen, ist es ganz wichtig sich klarzumachen, welche dieser Bewegungsmöglichkeiten bei Brustkorb und Becken vorliegen (*Beugen, Neigen und Drehen*, kurz: **BND**). Außerdem gilt es, drei weitere Elemente zu berücksichtigen: *Position, Proportion und Flächen* (kurz: **PPF**). „Position" meint die Platzierung und Anordnung von Brustkorb und Becken im Verhältnis zueinander. Mit „Proportion" ist die relative Größe der beiden Massen gemeint. Und „Flächen" bezeichnet die Oberflächen der Form.

Wann immer Sie also mit der Arbeit an einer Form beginnen, stellen Sie sich die Massen von Becken und Brustkorb als zwei eigenständige, dreidimensionale, quaderförmige Blöcke und die Stützmuskulatur in der Körpermitte als eine Kugel vor. Betrachten Sie das Modell, stellen Sie die Bewegungen (Beugen, Neigen, Drehen) der Pose fest, machen Sie sich Position, Proportion und Fläche der Pose klar. Beginnen Sie dann zu modellieren. Die folgende Anleitung macht deutlich, wie man dieses Ton-Block-System und BND und PPF vor der Arbeit mit einem lebenden Modell einsetzt – das ist die Reihenfolge, die ich empfehle. Den Werkzeugen, die Sie für das eigentliche Modellieren brauchen, widmen wir uns zu einem späteren Zeitpunkt. Diese Übung macht Sie zunächst mit den Grundlagen des Beobachtens und Analysierens einer Figur vertraut, bevor Sie an die Arbeit gehen.

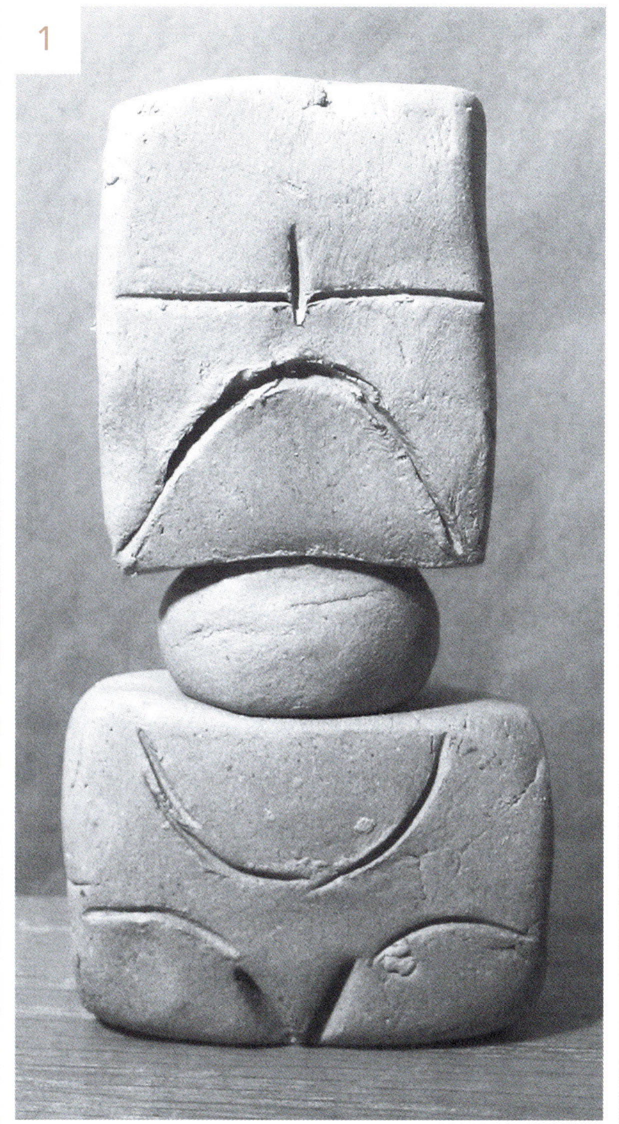

1. Um sich mit der Verwendung von Blöcken zum Aufbau einer Figur vertraut zu machen, formen Sie zwei einfache, annähernd gleich große Quader. Sie stellen die beiden Körpermassen des Rumpfes dar (der Brustkorb ist der obere Quader, das Becken der untere). Setzen Sie eine Kugel dazwischen, die für die Stützmuskulatur im Bauch- und Rückenbereich steht. Einige Markierungen erleichtern die Orientierung zusätzlich: Die nach oben gewölbte Linie auf dem oberen Block zeigt den Verlauf der Unterkante des Brustkorbs an und die horizontale Linie mit einer kleinen vertikalen Kerbe in der Mitte markiert die Brust. Die nach unten gewölbte Linie, die bis zur Mitte des unteren Blocks reicht, umschließt den Bauch. Das V in der Mitte der Unterkante markiert den Venushügel. Die nach oben geschwungenen Linien auf beiden Seiten des Vs deuten den Ansatz der Oberschenkel an.

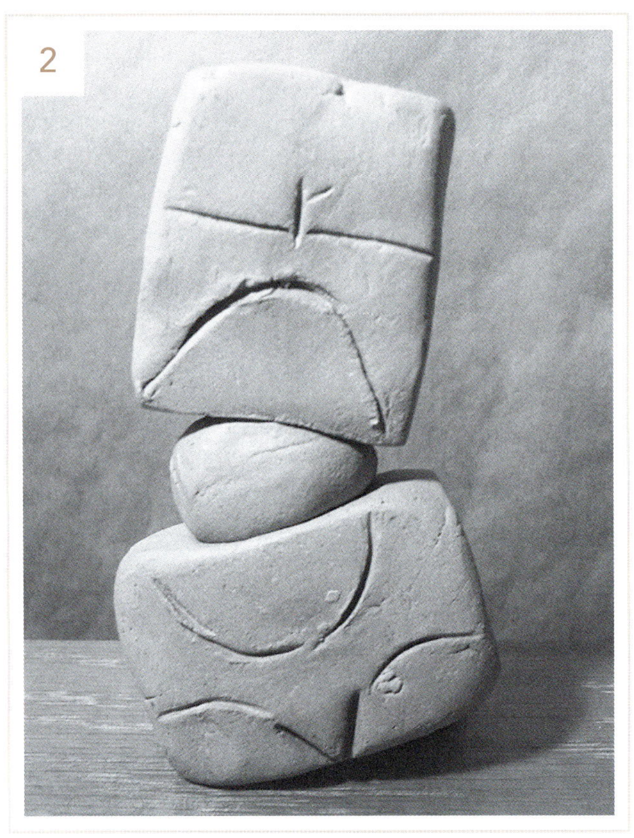

2. Natürlich ist nicht jede Pose von oben bis unten kerzengerade. Beginnen Sie nun also, die Anordnung der Blöcke „Ihrer" Pose anzupassen. Hier neigt sich der Block des Beckens auf der rechten Seite (von uns aus gesehen) nach oben in Richtung Brustkorb. Der Block des Brustkorbs neigt sich auf derselben Seite nach unten und berührt fast das Becken. Die Tonkugel zwischen den Blöcken ist auf der linken Seite gestreckt und auf der rechten Seite gestaucht, um sich der neuen Position der beiden Blöcke anzupassen.

3. & 4. Weitere Anpassungen: Die rechte Seite des Beckenblocks neigt sich nicht nur nach oben, sondern auch nach hinten. Die rechte Seite des Brustkorbblocks neigt sich nach unten und der Block dreht sich insgesamt nach links. Die Tonkugel verändert ihre Form noch mehr und verdreht sich, um der neuen Position der beiden Blöcke entgegen zu kommen. Die Linie, die durch die Mitte der vorderen Flächen der Blöcke und die Kugel verläuft, hebt die Verdrehung der Formen hervor. Eine Seitenansicht dieses Stadiums (4) verdeutlicht, wie die vorderen Flächen der Blöcke in entgegengesetzte Richtungen zeigen. Auf Foto 1 zeigten beide vorderen Flächen noch in dieselbe Richtung.

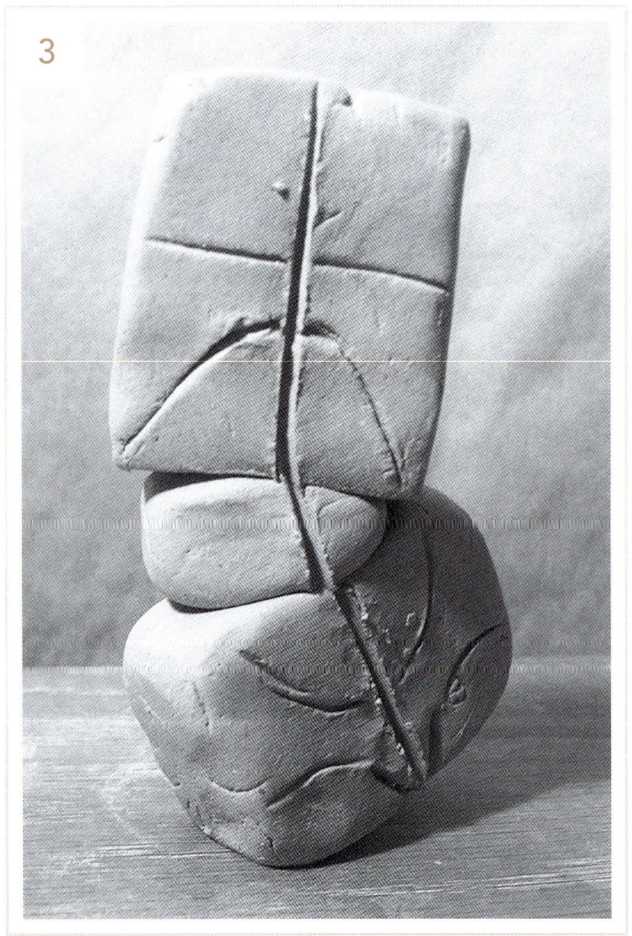

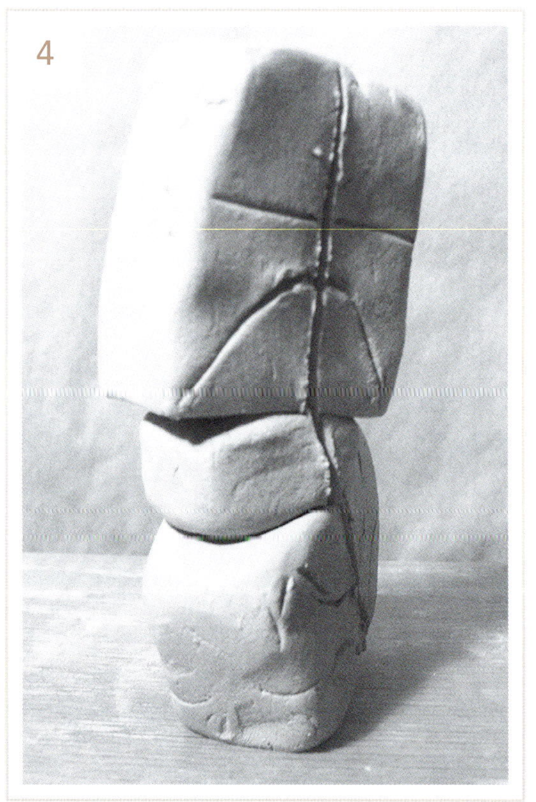

5

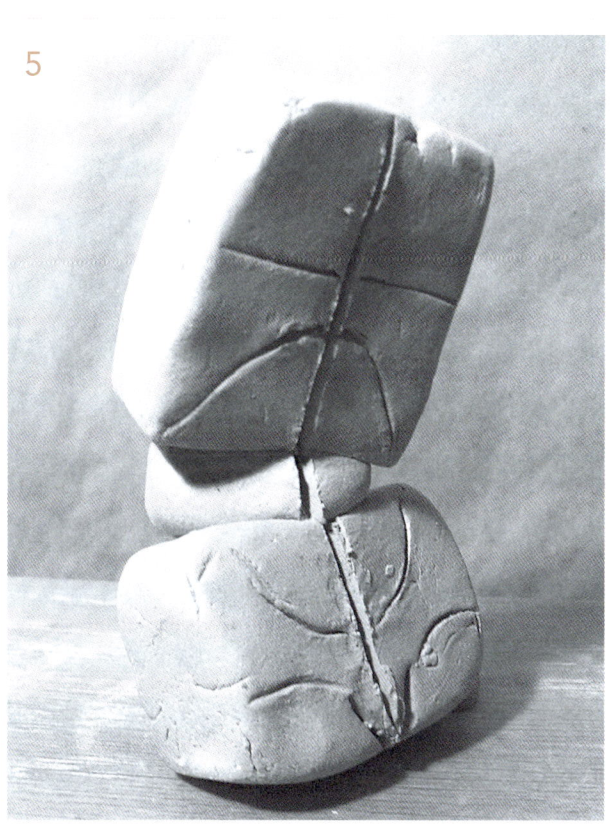

5. Der Beckenblock kann auch nach hinten gebeugt werden, so dass seine vordere Fläche nach oben zeigt. Beachten Sie, dass das V des Venushügels sich von der Grundplatte löst und sich das Gewicht auf die hintere Unterkante des Blocks verlagert. Diese ist eine „Bauchstauch"-Bewegung. Die Oberseite des Brustkorbblocks neigt sich nach vorn, seine vordere Fläche zeigt nach unten. Die Tonkugel ist vorn gestaucht und hinten gestreckt. Hinten zeigt sich eine konvexe, vorne eine konkave Krümmung.

6. & 7. Hier beugt sich der Beckenblock nach vorn, im Gegensatz zu der vorangegangenen Bewegung. Die vordere Fläche zeigt nach unten. Der Brustkorbblock beugt sich nach hinten, links mehr als rechts, und die vordere Fläche zeigt nach oben. Die Seitenansicht (7) bestätigt, dass der Rücken hohl ist und sich die zentrale Kugel vorne streckt und hinten staucht. Die Linie, die sich mittig durch die Seitenflächen der Blöcke und die Kugel zieht, hebt die geschwungene Bewegung der Formen hervor.

6

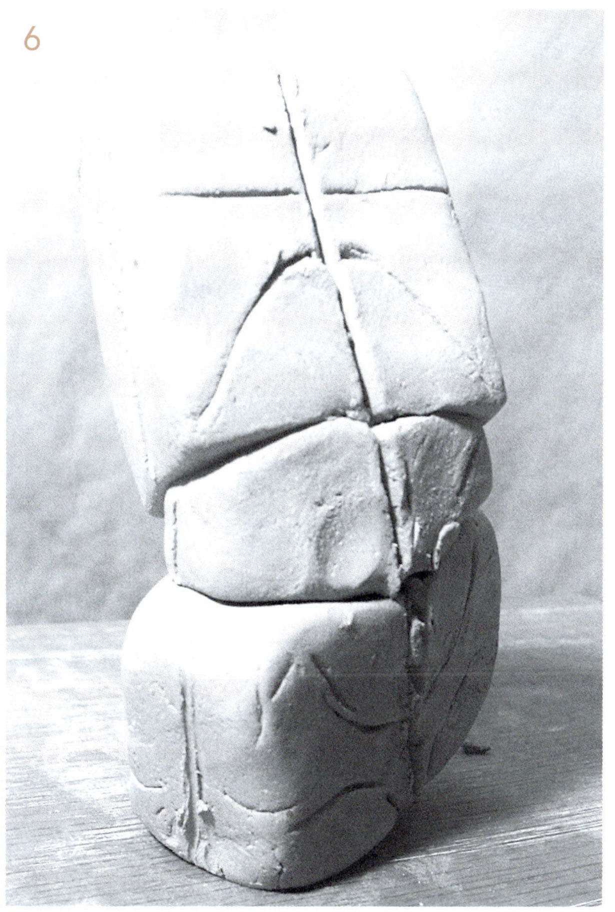

7

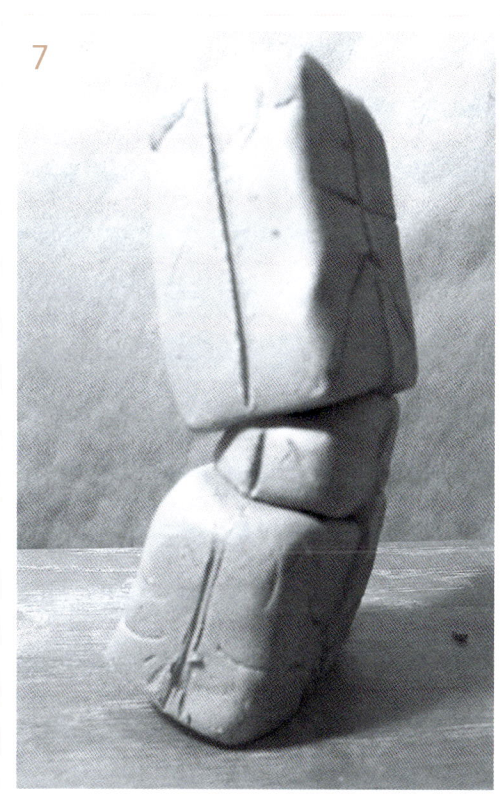

8. Für den oberen Teil der Oberschenkel formen Sie zwei Tonzylinder so, dass sie am oberen Ende einen etwas größeren Durchmesser haben. Für eine stehende Pose platzieren Sie die Zylinder an das untere Ende des Beckenblocks. Sie sollten mittig auf das V des Venushügels ausgerichtet und so rund sein, dass sie bis zu den Außenseiten des Blocks reichen. Jedes Bein passt also unter eine Hälfte des Beckenblocks.

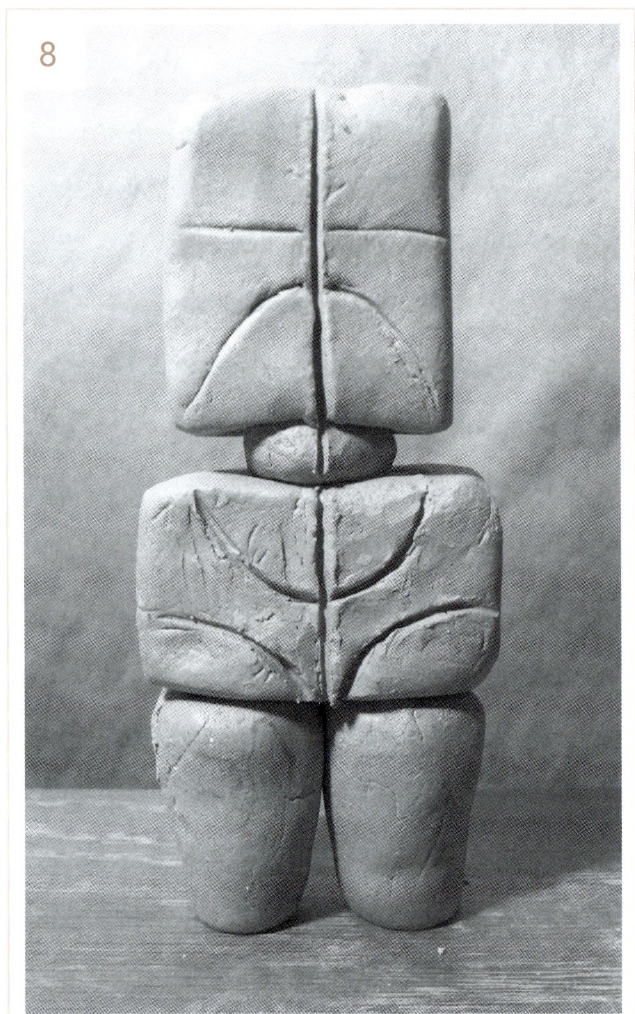

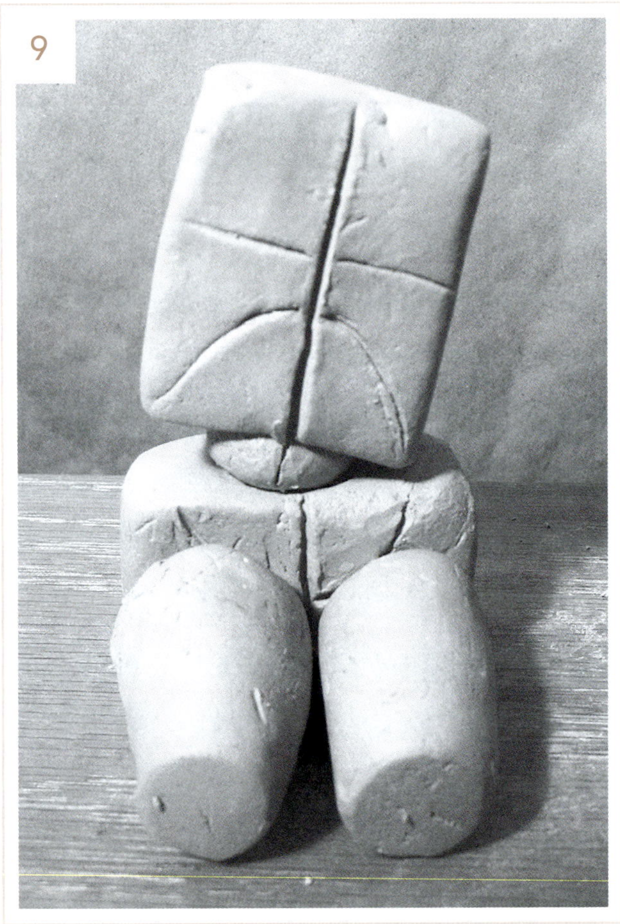

9. & 10. Für eine sitzende Pose holen Sie die Zylinder unter dem Beckenblock hervor. Setzen Sie den Block mit seiner Unterseite auf die Grundplatte und platzieren Sie die Zylinder an die Vorderseite des Blocks. Achten Sie darauf, dass sie auch in dieser Position mittig auf das V ausgerichtet sind.

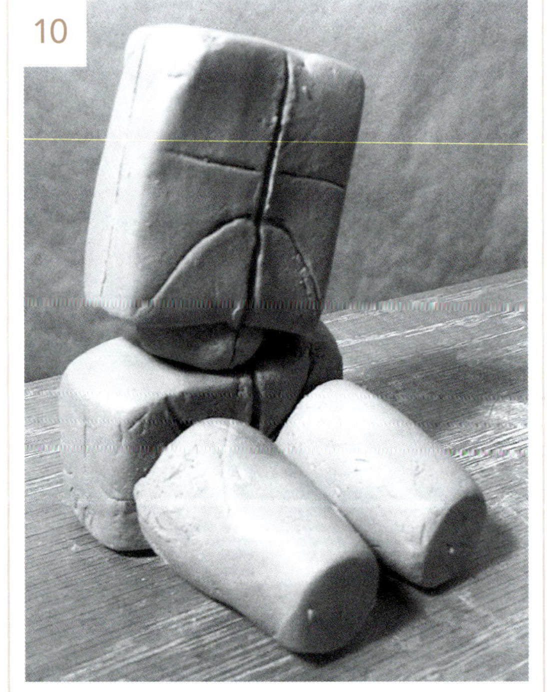

11., 12., 13. & 14. Bei einer liegenden Pose wie dieser legen Sie die Grundform der stehenden Pose (8) auf eine der Seitenflächen (11). Wenn die Beine in der Pose nach vorn gebeugt sind, entfernen Sie die Beinzylinder vorübergehend und schneiden eine Fläche im 45-Grad-Winkel entlang der vorderen Unterkante des Beckenblocks (12). Dann setzen Sie die Beine im richtigen Winkel wieder an. Fügen Sie zunächst den unteren Zylinder an die neu geschnittene Fläche an der Basis des Blocks (13) an, dann das obere Bein. Achten Sie auch hier darauf, dass Sie beide Beine mittig ausrichten.

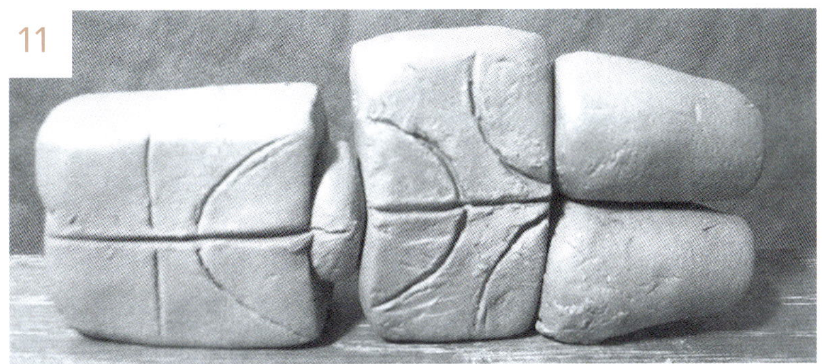
11

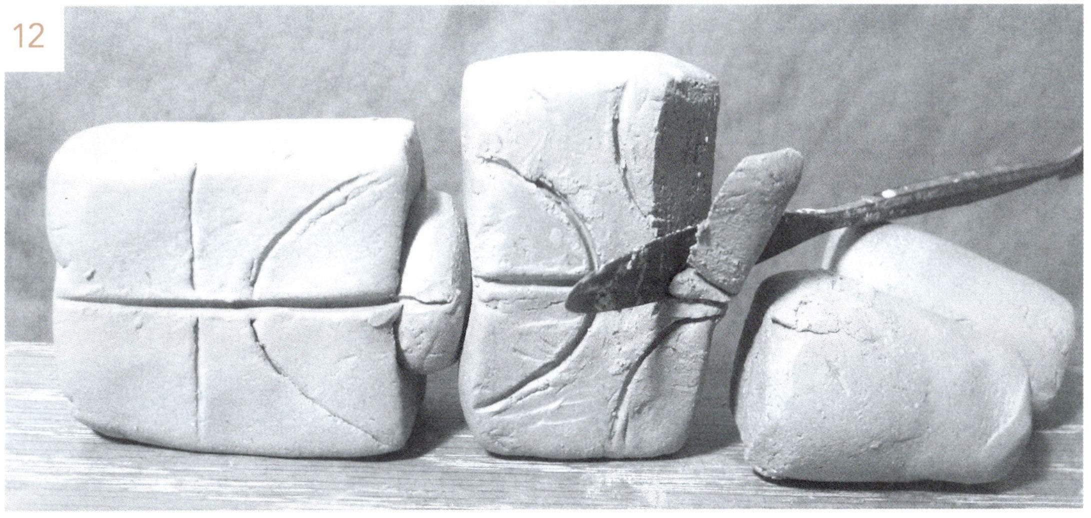
12

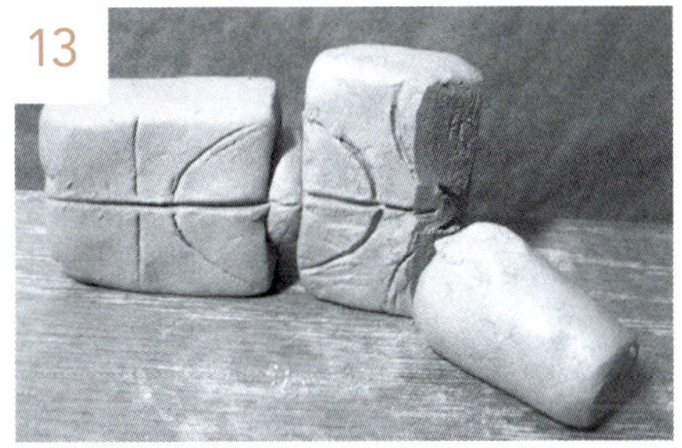
13

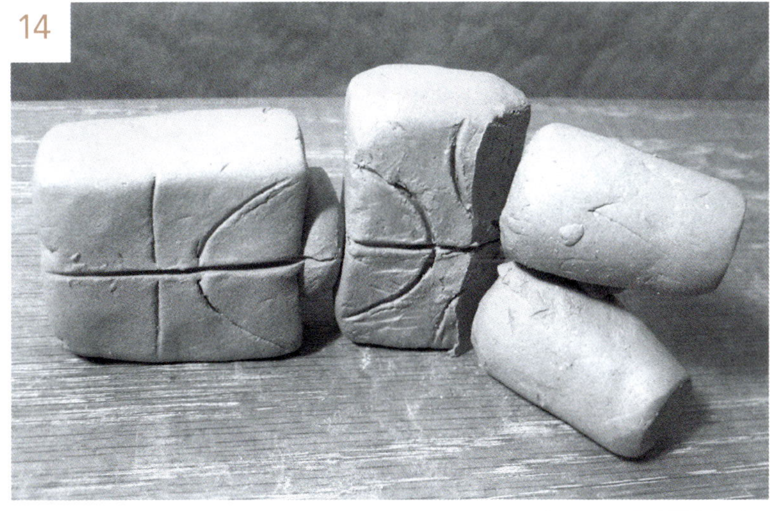
14

MATERIALIEN UND WERKZEUGE

Plastischen Ton gibt es gebrauchsfertig in 10-Kilo-Packungen. Es gibt verschiedene Tonmassen, mit oder ohne Schamotte. Schamotte ist gebrannter Ton, der dem frischen Ton beigefügt wird, um ihn stabiler zu machen. Schamotte ist körnig und wird in feiner, mittlerer und grober Körnung angeboten. Grob schamottierter Ton ist gut für größere Projekte geeignet, bei denen es nicht auf fein ausgearbeitete Details ankommt. Schamotte macht die Oberfläche rauh; es ist sehr mühsam sie zu glätten. Wenn Sie eine glattere Oberfläche für Ihre Arbeit anstreben, sollten Sie besser Ton ohne Schamotte nehmen.

Eine Wassersprühflasche ist bestens geeignet, Ihr Werkstück alle 20 bis 30 Minuten zu befeuchten, während Sie daran arbeiten. Bevor Sie Ihre Arbeit am Ende einer Sitzung in Plastikfolie verpacken, sprühen Sie sie noch einmal ein.

Setzen Sie zusätzlich zu Ihren Händen verschiedene Arbeitsgeräte ein. Werkzeuge helfen Ihnen, scharfe Kanten, akkurate Flächen und Rundungen herzustellen und erleichtern Details zu modellieren und Oberflächen zu texturieren.

Der *Antragespachtel* ist ein speziell geformter, dünner Metallspachtel, der in vielen Größen zu haben ist. Ich verwende ihn, um Oberflächen zu glätten und scharfe Linien oder Kerben im Ton zu machen.

Die *Riffelraspel* ist eine handbehauene Raspel. Sie ist speziell dafür gemacht, raue Kanten zu glätten, wie sie bei der Arbeit mit Schnitzbeiteln entstehen. Die Oberflächen an beiden Enden des Werkzeugs haben winzige Zähne, die den Ton greifen. Dadurch können Sie den Ton in Form drücken, was beim Modellieren von Details nützlich ist.

Mit der *Modellierschlinge* können Sie die Tonoberfläche mit einer Technik bearbeiten, die ich „harken" nenne. Ich arbeite gern mit Schlingen, die eine gezahnte Kante haben oder mit einem dünnen Draht umwickelt sind. Damit können Sie die Tonoberfläche schraffieren und gleichzeitig gleichmäßig ebnen.

Ein *Prägestift* ist ein Werkzeug mit einem hölzernen Griff und Metallstäbchen mit einer Kugelspitze an beiden Enden. Halten Sie ihn wie einen Schreibstift. Er ist gut geeignet, schwer zugänglichen Bereiche wie Augen, Nasenlöcher, Zähne, Zehen usw. auszukratzen.

Ein *flaches Modellierholz* wird verwendet, um Tonbröckchen anzufügen. Man kann damit überschüssigen Ton entfernen und mit Hilfe von Schnitten Flächen schaffen.

Mit einem *Zirkel* können Sie Proportionen überprüfen. Halten Sie z.B. einen Schenkel des Zirkels an ein Knie und den anderen an den Knöchel. Sichern Sie den Abstand mit der Feststellschraube und vergleichen Sie das Maß mit dem gleichen Abschnitt am anderen Bein.

Mit dem *Holzblock* wird die Tonskulptur in ihre Grundform geklopft. Er ist bestens für die Herstellung glatter Oberflächen, Flächen, scharfer Kanten und runder Formen geeignet.

Der *Schneidedraht* ist nützlich, wenn Sie große Batzen Ton von einem neuen Tonblock abschneiden müssen.

Ein *Malpinsel* mit mittelharten Borsten ist gut geeignet, um schwer zugängliche Bereiche eines Werkstücks zu erreichen. Nehmen Sie sehr wenig Wasser und bürsten Sie den Ton ab. Das wirkt wie eine feine Modellierschlinge und erzeugt eine glatte Oberfläche. Verwenden Sie diese Technik nicht wie die Töpfer, wenn sie ihre Werke mit Wasser und Schwamm glätten. Auf diese Weise würden Sie nur all Ihre fein ausgearbeiteten Details und Nuancen auf der Oberfläche wegwaschen.

Ein Stück *Sackleinen* wird wie ein Werkzeug zur Oberflächenbearbeitung eingesetzt. Bündeln Sie es in der Hand, benetzen Sie es mit einem feinen Sprühnebel und tupfen Sie die Skulptur mit sanften Bewegungen ab. So können Sie die Spuren, die die Werkzeuge hinterlassen haben, mit der Textur des Sackleinens verschmelzen und eine einheitliche Oberflächentextur erzeugen.

Zum Saubermachen eignet sich vor allem eine *Drahtbürste*, wie Klempner sie zur Reinigung von Rohrgewinden verwenden. Ich wasche meine Werkzeuge nicht mit Wasser ab. Ich wische zunächst den Ton mit einem Papierhandtuch ab und kratze und bürste die Tonreste ab, wenn sie trocken sind.

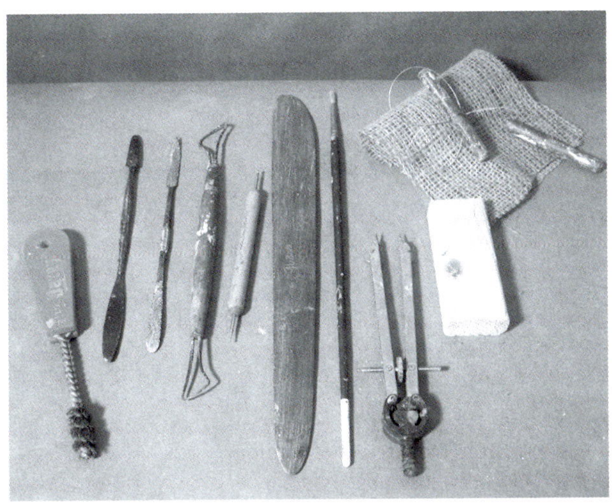

Eine Auswahl an Werkzeugen. Von links nach rechts: Drahtbürste, Antragespachtel, Raspel, Modellierschlinge, Prägestift, flaches Modellierholz mit scharfer Kante, Pinsel zum Reinigen kleiner Detailbereiche, Zirkel, Holzblock, Schneidedraht, Stück Sackleinen.

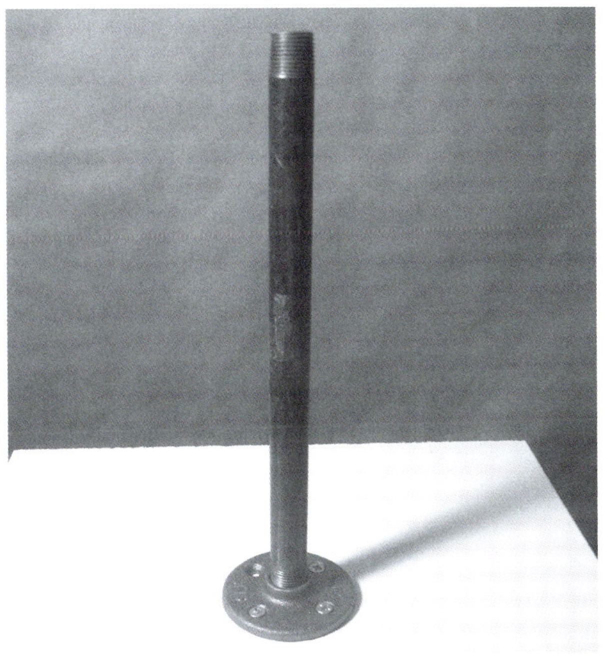

Eine Armierung können Sie aus einem 12mm dicken Brett mit beliebiger Kantenlänge herstellen. Verwenden Sie ein glattwandiges Rohr mit Gewinde an einem Ende und einen Flansch, in den Sie das Rohr einschrauben, so dass es gestützt wird. (Siehe auch Beschreibung auf S. 30.)

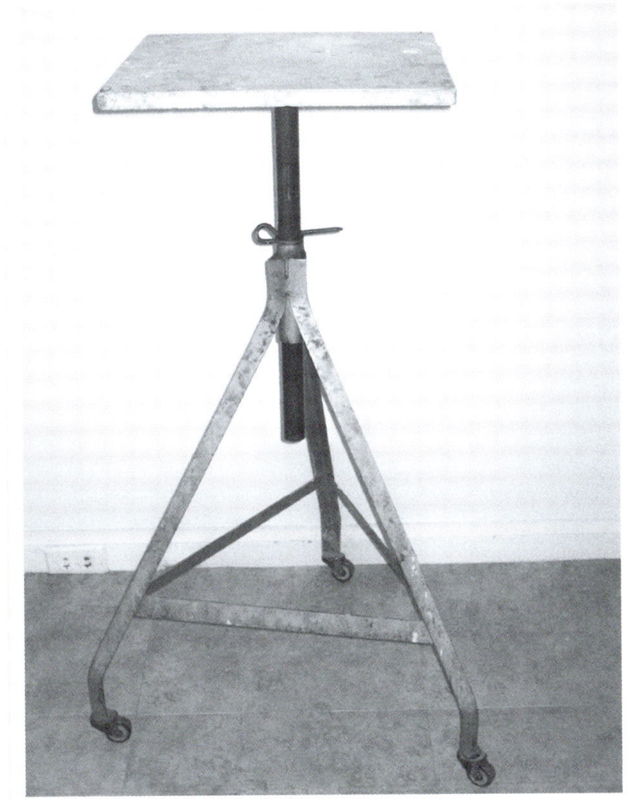

Ein Modellierbock ist vielseitig einsetzbar und erleichtert die Arbeit. Es gibt Modelle mit Rädern und verstellbarer Platte auf dem Markt, so dass Sie die Gesamthöhe Ihren Erfordernissen anpassen können. Vergewissern Sie sich, dass Ihr Modellierbock die Tonmenge, mit der Sie arbeiten möchten, sicher tragen kann.

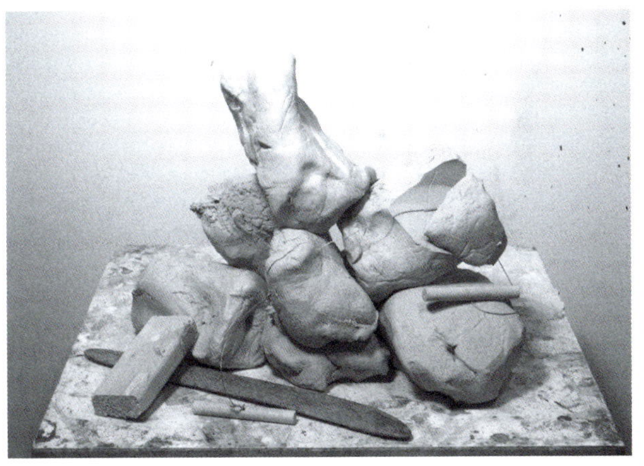

Unterschiedliche Tone haben unterschiedliche Brenntemperaturen. Niedrigbrand ist für Skulpturen geeignet. Kleinere Werkstücke müssen Sie vor dem Brennen nicht aushöhlen, achten Sie nur darauf, dass sie trocken sind und beginnen Sie den Brand bei 90°C (also unterhalb des Siedepunktes). Erhöhen Sie die Temperatur im Brennofen langsam, über einen Zeitraum von zwei bis drei Tagen, bis Sie die Kegeltemperatur von 06 bis 08 erreicht haben. Erkundigen Sie sich bei Ihrem Tonlieferanten und Brennofenbetreiber nach den besten Brandergebnissen. Wenn Luftblasen im Ton bleiben, verdampft die darin eingeschlossene Feuchtigkeit beim Brand. Dieses Verdampfen ist die Ursache dafür, dass ein Werkstück im Brennofen explodiert, es sind nicht die Luftblasen selbst. Also, brennen Sie langsam und bei niedrigen Temperaturen.

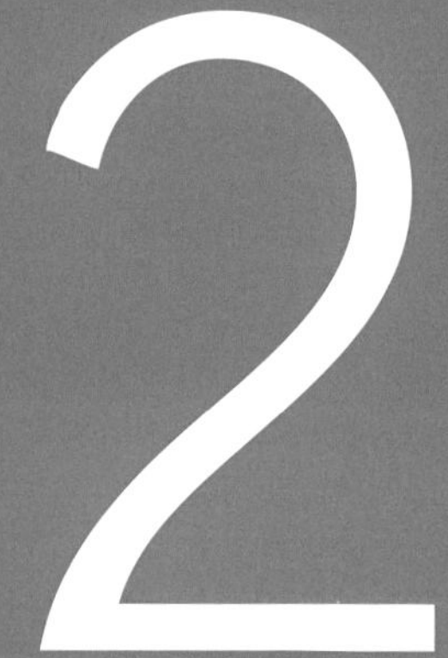

DAS MODELL BETRACHTEN

Dreidimensional sehen und denken zu lernen ist der Grundpfeiler des Figurenmodellierens. Es fängt damit an, dass Sie das Modell von allen Seiten betrachten. Jeder Blickwinkel offenbart die subtilen und die dramatischen Rhythmen der Form. Je mehr visuelle Daten Sie dadurch sammeln (scannen und speichern), dass Sie das Modell von jedem Blickwinkel aus betrachten, desto größer ist Ihre Fähigkeit, das Thema zu gestalten (download), das Sie modellieren möchten. Eine elementare und einfache bildhauerische Sprache zu lernen ist hilfreich. So beginnen Sie, die architektonischen Elemente zu verstehen, die Teil der figürlichen Bildhauerei sind.

DIE DREI DIMENSIONEN DER FIGUR

Dieses kurze Kapitel wird Sie an den Prozess heranführen, mit dessen Hilfe Sie komplexe anatomische Formen und Bewegungen in die einfachen geometrischen Formen/Blöcke der vorangegangenen Übung übertragen können. Die drei wesentlichen Bewegungsmöglichkeiten (Beugen, Neigen und Drehen) der Pose wahrzunehmen und in der Lage zu sein, Position, Proportion und Flächen von Brustkorb und Becken in einfache Blockformen zu übersetzen wird Ihnen helfen, die Ausgangsform für jede beliebige Pose zu gestalten.

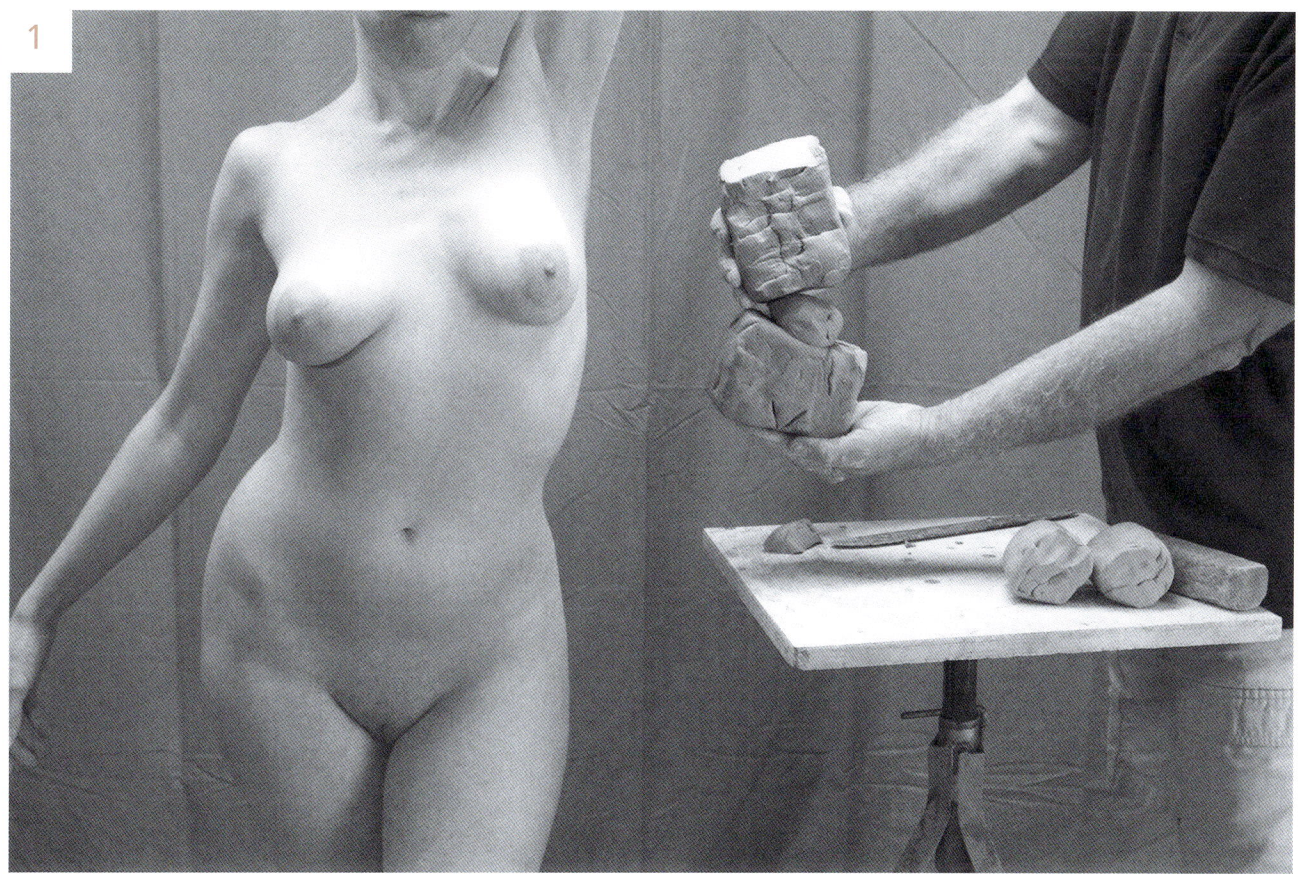

1. Bevor Sie eine Pose wirklich sehen und verstehen können, müssen Sie das Modell von allen Seiten betrachten. Vorder- und Rückseite und die beiden Seiten sind nur die Ausgangspunkte oder die vier elementaren Ansichten. Betrachten Sie das Modell außerdem von vier anderen Blickwinkeln aus: zwischen der Vorderseite und den Seiten des Körpers, dann die Seiten und die Rückseite zusammen. Bedenken Sie dabei immer, dass alle Seiten des Körpers Flächen sind. Betrachten Sie das Modell auf diese Weise, von Positionen zwischen den vorherigen Ansichten aus, bis Sie es von allen Positionen entlang einer imaginären Kreislinie aus gesehen haben, die auf dem Boden um das Modell herum verläuft. Das hilft Ihnen zu erkennen, dass das, was auf der Vorderseite passiert, mit dem verbunden ist und sich auf das auswirkt, was auf dem Rücken passiert. Sie müssen die gegenüberliegende Seite immer in Betracht ziehen, wenn Sie an einer Seite arbeiten.

Hier sehen Sie eine einfache stehende Pose mit einer neigenden Bewegung. Auf der linken Seite der Form neigt sich das Becken nach oben, der Brustkorb neigt sich nach unten. Auf der rechten Seite der Form gehen einzelne Rippen ein wenig auseinander und die Stützmuskulatur streckt sich. Auf der linken Seite sind sowohl einzelne Rippen als auch die Stützmuskulatur gestaucht. Diese Bewegung des Körpers schafft einen Kontrast zwischen der gedehnten, fast vertikal verlaufenden rechten Seite und der kompakteren und kantigere linken Seite des Körpers. Sie können sehen, dass die Positionierung meiner Tonblöcke dies widerspiegelt.

2. Wenn Sie die Position der Becken- und der Brustkorbmasse von der linken Seitenansicht aus betrachten, sehen Sie, dass sich der obere Teil des Brustkorbs nach hinten und der untere Teil des Beckens nach vorn neigt. Diese Bewegung erzeugt eine Krümmung im Rücken und eine konvexe Wölbung entlang der vorderen Flächen von Brust und Stützmuskulatur.

Becken und Brustkorb sind an einer gekrümmten Wirbelsäule befestigt, so dass es dem Körper nicht möglich ist, vollkommen gerade zu stehen. Daher ist es ganz wichtig, das Modell von der Seite zu betrachten. Diese Krümmung ist weder von der Vorder- noch von der Rückansicht erkennbar. Die Seitenansicht Ihrer Tonblöcke sollte dieselbe Krümmung widerspiegeln.

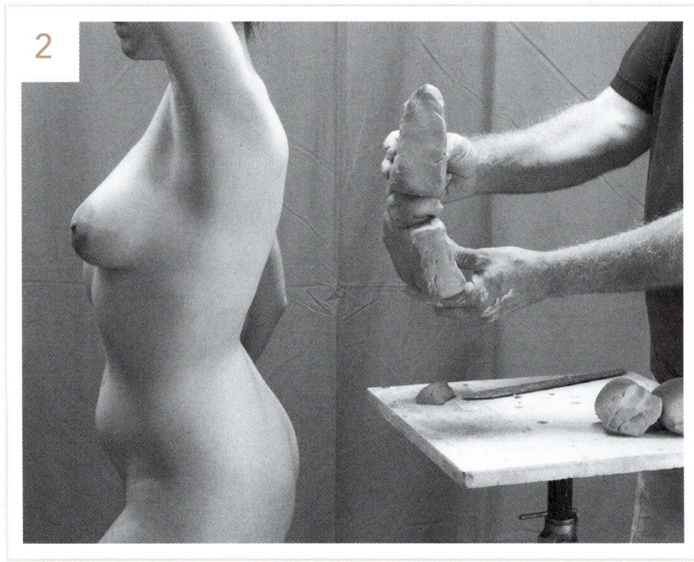

3. Die Rückenansicht zeigt, dass sich Beckenbereich und Hüfte nach oben neigen und sich gleichzeitig nach rechts schieben. Sie sind auf der rechten Seite höher als auf der linken. Der Bereich des Brustkorbs und die rechte Schulter neigen sich nach unten zur rechten Seite und sind auf der rechten Seite tiefer als auf der linken.

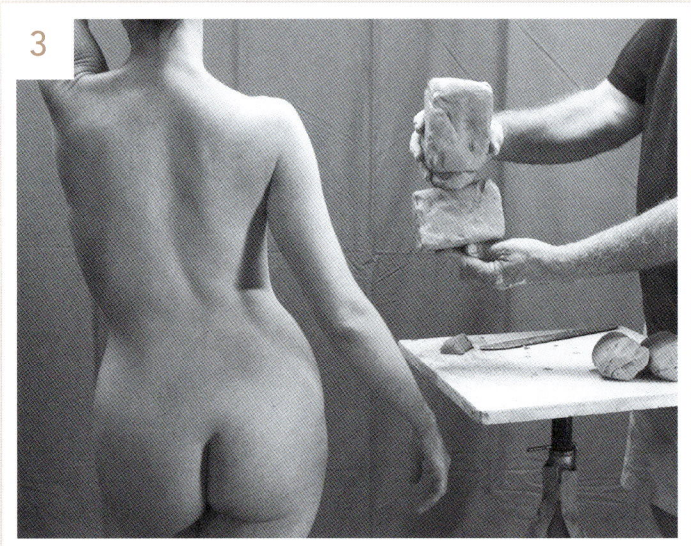

4. Die rechte Seite (des Modells) zeigt die Krümmung, die die Position von Brustkorb und Becken erzeugt. Sie sollten das Modell immer von vorn, von hinten und von beiden Seiten betrachten, bevor Sie eine Entscheidung über die Bewegung der Pose treffen.

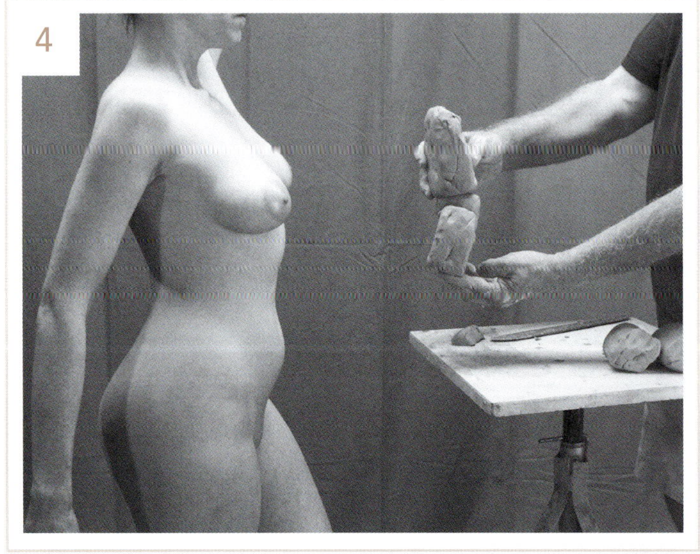

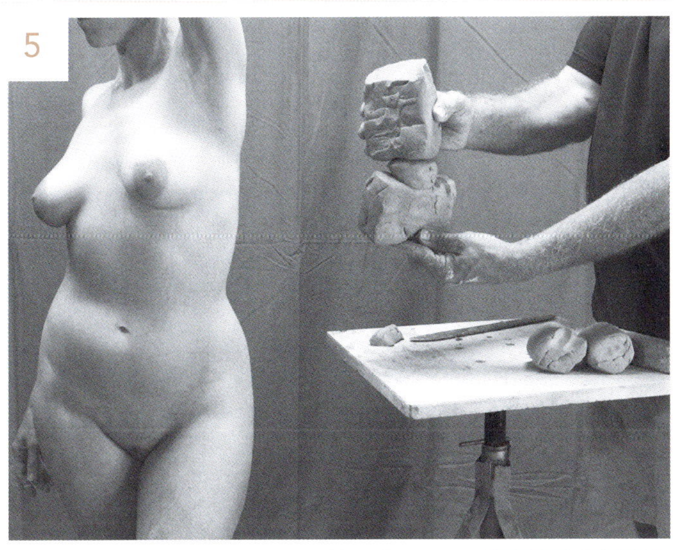

5. Aus dieser Perspektive wird eine zweite Bewegung in der Pose erkennbar: Der Brustkorb dreht sich nach links (zu unseren linken Seite, beim Modell ist es die rechte). Behalten Sie die Neigung der Tonblöcke bei und drehen Sie den Brustkorb zugleich ein wenig nach links.

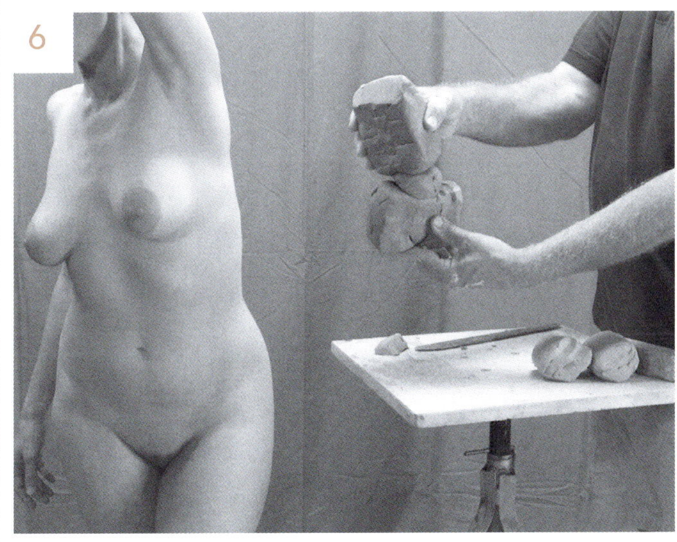

6. Diese Pose gleicht der vorangegangenen, Sie können jedoch sehen, dass das Modell den Brustkorb nach vorn beugt und so eine dritte Bewegung hinzugekommen ist.

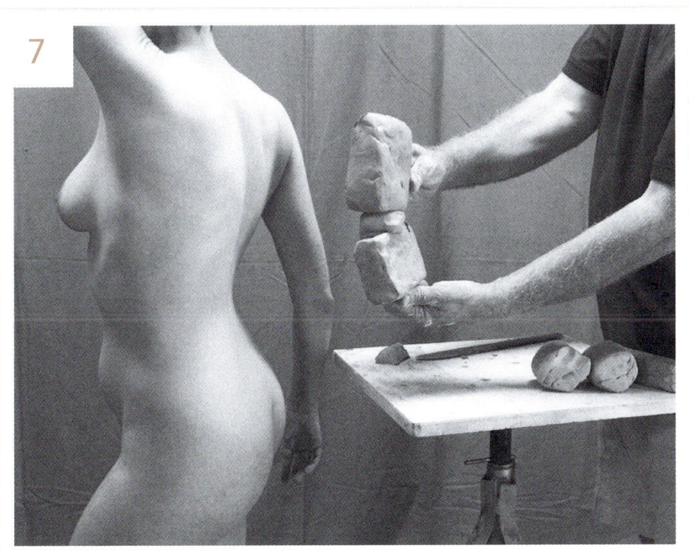

7. Diese Ansicht zeigt, dass der rechte Arm hinter dem Rücken liegt und leicht zur Seite abgespreizt ist. Das rechte Schulterblatt steht von der Rückseite des Brustkorb ab und der linke Arm und die linke Schulter schieben sich nach vorn. Positionieren Sie den Ton entsprechend. Nun haben Sie eine einfache bildhauerische Grundlage für die Pose.

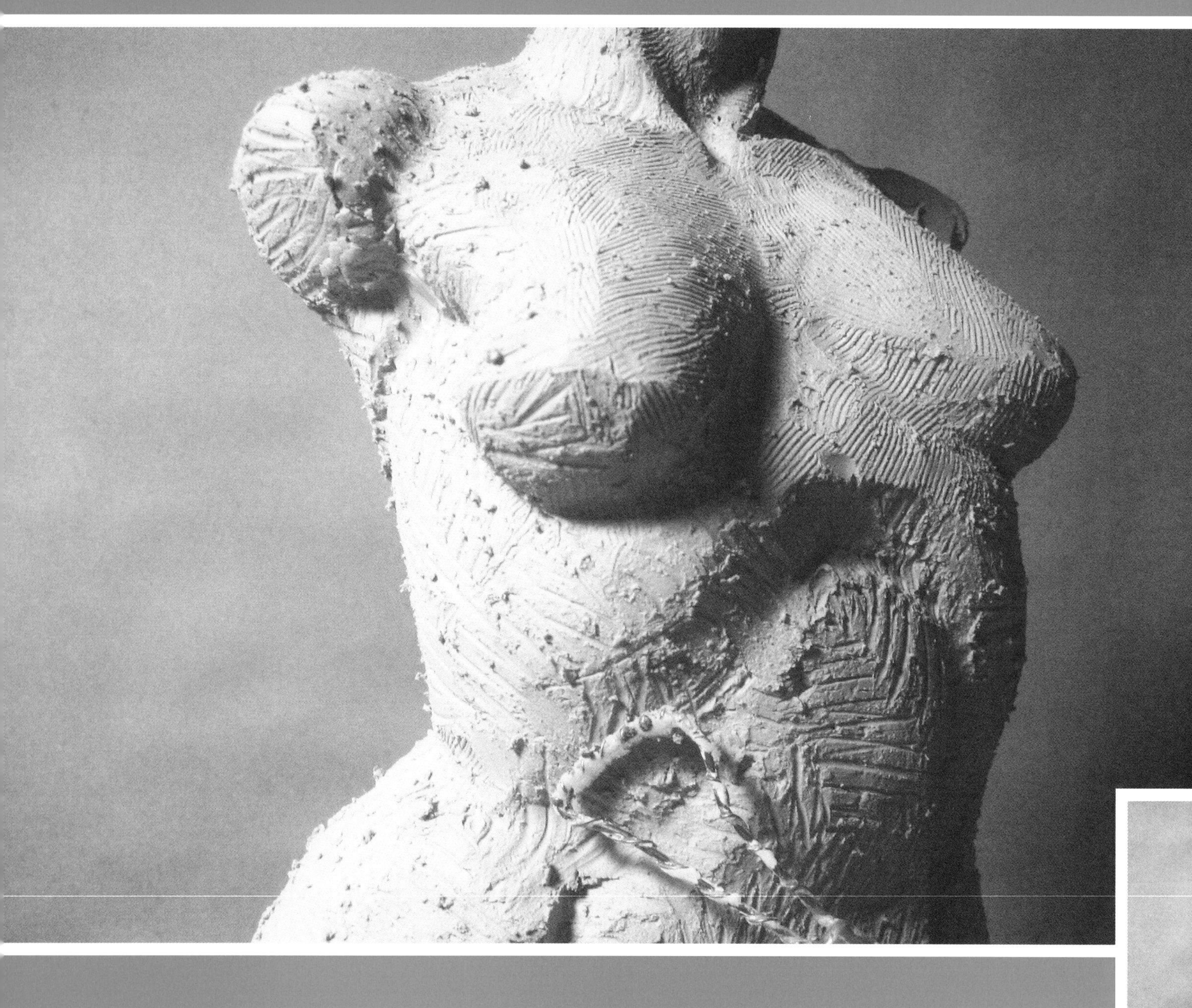

TEIL 2

DER MODELLIER-PROZESS

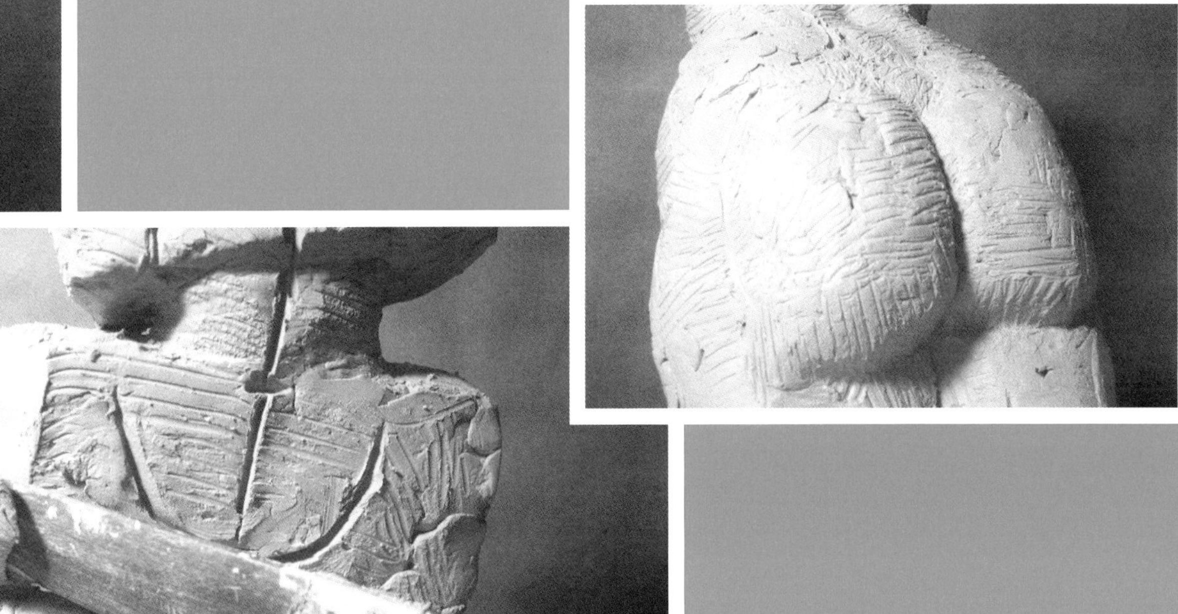

3

DER TORSO

Eine Skulptur entsteht in drei Schritten: Herstellen der Grundform, Herausarbeiten der Gestalt und abschließende Bearbeitung. In mancher Hinsicht gleicht sie einem Film mit Anfang, Hauptteil und Schluss. Ein Film verwebt die Hauptfiguren, die Nebenfiguren, die Statistenrollen und die Komparserie miteinander und erweckt so die Geschichte zum Leben. Auch eine Skulptur hat große Hauptformen und kleinere Nebenformen. Jede von ihnen spielt eine wesentliche Rolle, wenn es darum geht, die ganze Skulptur lebendig werden zu lassen. Um deutlich zu machen, wie die drei Etappen des Entstehungsprozesses aufeinander aufbauen, nehme ich mir eine einfache stehende Pose vor und konzentriere mich auf den Torso.

DIE POSE EINSCHÄTZEN

Eines der wichtigsten Ziele dieses Buches ist es, angehenden Bildhauern beizubringen, das nackte Modell in seiner Pose wirklich zu betrachten und zu sehen. Dazu muss man das Modell aus jedem Blickwinkel ansehen, um die Form in ihrer Dreidimensionalität ganz zu begreifen. In meinen Kursen gehe ich mit meinen Schülern um das Modell herum und weise auf das Verhältnis der einzelnen Elemente zum Ganzen hin – und zwar *bevor* der Modellierprozess beginnt. Wenn die Schüler dies nicht tun, ist ihre Wahrnehmung der Figur zweidimensional. Da dieses Buch Ihnen keinen Zugang zu einem lebenden Modell verschaffen kann, sollten Sie sich die folgenden Fotos vor Beginn der Modellierstunde genau ansehen. Sie zeigen die Pose von allen Seiten in der richtigen Reihenfolge. Der 360-Grad-Rundgang beginnt unten auf dieser Seite und setzt sich auf den nächsten beiden Seiten fort. Er wird Ihnen helfen, in drei Dimensionen zu sehen und zu denken. Diese Dreidimensionalität ist es, die die Skulptur vom Zeichnen und Malen unterscheidet.

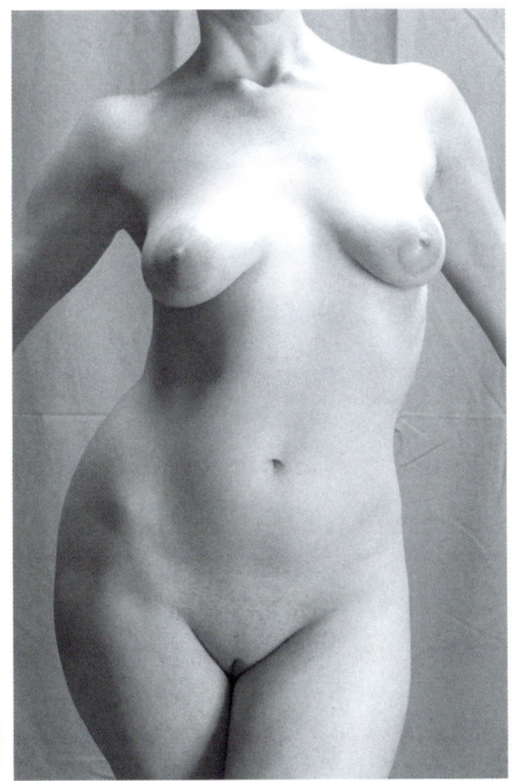

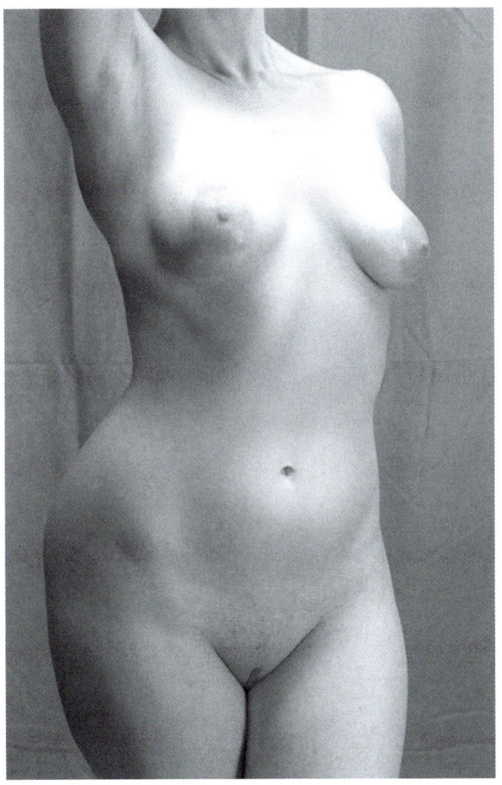

Schüler neigen dazu, sich nur die Details der menschlichen Gestalt anzusehen, wenn sie sie zum ersten Mal betrachten. Sie werden also sofort die kleineren Knochen, Muskeln und Schatten bemerken, statt auf die größeren Massen zu achten. Es ist daher eine gute Idee, die Augen zusammenzukneifen, wenn man das Modell zum ersten Mal sieht. Auf diese Weise kann man sich auf die großen Formen und die Bestandteile der Grundform konzentrieren. Richten Sie Ihre Aufmerksamkeit auf die Proportionen des Modells, auf Höhe im Vergleich zu Breite und auf die Bewegung der Pose.

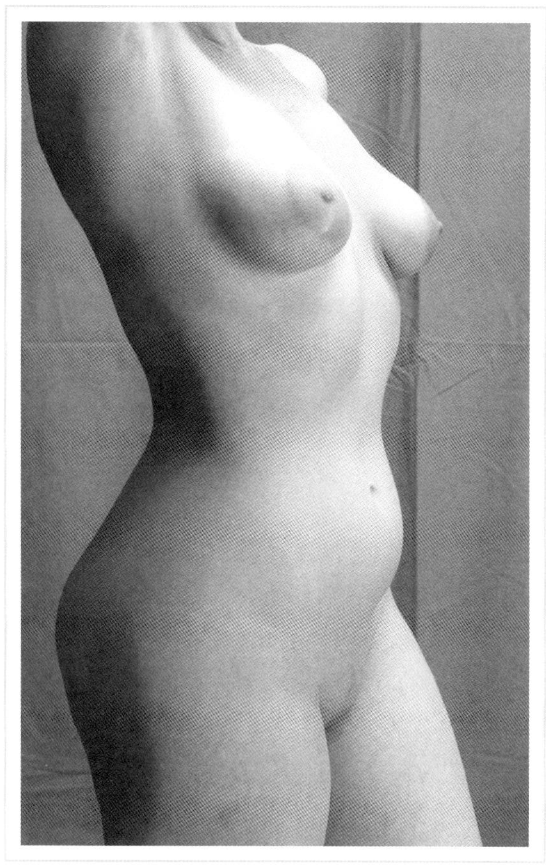
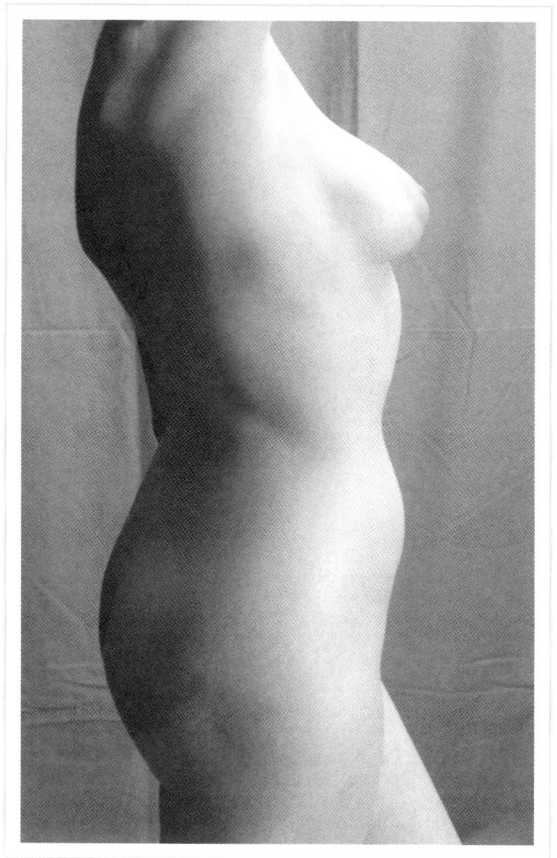
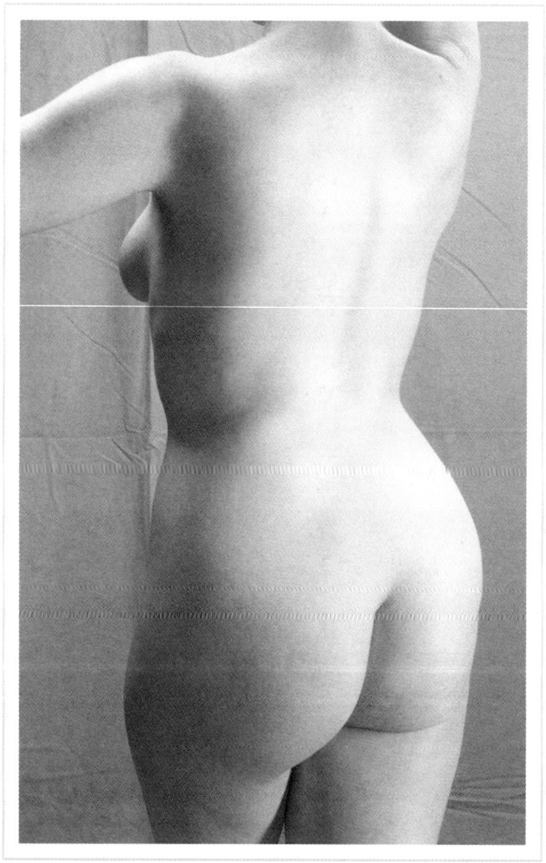
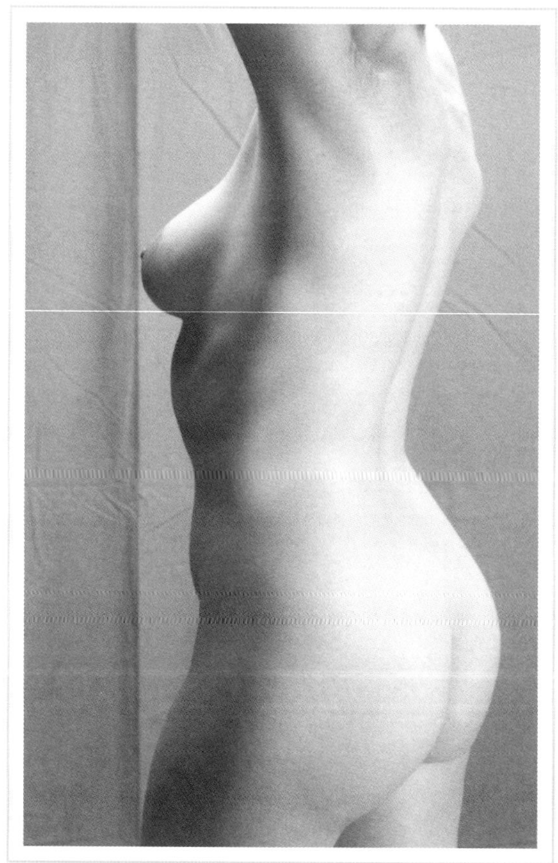

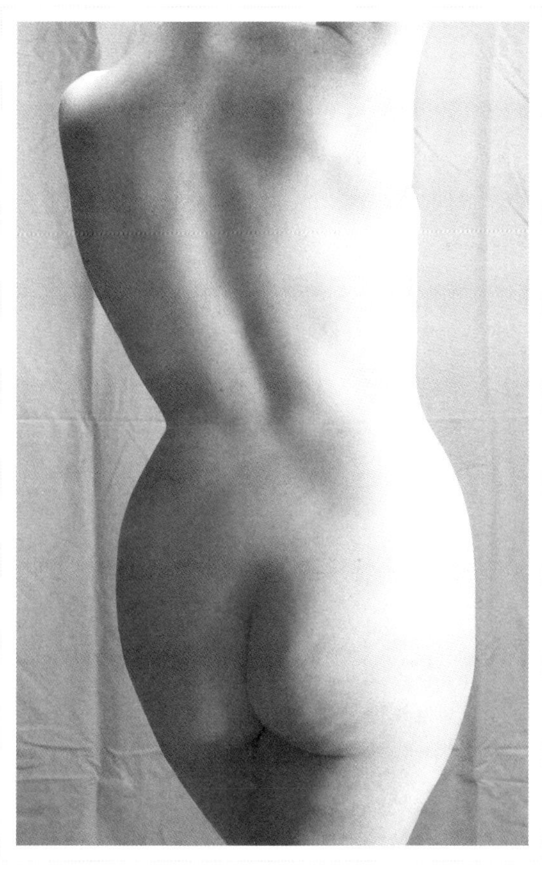

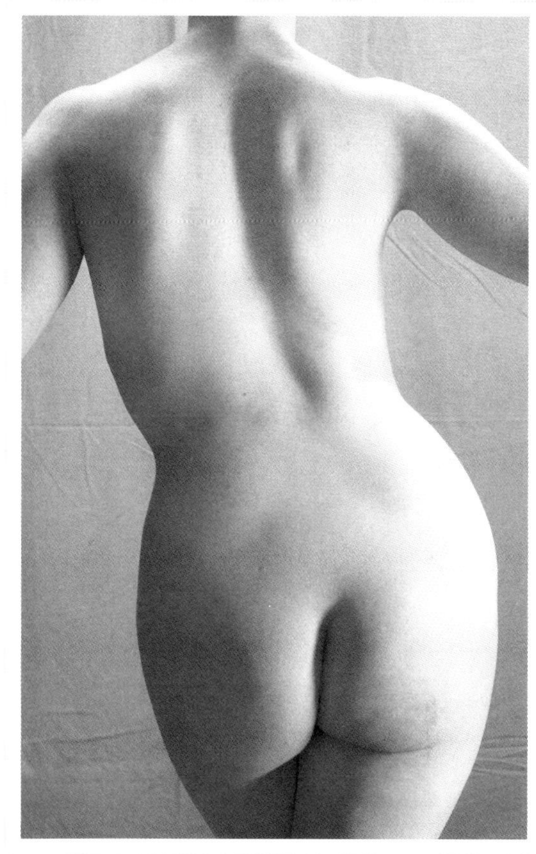

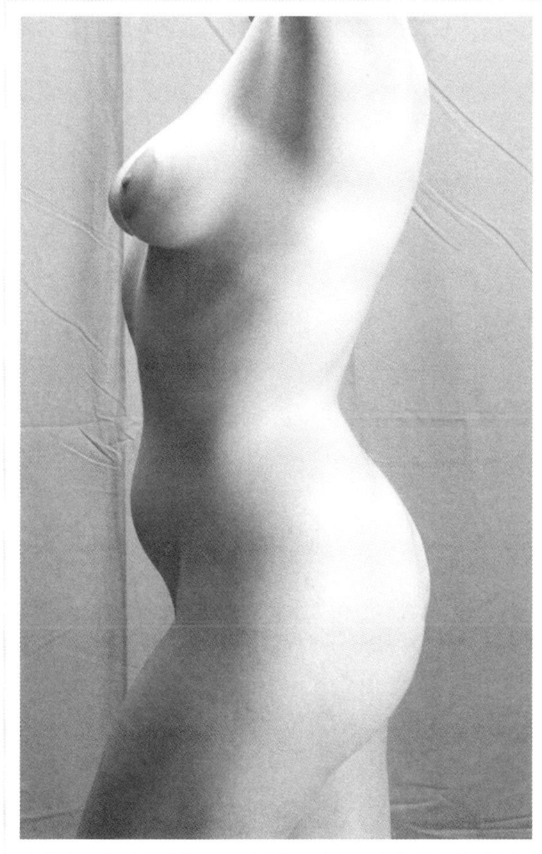

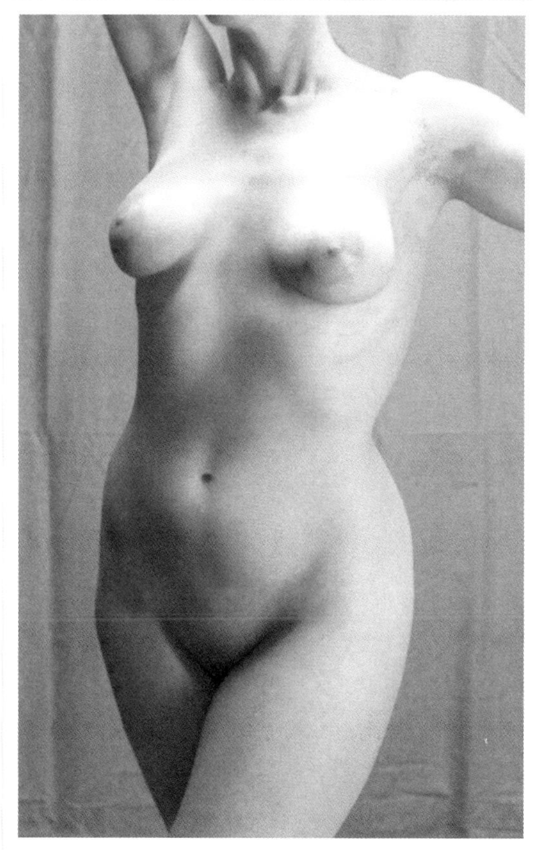

DER STEHENDE TORSO

Der Modellierprozess für den stehenden Torso beginnt wie bei jeder anderen Pose bei Schritt 1, der Grundform. Dazu gehört es, die Komposition der Skulptur mit Hilfe von einfachen Tonblöcken aufzubauen, unter Berücksichtigung von Position, Proportion und Flächen (PPF). In dieser Phase werden außerdem die drei Bewegungsvarianten beugen, neigen und drehen in der Pose erkundet. Diese Informationen sammelt man, indem man das Modell aus jedem Blickwinkel betrachtet. Beim zweiten Schritt, dem Herausarbeiten der Gestalt, werden die größeren anatomischen Bestandteile durch Hinzufügen und Abtragen von kleinen Tonmengen modelliert und aufgebaut. In dieser Phase werden auch die Oberflächen mit Modellierschlinge und Holzblock bearbeitet, um die Gestalt zu formen und sichtbar zu machen. Zum dritten Schritt gehört das Modellieren der feineren anatomischen Details. In diesem Stadium werden die Formen miteinander verbunden, indem die Oberfläche bearbeitet und mit der endgültigen Textur versehen wird.

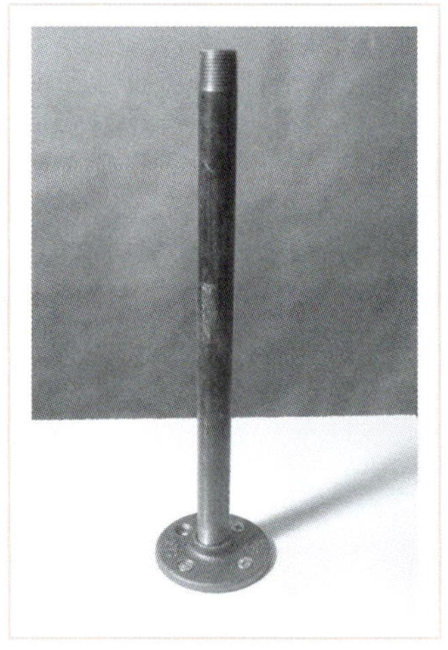

Für diese Übung können Sie ein 30 cm langes Rohr (Ø 1,2 cm) mit Gewinde als Armatur verwenden. Schrauben Sie einen passenden Flansch auf eine Platte (25 x 25 x 1,2 cm) und schrauben Sie das Rohr in den Flansch.

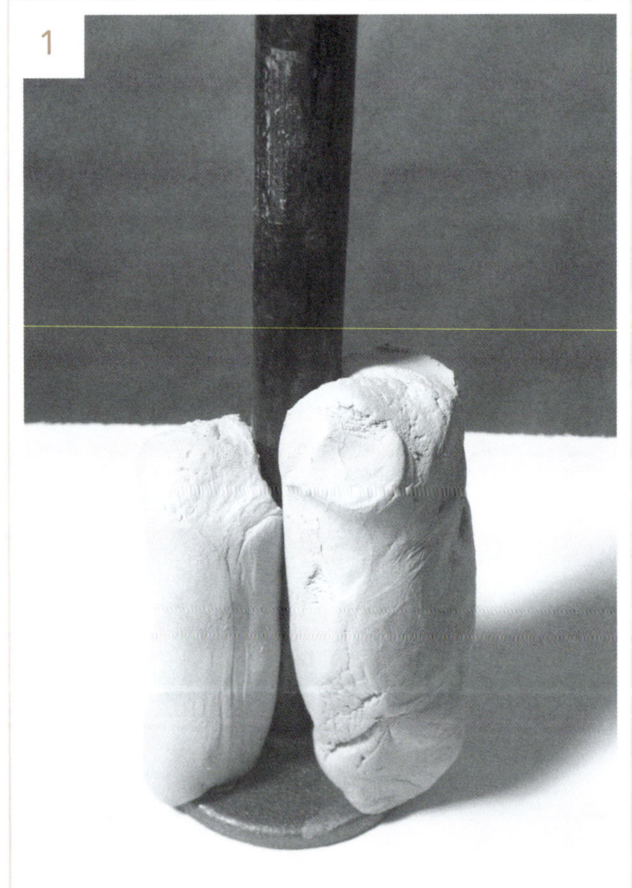

1

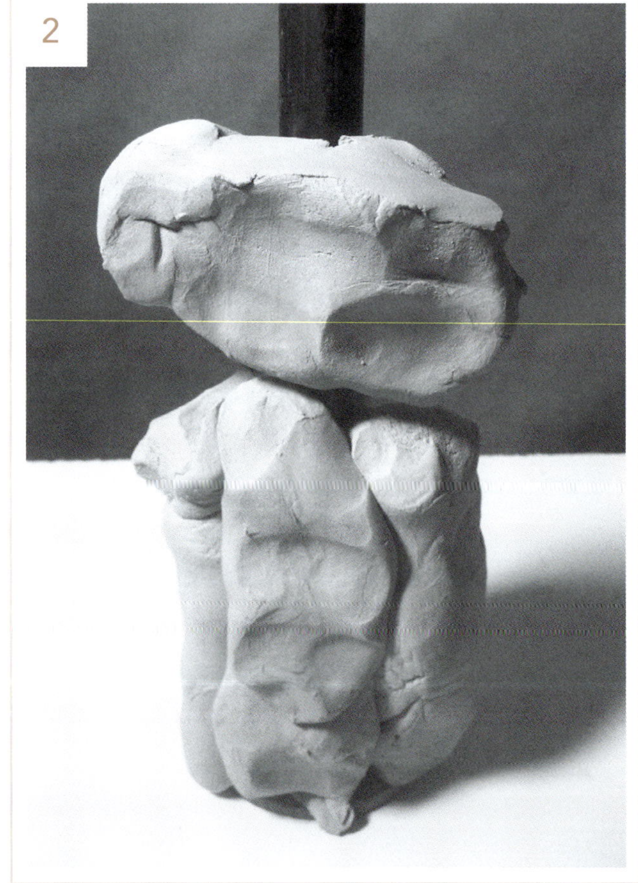

2

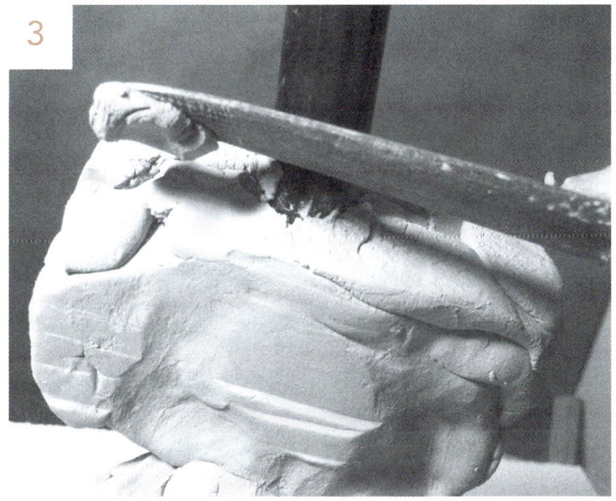
3

1. Zunächst setzen Sie Tonzylinder am Rohr an. Bauen Sie einen etwa 10 cm hohen Kreis aus aufrecht stehenden Zylindern um das Rohr und drücken Sie die Zylinder zusammen. Dies ist die Grundmasse für die Oberschenkel.

2. Für die Masse des Beckens setzen Sie einen Tonblock horizontal auf die Masse der Oberschenkel. Orientieren Sie sich bei der Positionierung an den BND (beugen, neigen, drehen) der Pose.

3. & 4. Um den Beckenblock eckig zu bekommen, legen Sie immer wieder kleine Tonmengen auf die Spitze des Modellierholzes und drücken sie auf die Ober- und die Vorderseite des Blocks. Verstreichen Sie den Ton nicht auf der Oberfläche, drücken Sie ihn nur ein wenig an, damit er am Block und aneinander haften bleibt. Dieses Anfügen von Tonbröckchen ist der Aufbauprozess, mit dem ich die Form der Blöcke herausarbeite. Bauen Sie die Flächen so auf, dass sie an den Außenrändern des Blocks aufeinander treffen und Kanten bilden. Die meisten Schüler ziehen es vor, den Ton mit den Fingern aufzubringen und auch zum Modellieren einer Form die Finger zu benutzen. Versuchen Sie jedoch sich anzugewöhnen, scharfe Kanten, glatte Oberflächen und runde Formen mit Hilfe von Werkzeugen zu modellieren. Wenn die Oberflächen aufgebaut sind, klopfen Sie mit einem Holzblock darauf, um sie zu glätten und die Ecken und Kanten zu präzisieren.

5. Wenn der Tonblock geformt ist und alle Oberflächen plan sind, setzen Sie auf dem Beckenblock eine Tonkugel an das Rohr. Sie stellt die Stützmuskulatur im Bauch- und Rückenbereich dar.

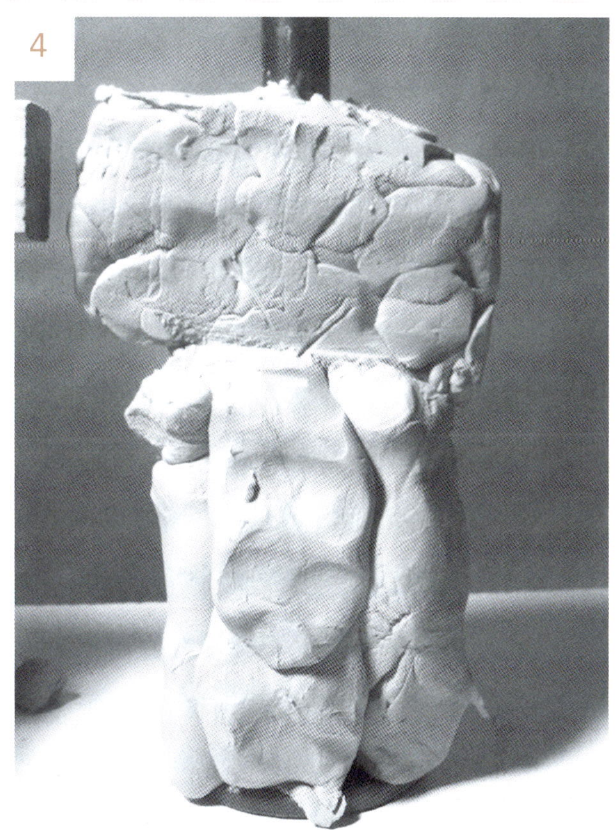
4

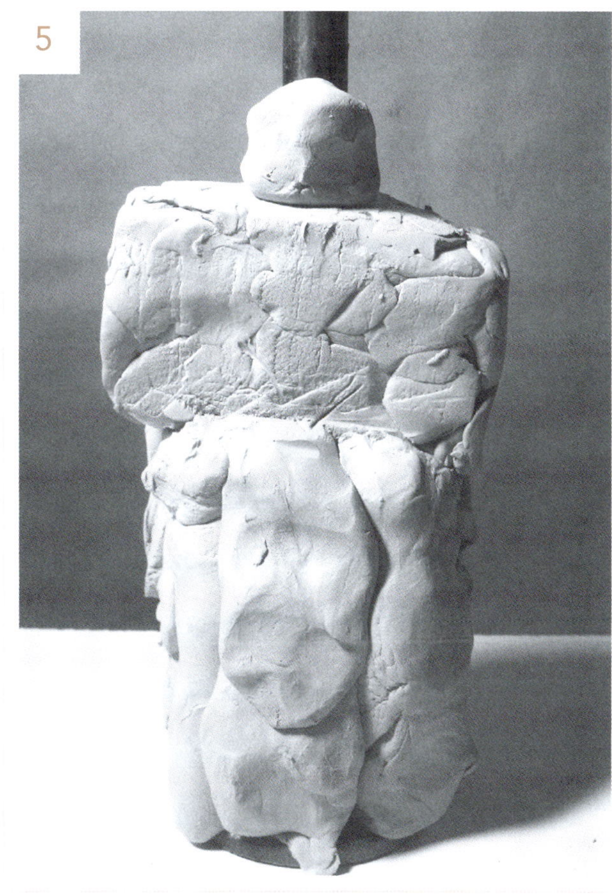
5

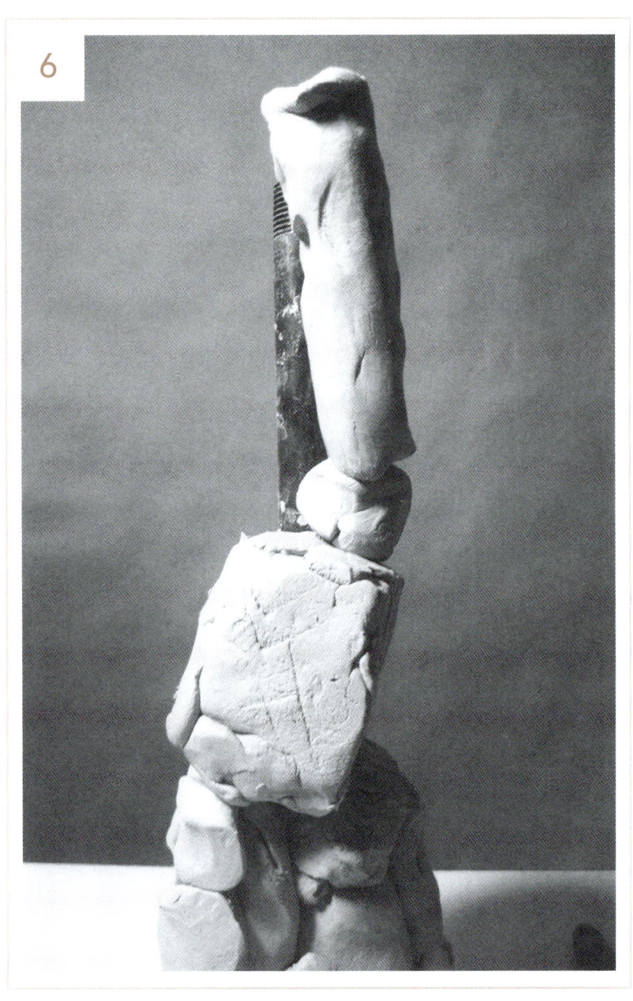

6

6. Wenn Sie beginnen, für die Masse des Brustkorbs Ton an das Rohr anzusetzen, ordnen Sie die Abschnitte selbst in diesem frühen Stadium so an, dass sie die Winkel und Gesten der Pose widerspiegeln. Bei der Seitenansicht wird die konvexe Krümmung der Vorderseite des Brustkorbs sichtbar.

6.a Sie können sehen, dass es in Ordnung ist, den Ton über das Rohrende hinaus reichen zu lassen.

7. Um den Brustkorbblock aufzubauen und zu formen, setzen Sie auf seiner Rückseite Tonbröckchen an. Wie in Schritt 6 ist auch hier die Geste der Pose in Ansätzen erkennbar. Der Blick auf die linke Seite zeigt die konvexe Linie, die die Vorderseite des Torso beschreibt.

8. Wenn Sie mit der Grundform aus Blöcken fertig sind, zeichnen Sie mit der Kante des Modellierholzes auf der Vorderseite der beiden Blöcke eine Orientierungslinie. Die Linie verläuft in der Mitte, von der Oberkante des Brustkorbs bis zur Unterkante des Beckens. Am Ende zeichnen Sie ein V für den Venushügel an.

9. & 10. Überprüfen Sie Position, Proportion und Flächen und die drei Bewegungsvarianten (beugen, neigen und drehen) der Blöcke von vorne, von halblinks (9), von der Seite (10) und von hinten.

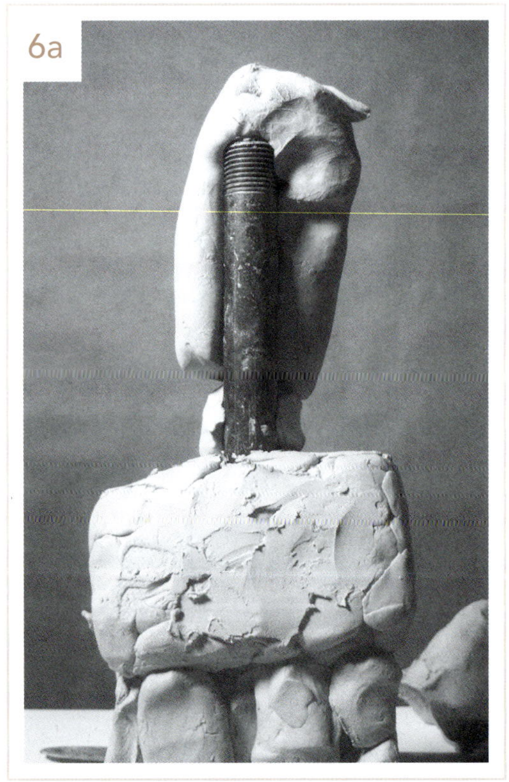

6a

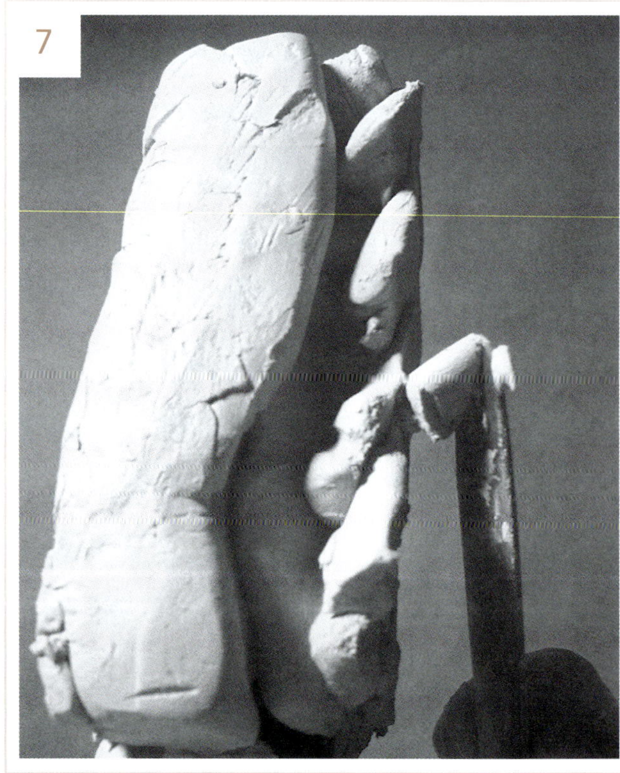

7

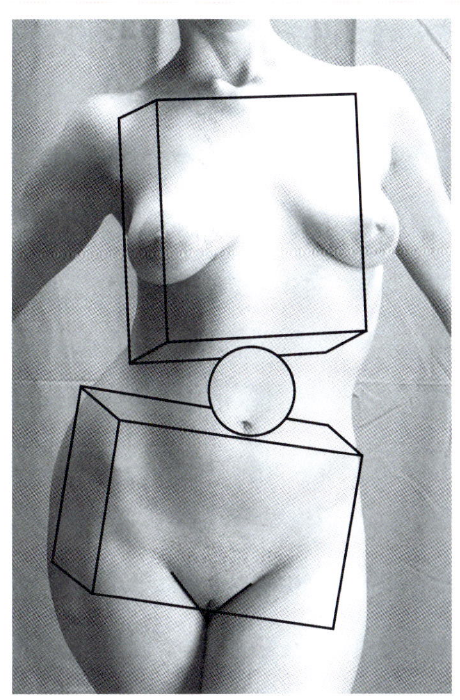

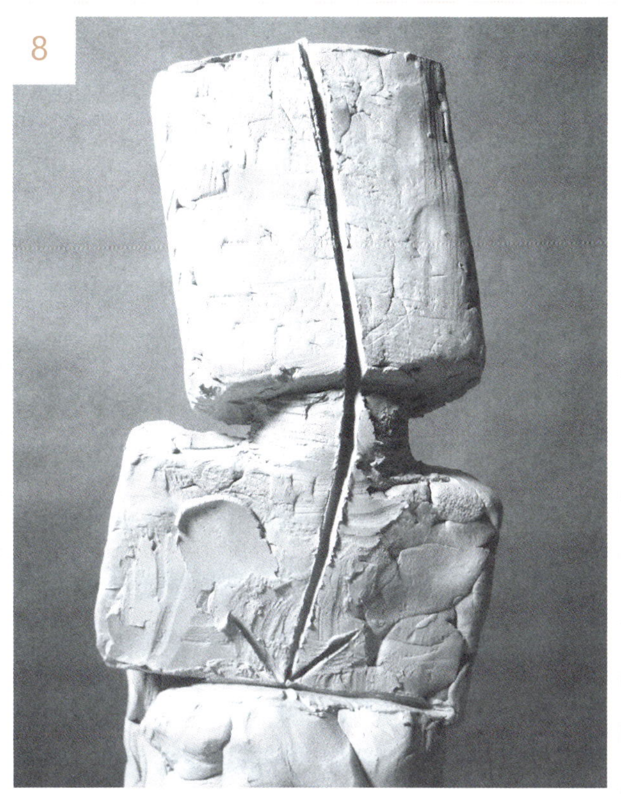

8

Vor dem nächsten Schritt nehmen Sie sich einen Moment Zeit. Vergleichen Sie Ihre Ausgangsform mit der lebenden Figur. Die quaderförmigen Blöcke für Becken und Brustkorb sind z.B. gleich groß. Der quer liegende Beckenblock ist nach vorn gebeugt und schiebt sich gleichzeitig nach oben (wodurch die Wölbung im Rücken entsteht).

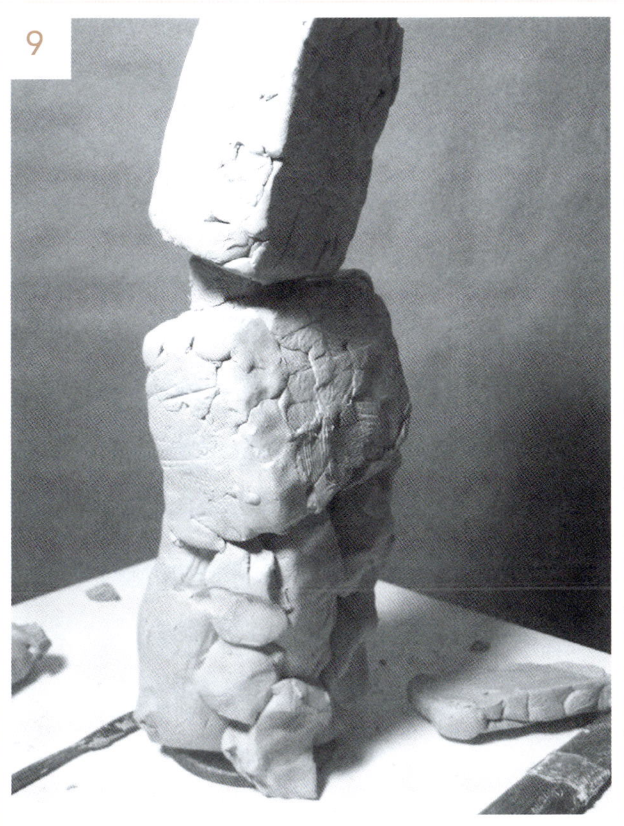

9

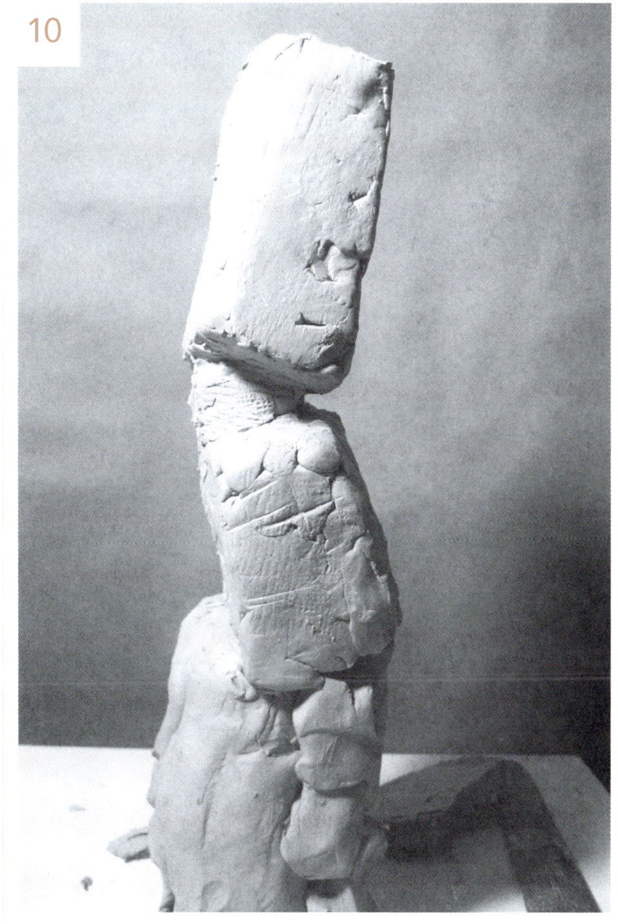

10

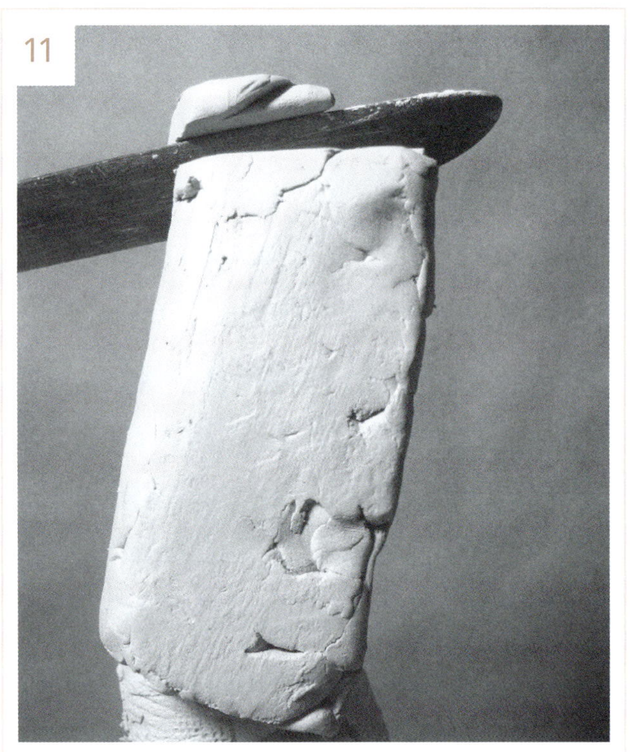

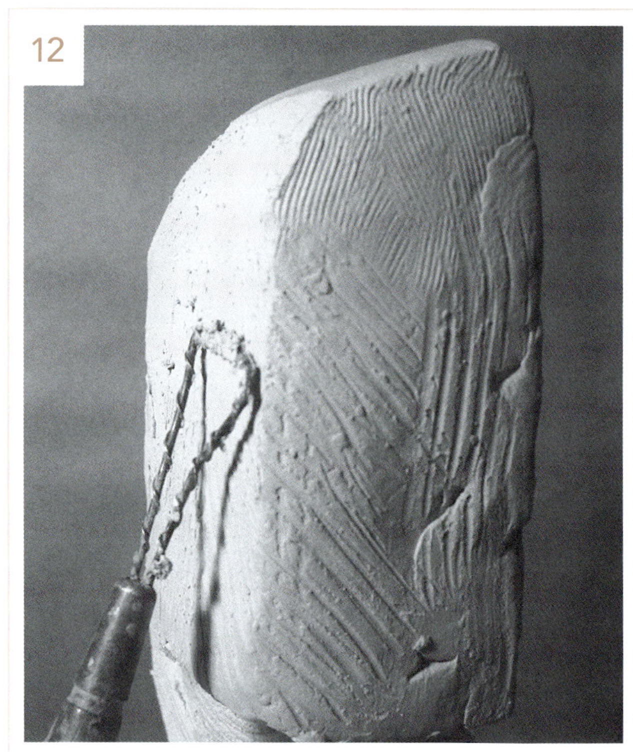

11. Die Seitenansicht zeigt, dass die Oberseite des Brustkorbs von der hinteren Oberkante (wo die Trapezmuskeln sind) bis zur Vorderseite des oberen Brustkorbs (wo die Schlüsselbeine sind) schräg abfällt. Schneiden Sie diese Schräge über die ganze Breite des Brustkorbs mit dem Modellierholz zu. Nehmen Sie dazu die lange Kante des Werkzeuges und schneiden Sie so durch den Ton, wie Sie mit einem Messer durch ein Stück Käse schneiden würden. Später kommt der Hals auf diese Schräge.

12. Schneiden Sie für den oberen Teil des vorderen Brustkorbs eine weitere kleinere Schräge zu. Modellieren Sie den Ton, indem Sie die Modellierschlinge über die Tonoberfläche ziehen und harken. Mit einem Schraffurmuster können Sie die Oberflächen gleichmäßig glätten und Unebenheiten beseitigen. Was Sie bei dieser Kratztechnik mit dem Ton machen, ist nicht viel anders, als wenn Sie den Gartenboden vor dem Aussähen harken. Beklopfen Sie alle Seiten der Tonmasse mit dem Holzblock, um einheitliche Flächen und scharfe Kanten zu erzeugen.

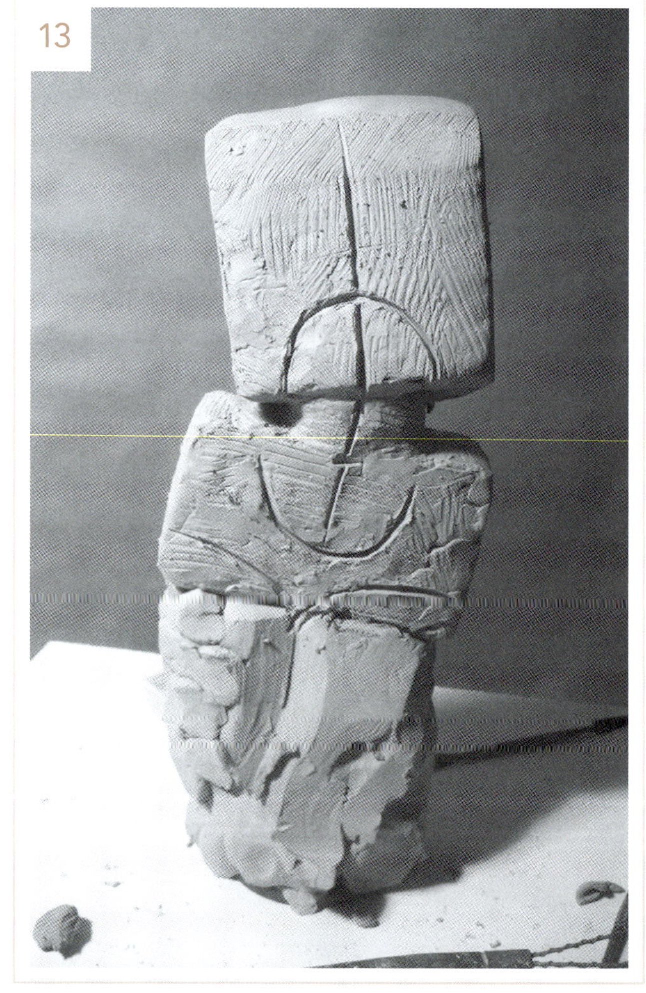

13. Zeichnen Sie gewölbte Orientierungslinien für die Form des Brustkorbs auf den oberen Block. Auf dem unteren Block markieren Sie die unteren Bauchmuskeln, den Bauch und den Ansatz der Oberschenkel. Für die Beine zeichnen Sie in der Mitte der Beinmasse eine Linie vom V der Ansatzlinien für die Oberschenkel bis zur Grundplatte. Schneiden Sie dann eine schmale Fläche von den Innenseiten der Oberschenkel.

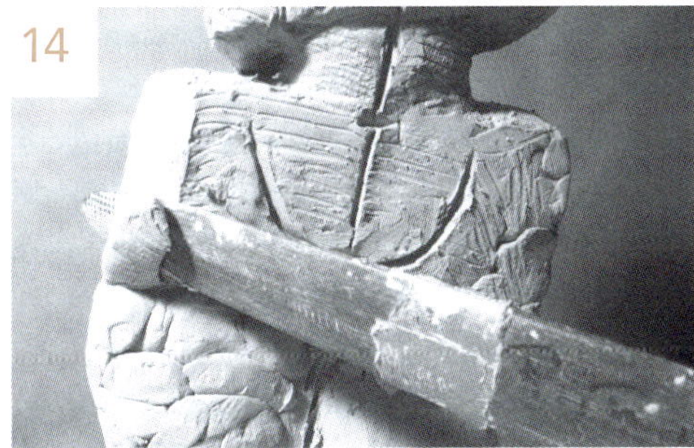
14

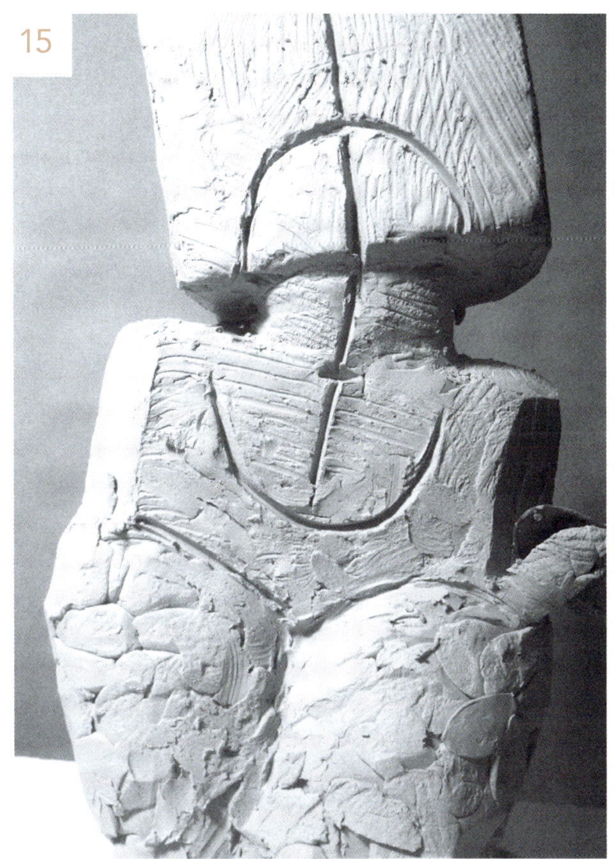
15

14. & 15. Schneiden Sie die linke und die rechte Kante des Beckenblocks symmetrisch im 45-Grad-Winkel ab. Fangen Sie an, die Rundungen der oberen Oberschenkel durch Tonkügelchen aufzubauen, die Sie mit dem Modellierholz aufbringen.

16. Schrägen Sie die vorderen Seitenkanten des Brustkorbblocks ab. Die Oberschenkel sind keilförmig, schneiden Sie also an den Innen- und Außenseiten flächige Stücke ab. Die so entstandenen Flächen setzen die Flächen der abgeschrägten Ecken an den Beckenseiten fort. Dort, wo die neu geschnittenen Flächen an die Vorderseite der Oberschenkel stoßen, liegen die höchsten Punkte auf jedem Oberschenkel. Die Anstoßkante stellt einen Richtungswechsel der beiden Flächen dar. Die tiefsten Punkte liegen dort, wo die Innenflächen der Oberschenkel aneinander stoßen, genau unterhalb des Vs des Venushügels. Die Außenflächen der Oberschenkel ziehen sich nach hinten in Richtung auf die Seiten des Beckenblocks.

Die gestrichelte Linie, die am oberen Rand der Oberschenkel verläuft, beginnt an der Spitze des Vs, zieht sich entlang der Innenfläche des Oberschenkels hoch und ändert dann am höchsten Punkt des Oberschenkels die Richtung. Von dort geht sie an der Außenfläche des Oberschenkels hinunter bis zur Rückseite des Beins. Die vertikal verlaufenden gestrichelten Linien an den Beinen markieren die Kanten, an denen Innen- und Außenflächen aneinander stoßen. Die geschwungene gestrichelte Linie markiert den Übergang zwischen Schambereich und unteren Bauchmuskeln (Bauch). Der Bauch liegt zwischen den Hüften, die durch durchgezogene Linien dargestellt sind.

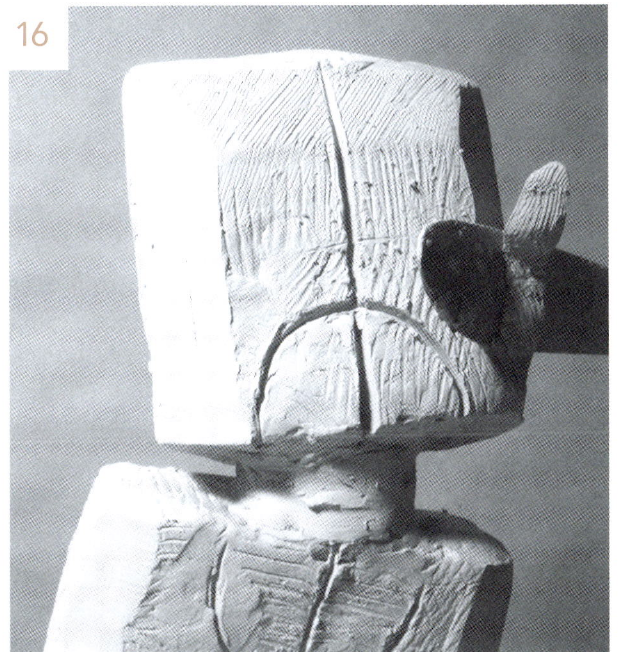
16

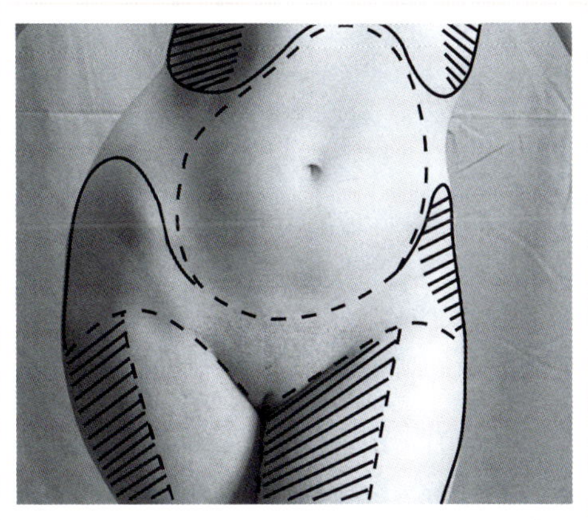

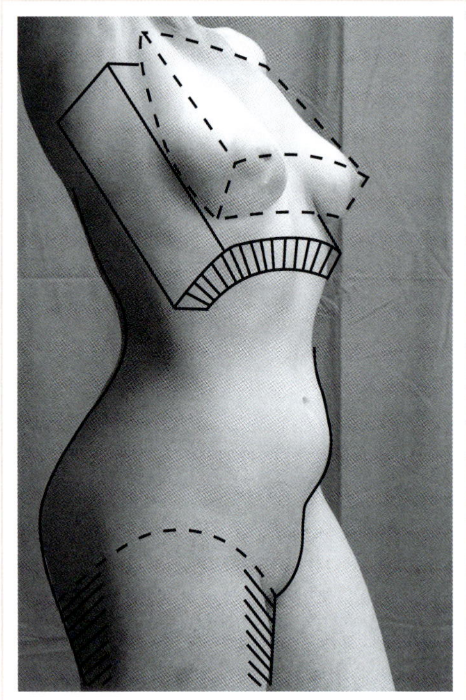

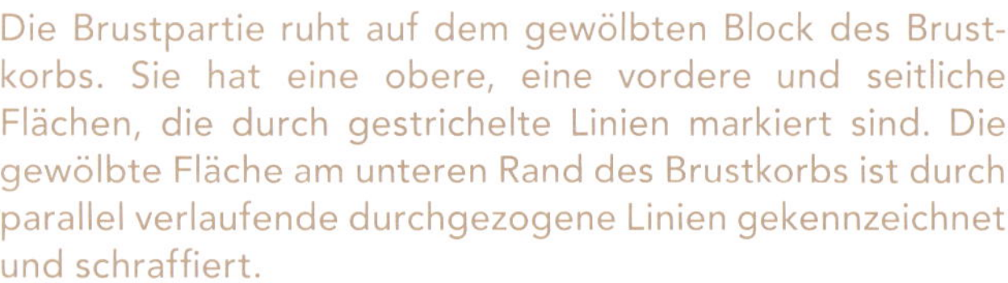

Die Brustpartie ruht auf dem gewölbten Block des Brustkorbs. Sie hat eine obere, eine vordere und seitliche Flächen, die durch gestrichelte Linien markiert sind. Die gewölbte Fläche am unteren Rand des Brustkorbs ist durch parallel verlaufende durchgezogene Linien gekennzeichnet und schraffiert.

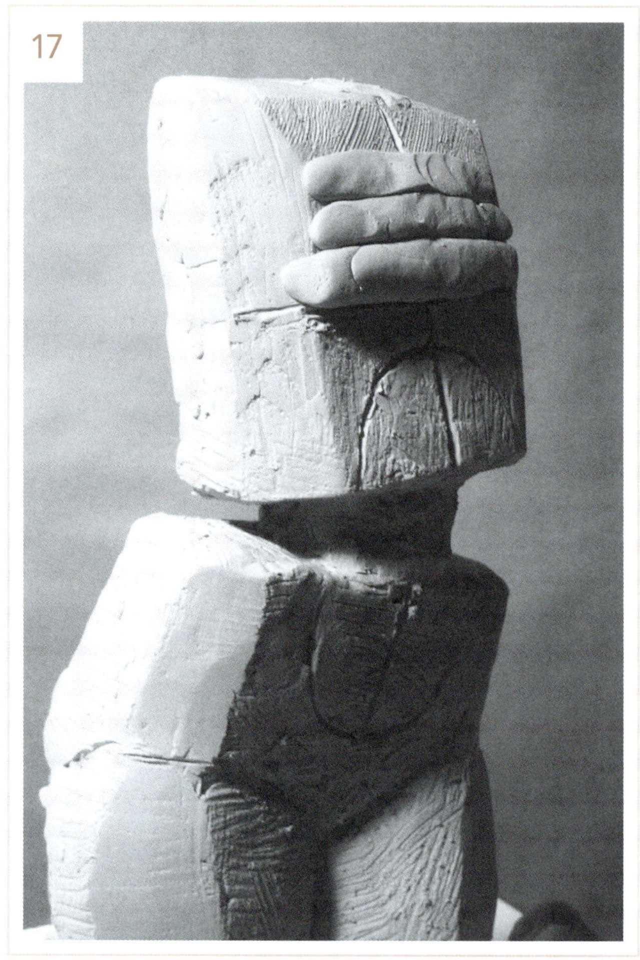

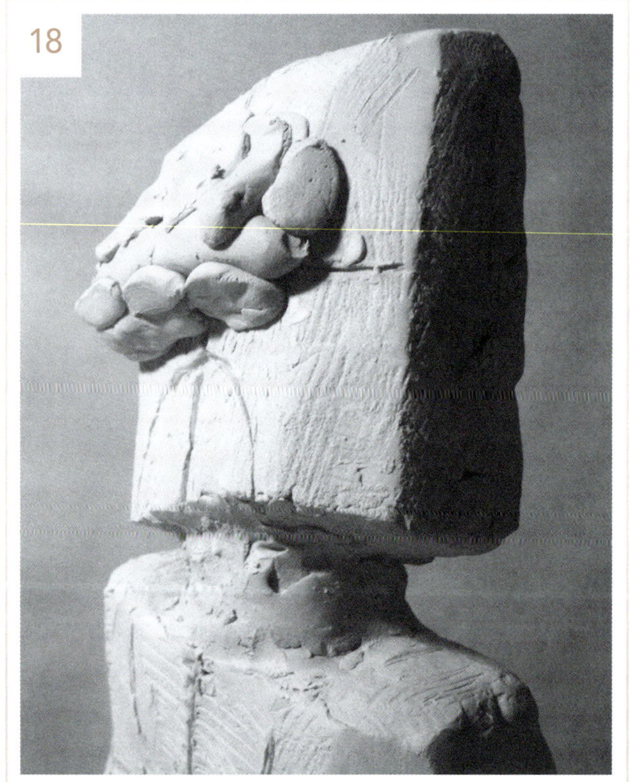

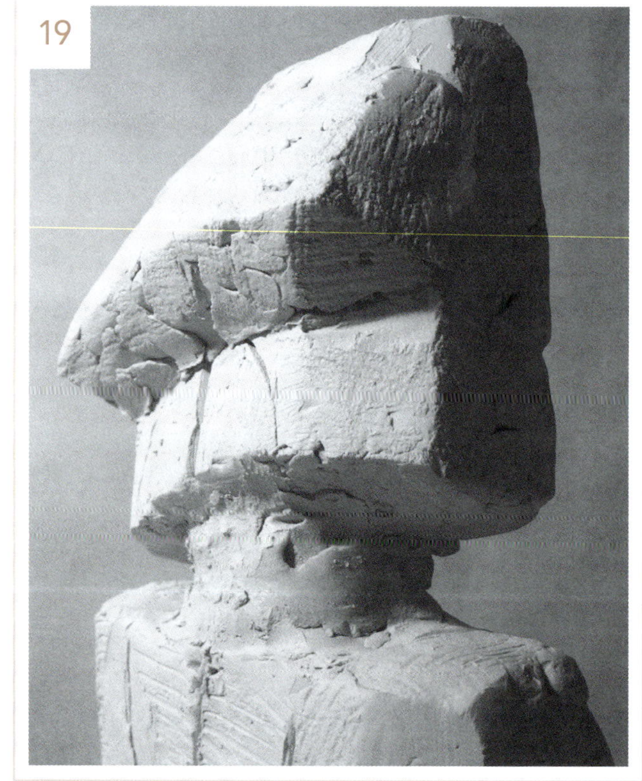

17. Als Vorbereitung für den Aufbau der Brustpartie zeichnen Sie zunächst in der Mitte des Brustkorbblocks eine horizontale Linie. Von dieser Linie bis hinauf zu der Fläche, die Sie in Schritt 11 geschnitten hatten, setzen Sie Tonzylinder übereinander. Sie reichen über die gesamte vordere Breite des Brustkorbs.

18. & 19. Bauen Sie diesen Bereich mit kleinen Tonkügelchen weiter auf. Im Grunde setzen Sie als Basis für die Brustpartie einen dreieckigen Tonblock am Brustkorb an. Die Brustpartie ist gewölbt und ruht auf der konvexen Form des Brustkorbs. Ihre Oberseite ist geschwungen. Bauen Sie Flächen für Unterseite und Seitenbereiche der Brüste auf.

20. Bauen Sie in diesem Stadium die rechte Seite der Stützmuskulatur von Bauch und Rücken auf.

21. & 22. Setzen Sie Tonkügelchen an der Markierung für die unteren Bauchmuskeln und an der linken Seite der Stützmuskeln an. Schneiden Sie die Oberkante der rechten und der linken Beckenseite schräg ab. Bearbeiten Sie die neu entstandenen Flächen mit dem Holzblock und formen Sie daraus den oberen Teil der Hüften. Schneiden Sie dann eine Fläche an der rechten Unterkante des Brustkorbs zu. Die Kanten sowohl am oberen als auch am unteren Tonblock müssen deutlich als Flächen sichtbar werden.

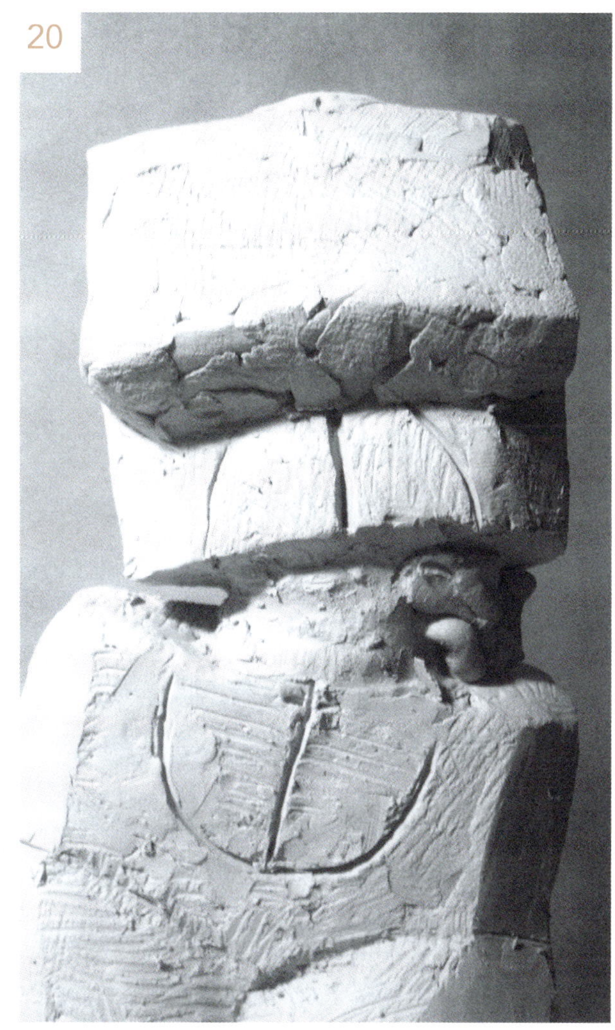
20

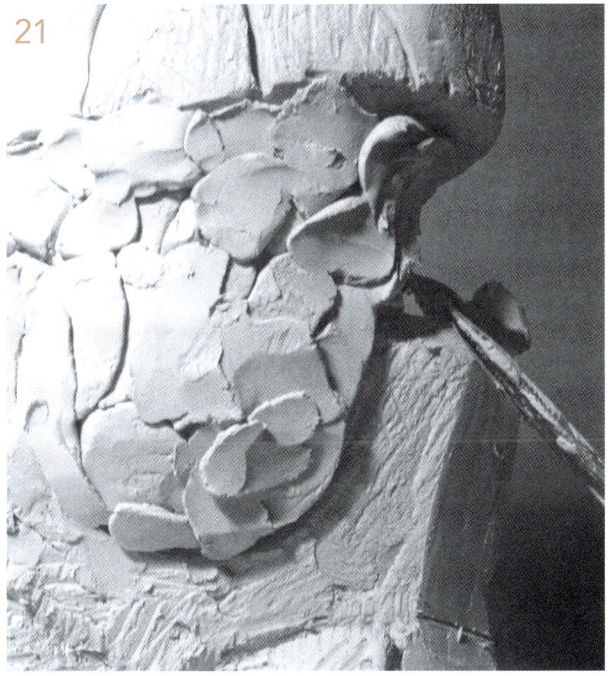
21

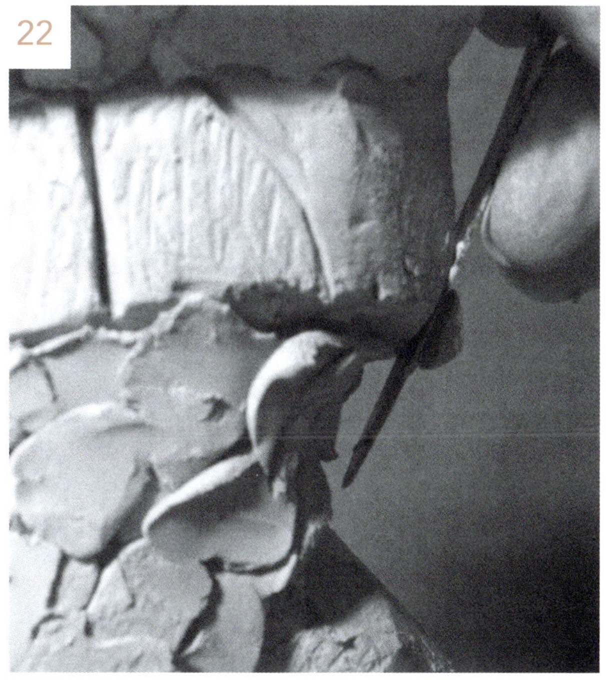
22

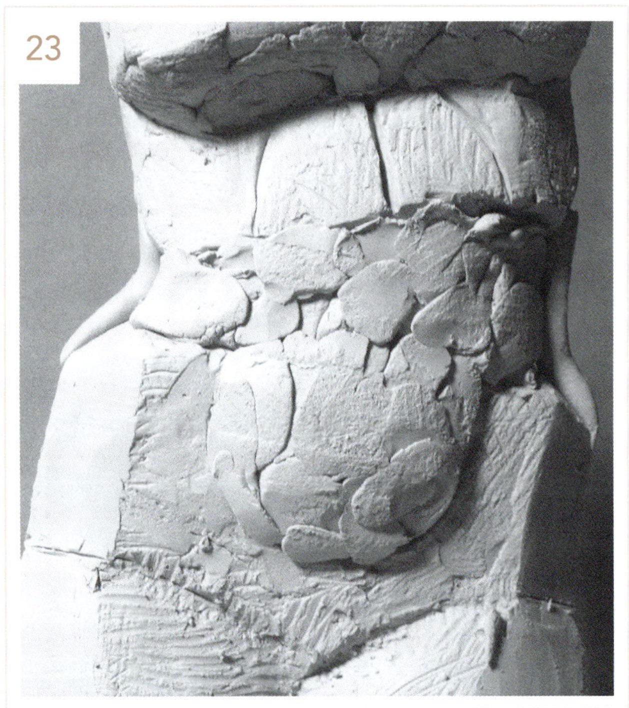

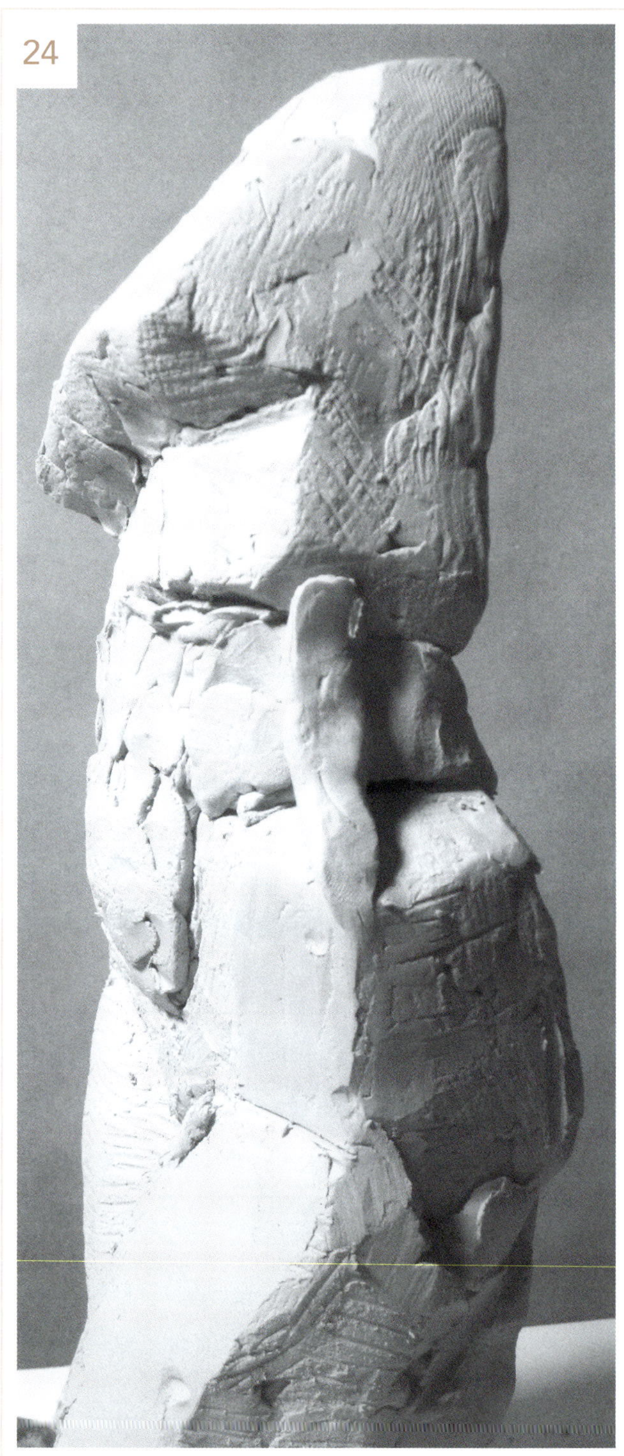

23. & 24. Setzen Sie für die äußeren schrägen Bauchmuskeln auf beiden Seiten der Bauchmuskeln kleine, dünne Tonzylinder an. Dieser Ton verbindet den Brustkorb mit dem Becken und bildet einen rhythmischen Übergang von einem Block zum anderen. Die Muskeln an der Vorderseite des Körpers formen ein T: die Brustmuskulatur bildet den Querstrich und die Bauchmuskeln bilden den mittig angesetzten Längsstrich.

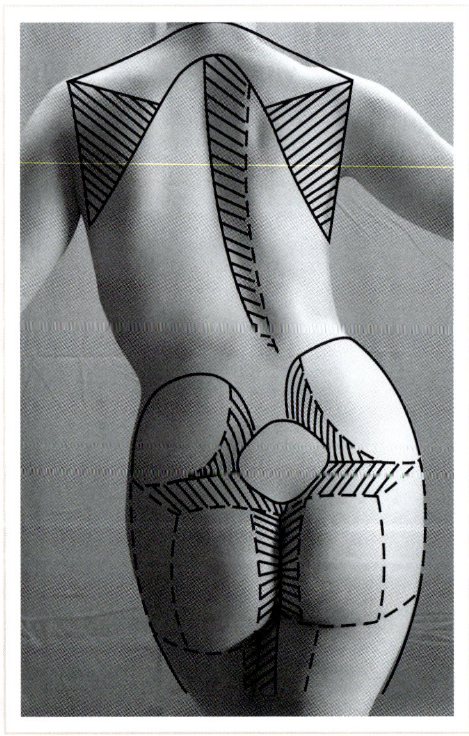

Um die Schritte 25-28 zu verdeutlichen, habe ich das Gesäß, die großen Gesäßmuskeln, und die mittleren Gesäßmuskeln mit gestrichelten und durchgezogenen Linien markiert. Schraffierte Flächen grenzen oben und seitlich an die Linien an und zeigen das Volumen dieser Formen an. Durchgezogene Linien verdeutlichen die Verbindung zwischen Schulterblättern und Trapezmuskeln. Die Linien auf den oberen Flächen der Schulterblätter markieren ihre Lage und ihre dreieckige Keilform.

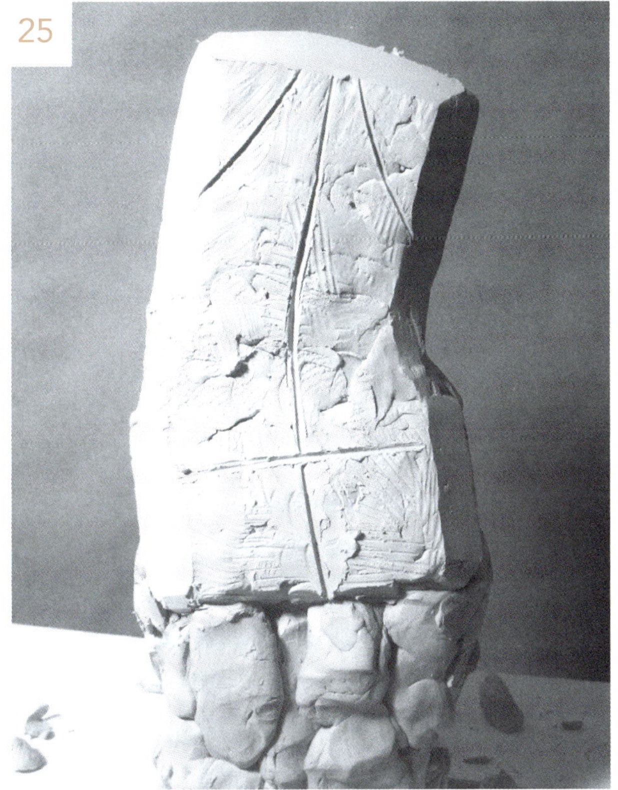

25. Ziehen Sie eine Orientierungslinie in der Rückenmitte, von oben nach unten. Folgen Sie der geschwungenen Anordnung der Tonblöcke. Zeichnen Sie eine horizontale Linie über die Breite des Beckenblocks, ungefähr zwischen dem oberen und den beiden unteren Dritteln des Beckens. Diese Linie teilt den Beckenblock in zwei Teile: den unteren Rücken und das Gesäß, die großen Gesäßmuskeln. Schneiden Sie über die Breite des Brustkorbs eine schräge Fläche für die Trapezmuskeln. Markieren Sie die Schulterblätter mit zwei Linien, die von dieser Fläche aus im 45-Grad-Winkel nach unten verlaufen.

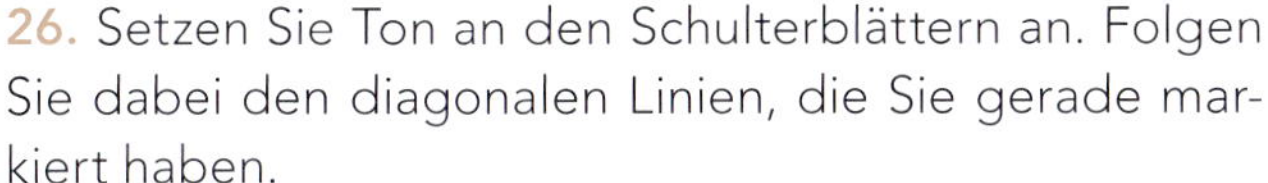
26. Setzen Sie Ton an den Schulterblättern an. Folgen Sie dabei den diagonalen Linien, die Sie gerade markiert haben.

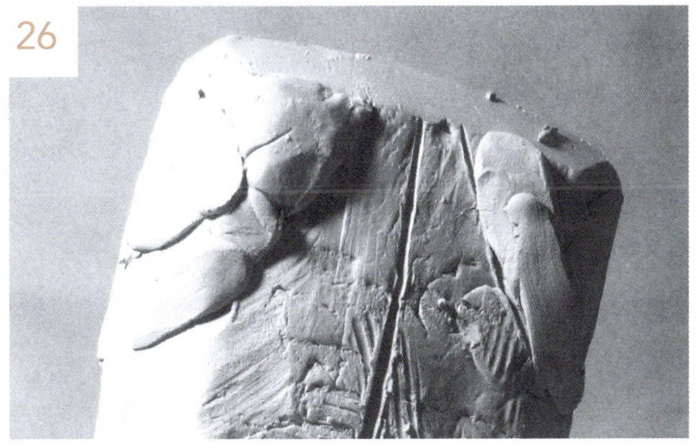

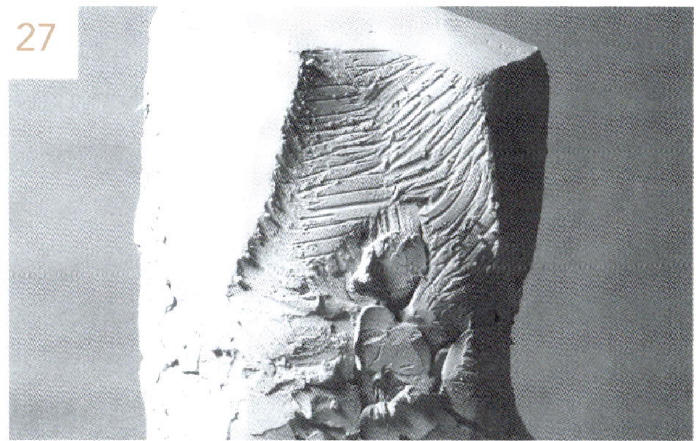

27. Die Schulterblätter folgen dem Umriss des Brustkorbs und runden sich zur Vorderseite des Körpers hin. Sie springen auf der Rückseite vor und weisen zwei Flächen auf: eine geht von der Wirbelsäule bis zur Schulterblattkante hoch und die andere von der Schulterblattkante zur Vorderseite des Körpers. Harken Sie den Ton mit der Modellierschlinge, um die Oberfläche anzupassen und die Dreiecksform der Schulterblätter herauszuarbeiten.

28. Bauen Sie das Volumen des unteren Rückens und den kastenartigen Vorsprung der großen Gesäßmuskeln mit Tonkügelchen auf. (Siehe auch: Zeichnung auf S. 38).

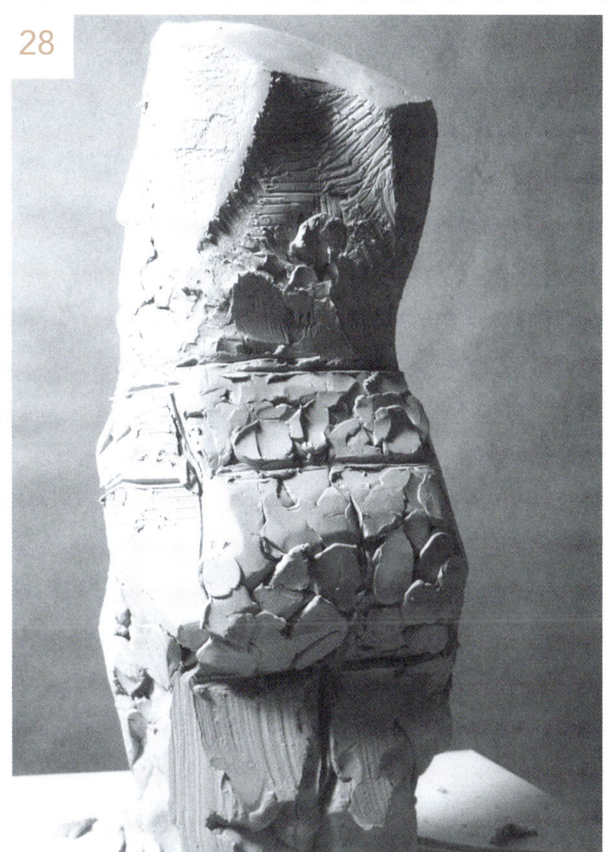

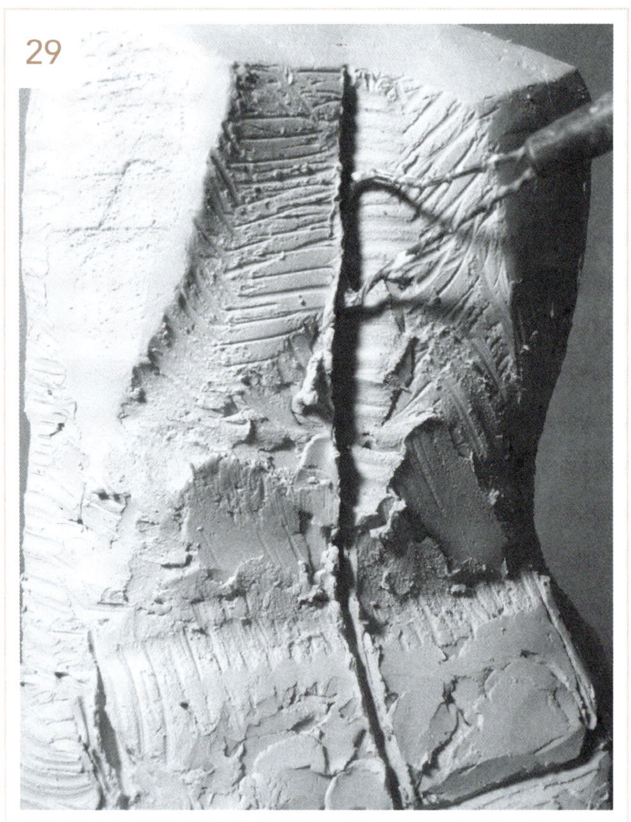

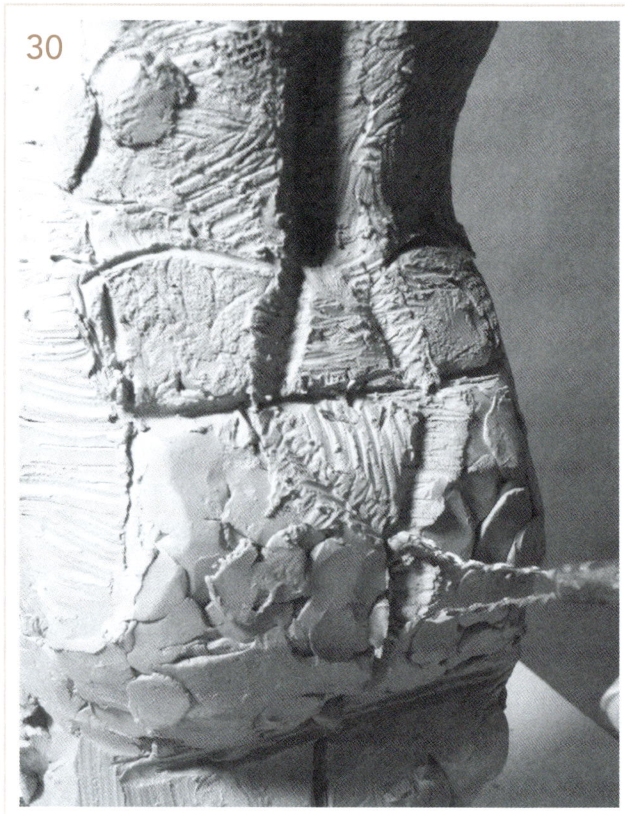

29. Drücken Sie die Modellierschlinge an der Wirbelsäule etwa 6 mm tief in den Ton. Um die Geste dieser Pose einzufangen, neigen Sie das Werkzeug nach rechts, ziehen es hoch und harken den Ton zur rechten Seite. Arbeiten Sie mit der Modellierschlinge die Dreiecksform der Schulterblätter noch deutlicher heraus. Mit ihrer Keilform und der Struktur ihrer Flächen ähneln sie den Oberschenkeln. Modellieren Sie den unteren Rücken mit harkenden Bewegungen der Modellierschlinge.

30. Zum Aufbau der Gesäßpartie zeichnen Sie ein Dreieck in die Mitte des unteren Rückenbereichs. Hier sitzt das Kreuzbein (orientieren Sie sich bei Bedarf an der Zeichnung auf S. 38). Die mittleren Gesäßmuskeln markieren Sie mit einem länglichen Rechteck auf beiden Seiten des Kreuzbeins. Heben Sie Kreuzbein und mittlere Gesäßmuskeln mit Hilfe der Harktechnik hervor und versehen Sie sie mit schmalen Seitenflächen. Zeichnen Sie dreieckige Orientierungslinien für die Basis des Kreuzbeins an und arbeiten Sie die schmalen Seitenflächen von Kreuzbein und mittleren Gesäßmuskeln weiter heraus.

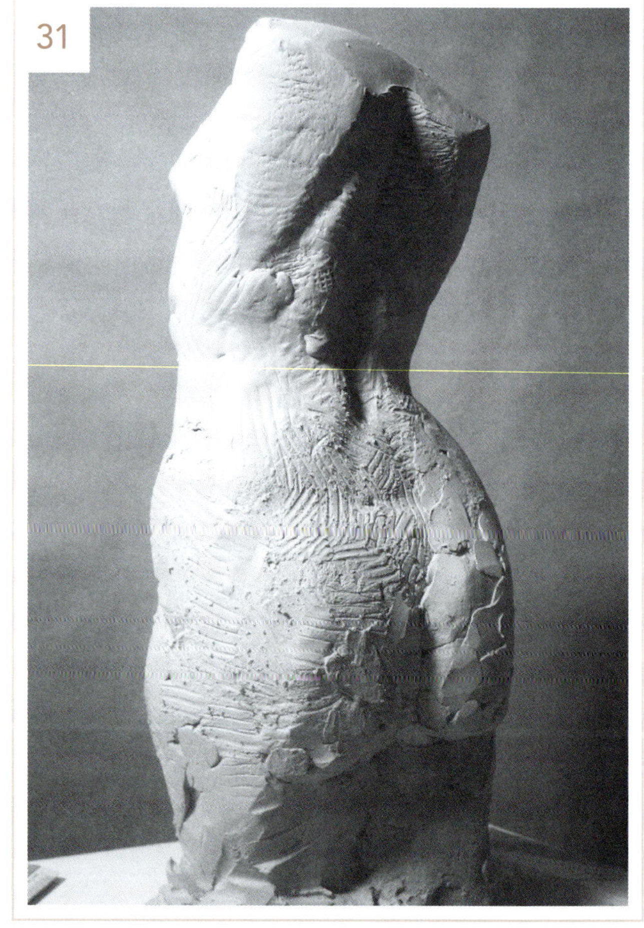

31. Fügen Sie weiteren Ton an, harken und glätten Sie Übergänge und modellieren Sie so vollere Formen und Konturen.

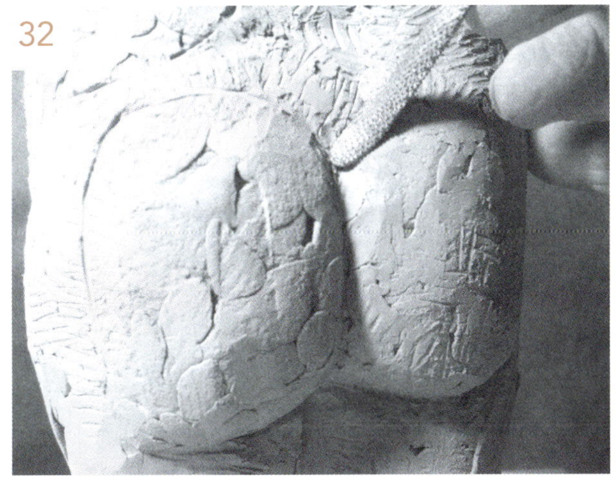

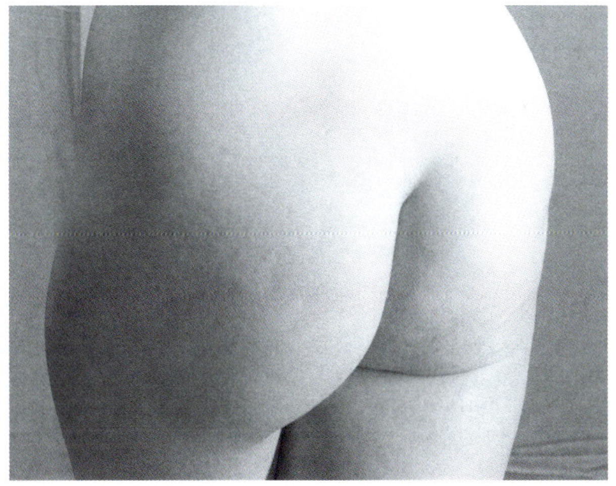

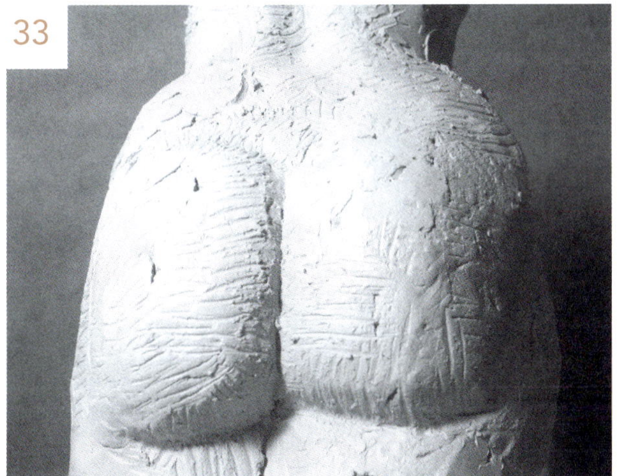

Greifen Sie bei Bedarf auf die Fotos vom Modell zurück. Sie dienen als Ersatz für ein lebendes Modell.

32. & 33. Drücken Sie den Ton an der Oberseite der Gesäßpartie mit der Riffelraspel so an, dass eine kleine Fläche in der Form des Kreuzbeins entsteht. Arbeiten Sie außerdem Flächen unterhalb der Gesäßmuskeln heraus. Sie wirken dadurch plastischer, bekommen mehr Volumen und heben sich besser von der Masse der Beine ab.

▶ Während der Arbeit, nach der Arbeit

Am besten besprühen Sie Ihren Ton mindestens einmal pro Stunde mit einem Wassernebel. Auf diese Weise trocknet er nicht aus. Das Werkstück sollte vor jeder Pause mit einer Plastiktüte luftdicht verpackt werden. Bei längeren Pausen von mehr als drei Tagen empfiehlt es sich, die Skulptur mit einem feuchten Tuch oder Küchenpapier abzudecken, bevor Sie sie mit Plastik umhüllen. Wenn ein Stück über Nacht ein wenig ausgetrocknet ist, legen Sie zur „Wiederbelebung" einfach für eine Stunde ein feuchtes Tuch über die trockenen Stellen.

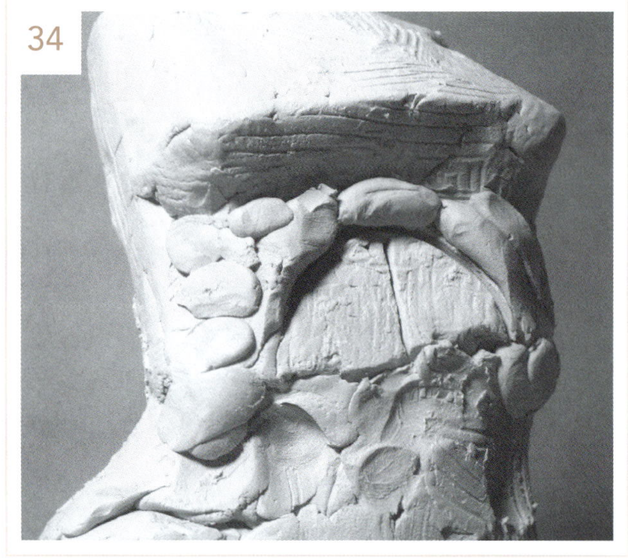

34

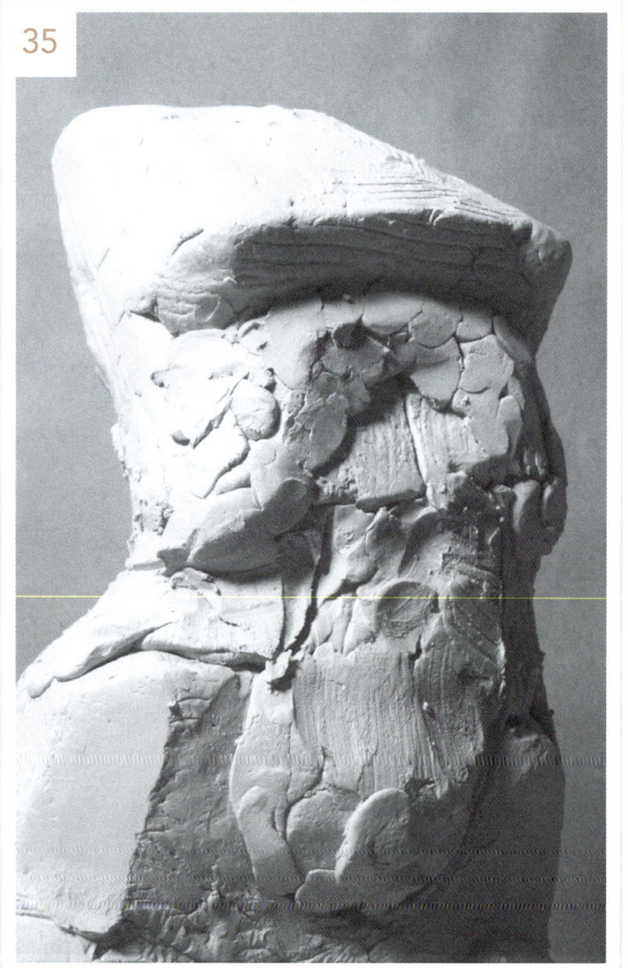

35

34. Bauen Sie den Brustkorb durch kleine Tonstückchen unter den Brüsten auf. Folgen Sie dabei der Linie von Schritt 13.

35. Klopfen Sie obere Fläche und Umriss des Brustkorbs mit dem Holzblock in Form. Die Vorderkante des Brustkorbs ist gewölbt, sie beschreibt einen Bogen von einer Seite zur anderen und rahmt so die obere Bauchmuskulatur ein. Unter diesem gewölbten Rand befindet sich eine schmale Fläche. Klopfen und harken Sie diese Fläche. (Siehe Zeichnung unten.)

36. & 37. Arbeiten Sie die schmale, geschwungene Fläche der Rippenbögen und ihre Kanten heraus. Darunter liegen die oberen Bauchmuskeln. In der Seitenansicht kann man den vorstehenden Brustkorb, obere und untere Bauchmuskeln, die Schrägmuskeln zwischen Brustkorb und Becken und die Richtung der Hüftfläche erkennen.

38. & 39. Bauen Sie den Bereich der oberen und unteren Bauchmuskeln mit Ton auf. Setzen Sie auch am Venushügel zusätzlichen Ton an, um den Schambogen und die Leistenbänder herauszuarbeiten. Sie liegen zu beiden Seiten des Schambogens und verbreitern das V unter dem Bauch.

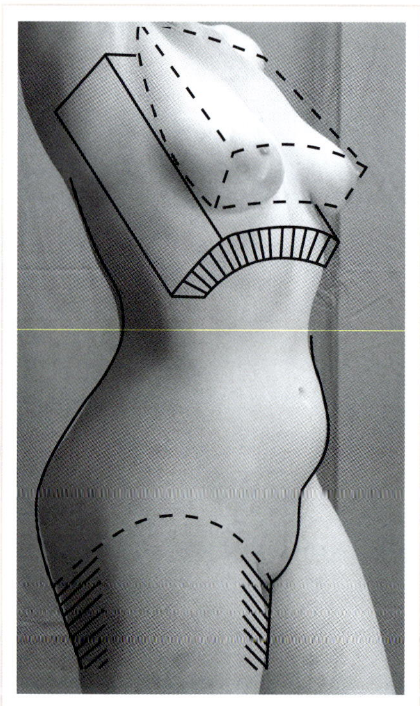

Die schmale Fläche unter dem geschwungenen Rand des Brustkorbs ist hier als schraffierte Fläche dargestellt.

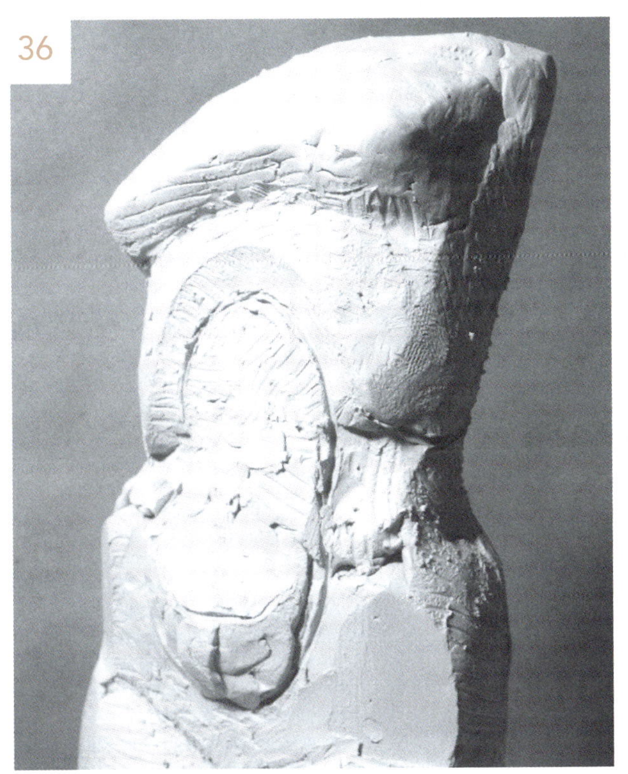
36

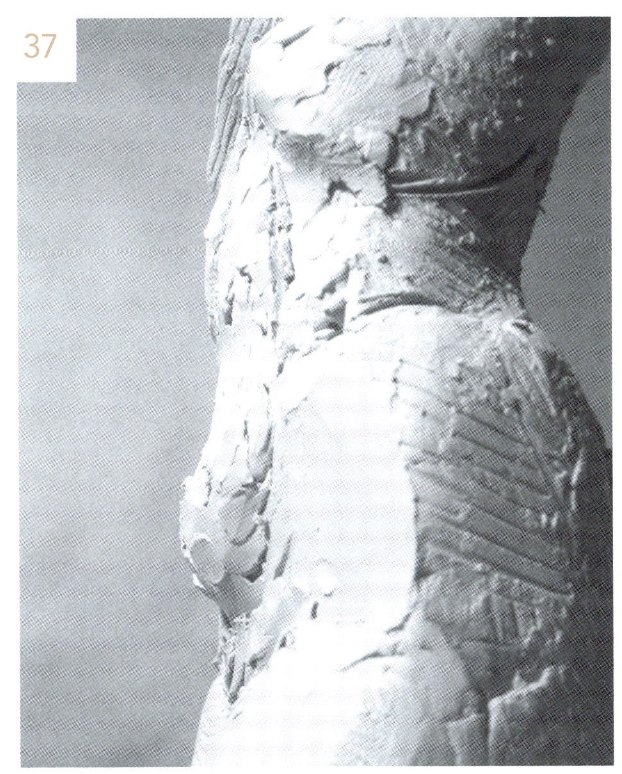
37

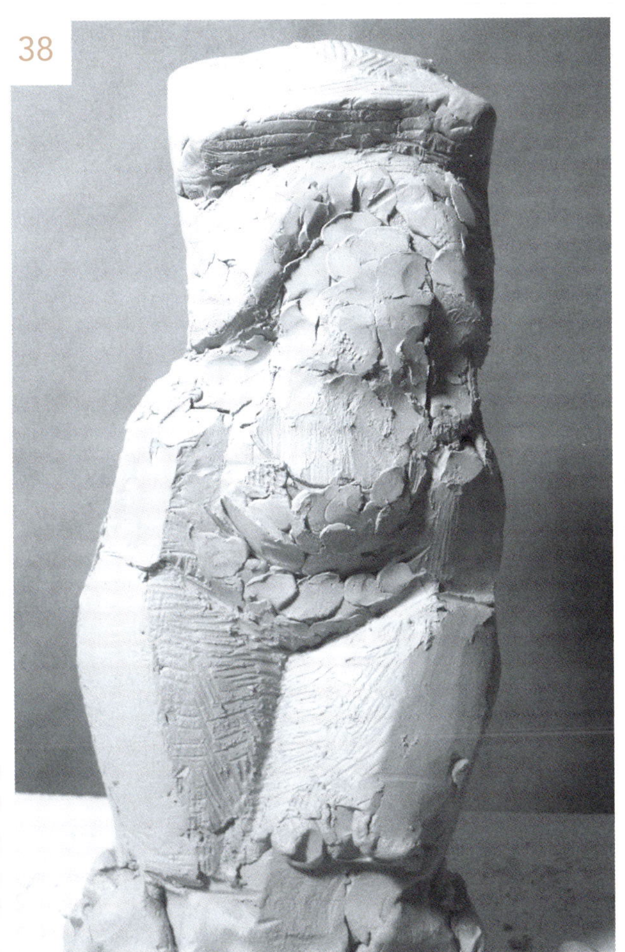
38

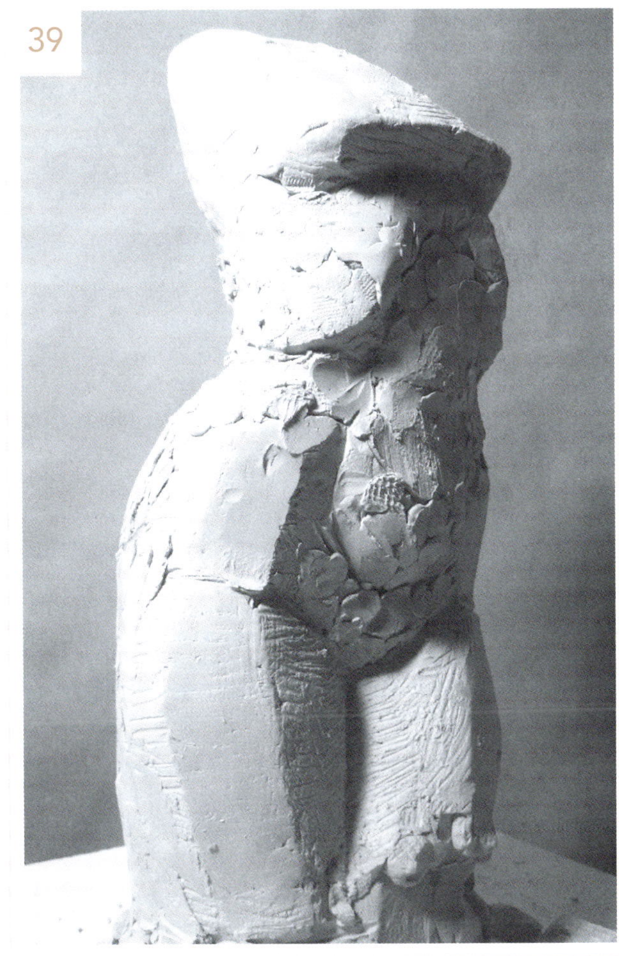
39

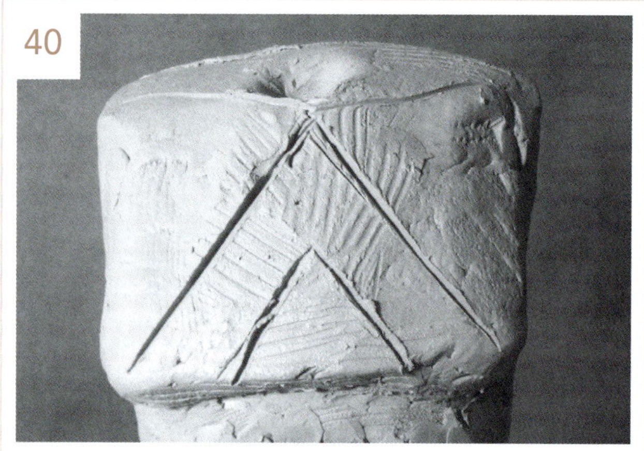

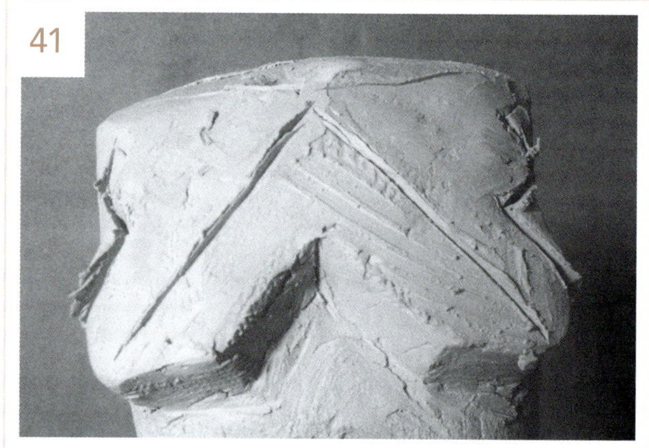

40. & 41. Für die Brüste zeichnen Sie von dem Anstoßpunkt der Schlüsselbeine (also von der Mitte der Brustoberkante), jeweils eine schräge Linie bis zu dem Punkt, an dem die Brustwarzen liegen. Mit der Unterkante der Grundform für die Brüste bilden diese Linien ein Dreieck. Es sollte den Proportionen dieser Körperpartie beim Modell entsprechen. Zeichnen Sie mittig unter dieses Dreieck ein kleineres. Es beginnt dort, wo die Brüste des Modells Form annehmen. Das kleine Dreieck kennzeichnet die Mulde zwischen den Brüsten. Auch diese Fläche und der Abstand zwischen den beiden Dreiecksspitzen sollte die Proportionen dieser Körperpartie beim Modell widerspiegeln. Die Brüste bewegen sich in dieselbe Richtung wie der Brustkorb. Wenn Sie die Brustwarzen mit einer Linie verbinden würden, verliefe diese Linie bei jeder seitlichen Neigung des Brustkorbs parallel zu den Schultern. (Siehe auch die Fotos auf den Seiten 27 und 29 und die rechte Zeichnung auf Seite 58.)

Schneiden Sie den Ton an den Linien des kleinen Dreiecks ein und entfernen Sie den Ton. So wird die Grundform der beiden Brüste mit der Anordnung ihrer Flächen sichtbar (41).

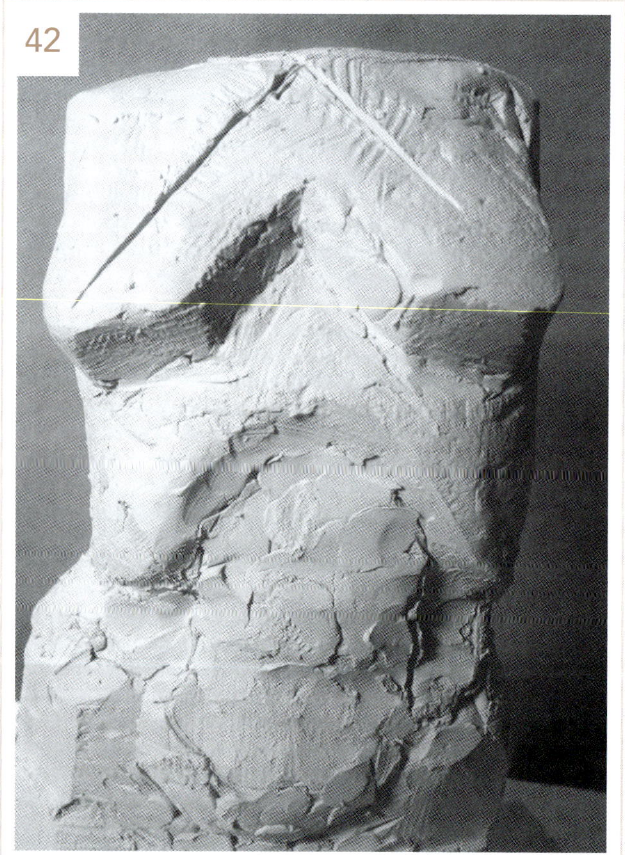

42. Wenn Sie sich diese Partie von unten ansehen, können Sie die innere und die untere Fläche der Brüste klar erkennen. Der Brustkorb hat eine gewölbte Oberfläche und die Oberseite der Brust und der Brüste folgt dieser Wölbung.

43. Um den Brüsten ihre endgültige Form zu geben, schneiden Sie an ihren Außenseiten Ton ab. Der Schnitt verläuft jeweils parallel zu der Fläche an der Brustinnenseite. Zwischen Schulter und Brust legen Sie auf jeder Seite die gewölbte Form des Brustmuskels an. Schneiden Sie dafür den Ton so ab, als wollten Sie eine runde Klammer aus dem Material schälen.

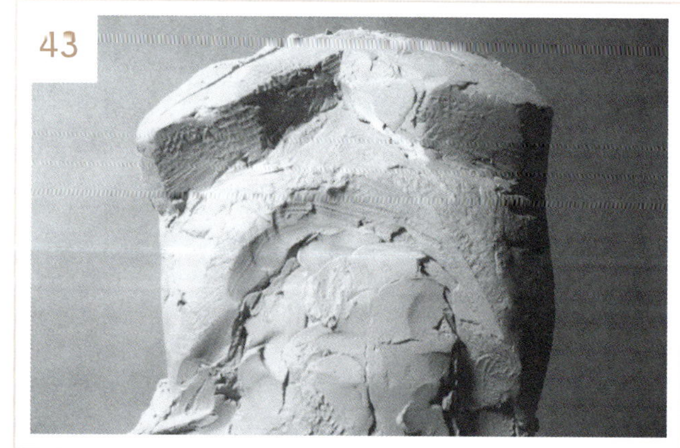

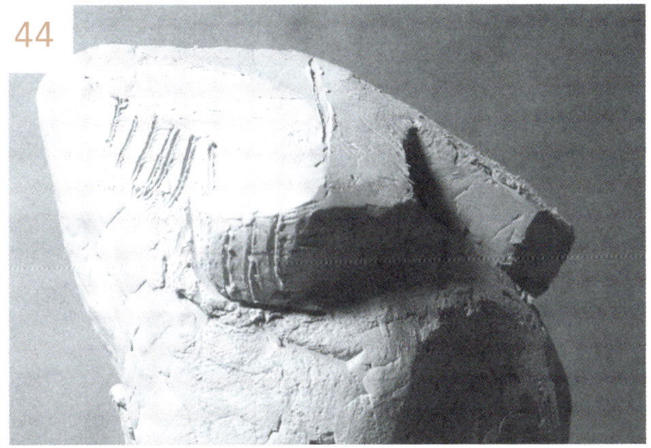

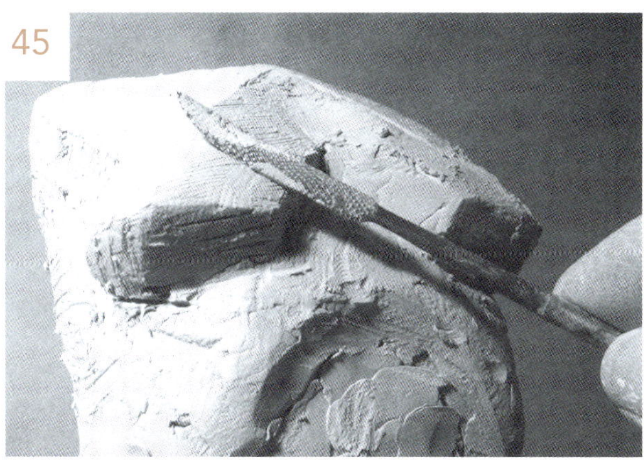

44. Setzen Sie an linken Seite des großen Dreiecks an und schneiden Sie auf der Brust eine Fläche zu, die nach unten und zurück zur Schulter verläuft. Die hier eingezeichneten vertikalen Linien auf der Brustseite zeigen die Lage der Seitenfläche des Brustmuskels und der unteren Fläche der linken Brust an.

45. Auf der Oberseite der linken Brust schneiden Sie eine Fläche zu, die von der Seite des großen Dreiecks nach unten zur Brustkorbmitte reicht. Die linke Seite des großen Dreiecks ist zur Anstoßlinie der beiden oberen Brustflächen geworden und stellt zugleich ihren höchsten Punkt dar.

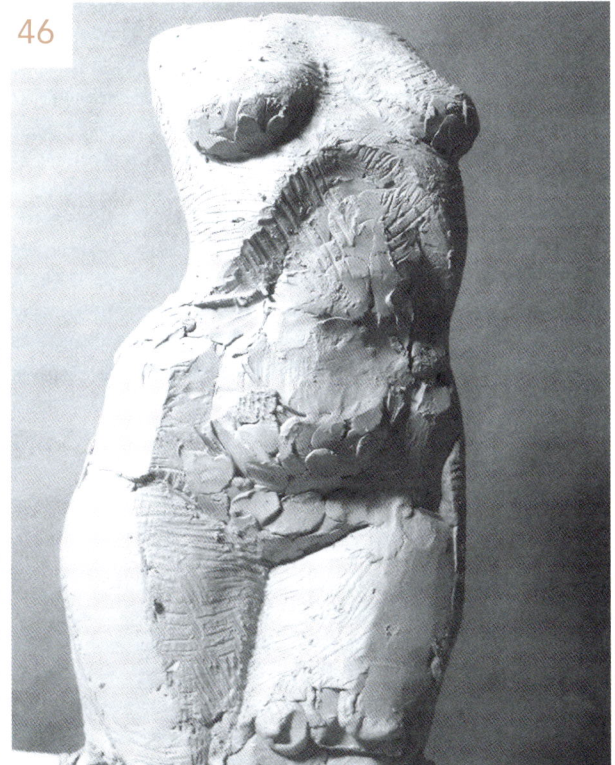

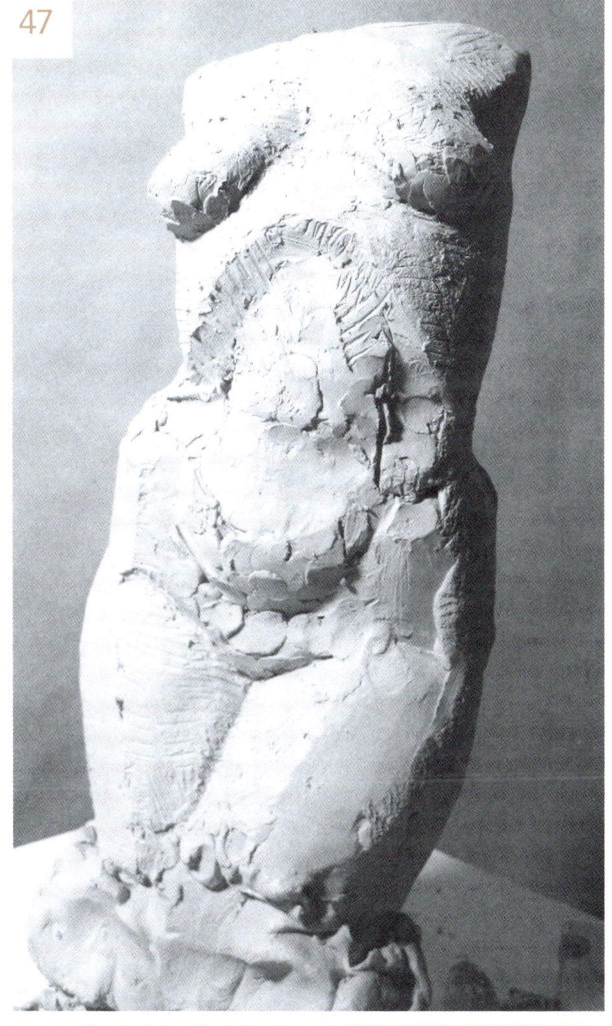

46. & 47. Betrachtet man den Torso in diesem Stadium von rechts und von links, erkennt man die herausgearbeiteten Brüste, die Tonnenform des Brustkorbs, den Bereich der oberen und der unteren Bauchmuskeln und den Schambogen.

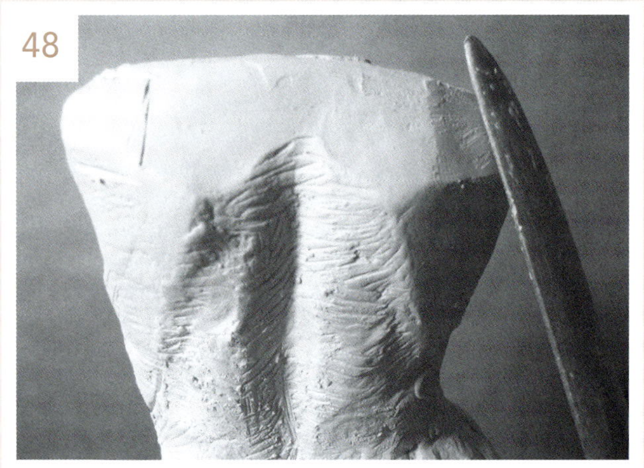

48. Schneiden Sie auf der Oberseite der Schultern eine Fläche zu. Arbeiten Sie von hinten nach vorne.

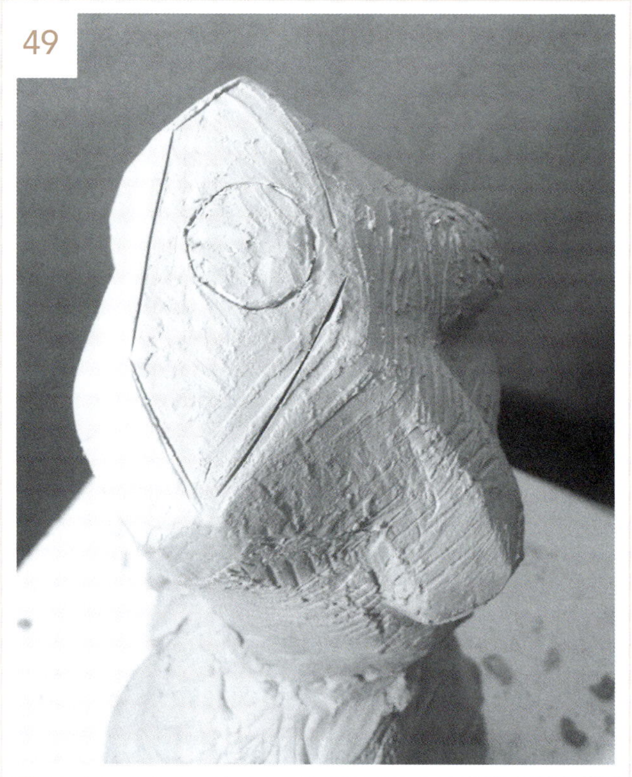

49. Die dreieckigen Schulterblätter liegen an Ober- und Rückseite des Brustkorbs. Sie ruhen auf den seitlichen Rundungen der Rippen und geben ihnen eine natürliche Neigung zur Vorderseite des Körpers. Die Flächen der Schlüsselbeine beginnen in der Brustmitte und führen nach hinten zu den Schultern. Die Draufsicht zeigt, wie Schulterblätter und Schlüsselbeine den elliptisch geformten Schultergürtel oben auf dem Brustkorb bilden. Markieren Sie in der Mitte der schräg abfallenden Fläche des Schultergürtels einen Kreis für den Hals.

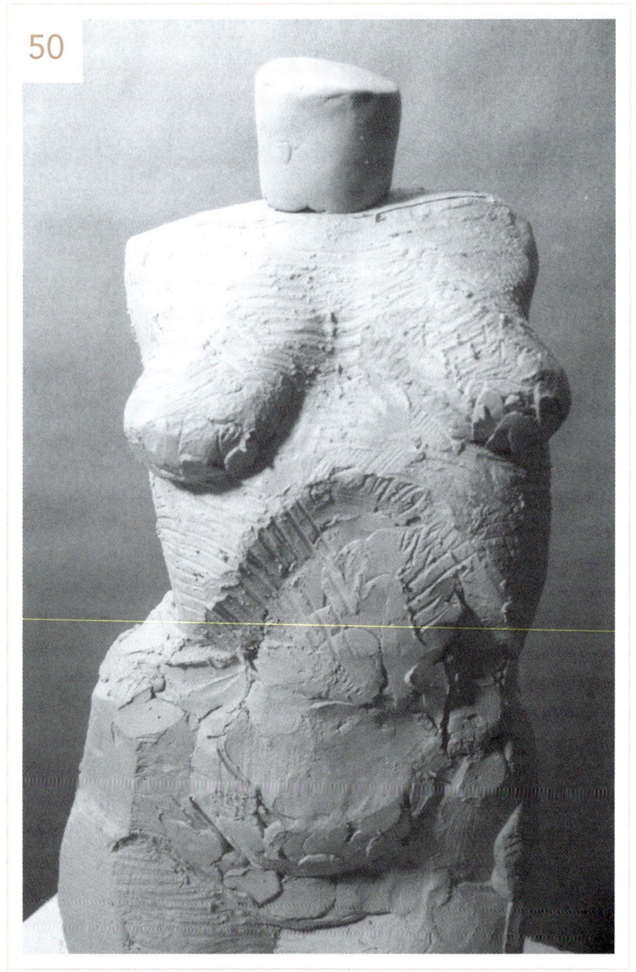

50. Der Hals ist ein einfacher Zylinder. Er sitzt auf der angeschrägten Fläche des Schultergürtels, oben auf dem Brustkorb. Durch die natürliche Krümmung der Halswirbelsäule ist er nach vorn geneigt.

51

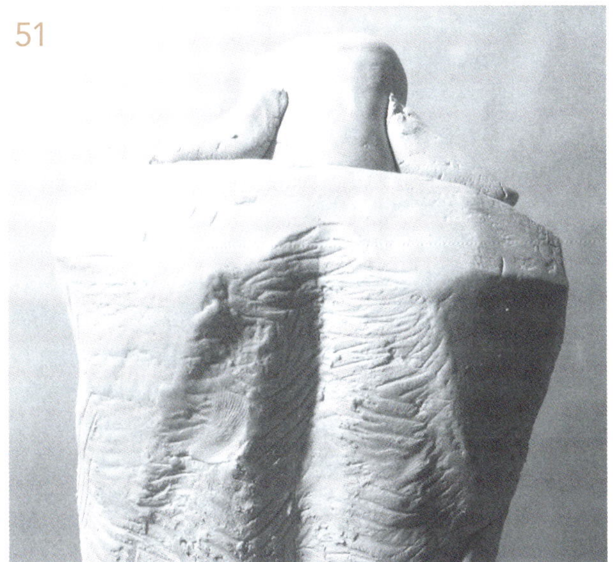

52

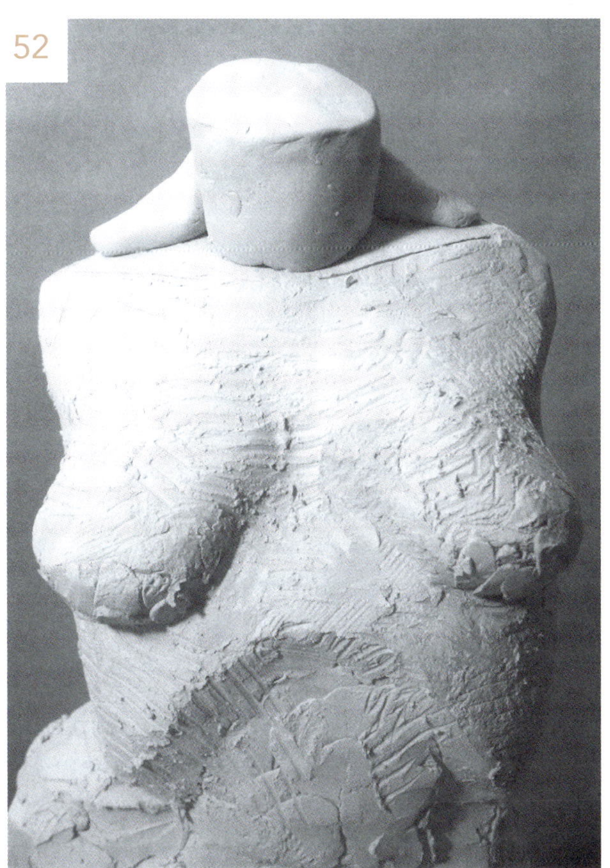

51. & 52. Bauen Sie die Trapezmuskeln des Halses mit kleinen Tonzylindern auf, die von den Schultern bis zum Hals verlaufen. Am Hals sollten die Tonzylinder höher sein als an den Schultern, sie fallen zu den Schultern hin schräg ab und bilden ein Dreieck. (Siehe auch die Zeichnung auf Seite 59, oben rechts.)

53

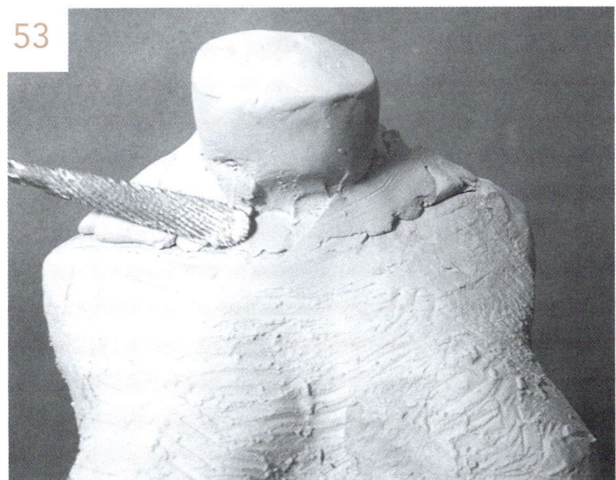

54

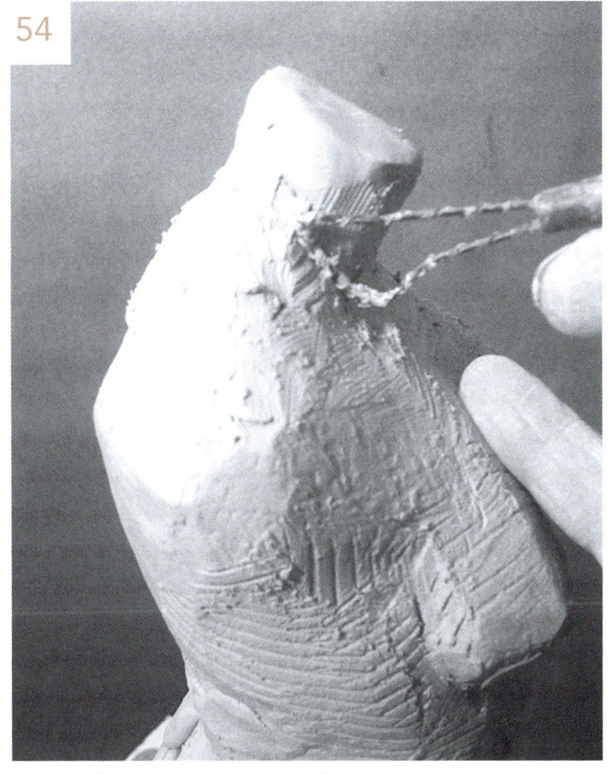

53. & 54. Setzen Sie im Bereich vom Schlüsselbein zum Trapezmuskel mit der Riffelraspel Ton an, um die abgeschrägte Fläche an den Halsseiten stärker herauszuarbeiten. Harken und ebnen Sie dann den Ton rund um den Hals und die Halspartie mit der Modellierschlinge.

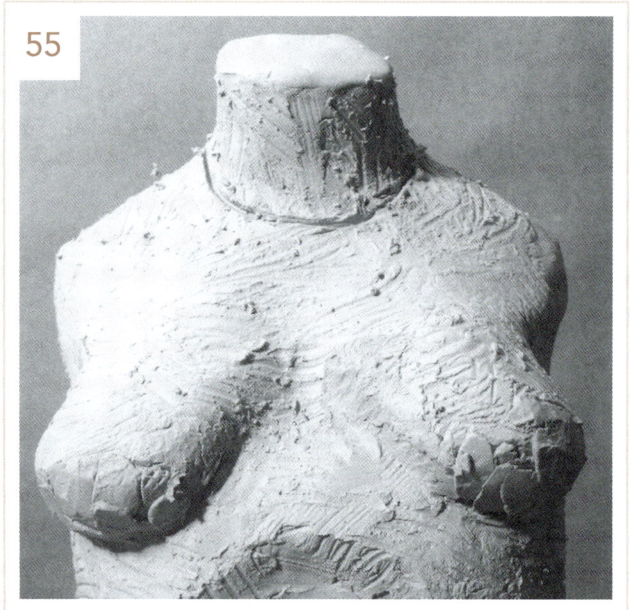

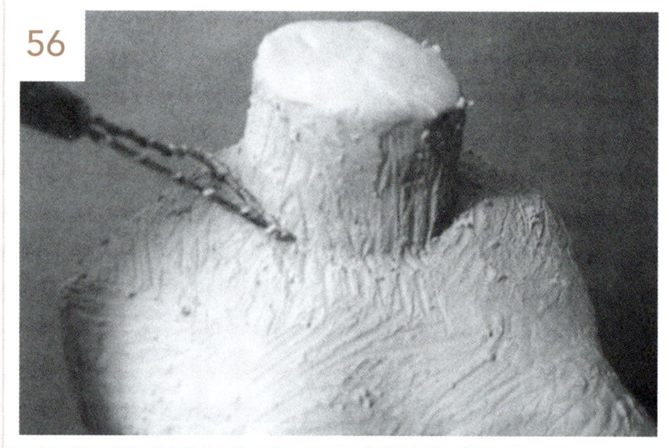

56. Schieben Sie die Modellierschlinge gegen diese Linie, drücken Sie sie an und harken Sie den Ton in Richtung Schulter. Harken Sie so um den ganzen Hals und die umliegenden Bereiche.

55. Ziehen Sie mit der Spitze der Riffelraspel eine Linie rund um den Halsansatz, dort, wo er die Schlüsselbeine berührt. Mit Hilfe dieser Linie soll später der Punkt herausgearbeitet werden, an dem der Hals auf das Schlüsselbein trifft und in die Brust übergeht.

57. Der erste Schritt, die Grundform, ist fertig gestellt. Die Seitenansicht zeigt die Neigung des Halses. Vorder- und Rückflächen von Brustkorb- und Beckenblock liegen parallel. Die Vorderseite der Brust und der Brüste zeigt nach oben, während die Fläche, die sich über den Rücken erstreckt, nach unten zeigt. Die Vorderseite der unteren Bauchmuskulatur und des Schambogens zeigt nach unten, während die Fläche des unteren Rückenbereichs nach oben zeigt. Sie könnten eine S-Kurve durch die Mitte der Skulptur zeichnen, von der Oberseite des Halses bis zum unteren Rand des Oberschenkels.

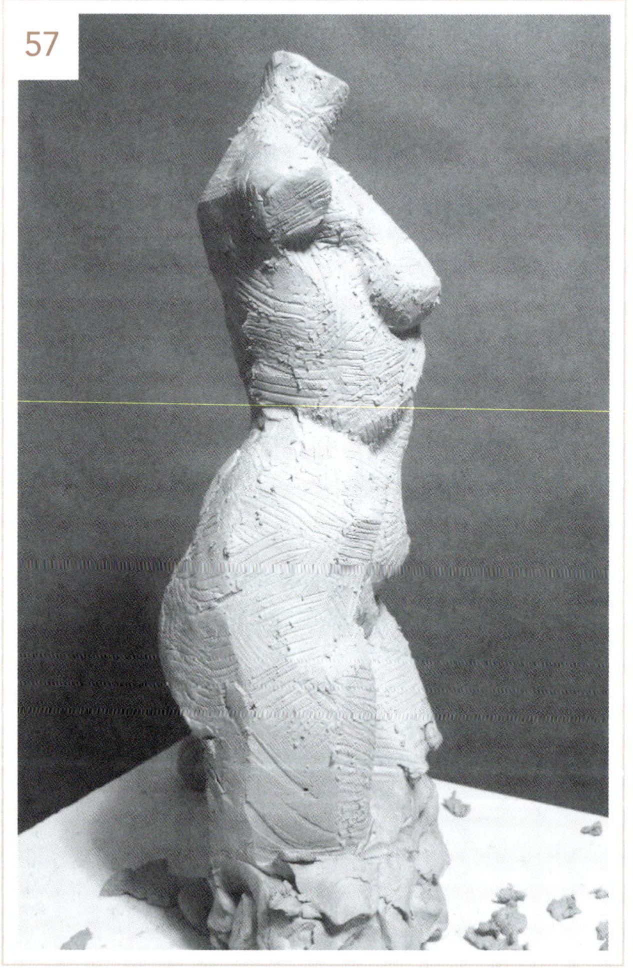

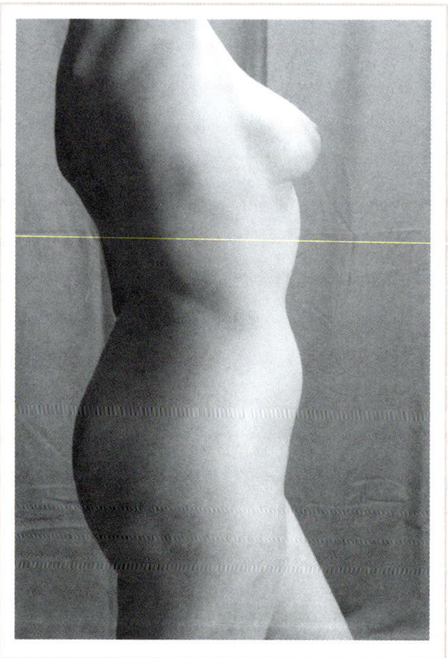

Wenn Sie an diesem Punkt Ihr Werkstück mit dem Modell vergleichen, stellen Sie fest, dass alle wichtigen Winkel, Formen und Gesten eingefangen wurden.

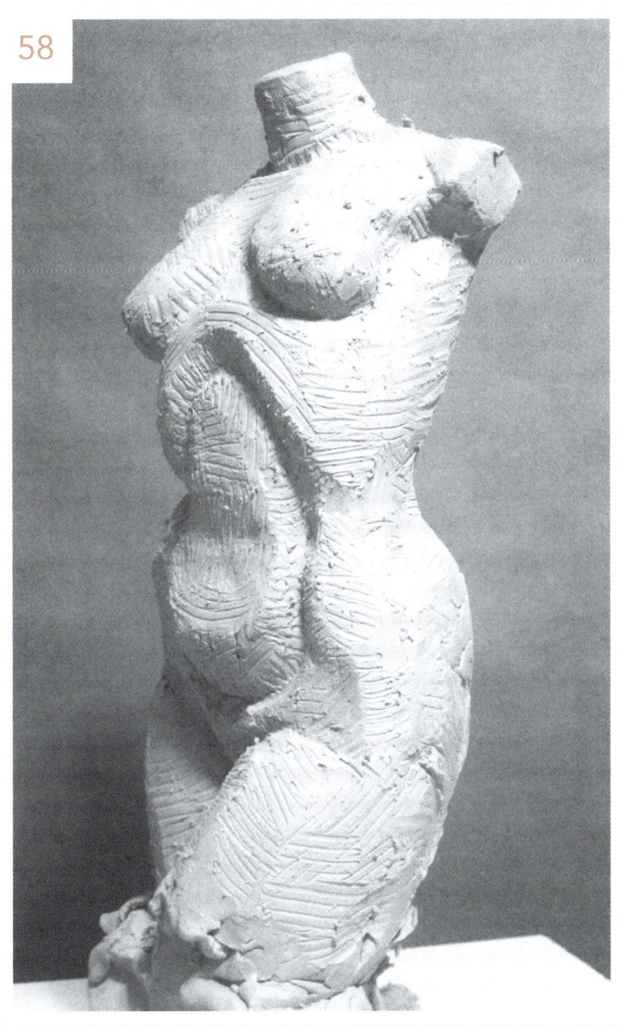

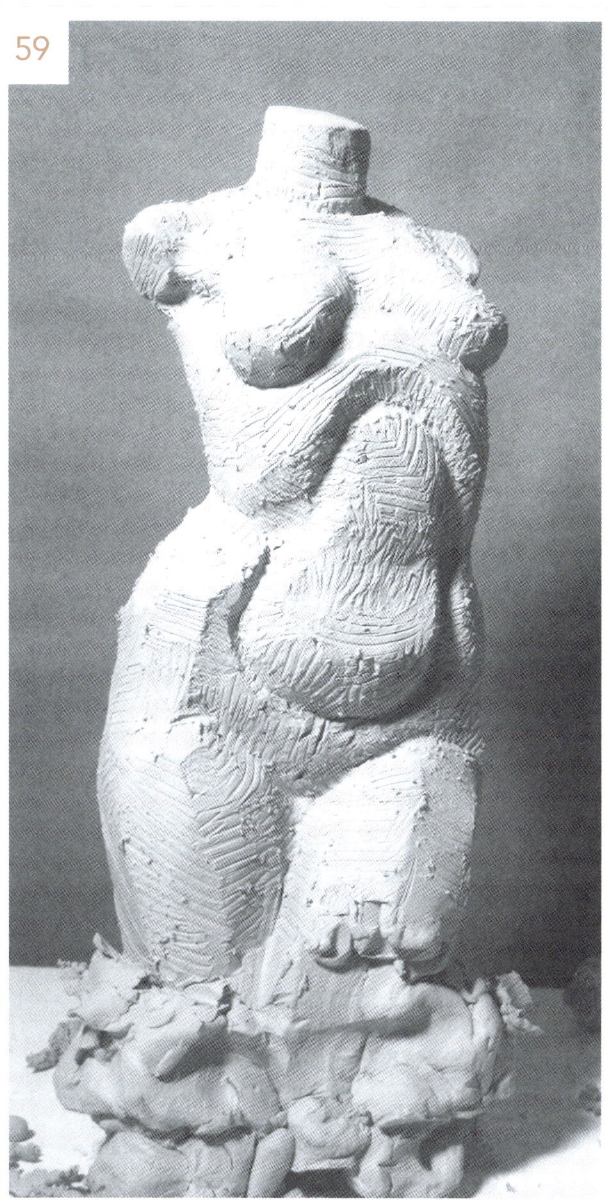

58. & 59. Wenn Sie in diesem Stadium um die Grundform herum gehen, sehen Sie, wie die Flächen der großen vorderen Formen aufgebaut sind. Die Grundform stellt 80 Prozent der gesamten Arbeit an einer Skulptur dar.

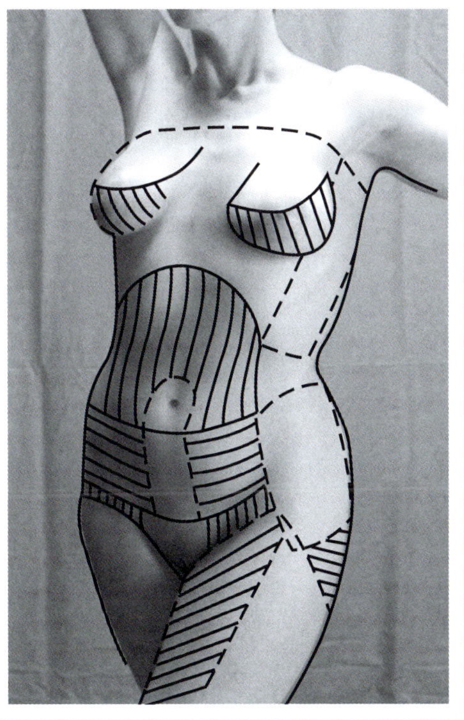

Die geschwungenen Linien markieren die Rundung der Bauchmuskeln, die Sie auch an der Skulptur sehen können.

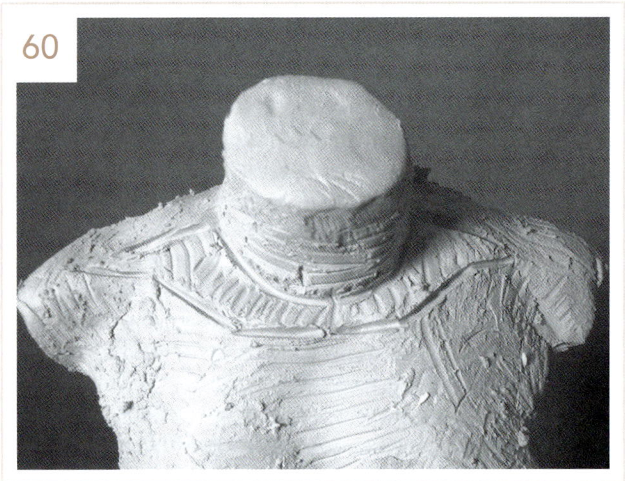

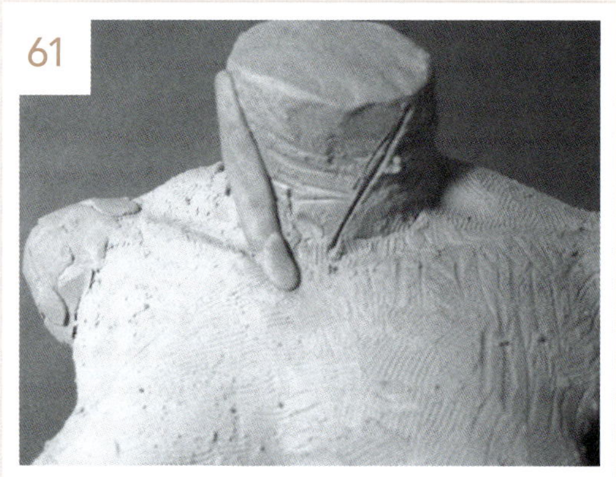

60. Zu Beginn des zweiten Schrittes (ab Seite 30) haben Sie zwei Orientierungslinien für die Schlüsselbeine eingezeichnet. Sie sehen aus wie ein Fahrradlenker.

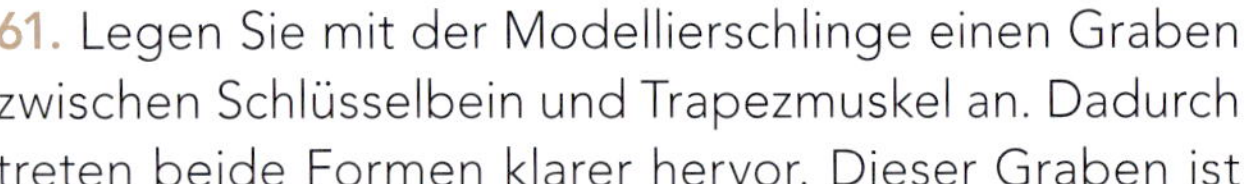

61. Legen Sie mit der Modellierschlinge einen Graben zwischen Schlüsselbein und Trapezmuskel an. Dadurch treten beide Formen klarer hervor. Dieser Graben ist eigentlich ein tiefer liegender Übergangsbereich zwischen zwei höher liegenden Formen. Setzen Sie an der Halsseite einen Streifen Ton für den Kopfwender an, der schräg vom inneren Ende des Schüsselbeins bis zur Oberkante der Halsseite verläuft. Auf der anderen Seite machen Sie es ebenso und glätten dann die Übergänge mit der Modellierschlinge.

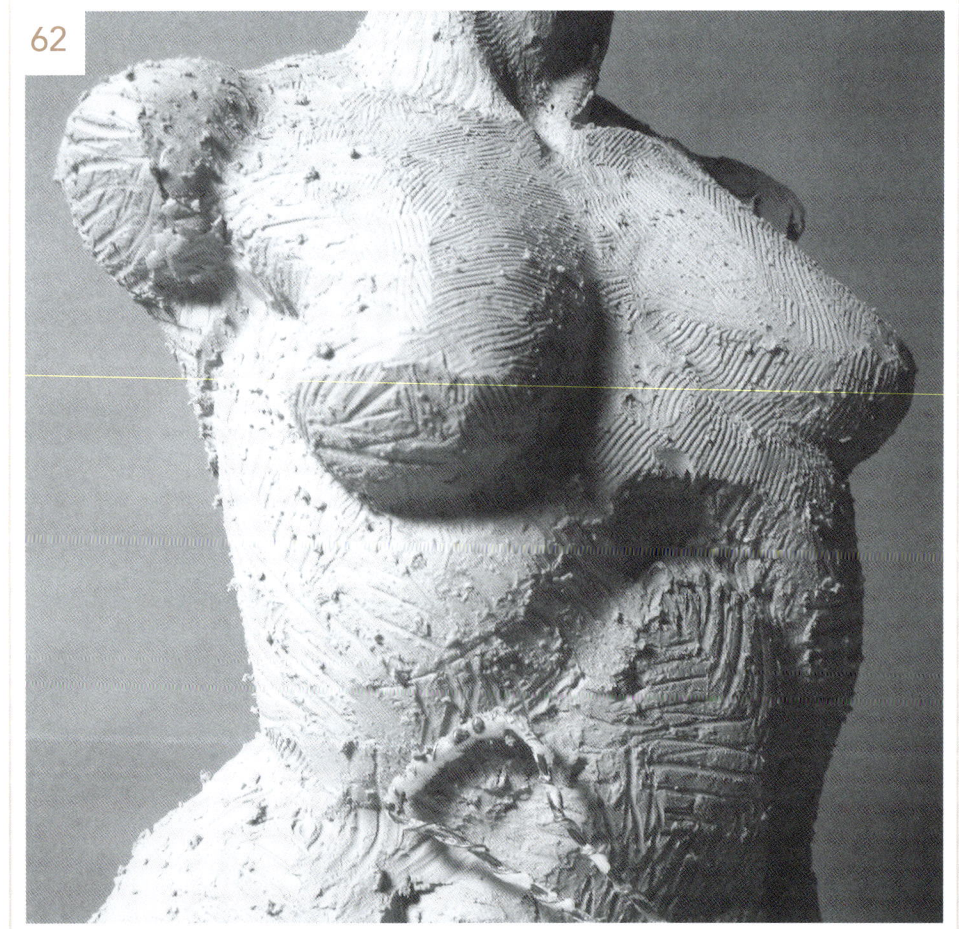

62. Verbinden Sie die Formen miteinander und glätten Sie die Kanten der Flächen (die Anstoßlinien) durch Harken mit der Modellierschlinge. Verbinden Sie den Ton des Brustkorbs mit den oberen Bauchmuskeln. Auf diese Weise entsteht allmählich eine fließende, rhythmische Bewegung über die Oberfläche der Skulptur.

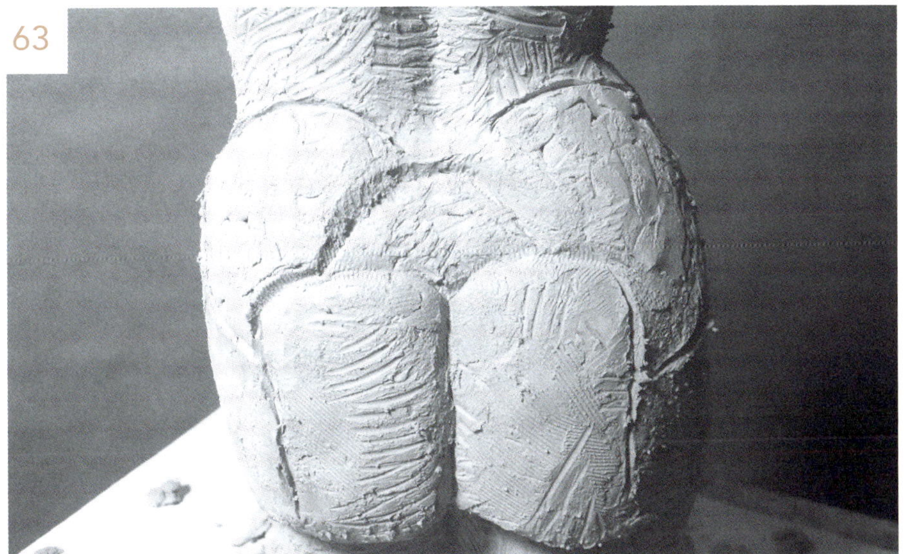

63. Arbeiten Sie die markierten Bereiche der Gesäßmuskeln und des Kreuzbeins weiter heraus. Die beiden oberen Gesäßmuskeln sind kastenförmig angelegt. (Siehe Zeichnung auf Seite 59, rechts oben.)

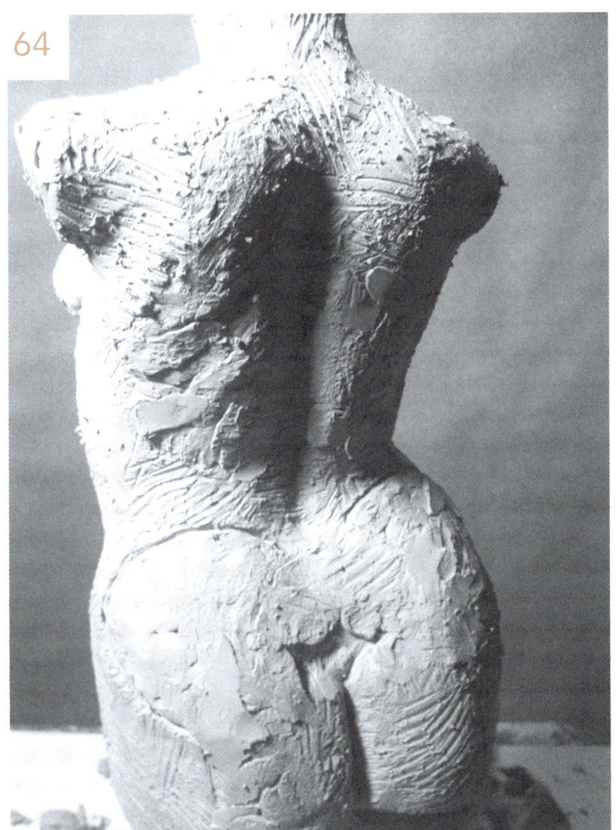

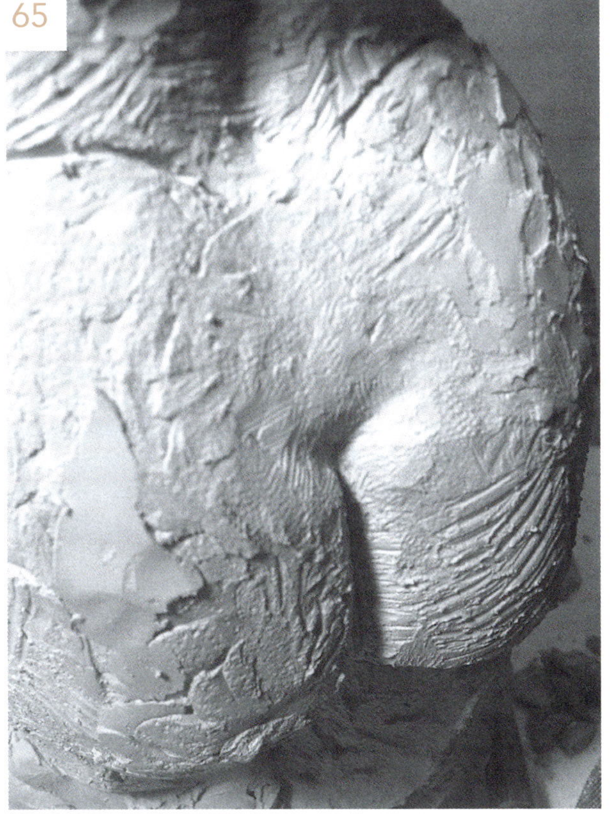

64. & 65. Beginnen Sie, die Formen durch Harken zusammenzubringen, während Sie das Volumen durch zusätzlichen Ton aufbauen. Vergessen Sie nicht, auch den V-förmigen Bereich des Kreuzbeins und die obere Gesäßmuskelpartie unmittelbar unter dem Kreuzbein mit Ton aufzubauen. Beklopfen Sie den Ton dann mit dem Holzblock und harken Sie über den Ton am Kreuzbein. Schieben Sie die Modellierschlinge etwa 8 mm tief in die vertikal verlaufende Markierung zwischen den Gesäßmuskeln und harken Sie nach oben zur Oberfläche. Auf diese Weise entsteht seitlich an den Gesäßmuskeln eine schmale Fläche, die ihre Form deutlicher hervorhebt. Setzen Sie weitere Tonstückchen an den mittleren Gesäßmuskel an, um ihm eine vollere Kontur zu geben. (Sehen Sie sich bei Bedarf die Bilder auf den Seiten 28 - 29 an.)

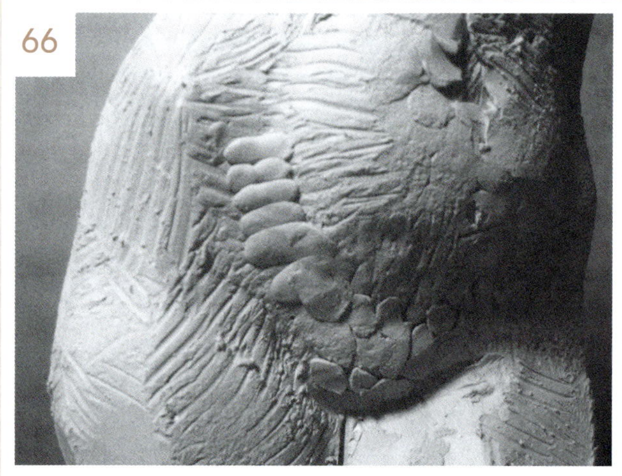

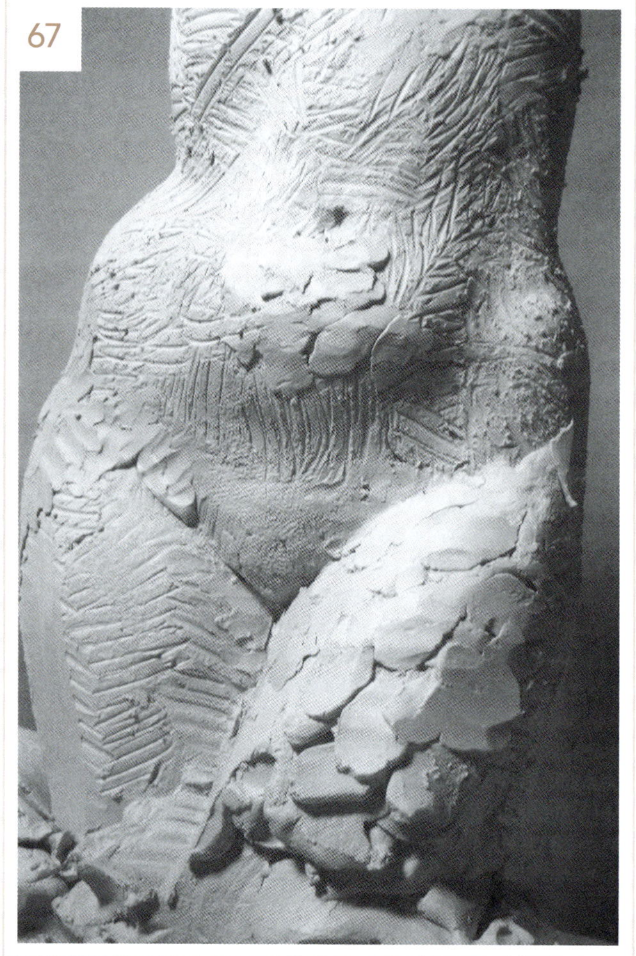

66. Setzen Sie an der ganzen Seite des Bauches kleine Tonstreifen an, um Vertiefungen aufzufüllen und die seitliche Fläche der Bauchmuskeln mit der Vorderfläche der Hüfte zu verbinden. Glätten Sie die Übergänge mit der Modellierschlinge.

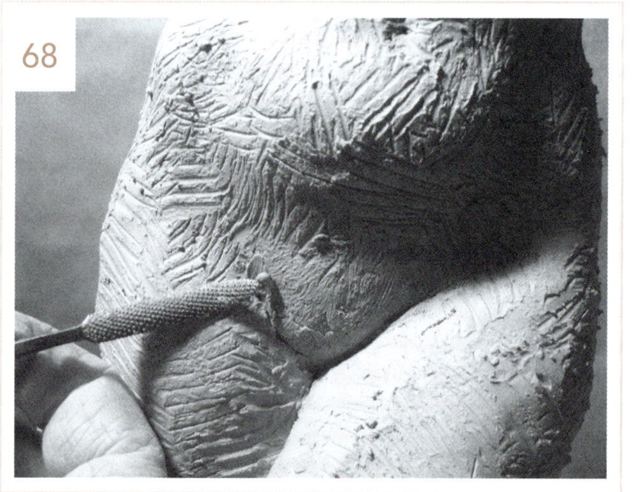

67. Bauen Sie das Volumen der Oberschenkel und des unteren Bauchbereichs mit Tonstücken auf.

68. Bauen Sie den Schambereich unterhalb des unteren Bauchbereichs mit kleinen Tonkugeln auf.

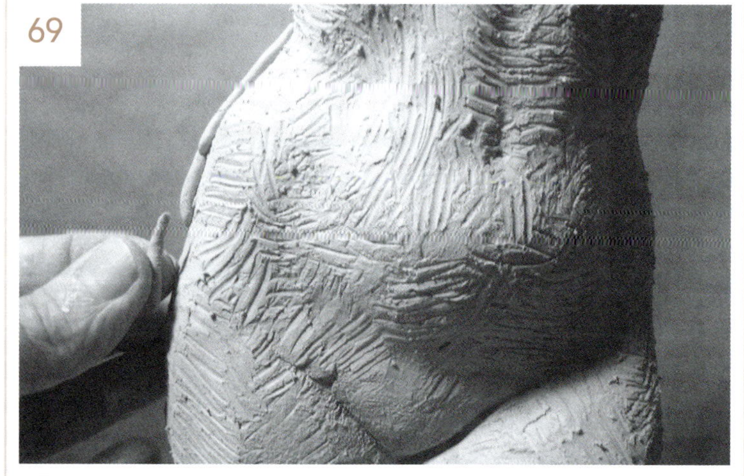

69. Setzen Sie Tonstreifen von der Taille bis zum Ansatz der Oberschenkel an, um die Hüfte herauszuarbeiten.

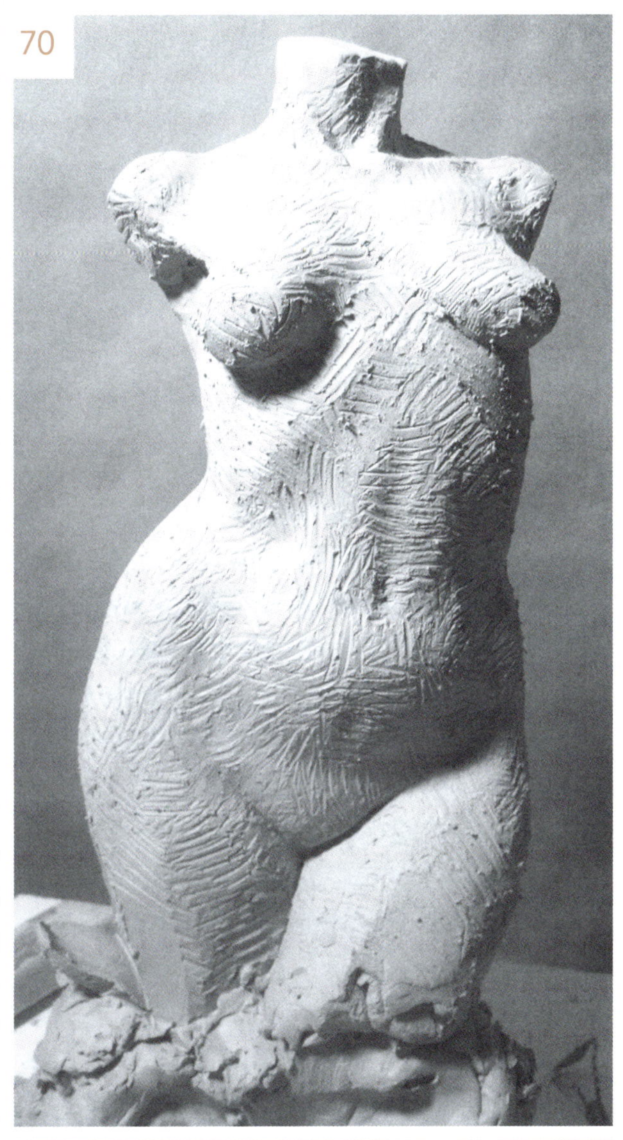

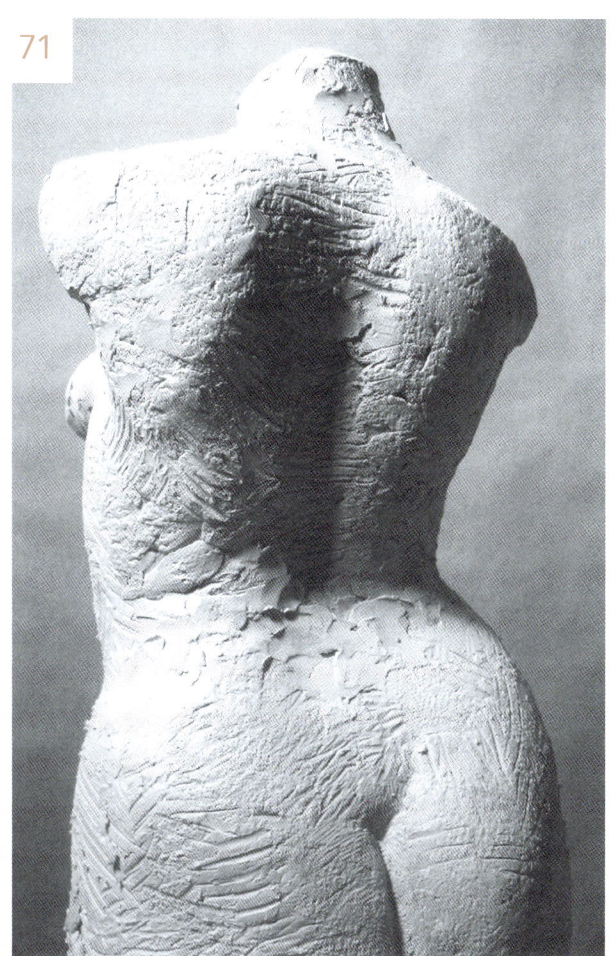

70. & 71. Der zweite Schritt ist damit vollendet. Die Formen sind modelliert, geharkt und miteinander verbunden, so dass auf der Oberfläche eine rhythmische Bewegung entsteht.

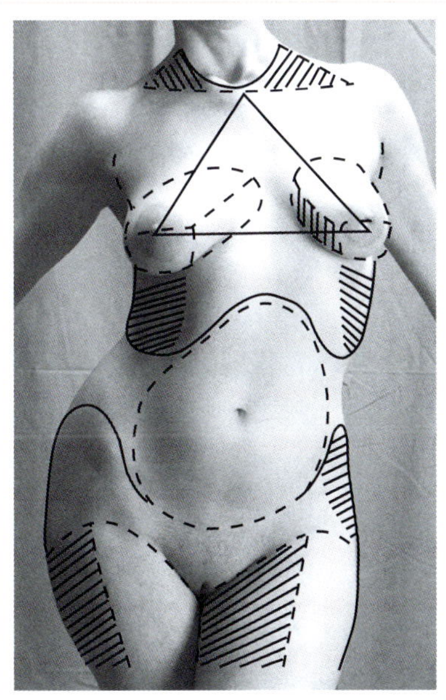

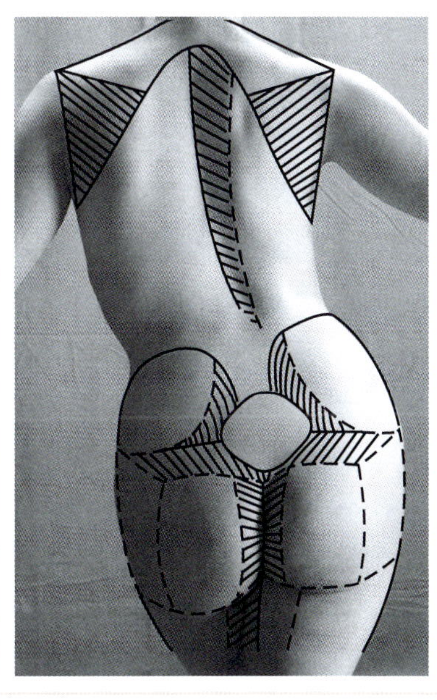

Bei der Vorderansicht markieren die gestrichelten Linien die Oberseiten der vier größeren Flächen (zwei innere und zwei äußere) der Oberschenkel. Achten Sie auf die nach außen ragende Lage der gewölbten Brustkorbmasse und das Volumen der beiden Brüste. Die Rückansicht zeigt eine große dreieckige Form, die an der Seite des Brustkorbs durch das Schulterblatt gebildet wird. Es besteht aus drei Flächen: obere, seitliche und vordere Fläche.

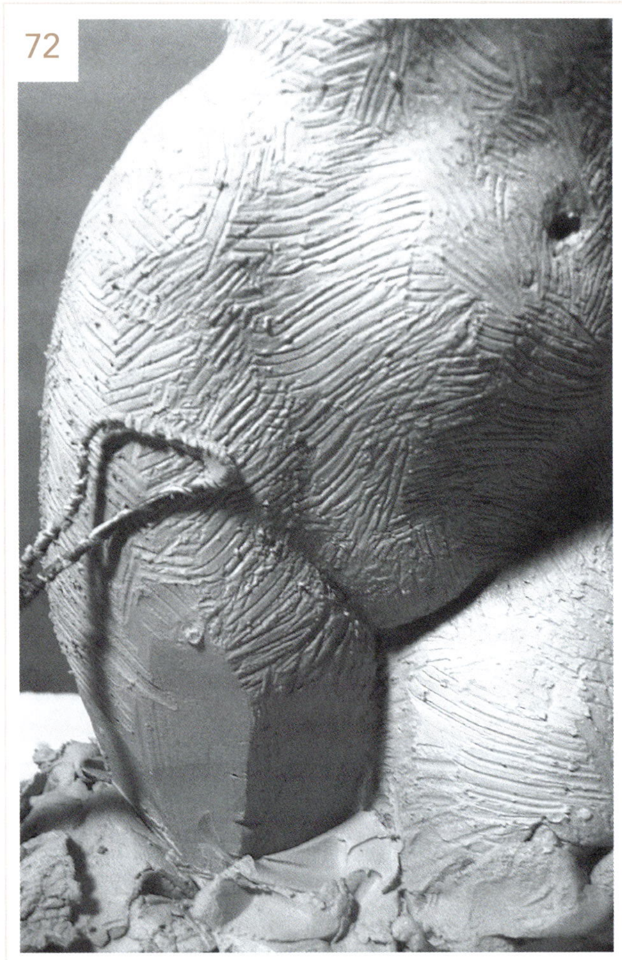

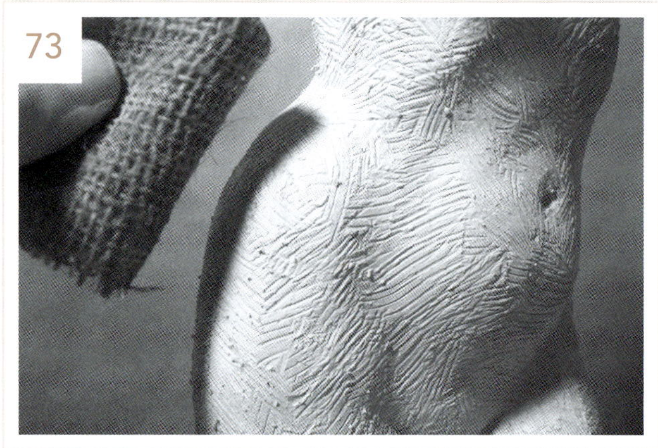

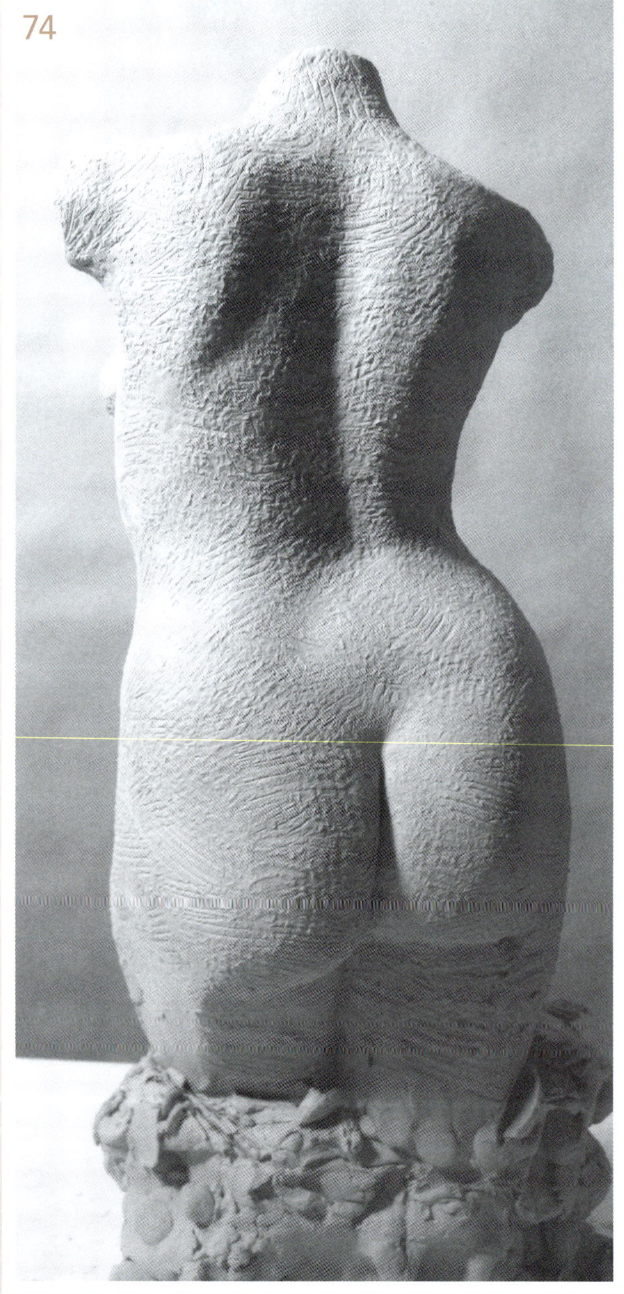

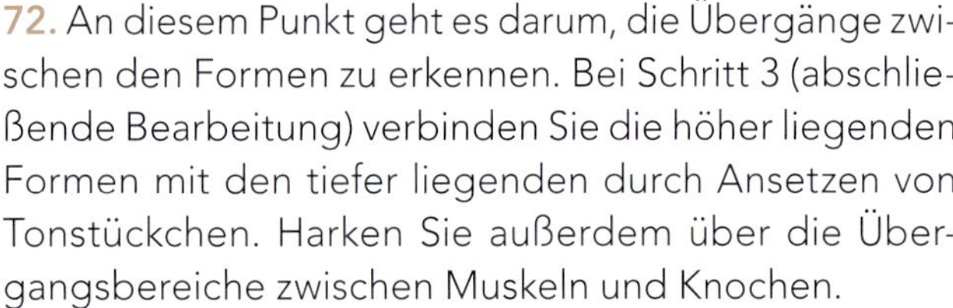

72. An diesem Punkt geht es darum, die Übergänge zwischen den Formen zu erkennen. Bei Schritt 3 (abschließende Bearbeitung) verbinden Sie die höher liegenden Formen mit den tiefer liegenden durch Ansetzen von Tonstückchen. Harken Sie außerdem über die Übergangsbereiche zwischen Muskeln und Knochen.

73. Bündeln Sie ein 30 x 30 cm großes Stück Jute und betupfen Sie den Ton damit. So mischen sich die Spuren der Werkzeuge mit der Textur des Gewebes und ergeben eine weiche, hautähnliche Oberfläche. Feuchten Sie die Jute leicht an, um eine deutlichere Struktur herauszuarbeiten. Bei schwer zugänglichen Bereichen können Sie ein flaches Jutestück mit dem Daumen fest andrücken.

74. Wenn Sie die Skulptur vollständig texturieren, entsteht ein einheitlicher Eindruck. (Hier sehen Sie die Rückansicht, mit der Jute-Technik bearbeitet.)

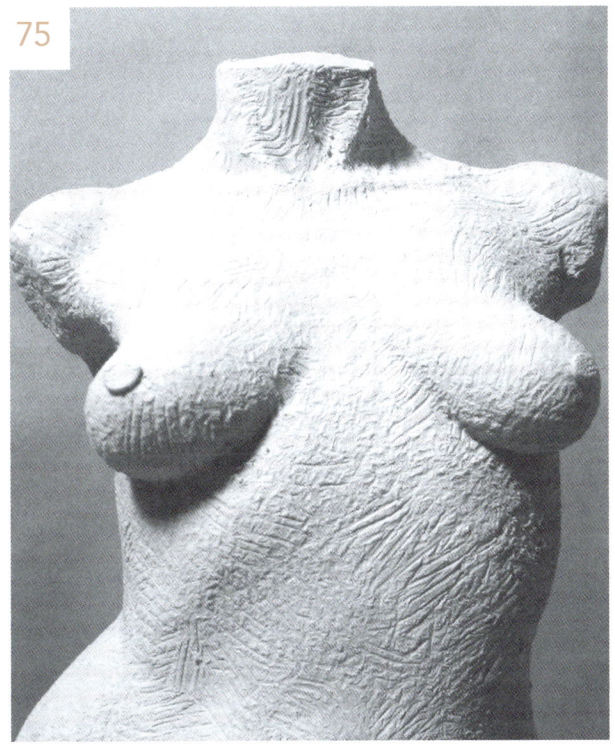

75

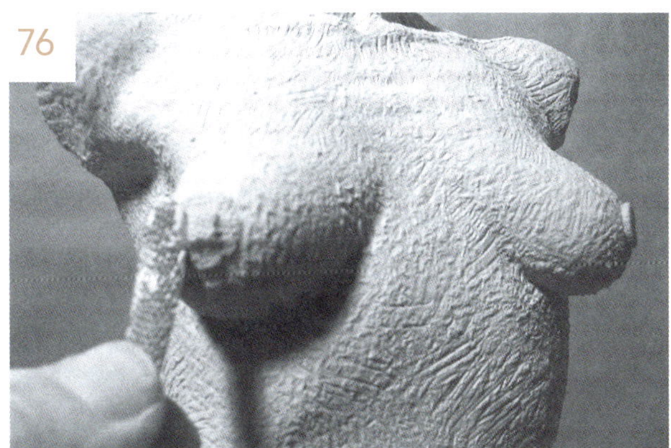

76

75. Setzen Sie eine Tonscheibe am Ende der Brüste an. Sie sollte groß genug sein, um daraus die Brustwarze und den Brustwarzenhof zu formen.

76. Drücken Sie die Scheibe mit der Riffelraspel gegen die Brust und arbeiten Sie eine kleine kastenförmige Erhebung für die Brustwarze heraus. Für den Brustwarzenhof drücken Sie den restlichen Ton an und verstreichen ihn. Lassen Sie einen kleinen Rand stehen.

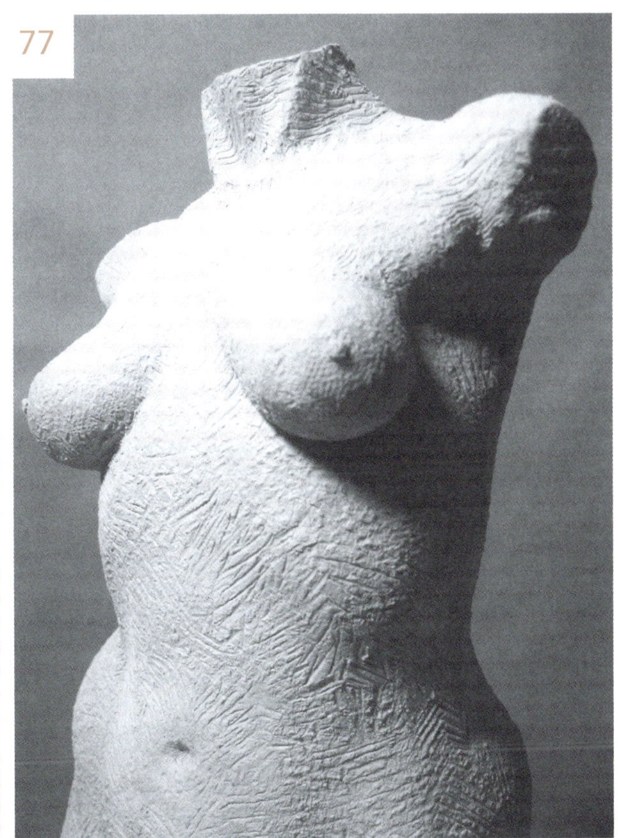

77

77. Bearbeiten Sie auch die Brüste und die Brustwarzen mit der Jute-Technik.

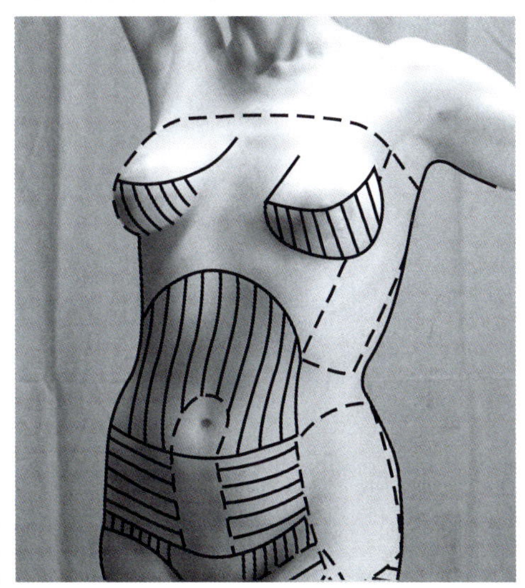

Die Brüste haben Flächen am oberen, seitlichen und vorderen Bereich. Sie ruhen auf der Vorderseite der Brust.

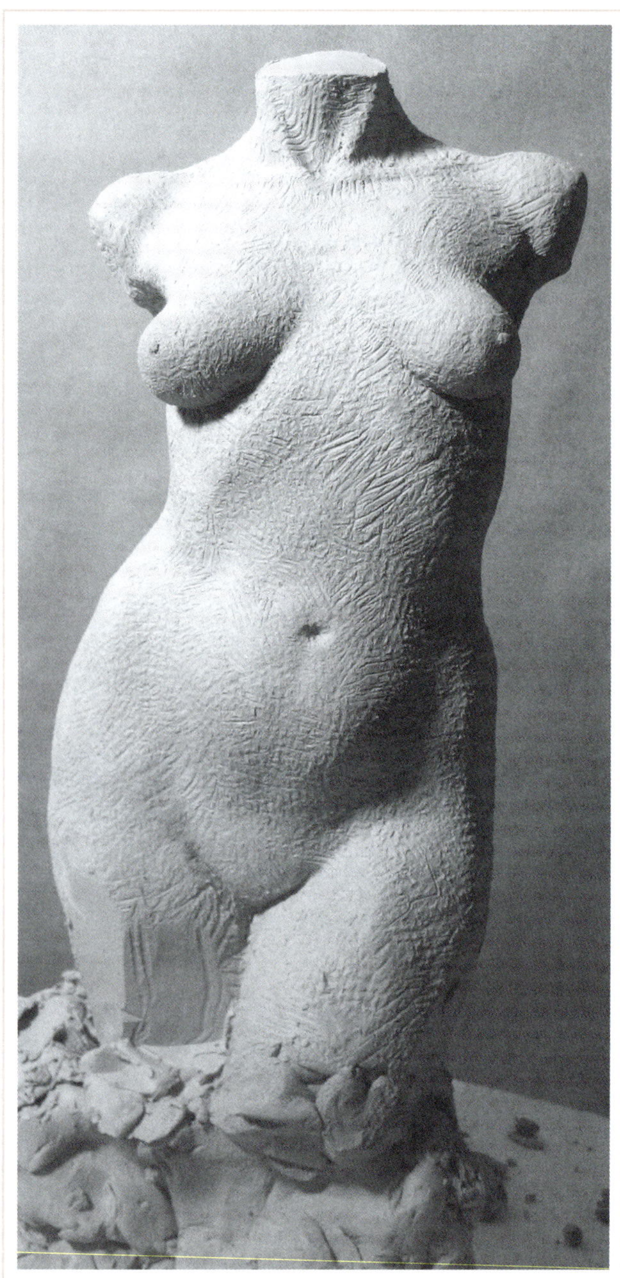

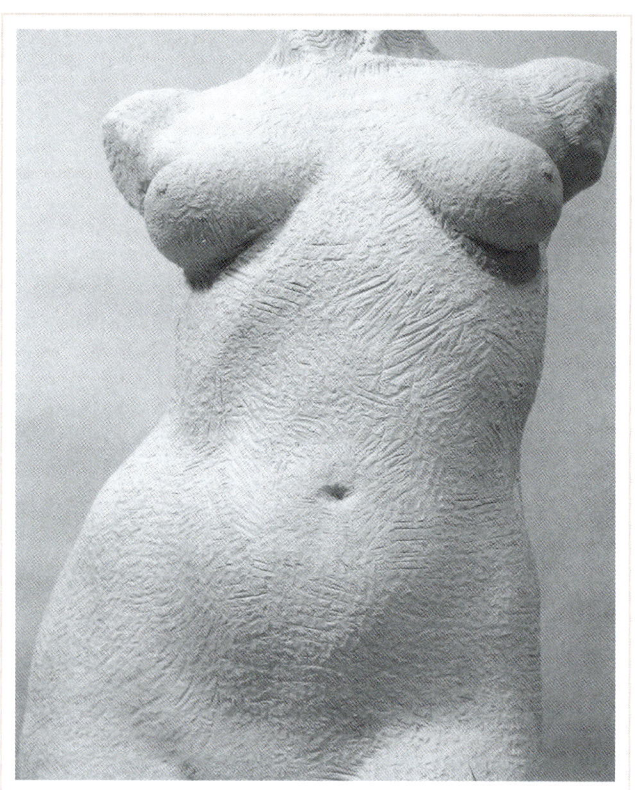

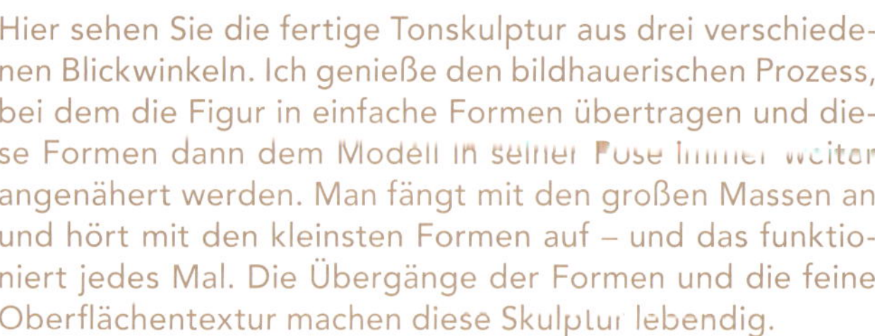

Hier sehen Sie die fertige Tonskulptur aus drei verschiedenen Blickwinkeln. Ich genieße den bildhauerischen Prozess, bei dem die Figur in einfache Formen übertragen und diese Formen dann dem Modell in seiner Pose immer weiter angenähert werden. Man fängt mit den großen Massen an und hört mit den kleinsten Formen auf – und das funktioniert jedes Mal. Die Übergänge der Formen und die feine Oberflächentextur machen diese Skulptur lebendig.

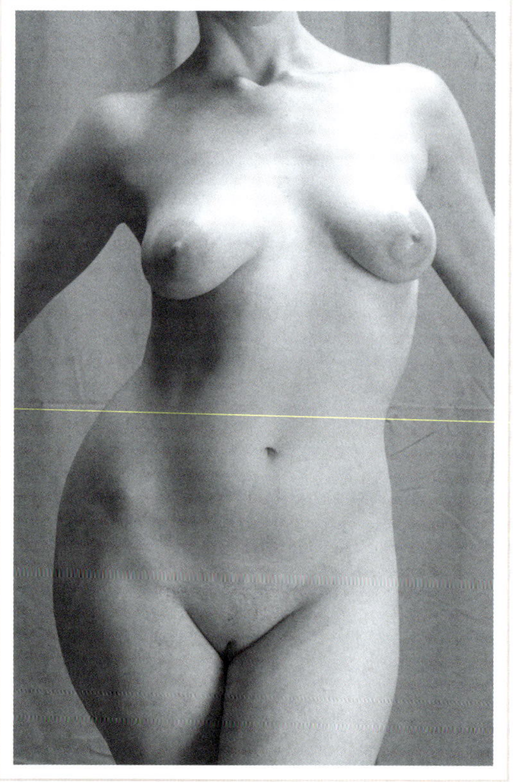

Ein letzter Blick auf die Pose lässt einen Vergleich von Quelle und fertiger Arbeit zu.

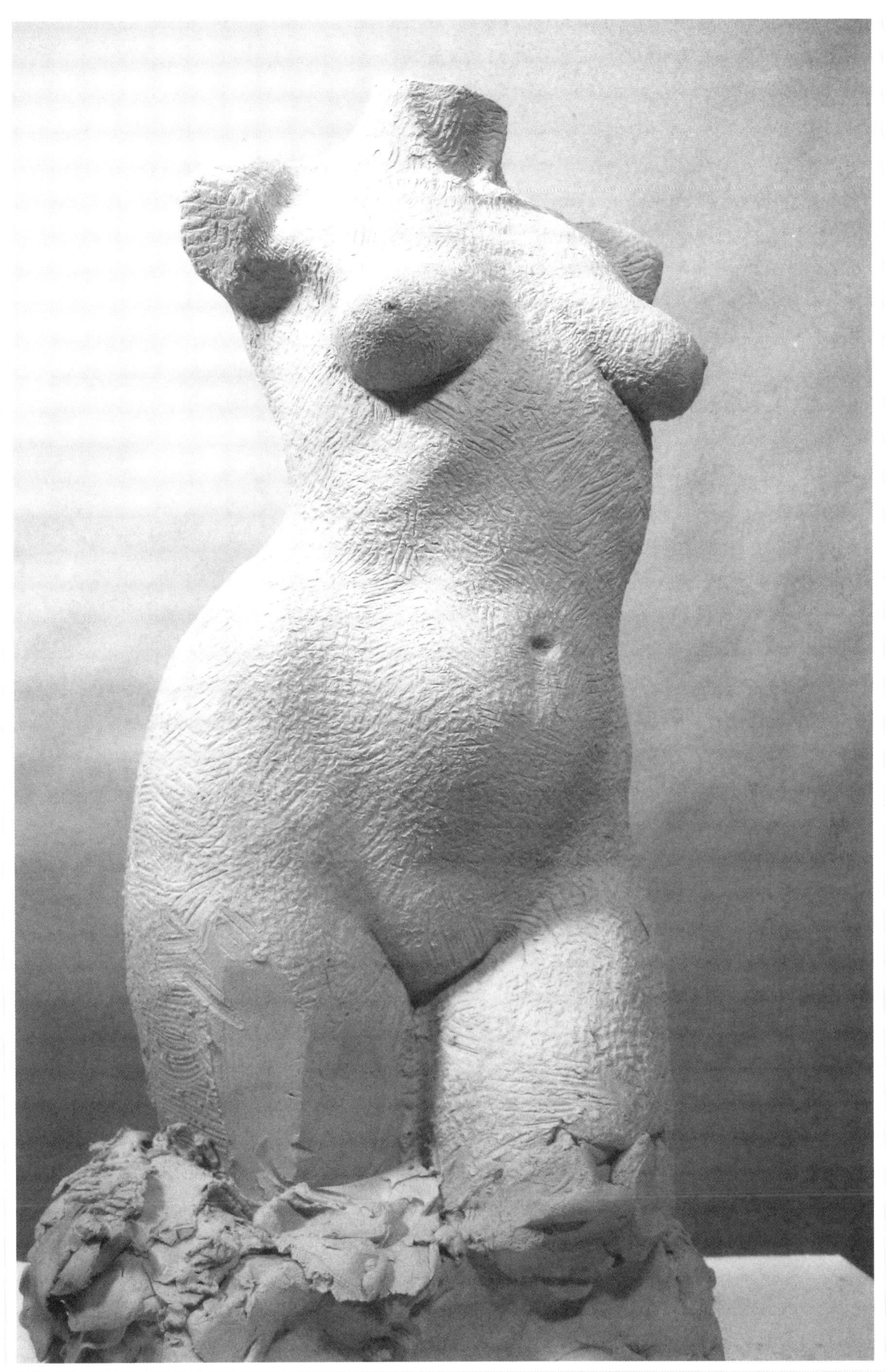

BETRACHTUNGEN ÜBER DIE WESENTLICHEN FLÄCHEN UND GESTALTUNGSELEMENTE DER FORM

Ich habe diese Zeichnungen in mein Buch aufgenommen, weil sie Ihnen helfen können, sich die bildhauerischen Aspekte, Bewegungen und Gestaltungsmerkmale der Figur in ihrer Pose vorzustellen. Zu lernen wie man die blockförmigen, einfachen Formen und die flachen Flächen der Figur sieht, während man nach den Rhythmen, Mustern und Konturen der Formen Ausschau hält, kann anfangs ziemlich schwierig sein. Diese Zeichnungen zeigen einige der zahllosen Möglichkeiten, die gerundeten und eckigen Elemente der Figur darzustellen. Sie können Ihre Sichtweise der Figur erweitern und sich mit einer alternativen oder ergänzenden Sichtweise auf Knochen und Muskeln vertraut machen.

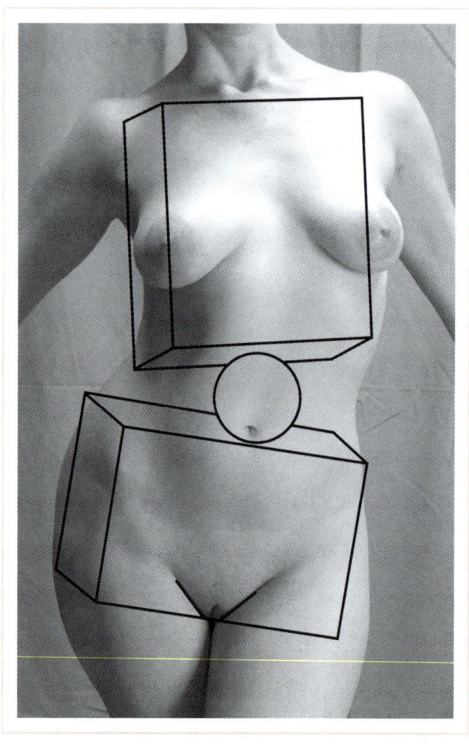

Die quaderförmigen Becken- und Brustkorbblöcke sind etwa gleich groß. Der Beckenblock ist horizontal ausgerichtet, wölbt sich im Rücken und neigt sich auf der linken Seite nach oben. Folglich zeigt die Vorderseite leicht nach unten. Der Block ist außerdem auf der linken Seite höher als auf der rechten. Der vertikal ausgerichtete Brustkorbblock neigt sich nach hinten und schiebt sich gleichzeitig nach oben. (Dadurch trägt er zur Wölbung des Rückens bei.) Das führt dazu, dass die Vorderseite nach oben zeigt. Die Stützmuskulatur, die Kugel, liegt mittig zwischen Brustkorb- und Beckenblock, hält sie zusammen und ermöglicht es den beiden Blockmassen, sich zu beugen, zu neigen und zu drehen.

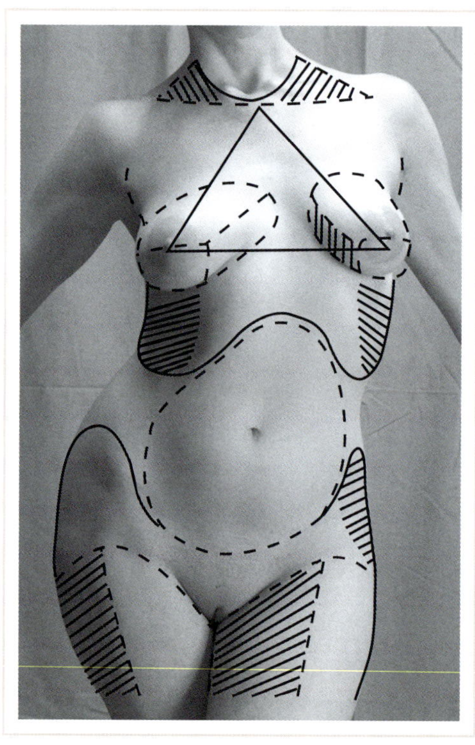

Die durchgezogene Linie im Beckenbereich umgibt die Kontur der Hüften und Oberschenkel. Sie schließt sich unter dem Bauch zu einer fortlaufenden Schleife. Die durchgezogene Linie im Oberkörper umgibt den unteren Bereich des Brustkorbs. Sie beginnt unter der linken Brust, verläuft abwärts Richtung Hüfte, wölbt sich in der Mitte der Brust nach oben und geht auf der anderen Seite des Brustkorbs wieder nach unten. Die gestrichelte Linie in der Körpermitte umgibt die Bauchmuskeln, die zwischen der mittigen Rundung der Rippen- und Hüftknochen liegen. Diese birnenförmige Form der Bauchpartie verändert sich, wenn die Bauchmuskeln sich strecken, um sich den vielen Körperbewegungen anzupassen.

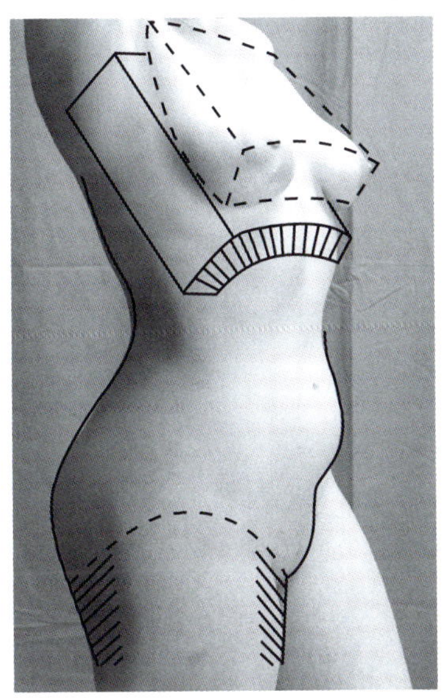

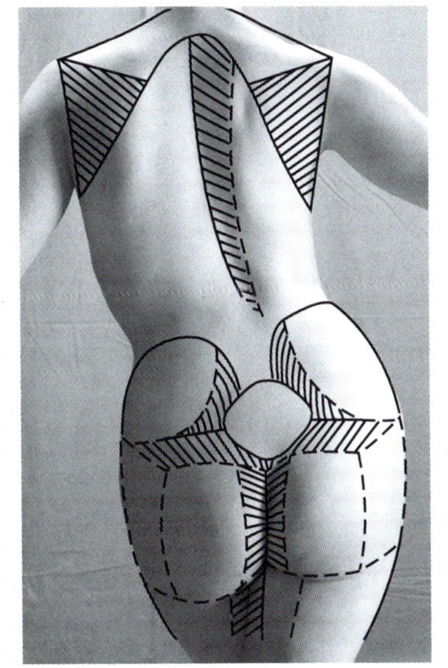

An der blockartigen Grundform der Brust und der Brüste sehen Sie eine obere quer über die Brust verlaufende Fläche, eine Seitenfläche an der rechten Brust und eine untere Fläche, die von der Brustwarze bis zum Brustkorb reicht. Diese Partie ruht auf dem gewölbten, tonnenförmigen Unterbau des Brustkorbs, der einige Tiefe aufweist, wie die gestrichelten Linien an der Unterkante zeigen. Die durchgezogene Linie auf der Rechten folgt den Übergängen zwischen Bauch, Unterleib und Venushügel auf der vorderen Fläche des Beckens. Die durchgezogene Linie auf der Linken folgt den Konturen von Rücken, Hüfte, Gesäßmuskulatur und Rückseite der Oberschenkel. Sie ergänzen die Konturen der vorderen Formen. Der Oberschenkel ist kegelförmig, die diagonalen Linien markieren die vordere und die rückwärtige Fläche der Form. Eine gestrichelte Linie am Ansatz des Oberschenkels markiert den Übergang von Oberschenkel und Hüfte.

Die Schulterblätter stehen vor, sie ruhen oben und seitlich auf der Rundung des Brustkorbs. Die Trapezmuskeln wölben sich um den hinteren Hals; sie verbinden die Schultern und schaffen eine Fläche von der Schultergräte (der Oberkante der schraffierten Dreiecke) über die Oberkante der Schulterblätter bis zum Halsansatz. Die schmale schraffierte Fläche rechts von der Wirbelsäule markiert den Teil des Trapezmuskels, der sich den Rücken hinunter zieht (vom Wirbelsäulenansatz bis zum unteren Rand des Brustkorbs) und die Muskulatur des unteren Rückens, die sich seitlich entlang der Wirbelsäule erstreckt. Seitlich der beiden mittleren Gesäßmuskeln (im oberen Hüftbereich) ziehen sich Flächen bis zum Kreuzbein (dem Oval in der Mitte). Die großen Gesäßmuskeln bestehen nur aus Flächen, wie ein Karton. Schmale, vertikal verlaufende Flächen auf der Innenseite dieser Muskeln geben ihnen ihre Kontur.

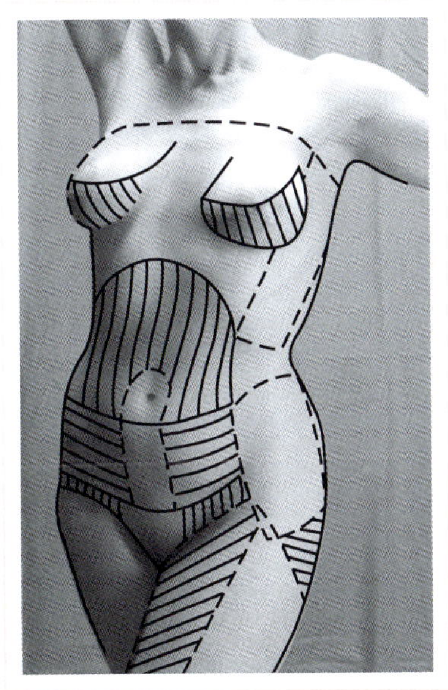

Die mit gestrichelten Linien markierten Blöcke kennzeichnen die Grundblöcke von Brustkorb und Becken. Die Grundblöcke der Brüste bestehen aus oberen, seitlichen und vorderen Flächen. Die Brüste ruhen auf der oberen Fläche der Brustpartie. Die oberen Bauchmuskeln dehnen sich mit dem Brustkorb. Sie führen von bogenförmigen unteren Rippenpaaren leicht schräg zur Mitte hin nach unten. Wellenlinien zeigen die Bewegung der gedehnten Bauchmuskulatur; sie führen um den Bauchnabel herum in Richtung Schambereich. Die Innenfläche der Oberschenkel fällt zum Schambein hin ab. Die Seitenflächen der unteren Bauchmuskulatur schieben die Vorderfläche der Bauchmuskeln vor.

4

DIE GANZKÖRPER-SKULPTUR

Auch in diesem Kapitel geht es darum, wie Sie die Grundform einer Skulptur Schritt für Schritt aus einfachen Quadern und Keilen aufbauen können. Diesmal beschäftigen wir uns jedoch mit dem ganzen Körper in liegender Pose und gehen dabei auf mehr Details ein als im vorangegangenen Kapitel. Hier stehen die einzelnen Formen für die unterschiedlichen größeren Massen und Abschnitte des Körpers. Das Hauptaugenmerk liegt wiederum auf Position, Proportionen und Flächen dieser Formen und auf den drei Bewegungsvarianten Beugen, Neigen und Drehen der Körpermassen in der Pose. Wie immer muss der Bildhauer zunächst die Pose einschätzen. Wenn Sie lernen, das Modell richtig zu betrachten, können Sie die vorhandenen anatomischen Formen und die schwer auszumachenden Übergänge erkennen, die die Formen miteinander verbinden. Die Poesie lebt zwischen den Formen. Wenn Hügel und Täler durch eine rhythmische Bewegung der Oberfläche verbunden sind, entsteht ein weniger bruchstückhafter und harmonischerer bildhauerischer Ausdruck.

DIE POSE EINSCHÄTZEN

Die klassische liegende Pose ist bewegte Poesie, eine unerschöpfliche Inspirationsquelle großer Kunst. Die Form fließt von einem Ende zum anderen, trifft unterwegs auf Hügel und Täler und bewegt sich in einem kontinuierlichen Rhythmus. Sie erinnert mich an eine Landschaft. Die Position der Arme an einem Ende und der Beine am anderen Ende bildet Muster; zwischen ihnen erstreckt sich der Rumpf in seiner ganzen Länge und verbindet sie miteinander. Durch diese Verbindung entsteht eine geschlossene Komposition.

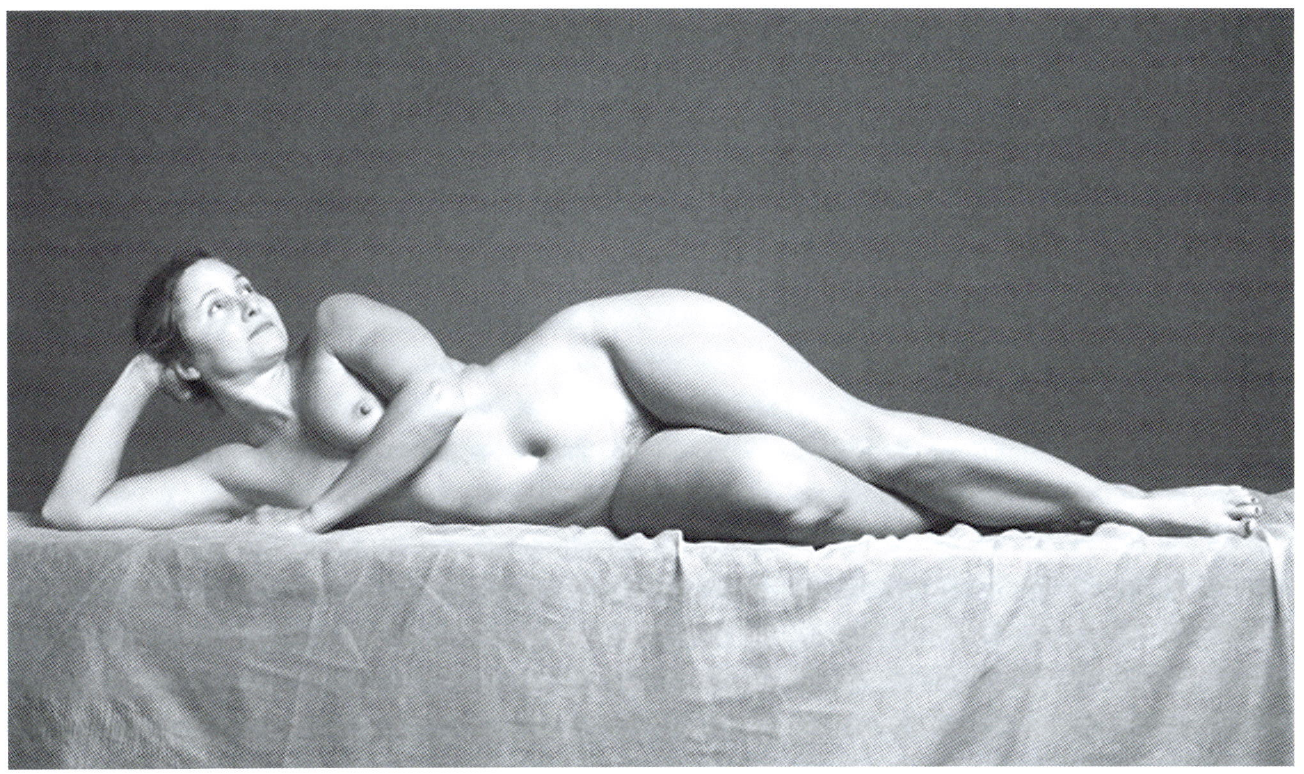

Wenn die Pose feststeht, betrachten Sie die Vorderansicht auf Augenhöhe. Stützen Sie sich auf ein Knie und sehen Sie sie sich von der Mitte der Vorderpartie aus an. Diese Perspektive ist am besten geeignet, um den höchsten Punkt der Pose zu bestimmen (hier ist es die Hüfte). Stellen Sie fest, wo der äußerste (der Ellbogen auf der linken Seite) und der tiefste Punkt (der große Zeh am ausgestreckten Fuß) liegen. Wenn Sie den höchsten Punkt und die tiefsten Punkte durch imaginäre Linien miteinander verbinden, sehen Sie, dass die Pose eine lang gestreckte, dreieckige Komposition aufweist.
Suchen Sie mit dieser Technik nach weiteren großen Formen. So bekommen Sie ein Gefühl für das geometrische Muster der Arme und Beine. Lassen Sie die Details zunächst außer Acht. Auf den folgenden Seiten sehen Sie die Pose so, wie Sie sie sehen würden, wenn Sie bei einem Kurs oder in einem Studio vor dem Modellieren um das Modell herumgingen. Nehmen Sie sich Zeit, die Pose eingehend zu betrachten und schauen Sie sich dann die Zeichnungen auf den Seiten 114-117 an.

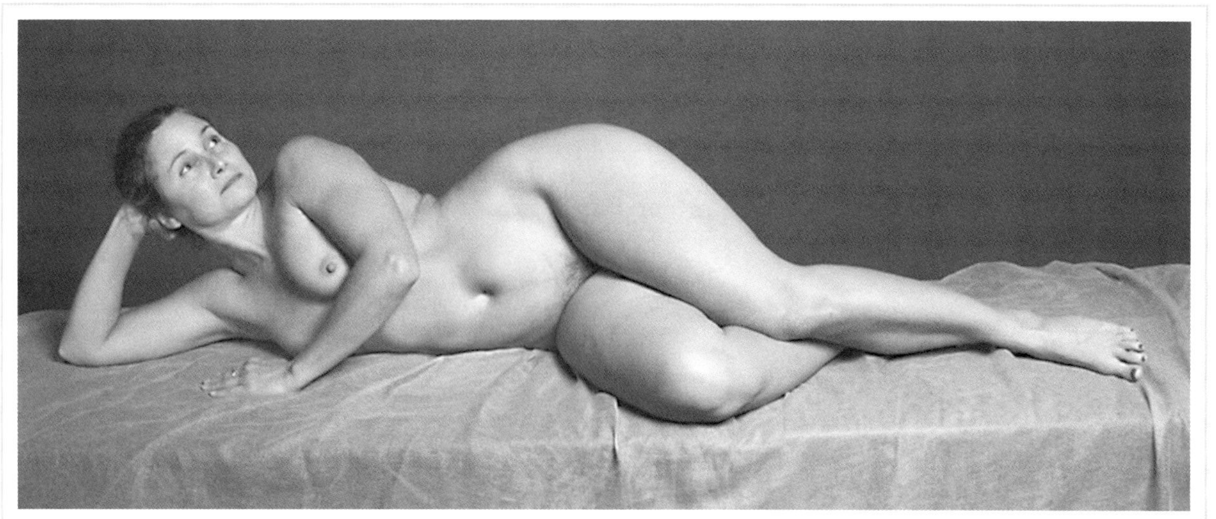

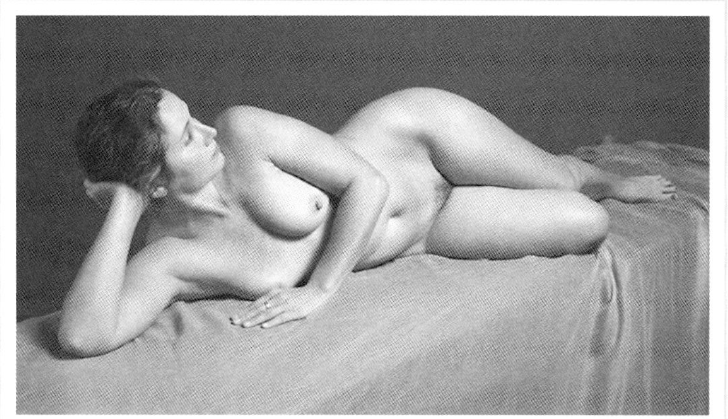

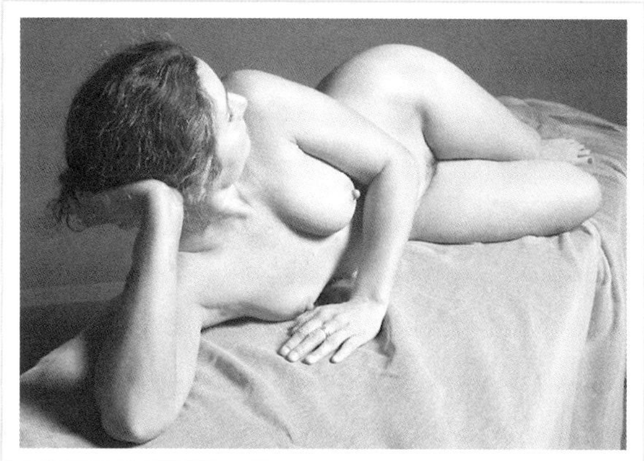

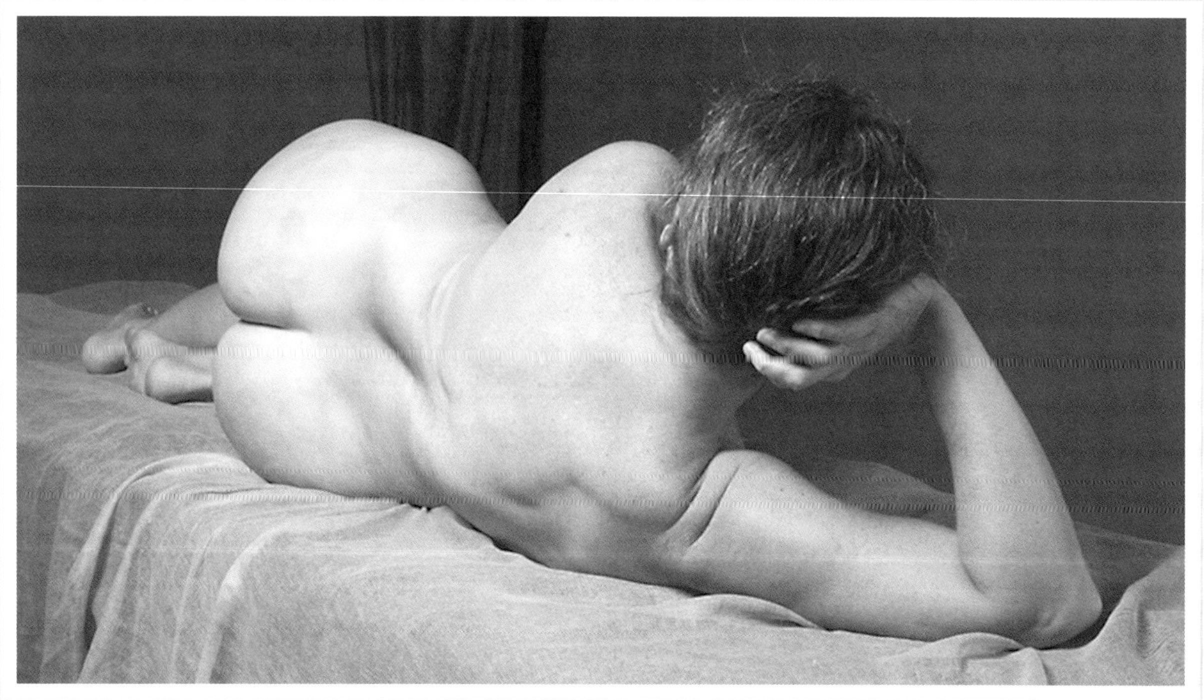

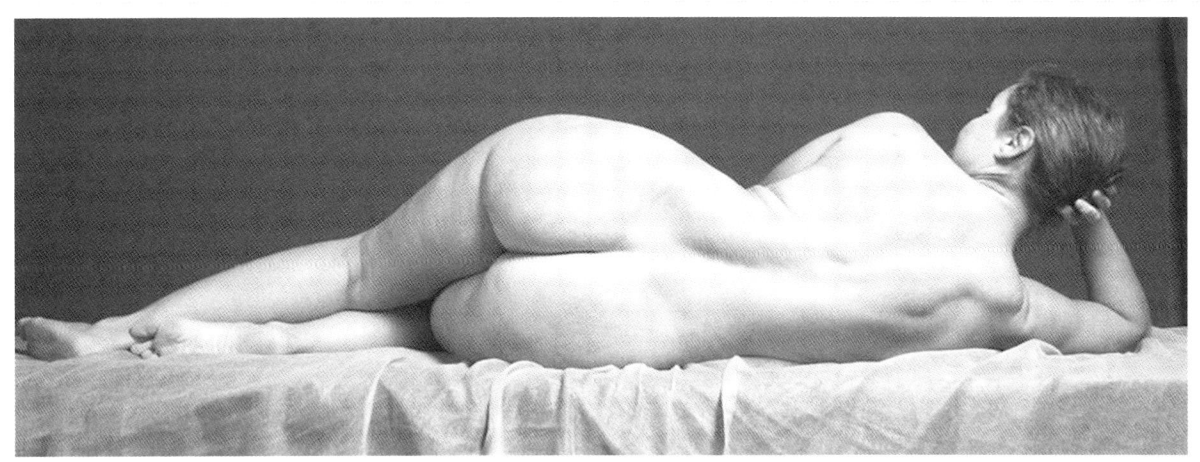

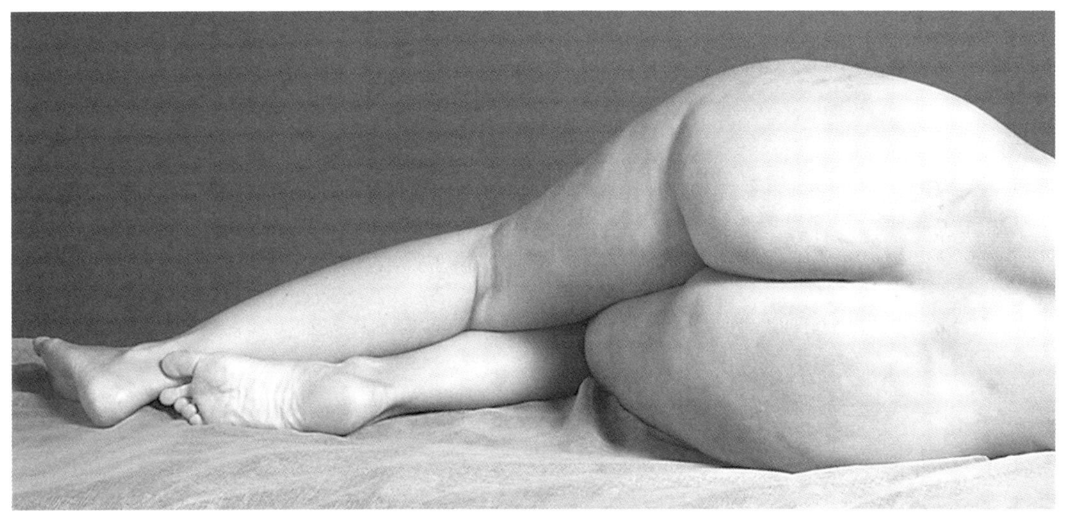

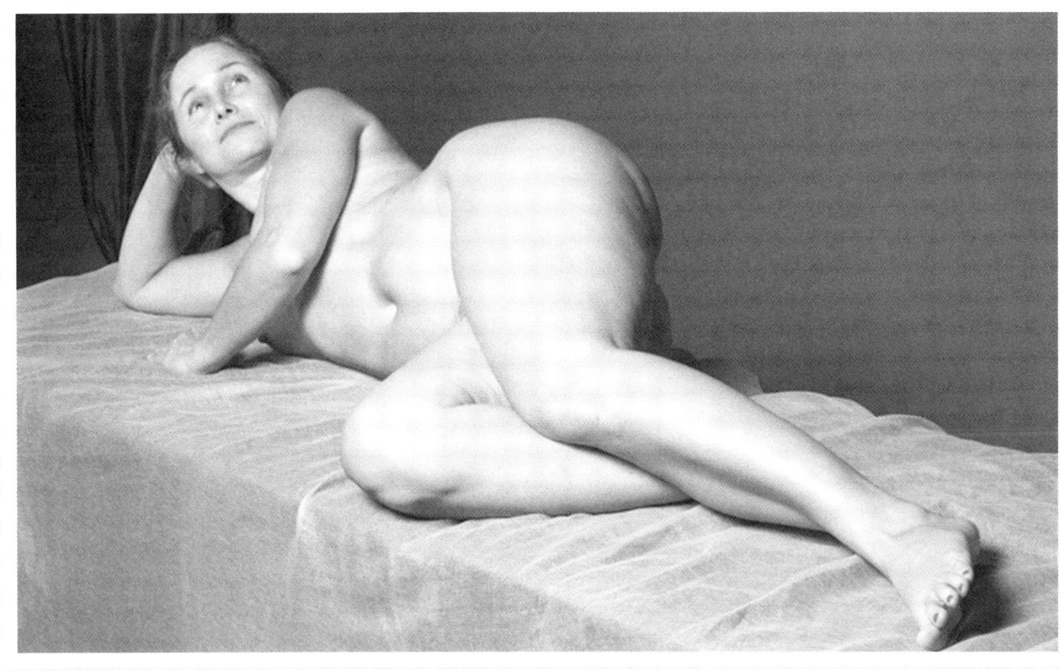

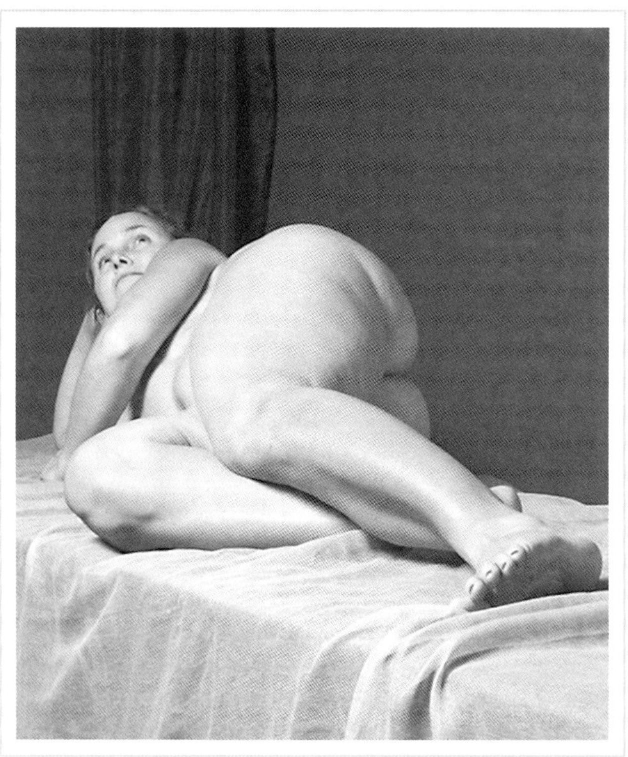

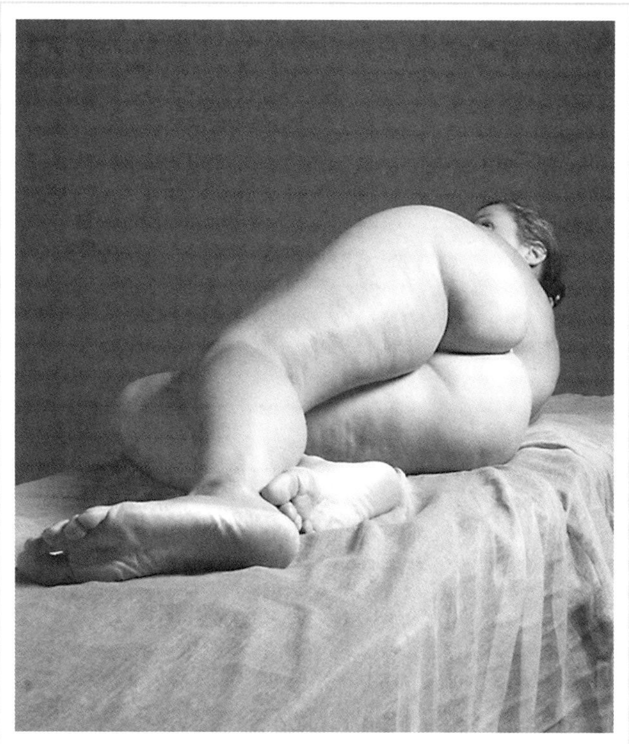

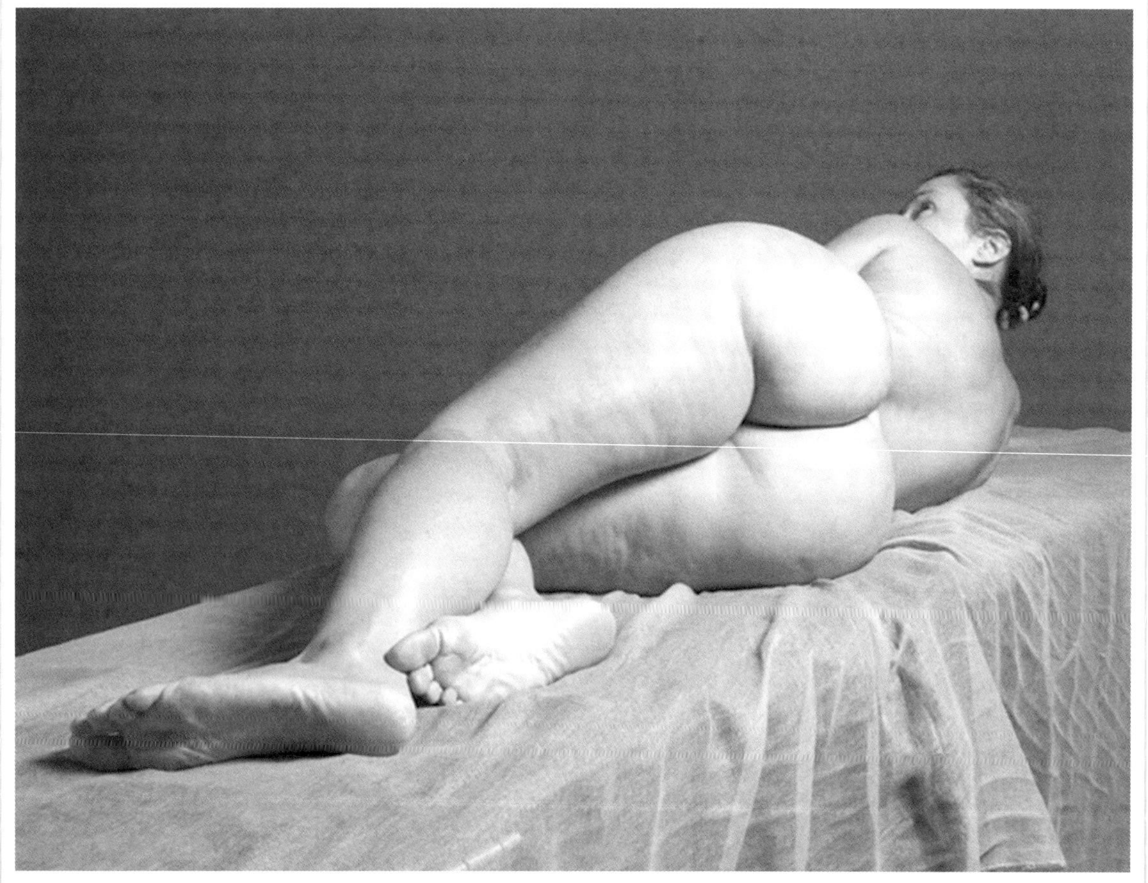

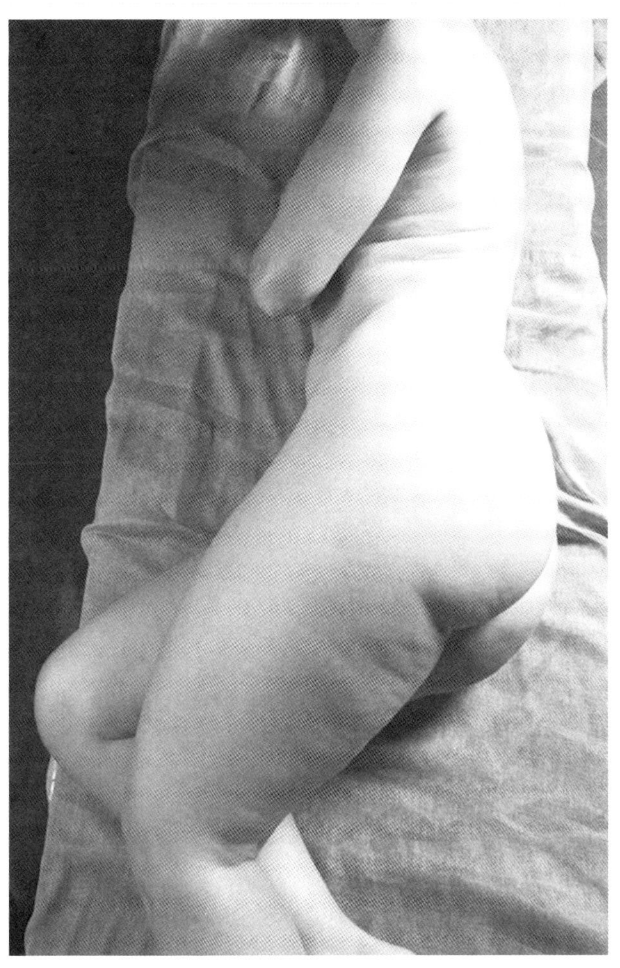

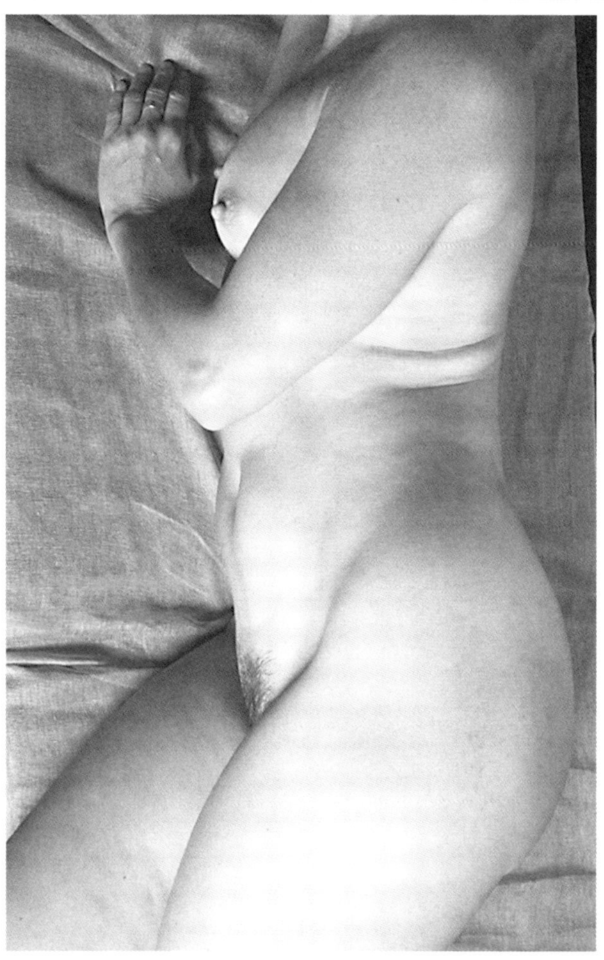

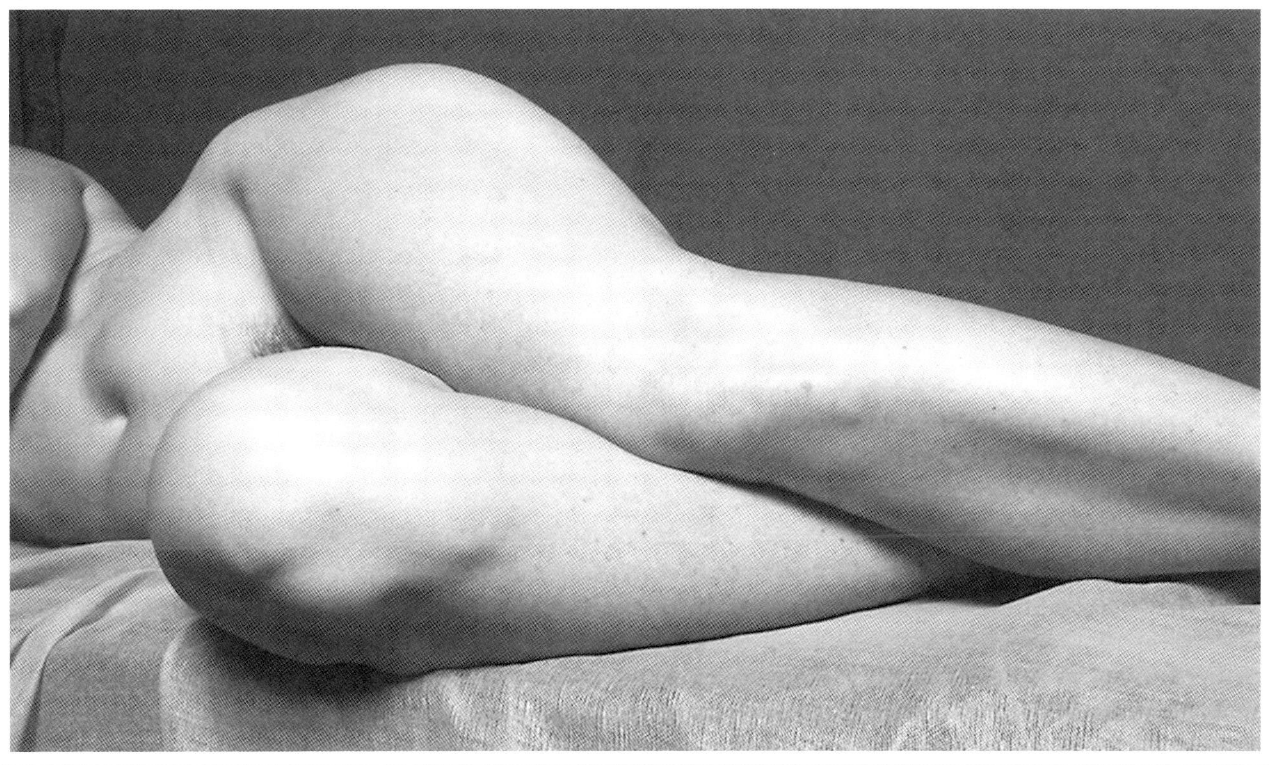

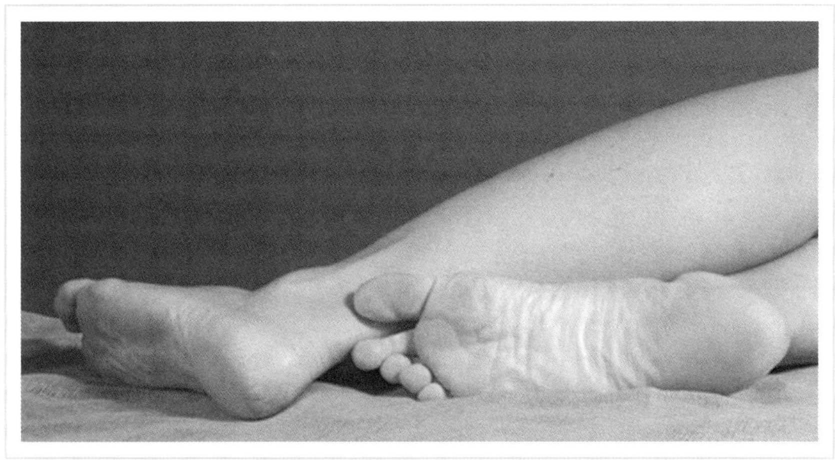

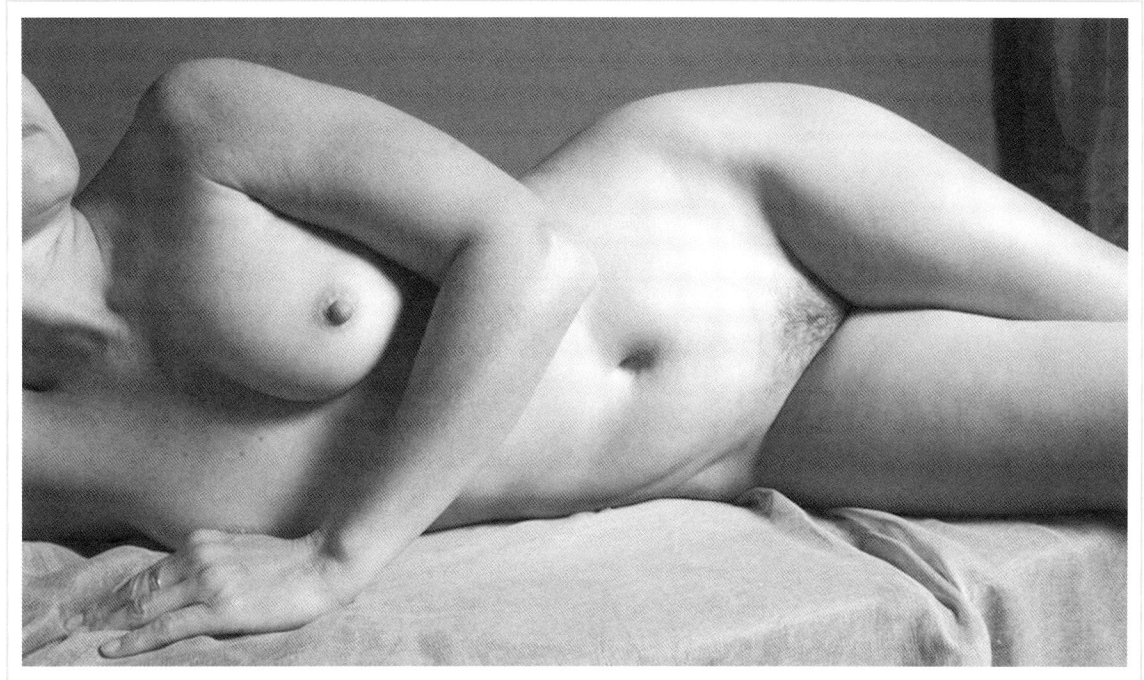

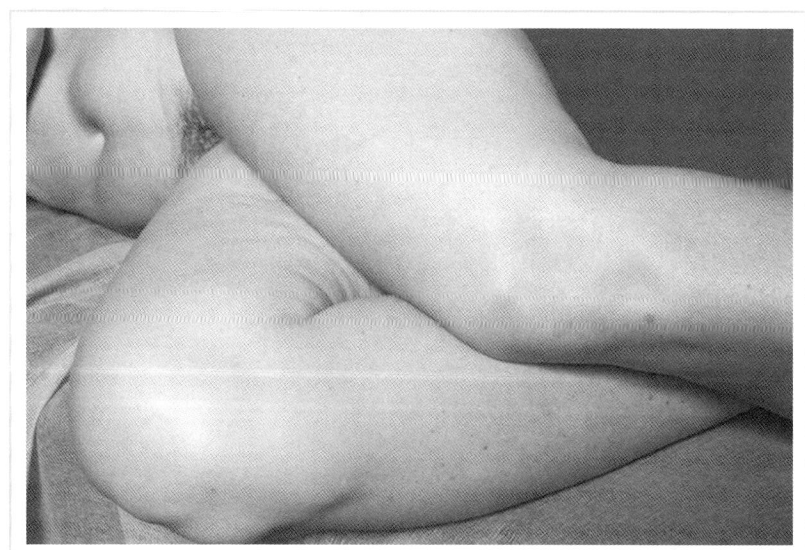

▶ ALTERNATIVE BETRACHTUNGSWEISE

Die wichtigen Massen des Körpers mit Hilfe von einfachen Tonblöcken darzustellen ist eine gute Technik, um die Grundform einer Skulptur aufzubauen und Position, Proportionen und Flächen der Figur zu erfassen. Um jedoch mehr als die Figur selbst zu sehen und über den Block hinaus zu denken, können Sie versuchen, sich die Pose als architektonischen Entwurf vorzustellen. Nehmen Sie einen geraden Stock und halten Sie ihn über verschiedene Stellen am Körper. So ermitteln Sie die hohen Punkte, die Winkel und die Richtungen der Formen.

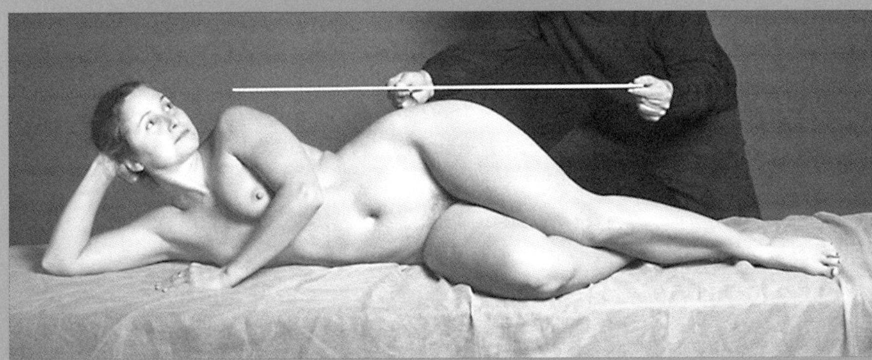

Normalerweise posiert das Modell auf einem niedrigen Podest oder einem Tisch, so dass Sie die Pose von oben betrachten. Nehmen Sie eine tiefere Perspektive ein. Bei dieser Pose knien Sie sich z.B. vor oder hinter das Modell, so dass Sie auf Augenhöhe mit der Hüfte sind. Entscheiden Sie dann erst, welcher Punkt zwischen dem großen Rollhügel (an der Hüfte) und der Schulter höher ist.

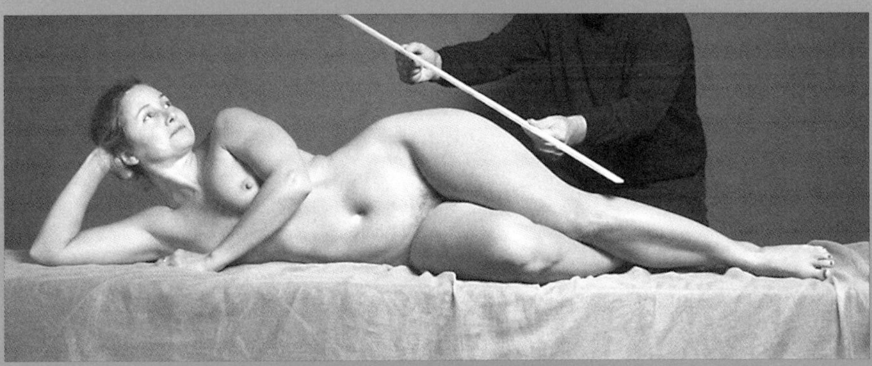

Um den Winkel oder die Steigung des Beins zu bestimmen, folgen Sie der Richtung des oberen Beins von der Hüfte bis zum Knie.

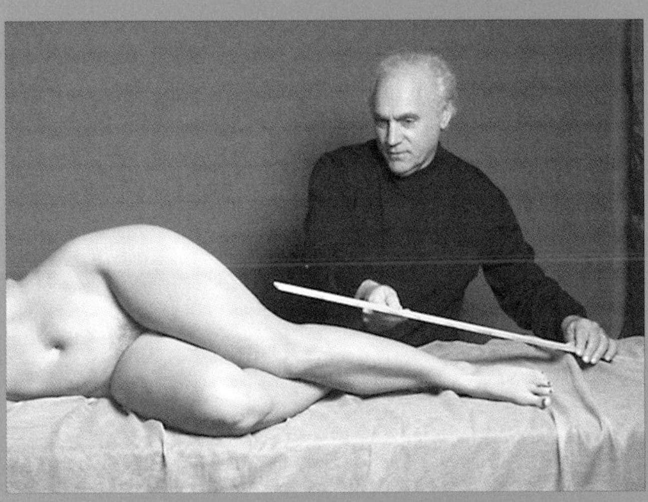

Folgen Sie der Richtung des Beins vom Knie bis zum Fußknöchel. Nehmen Sie viele Ansichten der Pose von unten, oben und auf Augenhöhe in sich auf, bevor Sie mit dem Modellieren beginnen.

DIE LIEGENDE FIGUR

Ich habe das Thema Werkzeuge bereits angesprochen (siehe Seite 18). Zur Erinnerung: Nehmen Sie die Modellierschlinge zum Harken, Modellieren, Glätten von Übergängen und Ebnen der Oberfläche. Mit dem Holzblock klopfen Sie auf die Tonoberfläche, formen sie und arbeiten Flächen und Kanten heraus. Verwenden Sie das Modellierholz, um kleine Tonmengen anzusetzen, Orientierungslinien zu zeichnen und Flächen zu schneiden. Flächen geben Formen eine Richtung, formen und platzieren die Elemente und bilden die Basis, auf der Sie die Volumina der Skulptur aufbauen. Die Flächen tragen außerdem dazu bei, Formen aus der Oberfläche herausragen zu lassen.

Um das Werkstück als Ganzes entstehen zu lassen, bearbeite ich nicht jeweils einen bestimmten Abschnitt von Anfang bis Ende. Ich springe lieber von vorne nach hinten, von oben nach unten, setze hier Ton an und trage dort etwas ab. Die meisten Fotos in diesem Kapitel sind Nahaufnahmen. Bei der Arbeit können Sie jedoch die ganze Skulptur sehen. Wenn Sie also an einem einzigen feinen Detail arbeiten, können Sie sofort sehen, in welcher Beziehung dieses Detail zum Ganzen steht. Es ist ein unaufhörliches Spiel, bei dem Sie Ihre Skulptur von allen Seiten immer wieder überprüfen. Wenn Sie z.B. an der Schulter arbeiten, fällt Ihnen vielleicht auf, dass auf der Rückseite der Hüfte etwas Ton fehlt. Also springen Sie als Nächstes zu dieser Stelle. Auf diese Weise können Sie Ihr Werk bei der Arbeit umrunden, Änderungen vornehmen und die Symmetrie kontrollieren. Auf Seite 70 gehe ich etwas näher auf diesen Punkt ein.

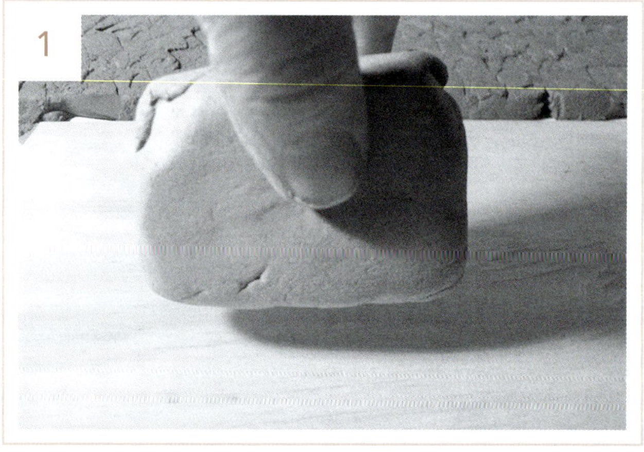

1. Zunächst schlagen Sie ein Stück Ton leicht auf das Brett (nicht das Fundament), um einen Block für das Becken zu formen.

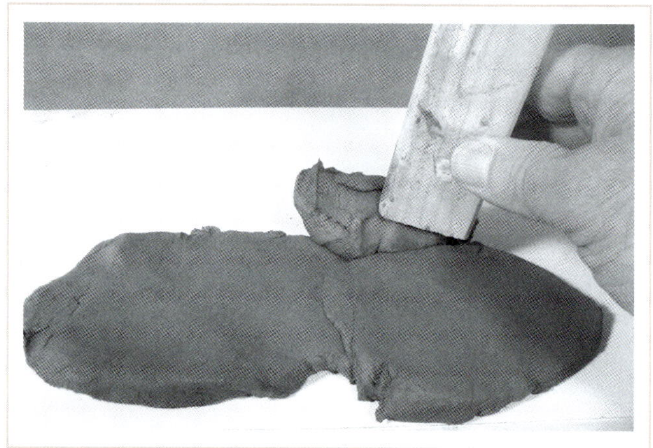

Statt einer Armatur modellieren Sie auf einem laminierten Brett ein Tonfundament, 6 mm bis 13 mm dick. Die Form des Fundaments bleibt Ihnen überlassen, es sollte aber groß genug sein, um Ihre Skulptur aufzunehmen. Das Fundament sorgt dafür, dass die Tonskulptur nicht austrocknet und dass die Tonelemente aneinander haften. Es kann mit der Skulptur gebrannt werden und gehört auf diese Weise zu dem, was Sie mit Ton ausdrücken wollen. Besprühen Sie Fundament und Skulptur von Zeit zu Zeit mit Wasser. Hüllen Sie Ihr Werkstück in Plastik ein, wenn Sie Ihre Arbeit beenden (mehr zu diesem Thema auf Seite 41).

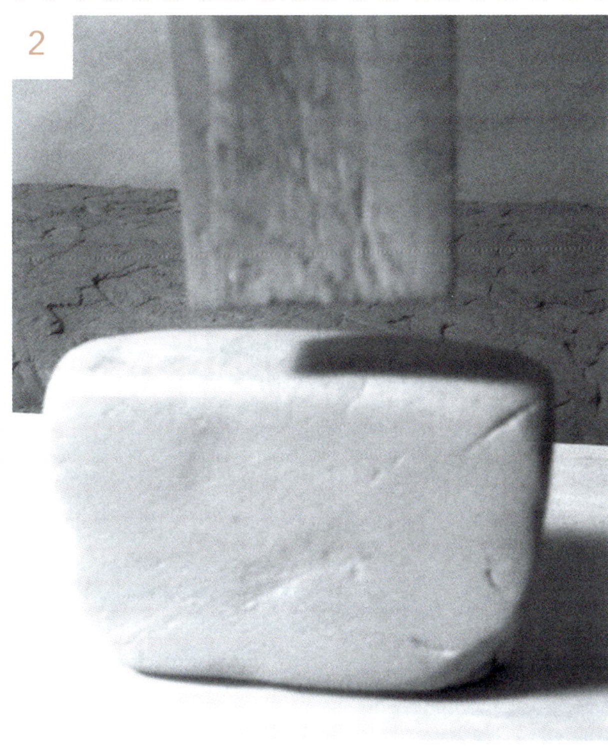

2

2. Beklopfen Sie den Tonblock mit dem Holzblock. Die Seiten sind die Flächen; die Kanten, an denen die Seiten aufeinandertreffen, sind die Anstoßkanten der Flächen.

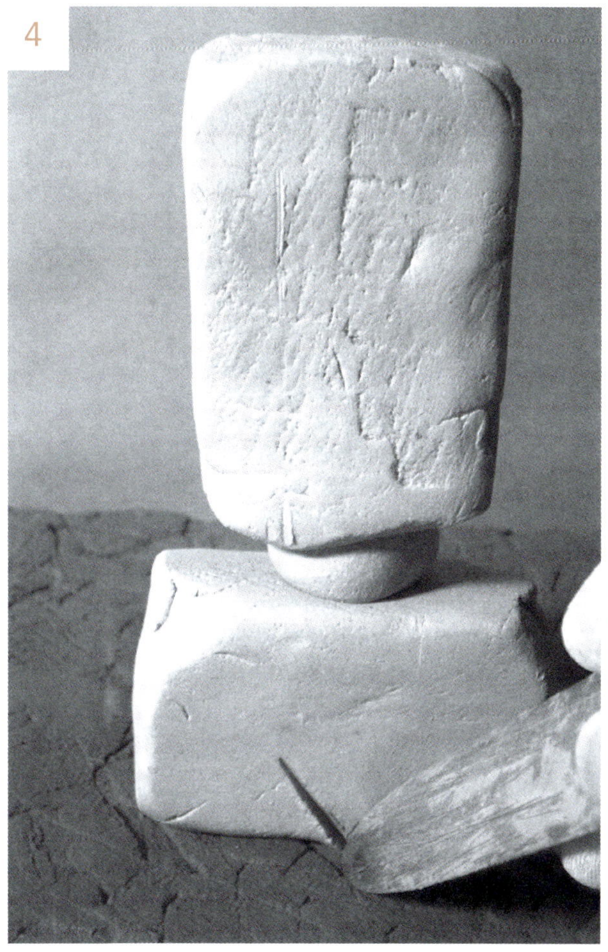

4

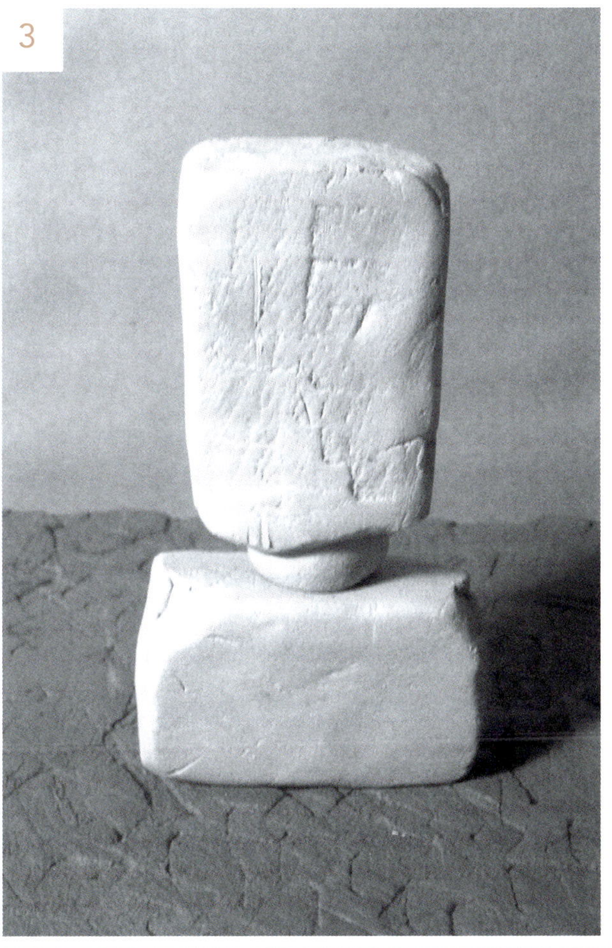

3

3. & 4. Für die Masse des Brustkorbs formen Sie einen zweiten Block. Eine Tonkugel steht für die Stützmuskulatur von Bauch und Rücken. Der Brustkorbblock ist etwas länger als der Beckenblock. Er wird vertikal auf die Beckenpartie gesetzt. Die Tonkugel sitzt mittig dazwischen. Das Becken ist außerdem etwas breiter als der Brustkorb. Bei Frauen sind die Hüften im Vergleich zum Brustkorb breiter als bei Männern.

Wenn alle drei Elemente zusammengesetzt sind, zeichnen Sie ein V mittig an den unteren Rand des Beckenblocks. Es markiert den Venushügel.

▶ ARBEITSTECHNIK: IDENTIFIZIEREN UND MODIFIZIEREN

Beim Modellieren einer Skulptur machen wir keine Fehler. Wir passen an. Es gibt nur zwei Möglichkeiten, eine Tonskulptur entstehen zu lassen: durch Ansetzen und Abtragen von Ton. Wenn Ihnen auffällt, dass Ihr Tonarm oder -bein zu kurz ist, setzen Sie einfach etwas Ton an. Wenn es zu lang ist, tragen Sie etwas Ton ab. Setzen Sie diesen Wechsel von Hinzufügen und Wegnehmen so lange fort, bis Sie die gewünschte Form erreicht haben. Gehen Sie mit einer positiven Einstellung an die Arbeit und genießen Sie den Entdeckungsprozess. Es geht nicht darum, etwas richtig hinzubekommen oder falsch zu machen. Ich nenne das identifizieren und modifizieren. Es geht darum, visuelle Information über das Modell zu sammeln, um die Unterschiede zwischen Ihrer Skulptur und dem Modell erkennen zu können. Im nächsten Schritt modifizieren Sie, indem Sie Ton hinzufügen oder wegnehmen.

Jedes Tonbröckchen, das Sie ansetzen oder abtragen, erfüllt einen Zweck und hat seinen speziellen Platz auf Ihrer Skulptur. Das ist besonders für Anfänger wichtig. Aus diesem Grund ist es so wichtig zu lernen, wie die Flächen der Körpermassen zusammenhängen. Im Laufe der Zeit wird Ihr bildhauerischer Ausdruck spontaner werden. All die technischen Details sind notwendig, doch es ist die Leidenschaft, die Sie immer weitermachen lässt. Ich schließe mit einem Satz von Michelangelo, den er am Ende seines Lebens sagte: „Ich habe gerade erst begonnen, mein Handwerk zu erlernen."

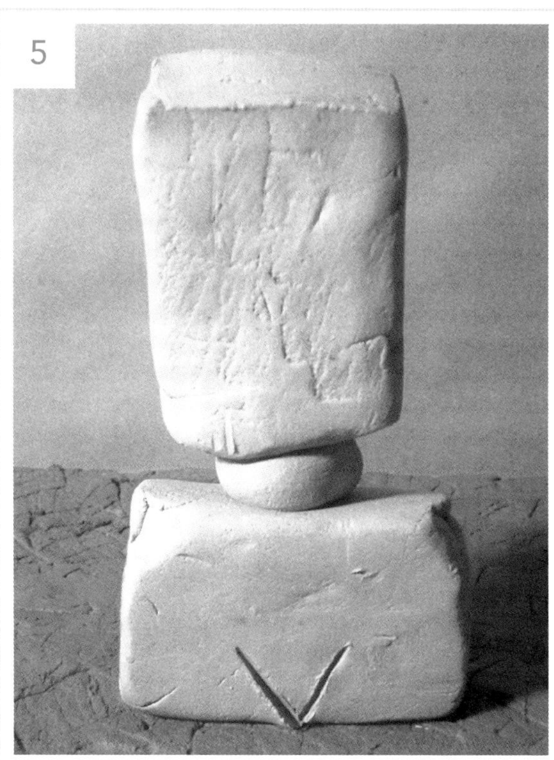

5. Sie sehen, dass die Oberkante des Brustkorbblocks und die Unterkante des Beckenblocks parallel verlaufen. Schneiden Sie eine nach vorn abfallende 45-Grad-Schräge von der vorderen Oberkante des Brustkorbblocks. Darauf wird später der Hals sitzen.

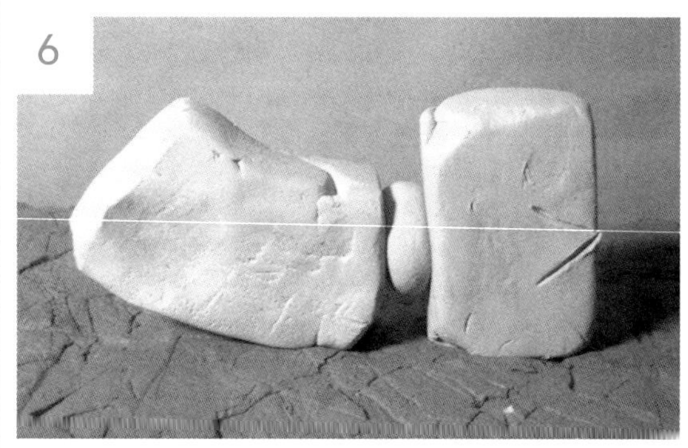

6. Legen Sie die Blöcke mit der Seite auf das Fundament. Dehnen Sie den oberen Teil des Brustkorbblocks (die Schulterpartie) so, dass die linke Seite mit der unteren Schulter länger ist als die rechte mit der oberen Schulter. Sie können sehen, dass sich die Oberseite des Brustkorbblocks im 45-Grad-Winkel nach rechts neigt. Sie liegt nun nicht mehr parallel zur Grundlinie des Beckenblocks.

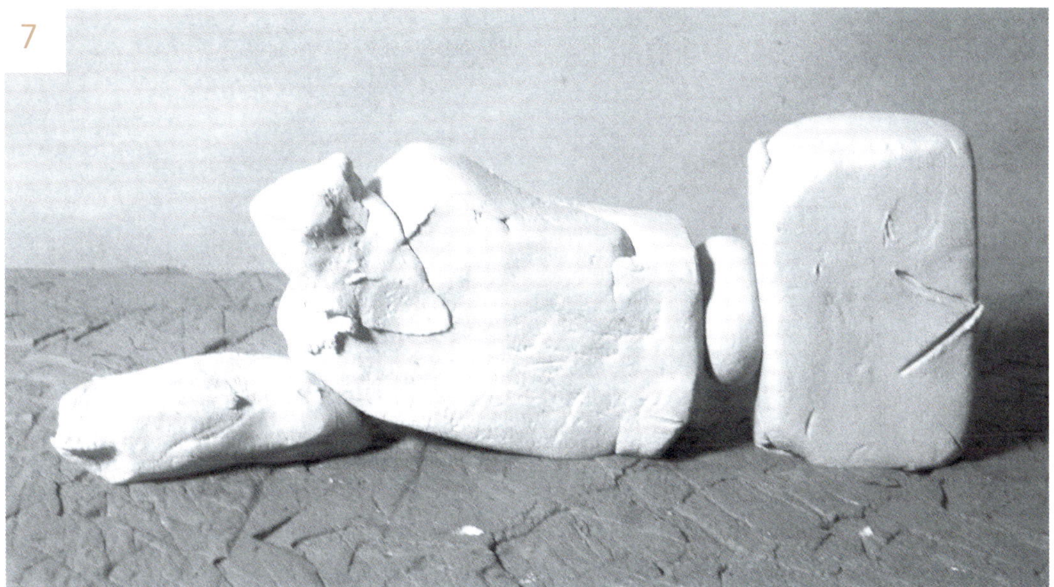

7. Legen Sie für den Oberarm einen Tonzylinder unter die untere Schulter. Setzen Sie für den Halsansatz einen kleineren Tonzylinder mittig auf die schräge Fläche am oberen Ende des Brustkorbs. Achten Sie darauf, wie das V für den Venushügel liegt.

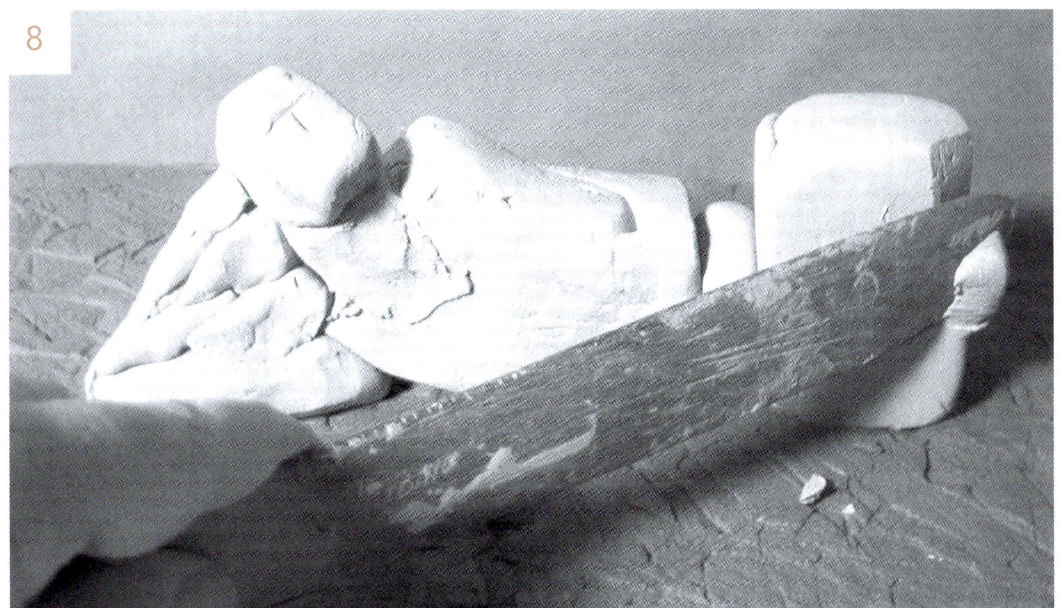

8. Formen Sie einen kleinen Quader für die Masse des Kopfes. Setzen Sie ihn am Halsansatz an und bauen Sie den Unterarm auf, der den Kopf bei dieser Pose stützt. Setzen Sie dafür kleine Tonmengen an, so dass vom Ellbogen bis zur Kopfmasse ein gefülltes Dreieck entsteht. Schneiden Sie dann eine schräge Fläche in den unteren Teil des Beckenblocks. Zeichen Sie auf dieser Fläche ein neues V ein. Dort werden später die Beine angesetzt.

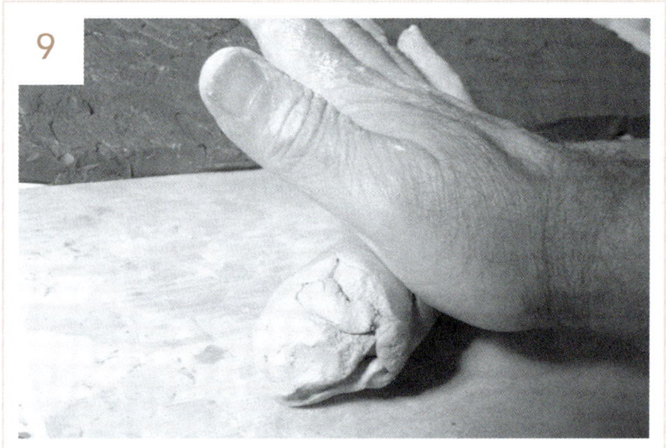

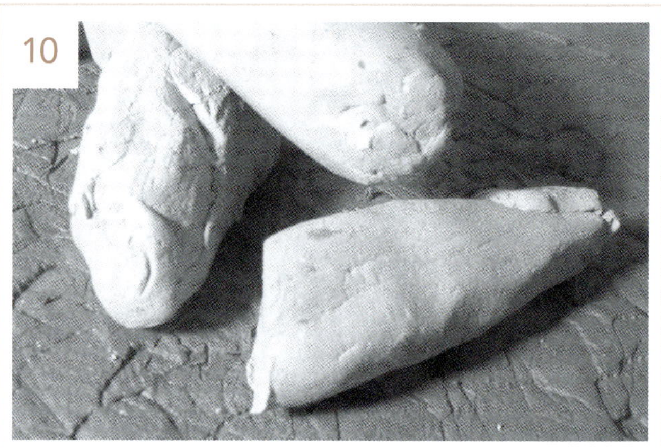

9. & 10. Formen Sie für die Oberschenkel zwei Tonzylinder, die zum Knie hin schmaler werden. Setzen Sie zuerst den unteren Oberschenkel an dem V in die Schräge des Beckenblocks an. Setzen Sie dann den oberen Oberschenkel an. Diese Zylinder zeigen in dieselbe Richtung wie beim Modell. Für die Unterschenkel formen Sie zwei weitere Tonzylinder, die zu den Knöcheln hin schmaler werden. Schneiden Sie am unteren Zylinder das Ende mit dem Kniegelenk im 45-Grad-Winkel ab. Platzieren Sie ihn unter das Ende des Unterschenkels am oben liegenden Bein. Am Knie ist die einzige Krümmung der Beine.

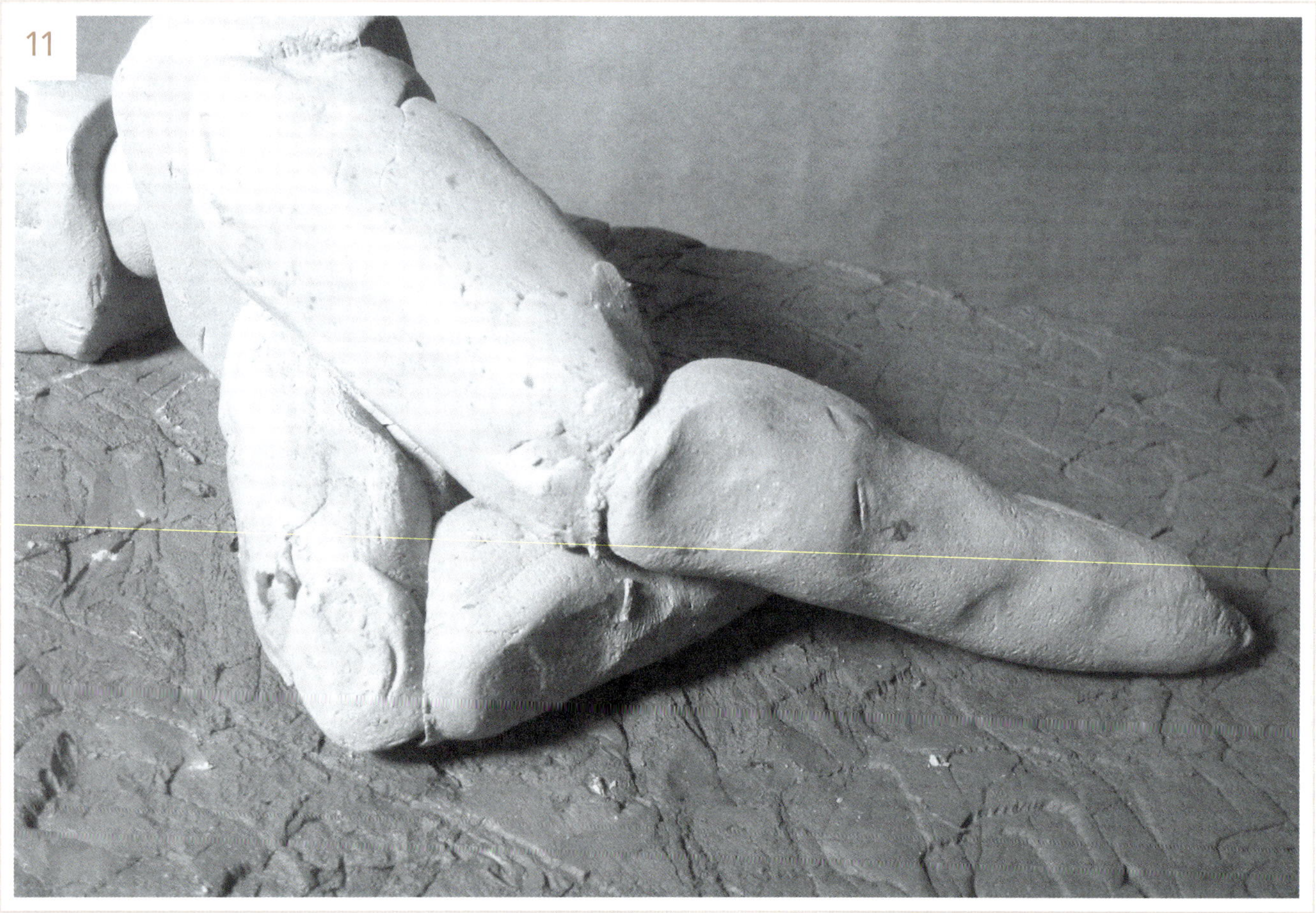

11. Setzen Sie den oben liegenden Unterschenkel in einem stumpferen Winkel an den Oberschenkel als beim unten liegenden Bein. Beide Beine sind im Knie angewinkelt. Sie sollten kräftig wirken, nicht zu spitzig oder zu klobig. Zwischen Hüfte und Knie und zwischen Knie und Knöchel sollte keine Krümmung zu sehen sein.

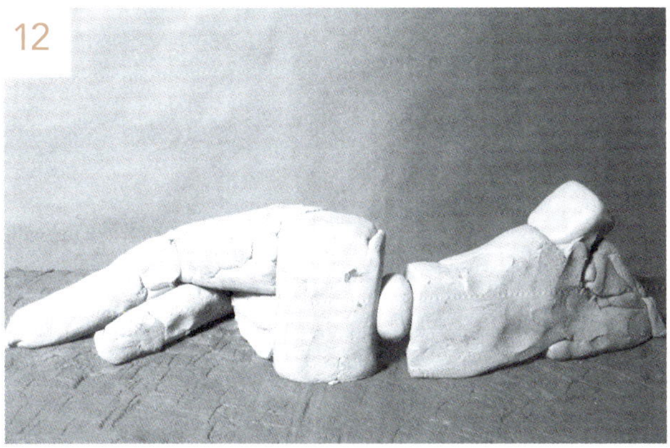

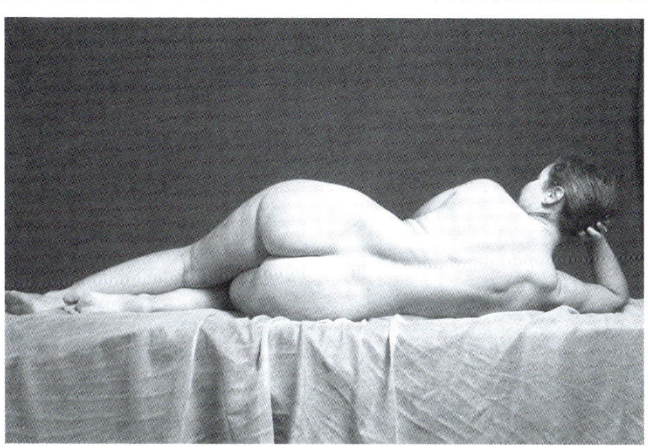

12. Betrachten Sie die Skulptur von der Rückseite, um Position, Proportion und Flächen und die Bewegungsvarianten Beugen, Neigen und Drehen zu überprüfen. Sie können nun die nächste Flächenschicht aufbauen und die Formen der Figur modellieren.

Die Grundform aus einfachen Formen sollte Bewegung und Ausstrahlung des Modells aufgreifen.

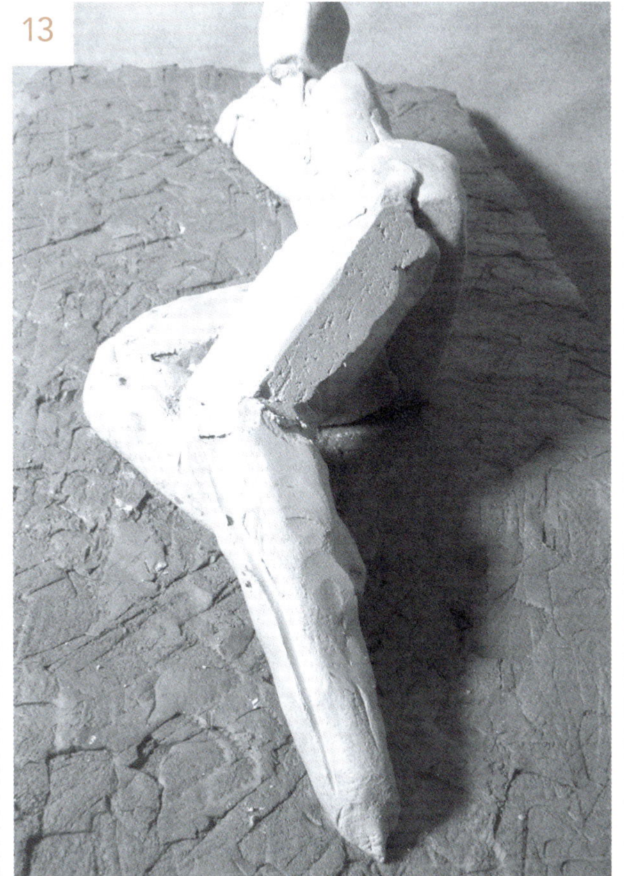

13. & 14. Schneiden Sie auf dem oberen Bein eine schräg nach vorn und eine schräg nach hinten abfallende Fläche zu. Die Anstoßkante verläuft auf dem Hochpunkt des Oberschenkels. (Siehe auch die letzte Zeichnung auf Seite 116.) Schneiden Sie auf der Oberseite des Beins eine weitere Fläche von der Hüfte bis zum Knie. Das Knie liegt viel tiefer als die Hüfte.

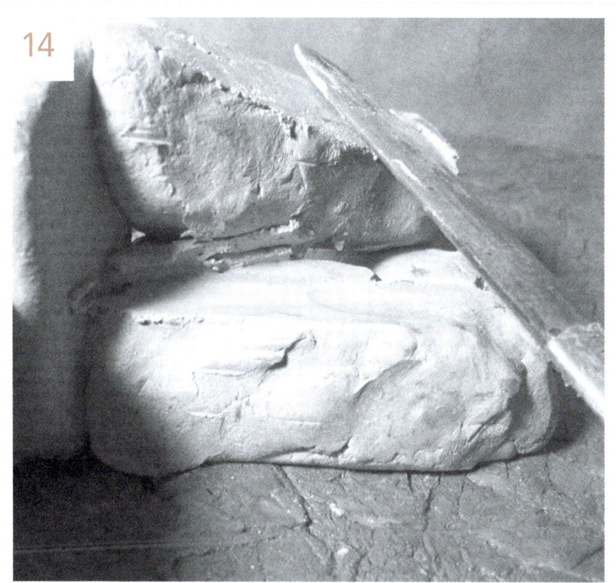

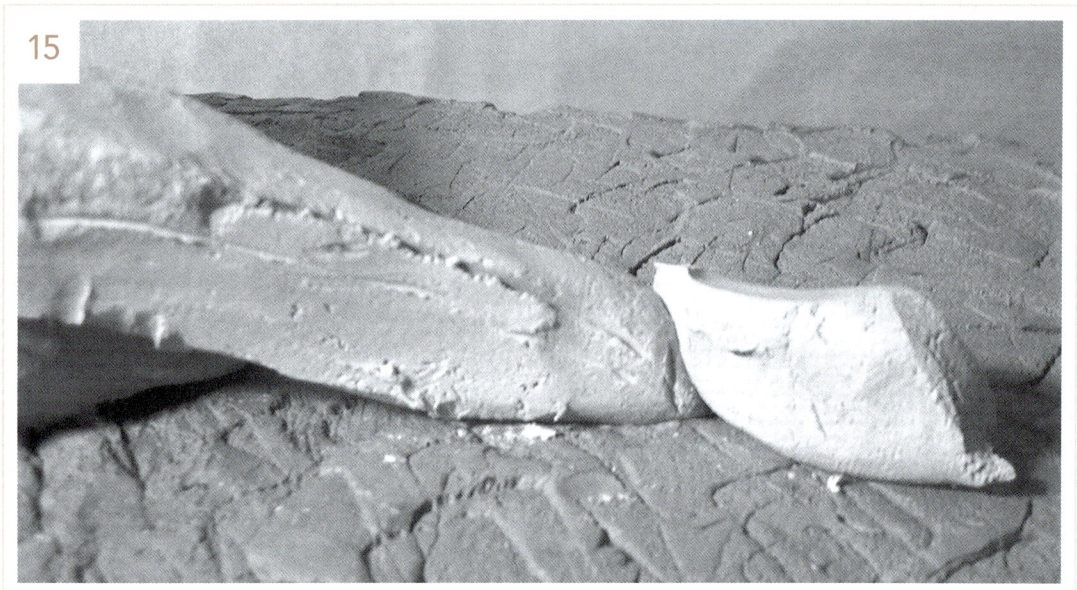

15. Für den vorderen Fuß setzen Sie ein rechteckiges Tonstück an, das am hinteren (Fersen-) Ende schmaler ist. Das vordere Ende ist breiter und beschreibt eine Rundung von der Spitze des großen bis zur Spitze des kleinen Zehs. Setzen Sie den Fuß mit der Ferse an das Ende des Tonbeins.

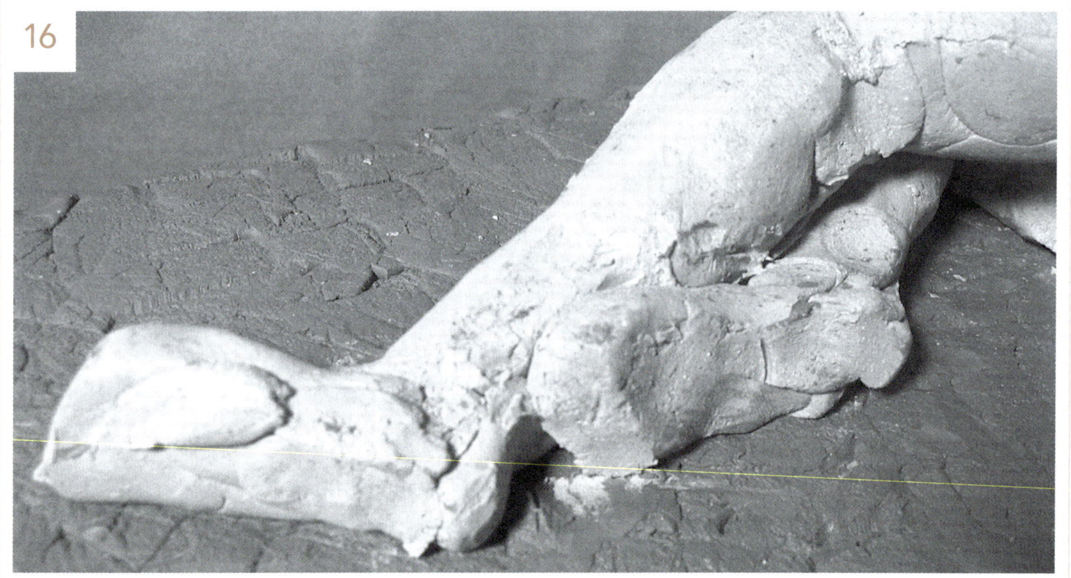

16. Für die Ferse des vorderen Fußes setzen Sie einen Tonstreifen an die Rückseite von Bein und Fuß. Setzen Sie dann ein zweites Tonstück an der Fußsohle an. Verstreichen Sie die Übergänge und geben Sie der Ferse dabei eine dreieckige Form.

Bauen Sie die Masse des anderen Fußes auf. Er drückt teilweise gegen den weiter vorgestreckten Fuß. Beide Füße sollten gleich groß sein.

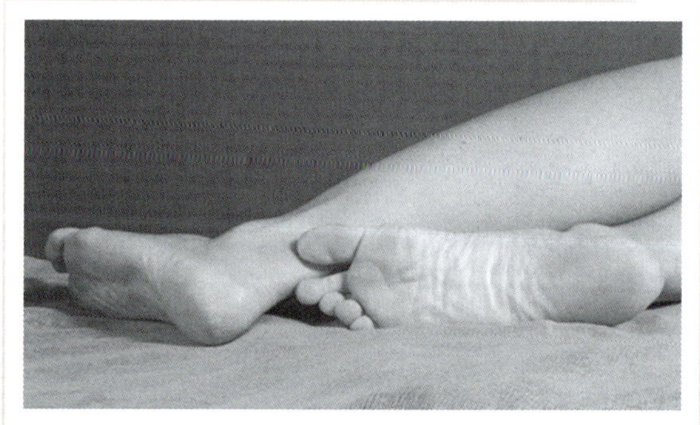

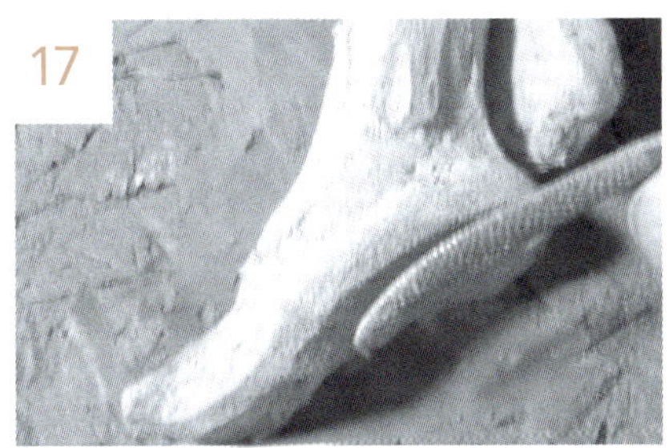

17. Formen Sie die Fußsohlen, indem Sie mit der Riffelraspel erst gegen die Unterseite der Fußformen und dann gegen die Seiten drücken. Durch das Drücken entstehen Flächen und Anstoßkanten dort, wo sie gebraucht werden.

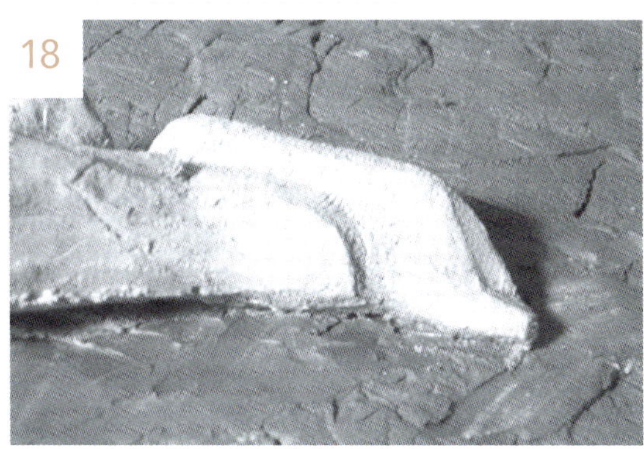

18. Setzen Sie Ton für die oberen Flächen des Fußes an, die aus den Fußwurzel- und den Mittelfußknochen bestehen. Zeichnen Sie eine Orientierungslinie um den unteren Rand der hohen Knochen. Schneiden Sie eine Stufe zwischen hohen und tiefer liegenden Knochen. Schneiden Sie eine Fläche, die am Mittelfußknochen des großen Zehs ansetzt und zur Fußaußenseite allmählich schmaler wird. Legen Sie eine Fläche für die vier Zehen und eine für die Oberseite des großen Zehs an.

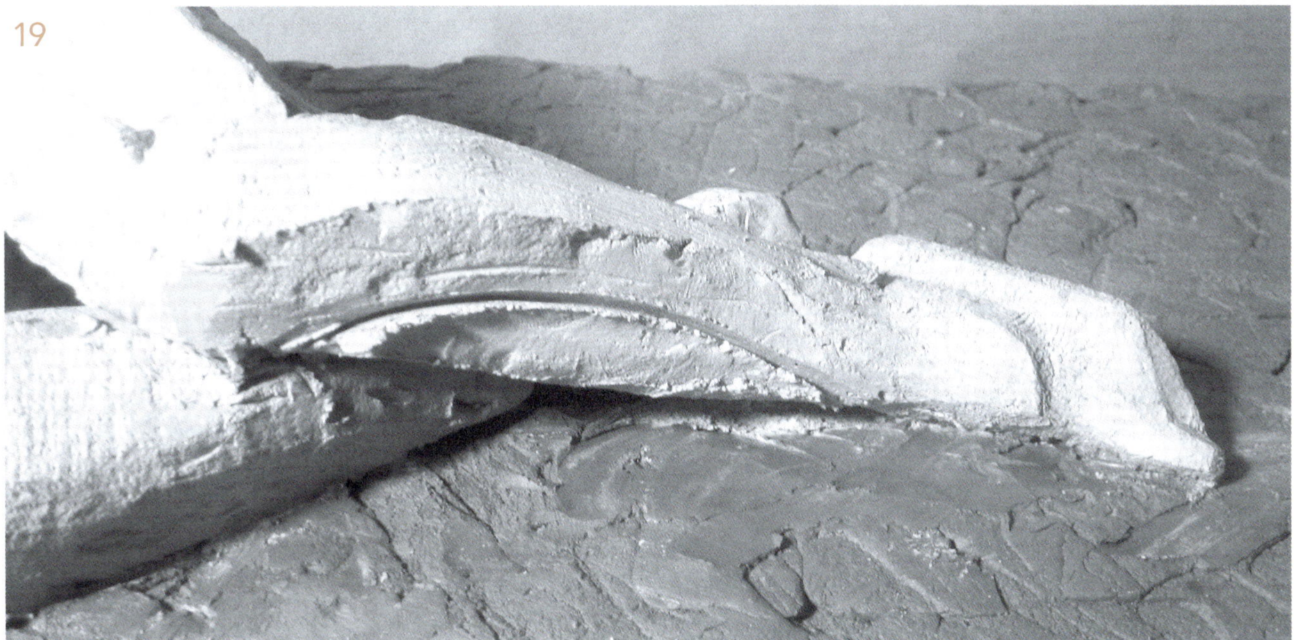

19. Das untere Bein ist keilförmig. Zeichnen Sie mittig auf den oberen Unterschenkel eine leicht gebogene Orientierungslinie vom Knie bis zum Knöchel. Sie markiert das Schienbein. Dann setzen Sie die Schnittkante des Modellierholzes an der Linie an und schneiden eine 45-Grad-Schräge. Sie reicht vom Knie bis zum Knöchel. Die Fläche fällt zur Rückseite des Beins ab; sie stellt den seitlichen Bereich des Wadenmuskels dar, der dort liegt. Sehen Sie sich dazu auch das letzte Bild auf Seite 65 an.

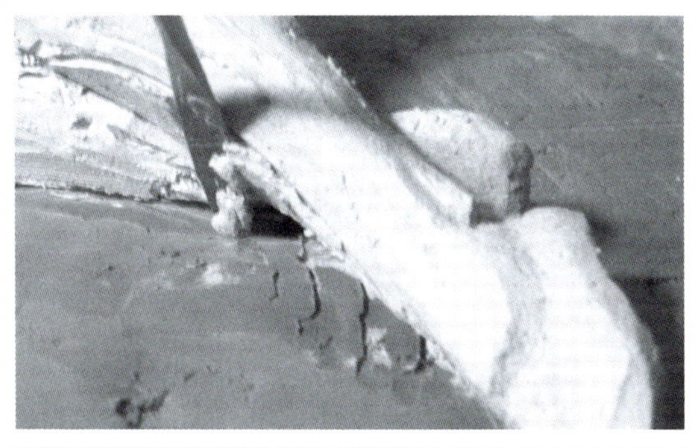

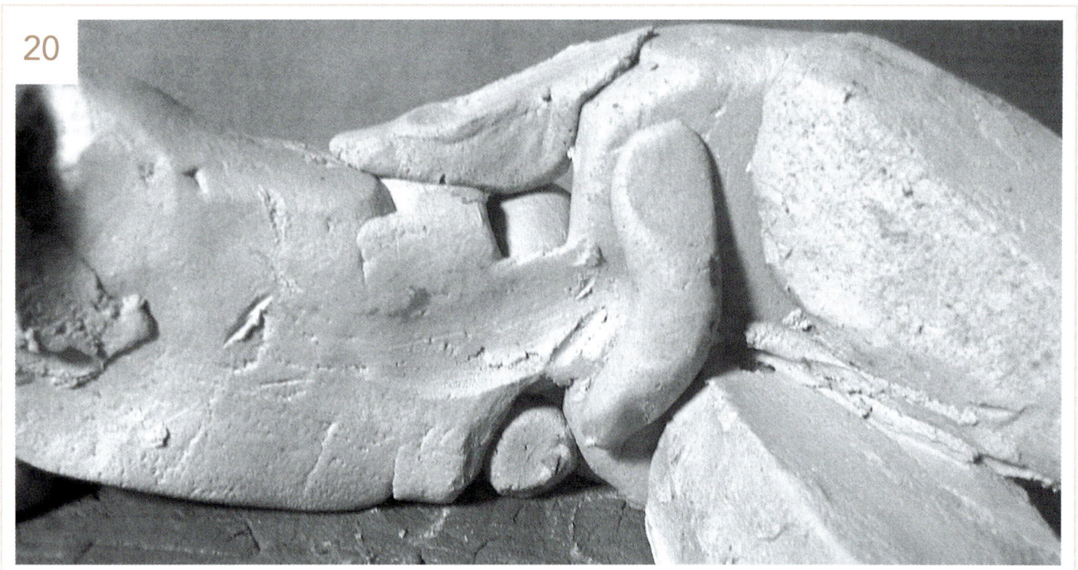

20. Verbinden Sie den Brustkorb- mit dem Beckenblock, indem Sie ein dreieckiges Tonstück auf den oberen Seitenflächen der Blöcke ansetzen, genau über der Tonkugel in der Mitte und zwischen Brustkorb und Becken. Setzen Sie auch unterhalb der Kugel in der Mitte ein Stück an, um die gegenüber liegende Seite der Hüfte und des Brustkorbs miteinander zu verbinden. Setzen Sie einen Streifen Ton für die Bauchmuskulatur an.

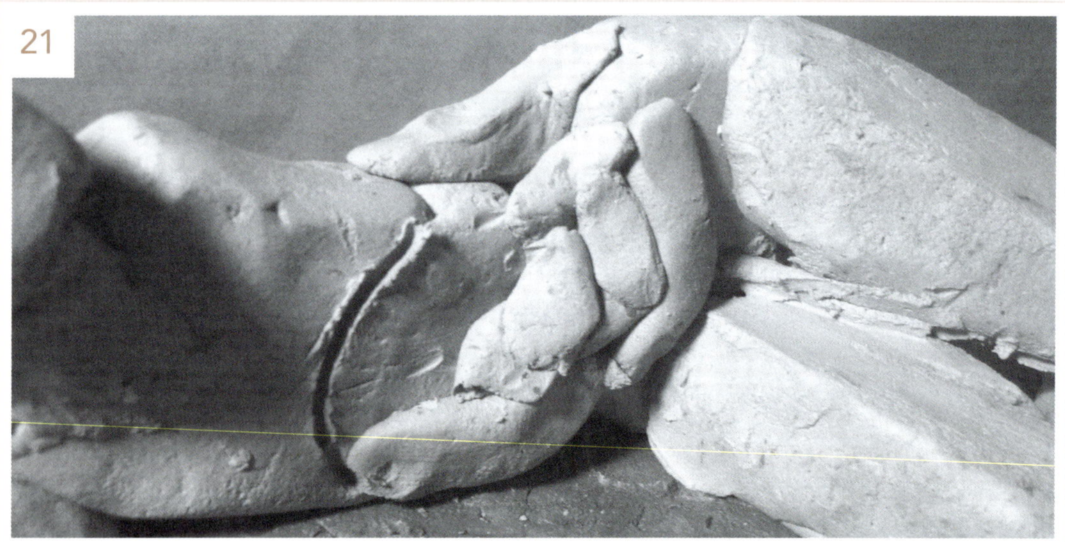

21. Die Erdanziehungskraft sorgt in dieser Pose dafür, dass die Bauchmuskeln in Richtung der Unterlage gezogen werden, auf der das Modell liegt. Die unten liegende Seite des Brustkorbs zieht sie jedoch zur Schulter. Um diese Bewegungen deutlich zu machen, lassen Sie die Masse des Bauches nach unten zum Fundament hängen und ziehen sie gleichzeitig zur unteren Schulter. Der größte Teil des Bauches liegt an der unteren Hüfte. Bauen Sie auf der Unterseite des Bauches Volumen auf, das sich vom Unterleib bis zum Brustkorb erstreckt. Ich habe außerdem eine gewölbte Linie in den Torso geritzt; sie markiert den unteren Rand des Brustkorbs.

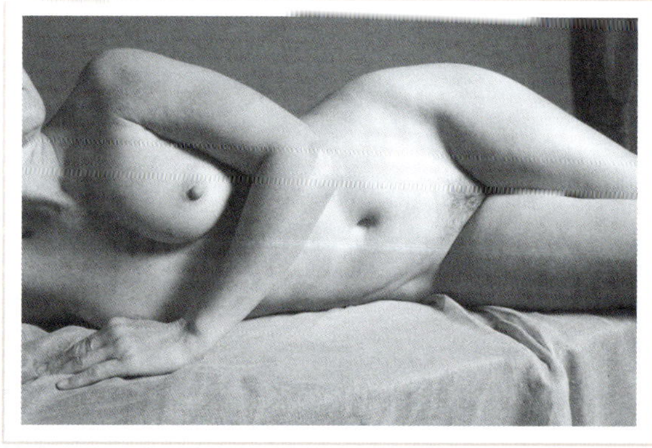

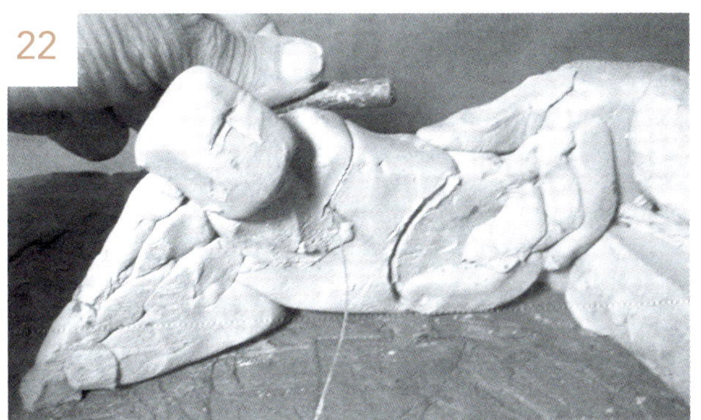

22

22. & 23. An diesem Punkt beschließe ich, den Brustkorbblock zu verlängern und anzupassen. (Siehe Kasten auf Seite 70.) Mit einem Schneidedraht schneide ich den Brustkorb von einer Seite zur anderen durch. Der schmerzfreie Schnitt verläuft in der Mitte der Brustpartie. Den oberen Teil des zerteilten Brustkorbs schiebe ich weg, so dass eine etwa 1,3 cm breite Lücke zwischen den beiden Teilen entsteht.

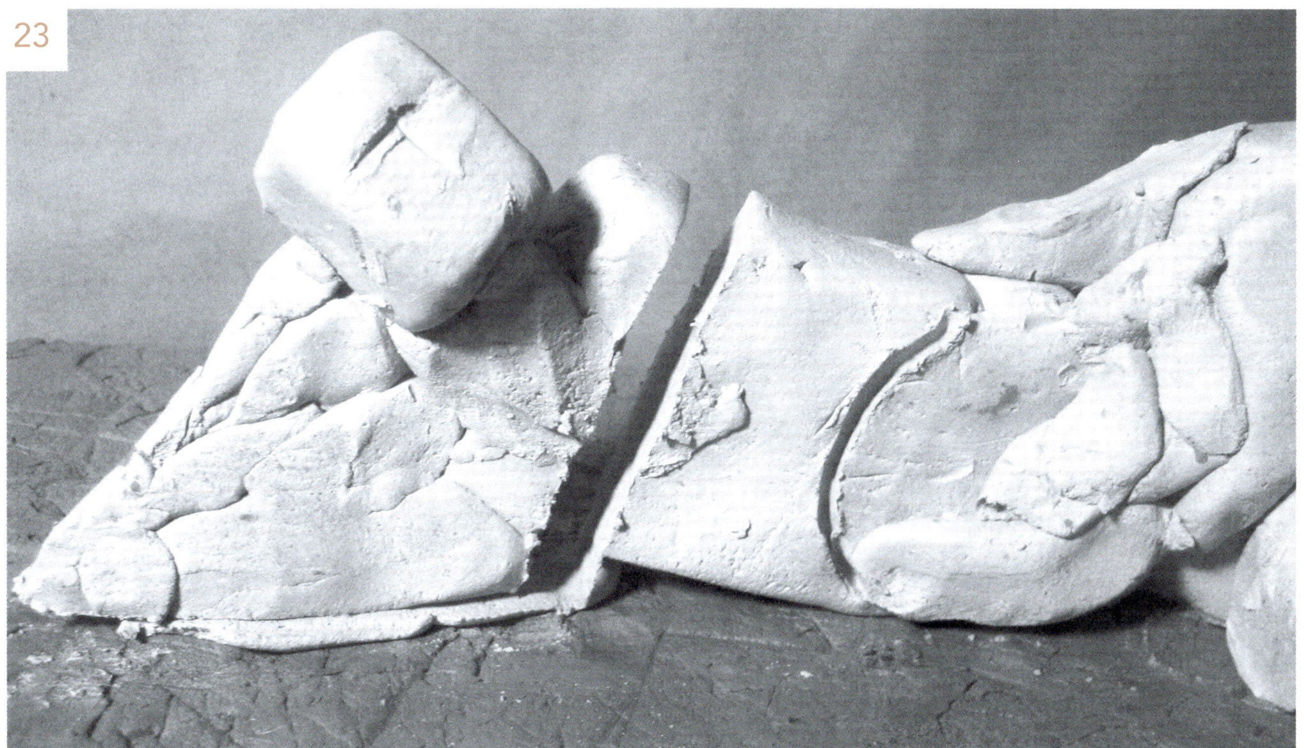

23

24. Nun muss ich nur etwas Ton zwischen die beiden Teile setzen, sie angleichen und weitermodellieren.

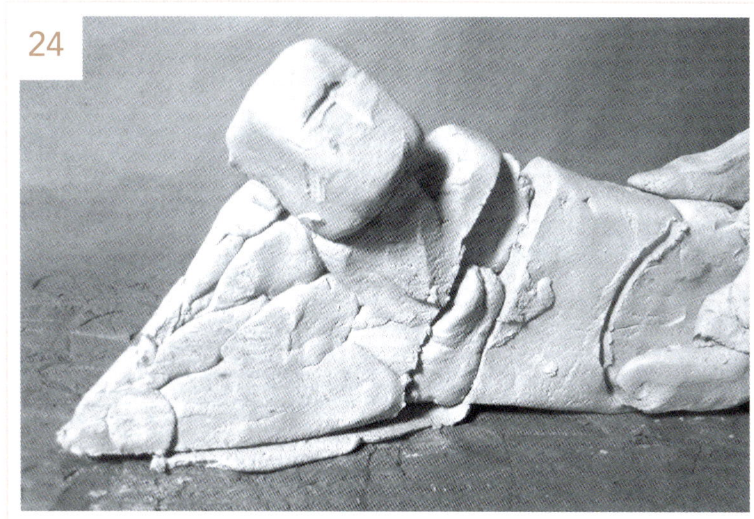

24

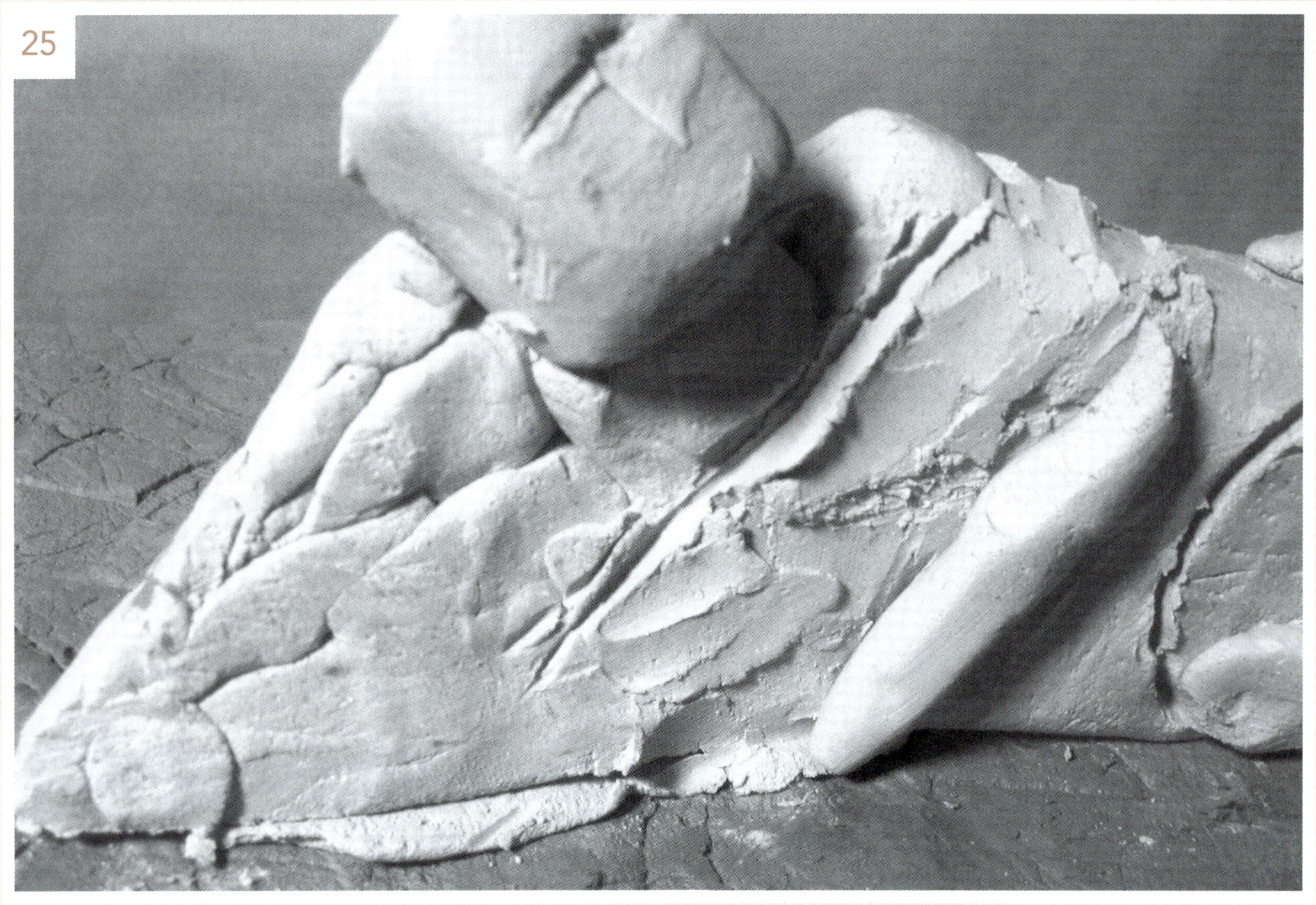

25. Zeichnen Sie parallel zu den Schultern eine Orientierungslinie für die Schlüsselbeine an. Setzen Sie auf der Höhe der Brustwarzen einen Tonstreifen an, der die Grundlinie der Brüste markiert. Diese Grundlinie verläuft parallel zu der Linie für die Schlüsselbeine.

26. Bauen Sie die Masse von Brustpartie und Brüsten mit weiteren Tonstreifen auf. Sie liegen zwischen der Grundlinie für die Brüste und den Schlüssselbeinen.

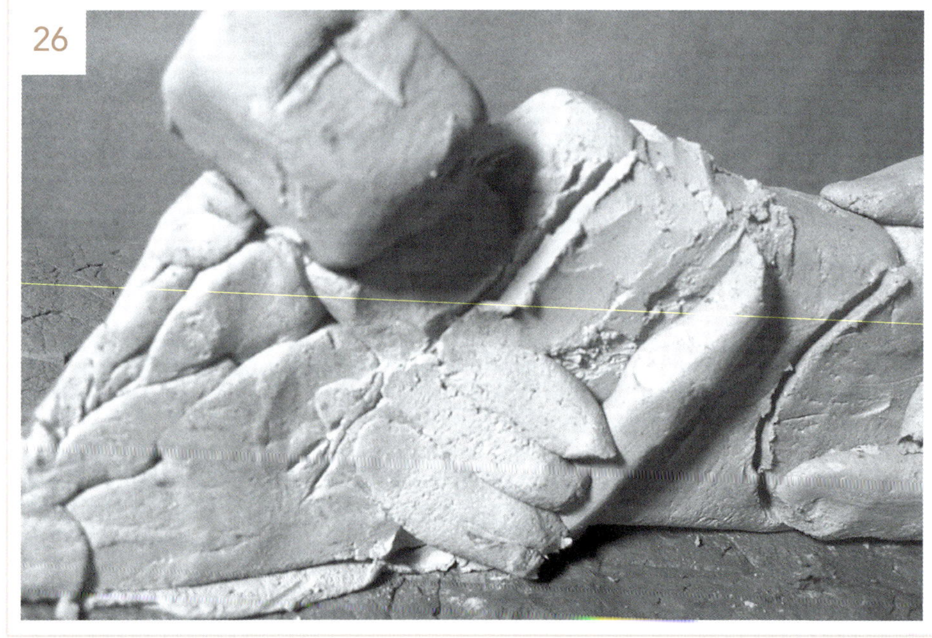

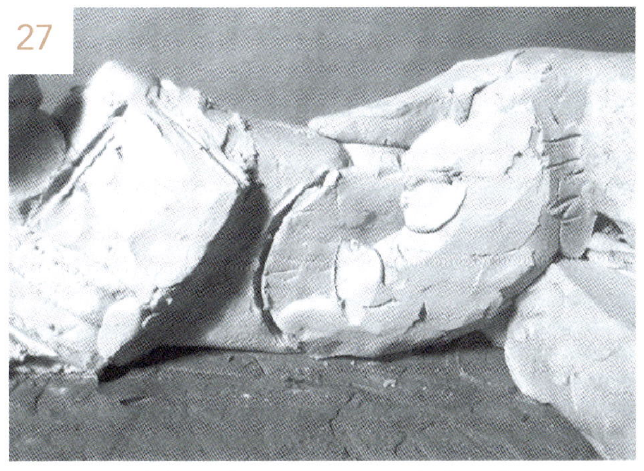

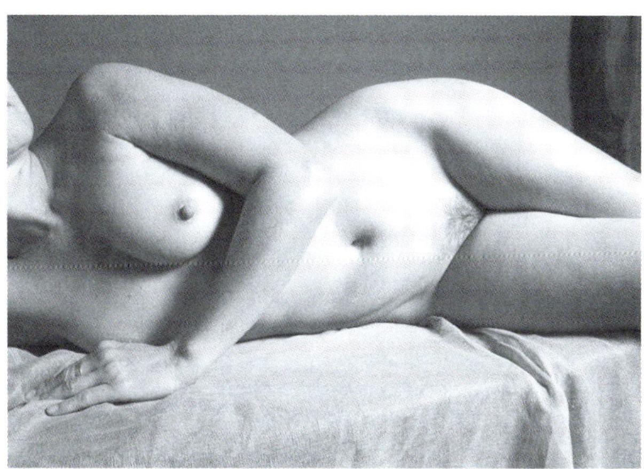

27. Formen Sie den dreieckigen Kasten für die Grundform von Brustpartie und Brüsten. Achten Sie auf die schmale Fläche unterhalb vom Bauch. Sie grenzt an die Fläche des oberen Oberschenkels. Diese Fläche wird die Bauchform aus dem Beckenblock hervorheben.

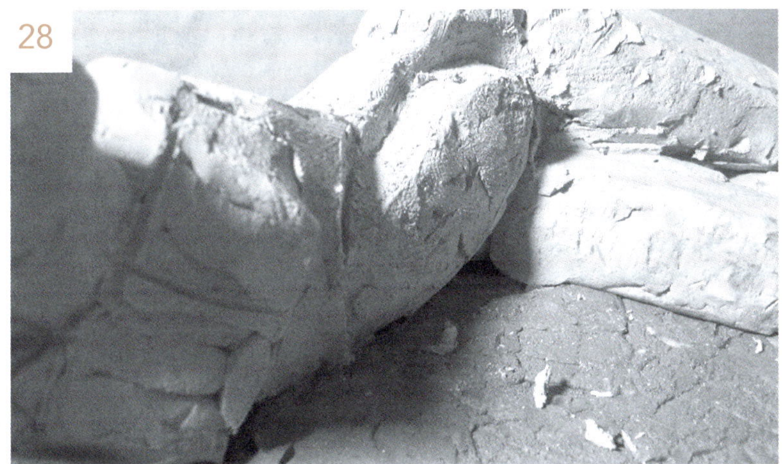

28. Arbeiten Sie die obere Seitenfläche der Bauchmuskeln heraus. Formen Sie dabei auch die Anstoßkante von Seiten- und Vorderfläche dieser Muskelpartie.

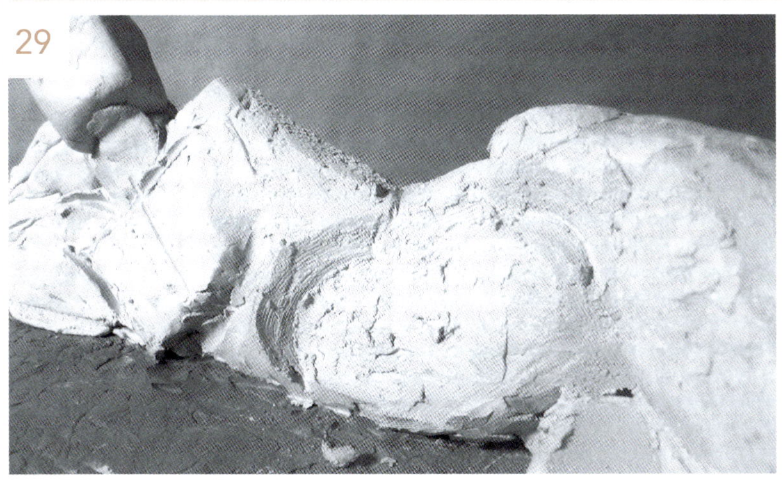

29. Arbeiten Sie dann eine schmale, gewölbte Fläche unter dem Brustkorb heraus. Legen Sie eine weitere schmale Fläche auf der Seite der Hüfte an, die sich in Richtung Bauch zieht. Achten Sie auf die Flächen an der Grundform von Brustpartie und Brüsten. Sie befinden sich im Seitenbereich und an der Unter- und Oberseite. Auch am unteren Rand des Bauches und auf seiner Vorderseite sind Flächen angelegt.

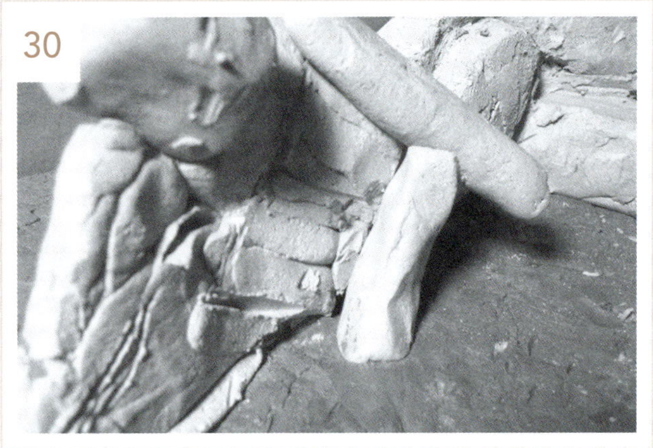

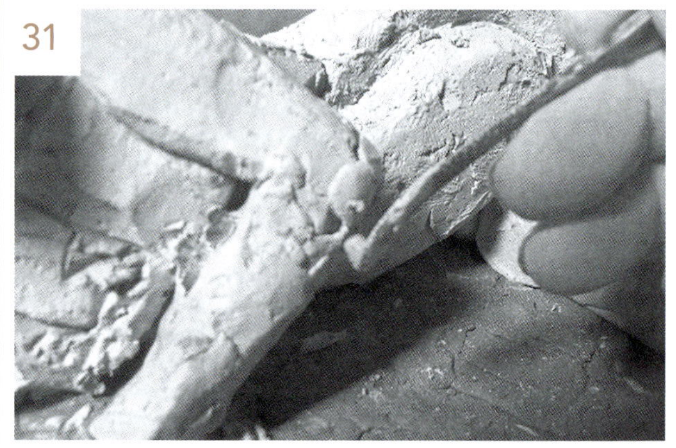

30. Fangen Sie an, mit Tonzylindern den Arm aufzubauen, der über dem Körper liegt. Ebenso wie die Beine sind die Arme nur an den Gelenken gebeugt.

31. Schneiden oder klopfen Sie an der Seite des Armes eine Fläche zurecht. Bauen Sie die Schulter mit kleinen Tonstücken auf.

32. Setzen Sie kleine Tonstücke an, um die Ellbogenpartie aufzubauen und zu formen. Schneiden oder klopfen Sie eine Fläche an Vorder- und Rückseite und an Innen- und Außenseite des Handgelenks zurecht. Die untere Hälfte des Unterarms ist rechteckig mit breiten, parallel verlaufenden Flächen an Vorder- und Rückseite. An den Seiten verlaufen schmale Flächen. Die obere Hälfte des Unterarms ist breiter und runder als die untere Hälfte.

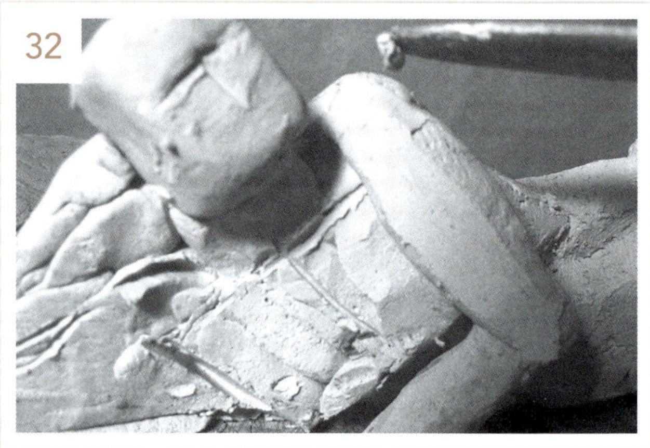

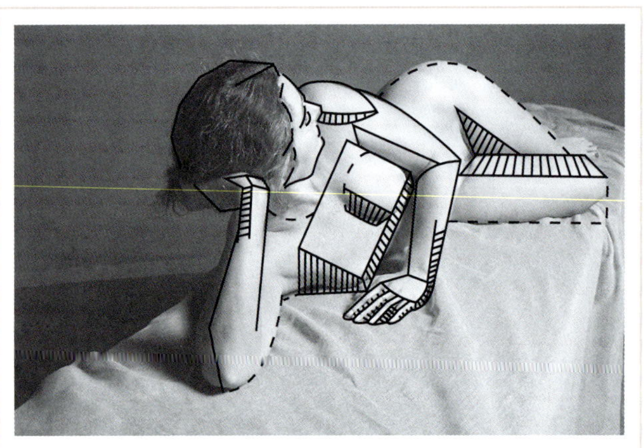

Die Oberseite der Hand gehört zur selben Fläche wie die Oberseite des Handgelenks. Allerdings ändert diese Fläche ihre Richtung, wenn die Hand am Handgelenk gebeugt wird.

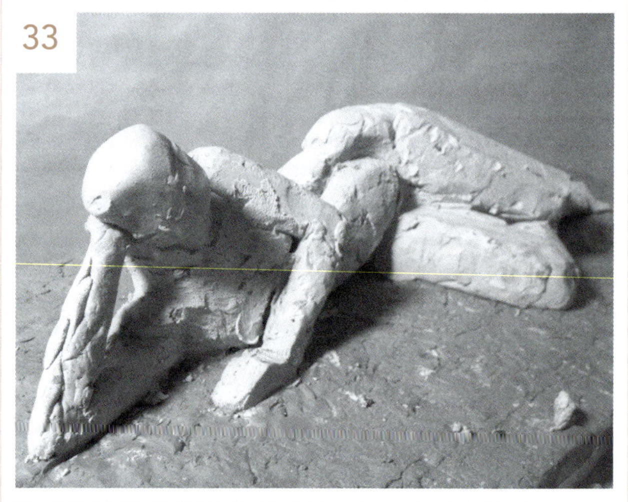

33. Setzen Sie ein kantiges, wie ein Fausthandschuh geformtes Element für die Hand an, die auf dem Fundament ruht.

▶ FLÄCHEN AN ARMEN UND BEINEN

An diesem Punkt sollten Sie Flächen auf die Oberschenkel und die Arme klopfen. Außerdem ist es hilfreich sich anzusehen, in welcher Beziehung die Flächen zueinander stehen. Der Oberarm ist wie ein Rechteck, er besteht aus vier Flächen oder Seiten. Wenn der Arm bei einer stehenden Pose seitlich am Körper herunterhängt, liegt eine breite Fläche außen. Auf der Innenseite des Arms, die am Brustkorb lehnt, verläuft parallel dazu eine weitere Fläche. Die Vorderfläche, der Bizeps, ist schmaler als die Seitenflächen. Er liegt parallel zu seinem Gegenspieler, dem Trizeps auf der Rückseite des Arms.

Suchen Sie die Position des Bizeps und formen Sie eine Fläche. In dieser Pose ist der Bizeps des Oberarms zu einer Seite gedreht und liegt der Seitenfläche der Brust zugewandt. Die breitere, außen liegende Oberfläche des Arms zeigt in dieselbe Richtung wie die obere Fläche von Brustpartie und Brüsten. Beklopfen Sie diese Seite des Arms mit dem Holzblock und legen Sie so die Seitenfläche des Arms an. Der Deltamuskel (Schultermuskel) wird am oberen Ende dieser Armfläche entstehen.

Die Oberschenkel weisen ebenfalls eine rechteckige Form mit vier Grundflächen auf. Sie haben eine schmale Vorderfläche, die vom oberen Rand des Knies bis zum Hüftgelenk reicht. Sie besteht aus dem geraden Schenkelmuskel, dem großen Schenkelmuskel und dem äußeren und inneren Schenkelmuskel.

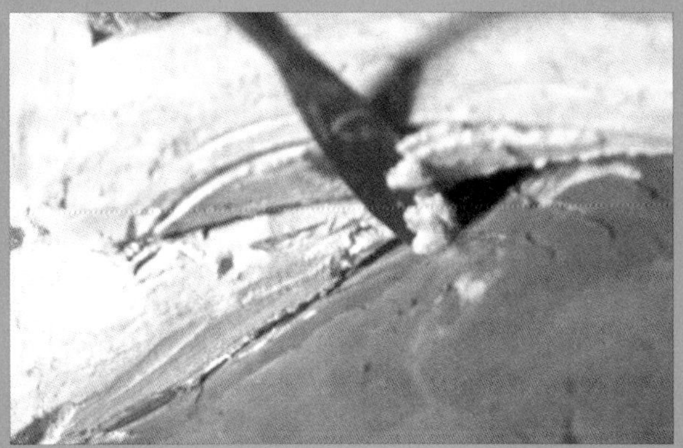

Die parallel verlaufende, schmale Fläche auf der Rückseite des Beins besteht aus dem Halbsehnenmuskel, dem zweiköpfigen Schenkelbeuger und dem Plattsehnenmuskel. Die Außenfläche ist breiter als die Innenfläche. Eine Muskelgruppe, die sich von der Oberschenkelmitte bis zum Sitzbein (der Mitte des Beckens) zieht, ist dafür verantwortlich, dass diese beiden Flächen nicht parallel verlaufen. Sehen Sie sich die Richtung an, in die das Knie des oberen Beins bei dieser Pose zeigt. Daran können Sie erkennen, in welche Richtung die obere, schmale Fläche des Oberschenkels zeigt. In diesem Fall ist die Außenfläche des Oberschenkels zur Zimmerdecke gewandt und die schmalere Vorderfläche des Oberschenkels zeigt nach links zum Arm.

Von vorne betrachtet sieht der Unterschenkel aus wie ein Keil. In der Mitte des Keils liegt das Schienbein. Das Schienbein ist gleichzeitig die Anstoßkante zweier Flächen: die eine führt schräg nach innen, die andere schräg nach außen. Auf dem oben abgebildeten Foto arbeite ich gerade an dieser Kante.

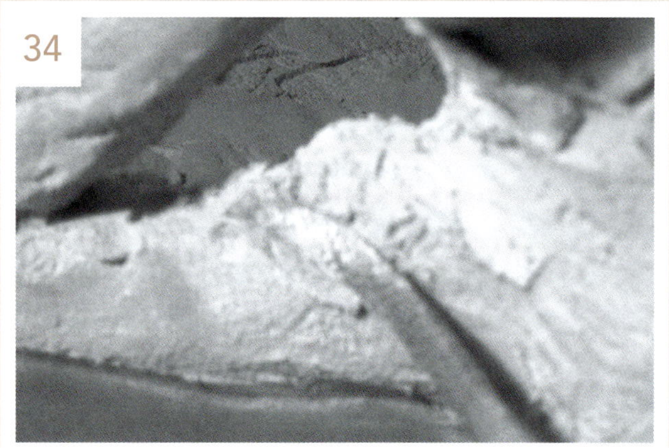

34. Setzen Sie die Riffelraspel zwischen Arm und Schulter an und schieben Sie sie in den Ton, um den Brustmuskel an der Seite der Brustpartie und die Seite des Schultermuskels zu formen.

35. Harken Sie mit der Modellierschlinge über die Flächen am Handgelenk.

36. Zeichnen Sie eine Linie um den Halsansatz. Legen Sie für die Schlüsselbeine eine schmale, gewölbte Fläche zwischen dem Hals und der Vorderseite der Brustpartie an.

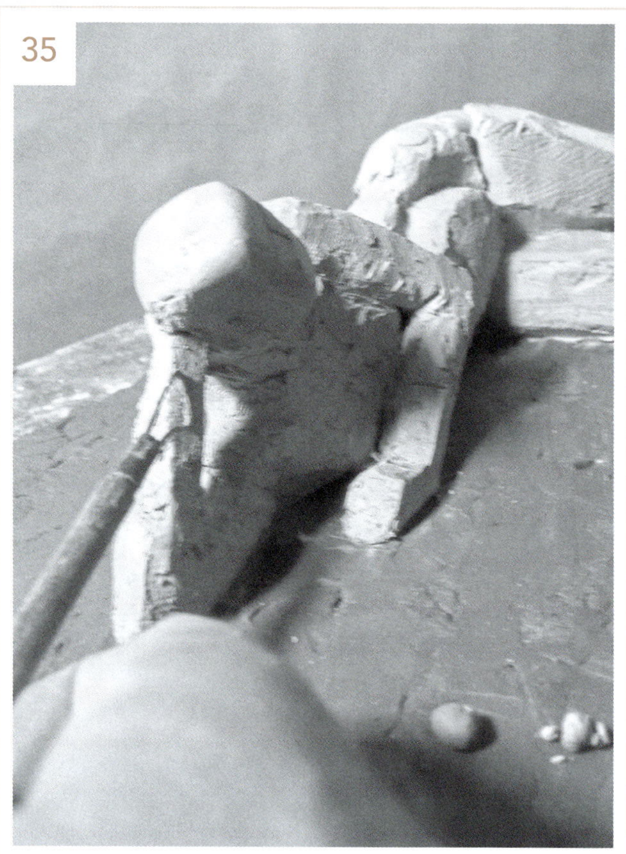

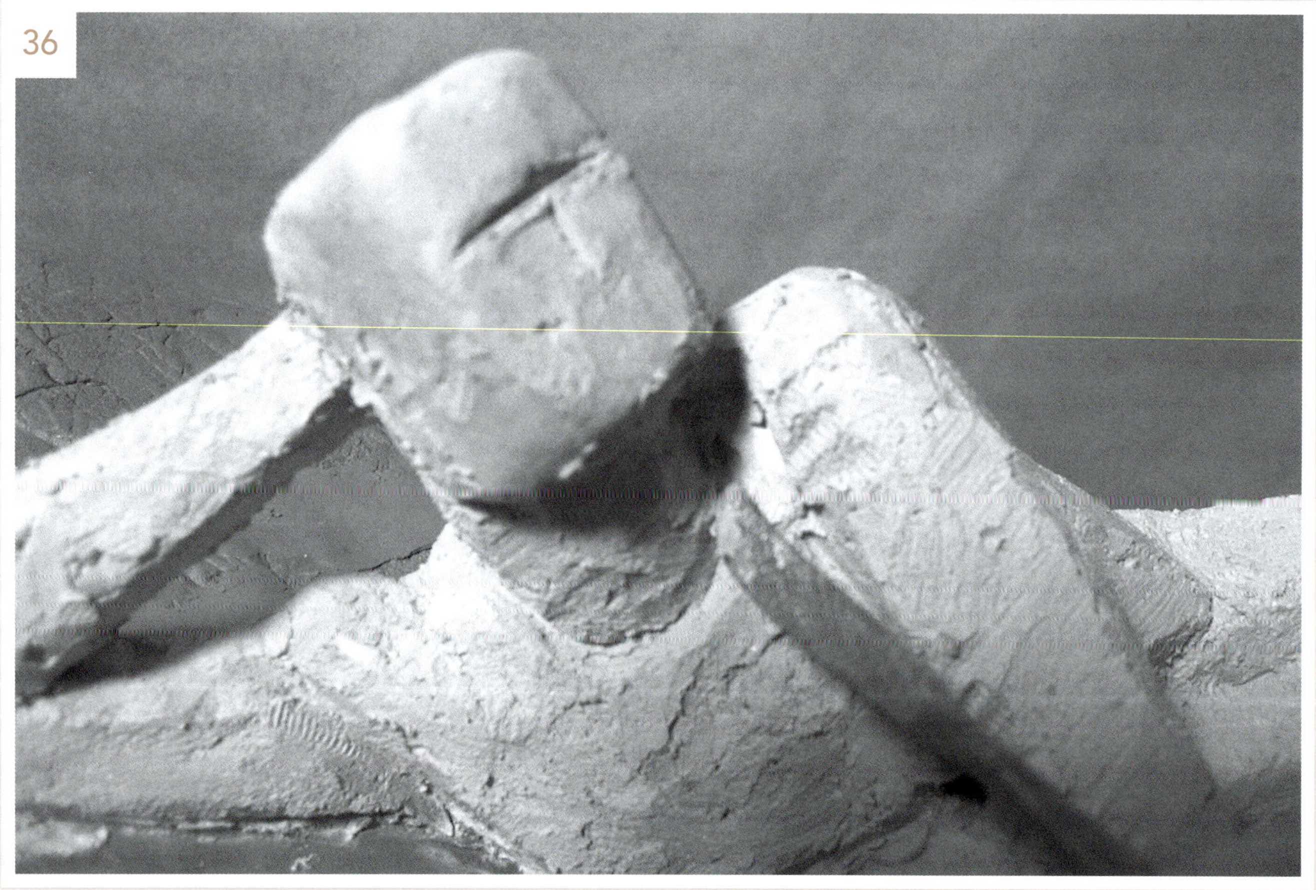

36

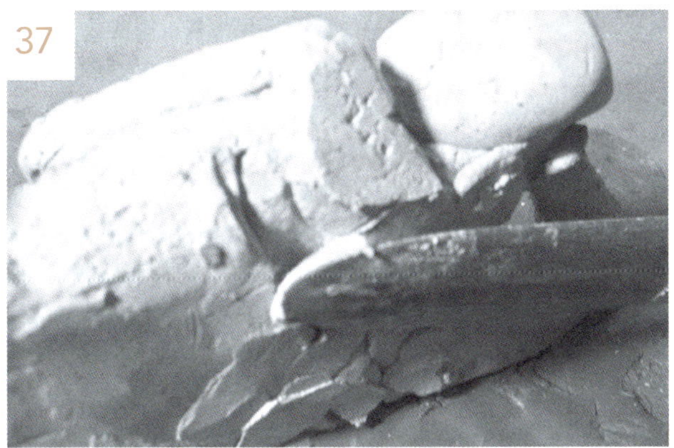

37. Schneiden Sie auf dem Rücken der Figur eine Fläche auf die Oberseite des Schulterblattes. Bauen Sie das Volumen des oberen Rückens mit Tonstücken auf.

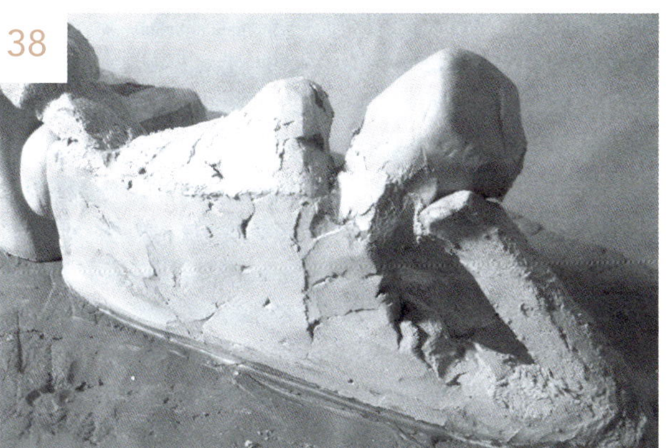

38. Schneiden Sie eine Fläche vom Schulterblatt am Brustkorb entlang bis zur Hüfte. Beklopfen Sie den Rücken mit dem Holzblock.

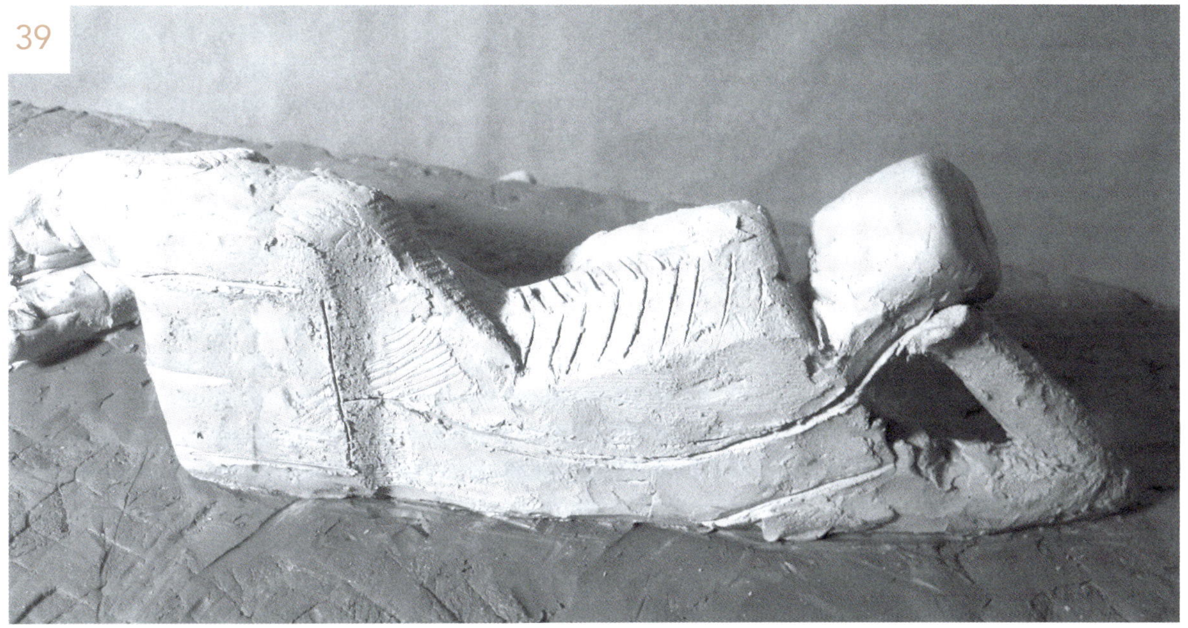

39. Markieren Sie den Verlauf der Wirbelsäule mit einer Linie von der Mitte des Blocks für den Kopf, mittig über Brustkorb- und Beckenblock nach unten. Bauen Sie die Kastenform der großen Gesäßmuskeln mit einer schmalen Fläche auf der Oberseite dieser Muskelpartie auf. Verbinden Sie den oberen Rand der Hüfte mit dem unteren Rand des Brustkorbs mit zusätzlichem Ton. Dort liegen der Rückenstrecker und der äußere schräge Bauchmuskel. Die Seite des Brustkorbs wölbt sich von hinten nach vorn. Schneiden Sie an der Seite des Brustkorbs eine vordere und eine hintere Fläche und arbeiten Sie die Anstoßkante heraus, an der die beiden Flächen aneinander grenzen.

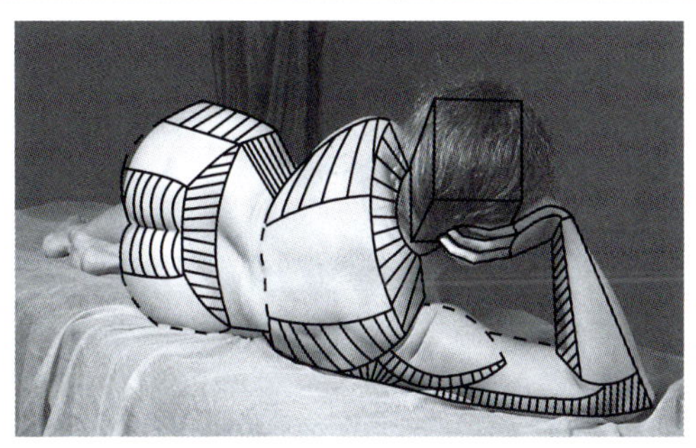

Schräg verlaufende Linien, die an der Anstoßkante aufeinander treffen, markieren die Flächen des Brustkorbs.

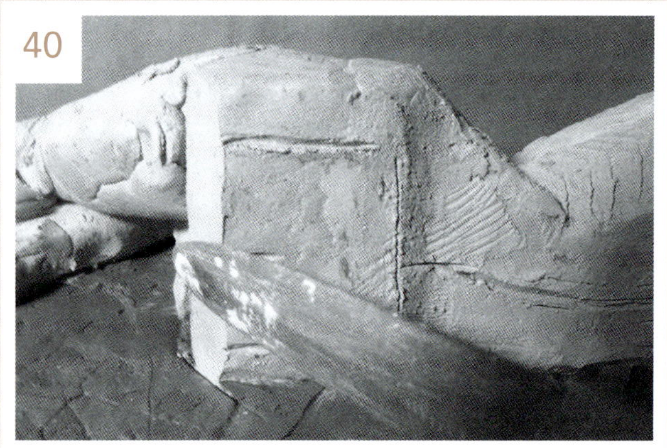

40. Schneiden Sie an der Unterseite des Beckenblocks bis zum unteren Rand der Gesäßmuskeln eine Fläche im 45-Grad-Winkel.

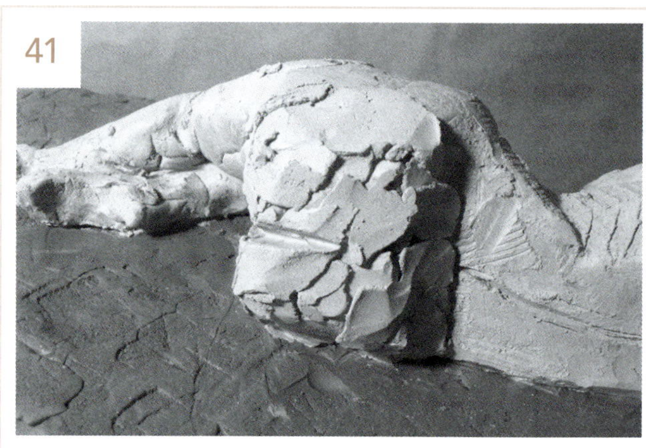

41. Bauen Sie das Volumen der Gesäßmasse weiter auf. Zeichnen Sie eine horizontale Linie mittig in die Masse der Gesäßbacken. (Siehe auch das zweite Bild auf Seite 63.)

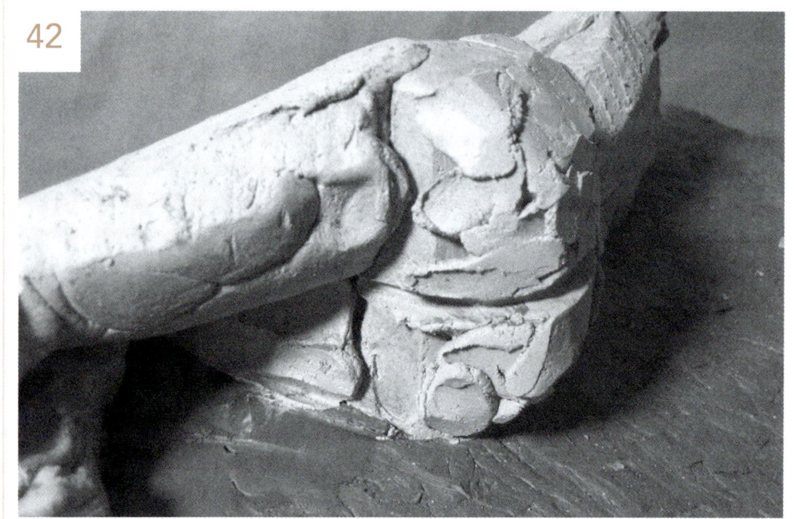

42. Bauen Sie an der Unterseite der Gesäßmasse Volumen auf, indem Sie kleine Tonmengen an der Unterseite des Beckenblocks ansetzen.

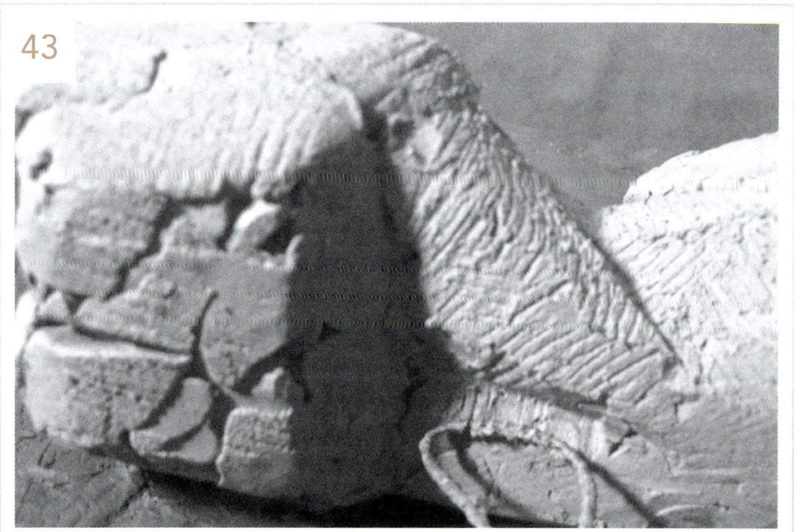

43. Schieben Sie die Modellierschlinge ungefähr 6 mm tief in den Wirbelsäulenbereich des unteren Rückens. Harken und formen Sie die beiden Seiten der unteren Rückenpartie.

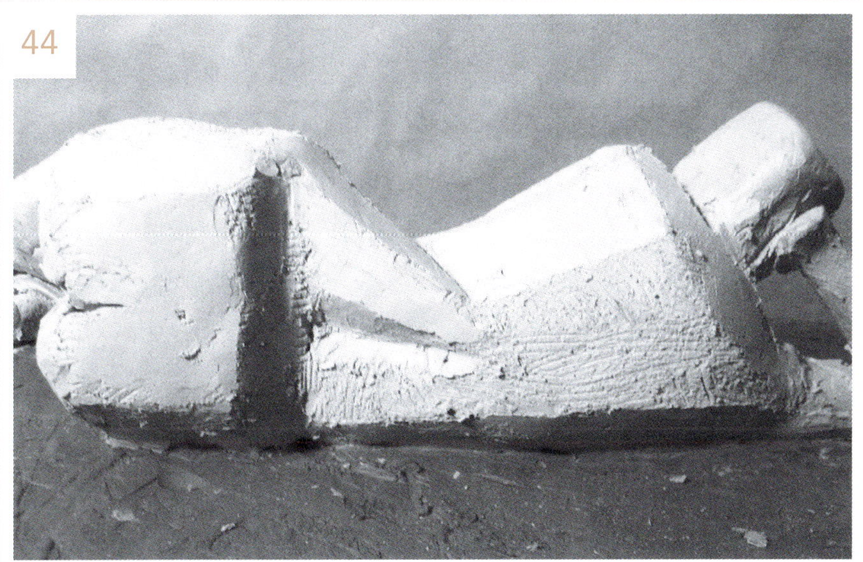

44. Die wesentliche geometrische Ausgangsform und die grundlegende Anordnung der Körperformen und -massen für diese Pose sind an diesem Punkt weitgehend fertig. Bevor Sie weitermachen, halten Sie kurz inne, um die Beziehungen der Strukturelemente untereinander auf ihre Richtigkeit zu überprüfen. Sehen Sie sich dazu auch die dritte Zeichnung auf Seite 115 und das erste Bild auf Seite 63 an.

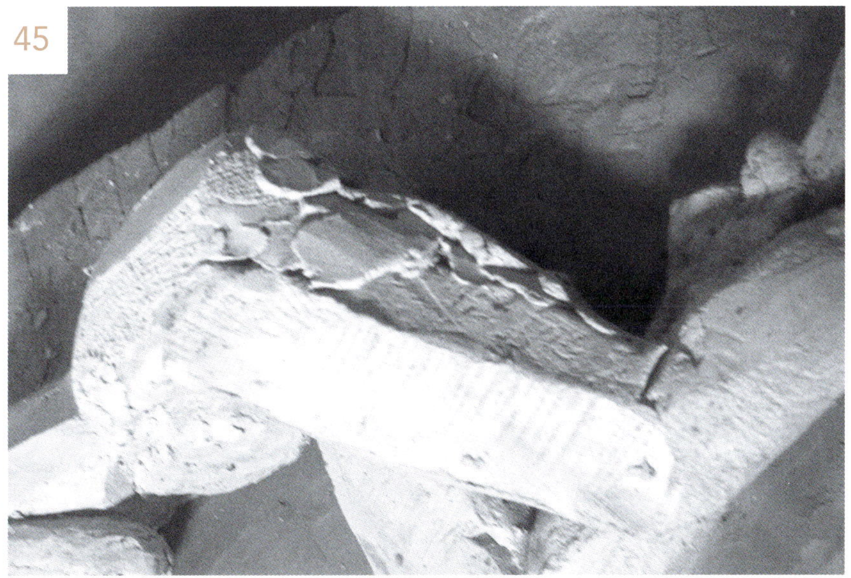

45. Setzen Sie Tonkügelchen an der rückwärtigen und der oberen Fläche des Oberschenkels an, um die Form, das Volumen und die Kontur der Masse des Beins herauszuarbeiten.

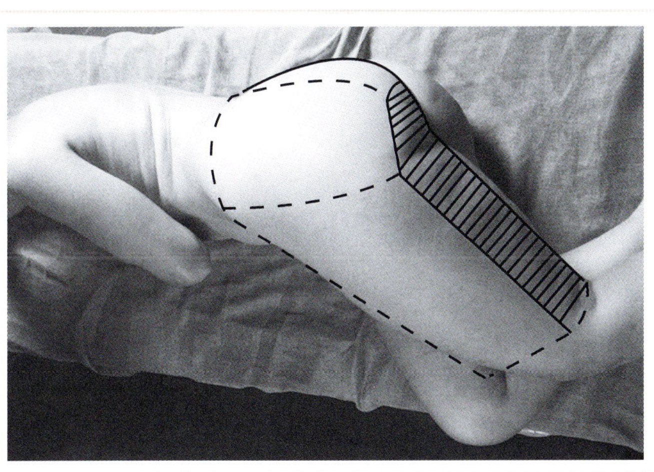

Der gestrichelte Bereich markiert die rückwärtige Fläche des Beins.

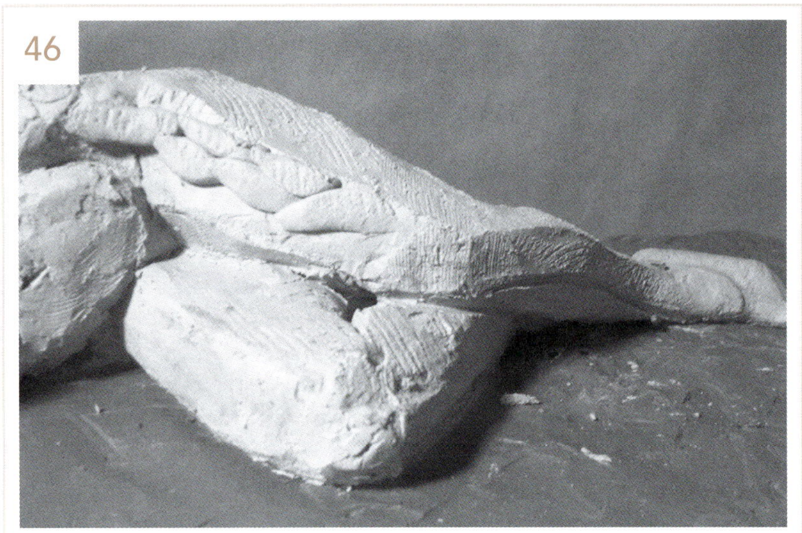

46

46., 47. & 48. Der Wadenmuskel des unteren Beins ist zu groß. Dadurch können das oben liegende Bein und das dazugehörige Knie nicht in derselben Position auf dem unteren Bein liegen wie bei dem Modell. Ich passe den Wadenmuskel an, indem ich etwas Ton abschneide und abtrage. Nun kann ich das Knie nach unten drücken, so dass der Abstand zum Fundament geringer wird. Ich klopfe es mit dem Holzblock in die richtige Position. Nun hat das Bein von der Hüfte bis zum Knie dieselbe Neigung wie das Bein des Modells.

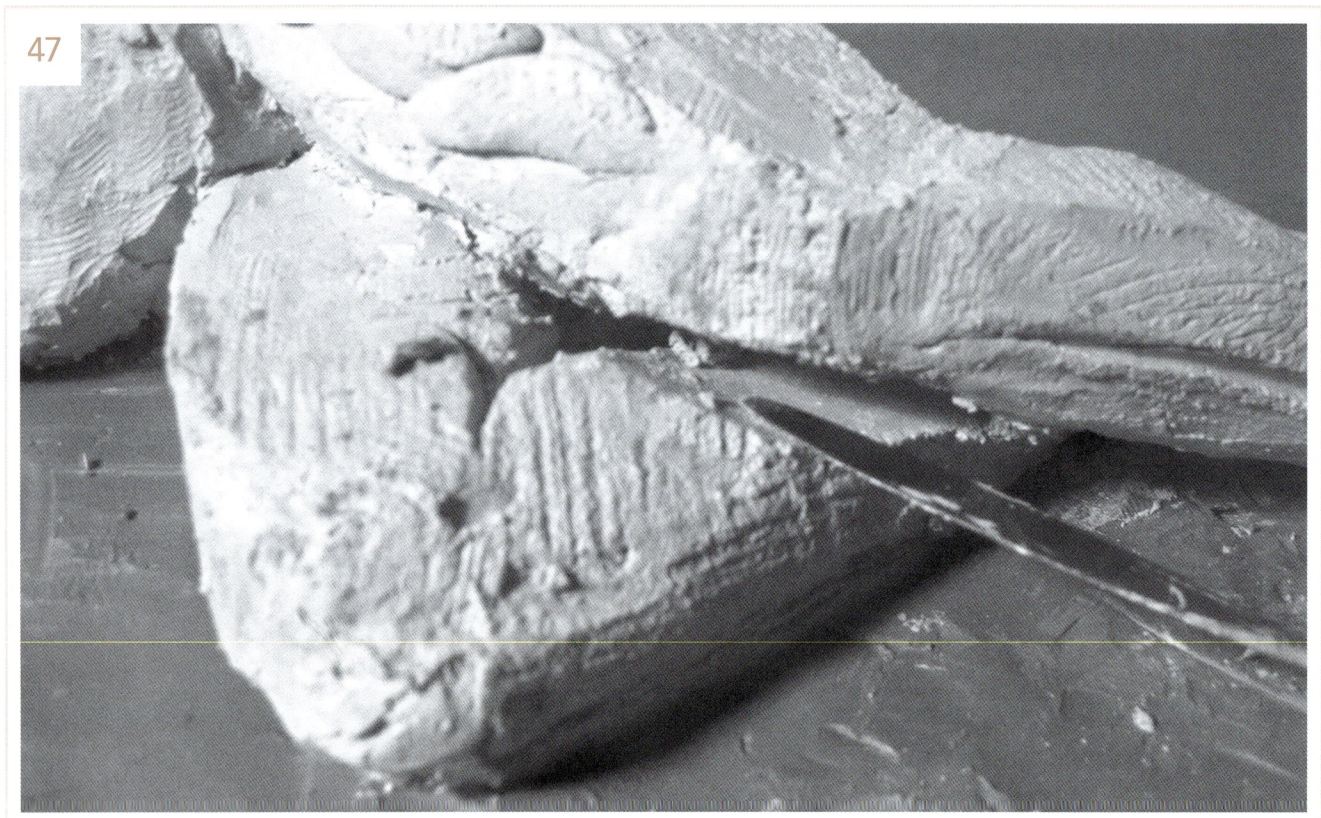

47

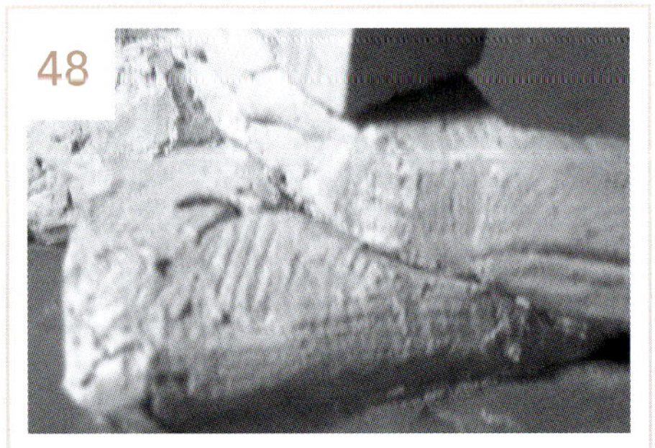

48

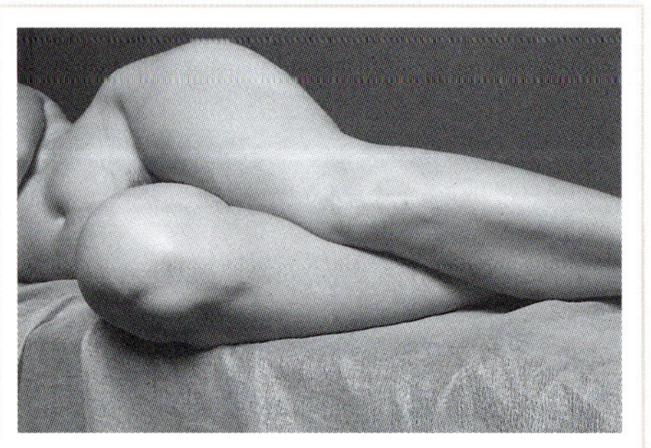

49. & 50. Formen Sie die Flächen an der Unterseite des rechten Fußes. Der Ballen des großen Zehs hebt sich deutlich vom Sohlenbogen ab. Er setzt sich aus lauter Flächen zusammen. Die untere Fläche der Ferse geht in den Rest der Sohle über, die in Richtung Zehen verläuft. Der Sohlenbogen ist gewölbt; seine Innenseite weist Flächen auf. Die vier Zehen beschreiben eine Rundung. Sie bilden einen eigenständigen Bereich, der vom großen Zeh abgeteilt ist.

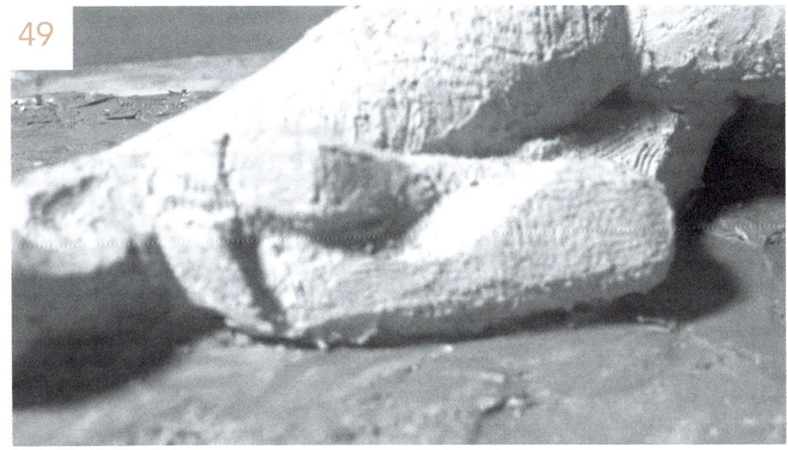

49

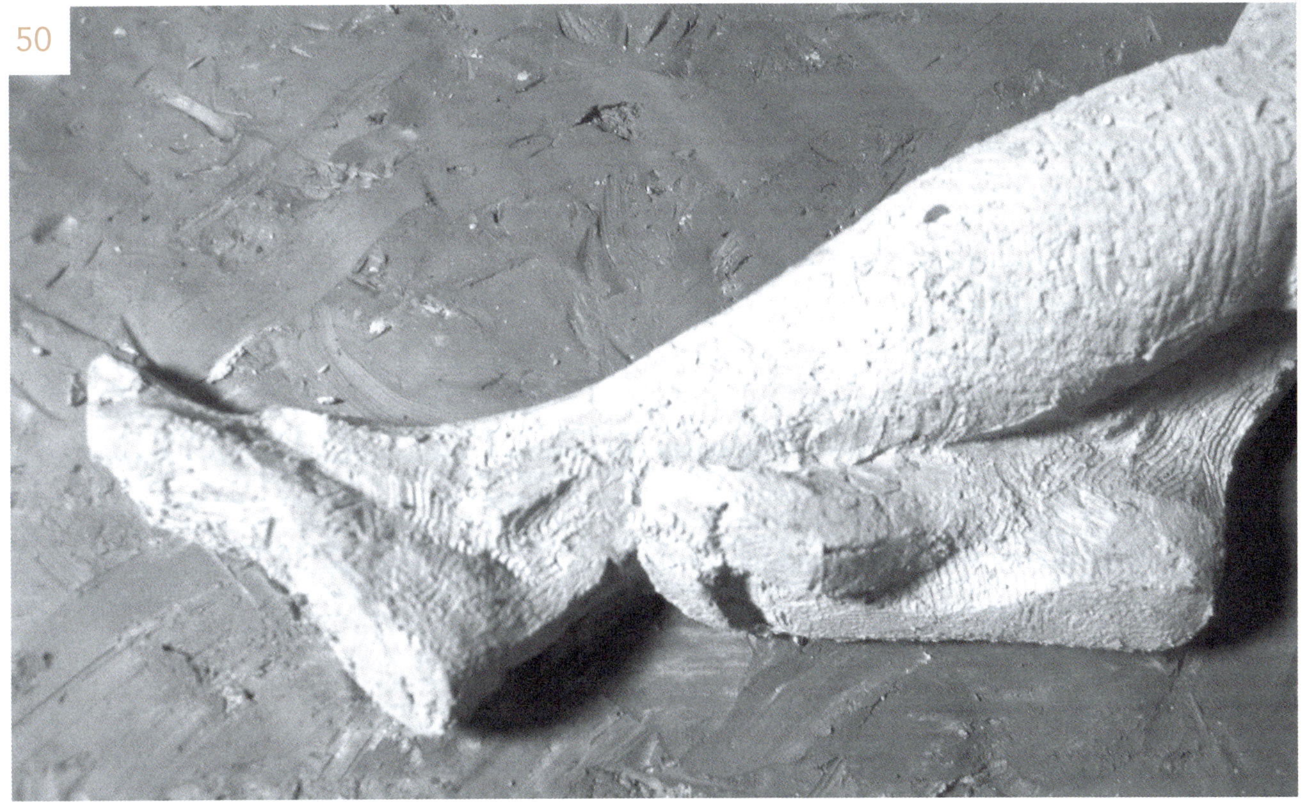

50

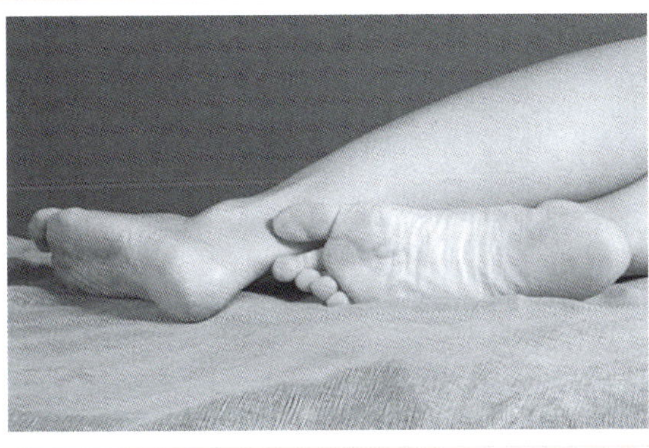

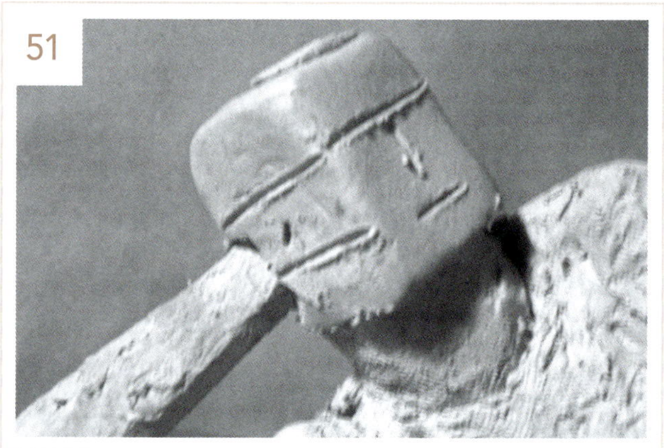

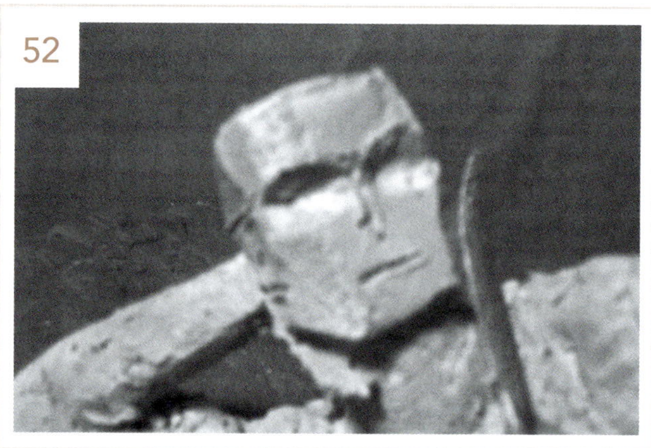

51. & 52. Wenn der Körper fertig ist, arbeiten Sie die Gesichtszüge heraus. Die Masse des Kopfes ist rechteckig, nicht quadratisch. Höhe und Tiefe sind gleich. Die Breite ist jedoch geringer – etwa 65 Prozent von Höhe und Tiefe. Markieren Sie die Lage der Gesichtszüge durch Linien. Zeichnen Sie an der Vorderseite eine Linie für die Augenbrauen an. Sie verläuft parallel zur Oberkante des Kopfes, und zwar auf Drittelhöhe unterhalb dieser Kante. Markieren Sie die Nase durch einen vertikalen Strich im mittleren Drittel des Gesichts, beginnend unterhalb der Augenbrauen. Eine kurze horizontale Linie in der Mitte des verbleibenden Drittels stellt den Mund dar. Tragen Sie dann Ton für die Augenhöhlen ab. Legen Sie von den Wangenknochen bis zum Kinn reichende Flächen für die Wangen an.

53. Schneiden Sie auf beiden Seiten des Kopfe jeweils eine Fläche für die Stirnseiten ab, die von der oberen Ecke der Augenhöhle bis zur Oberkante der Stirn reichen. Modellieren Sie den Bereich, wo die Kieferpartie auf den Hals trifft.

53

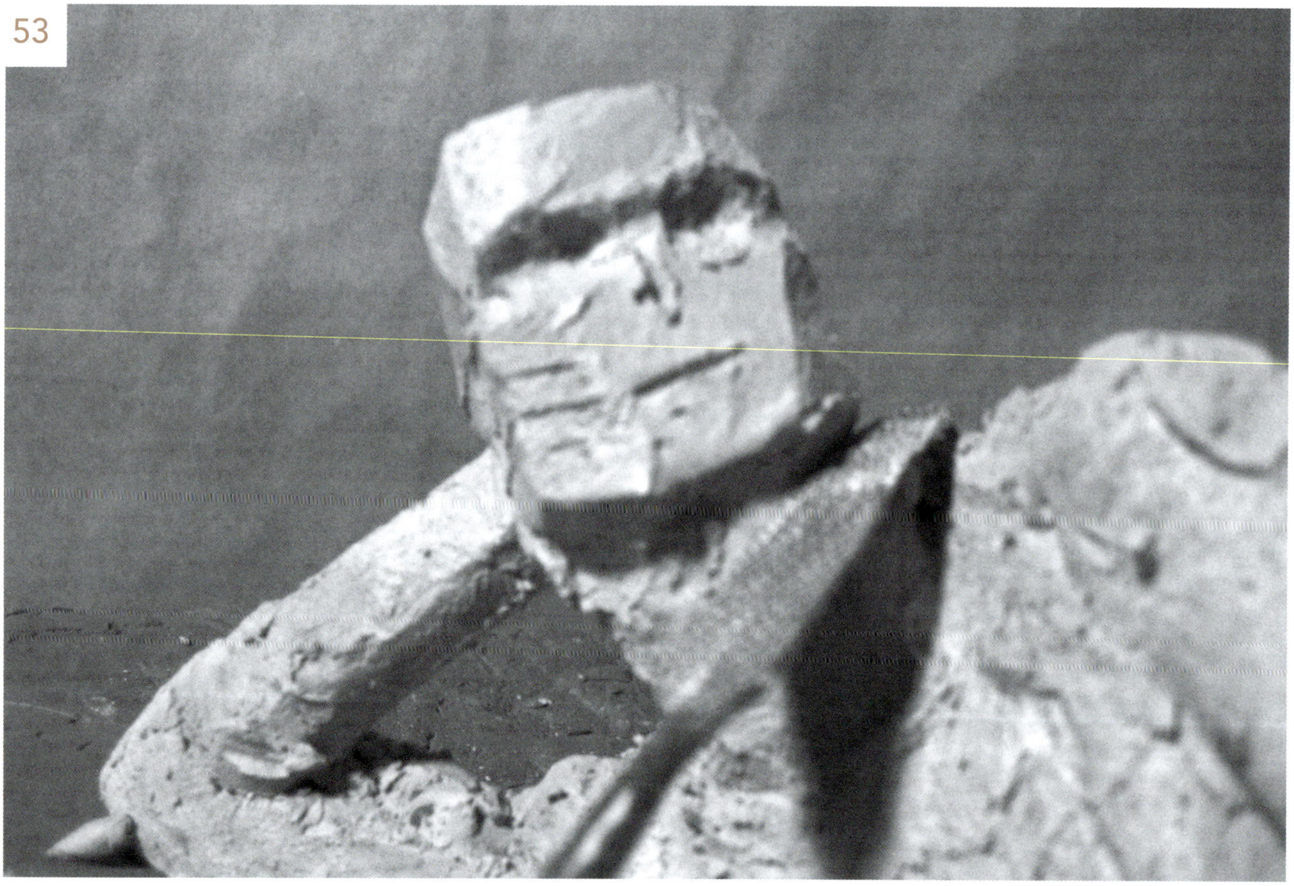

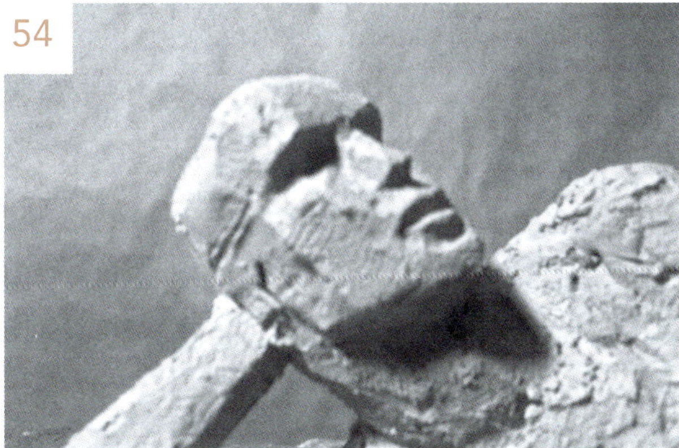

54

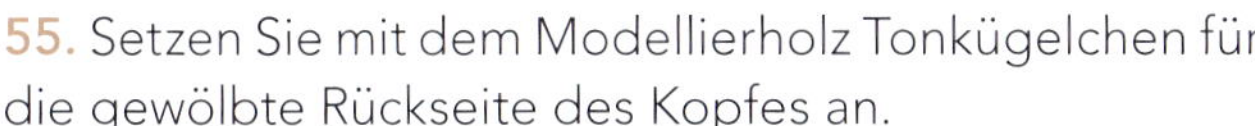

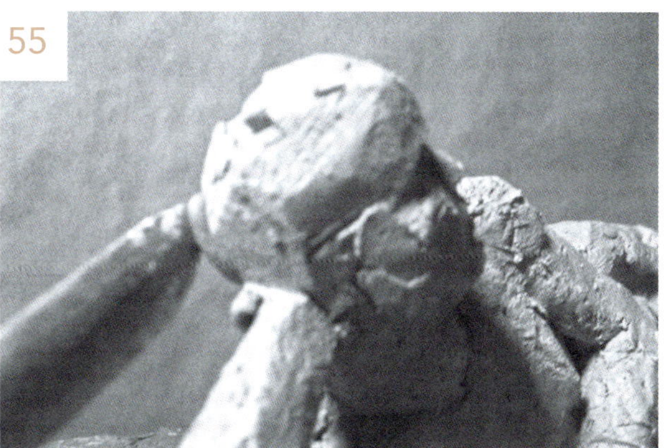

55

54. Machen Sie an der seitlichen Fläche des Kopfes ein X für die Ohröffnung. Ziehen Sie für die Kinnpartie eine Linie von der Ohröffnung schräg nach vorne. Bauen Sie für die Nase eine dreieckige Grundform auf. Legen Sie Lippen und Kinn an.

55. Setzen Sie mit dem Modellierholz Tonkügelchen für die gewölbte Rückseite des Kopfes an.

56. Die Oberseite des Trapezmuskels am Rücken erstreckt sich über die Rückseite des Halses bis zur Schädelbasis. Achten Sie darauf, dass die Flachfläche an der Halsrückseite (zwischen den Ohren) parallel zur vorderen Gesichtsfläche verläuft. Wenn der Kopf von einer Seite zur anderen gedreht wird, bewegt sie sich in dieselbe Richtung wie die Gesichtsfläche, wie die geschwungenen Linien zeigen, die Sie hier auf Trapezmuskel und Hals sehen können. Nehmen Sie den Kopfblock zwischen die Finger und drehen Sie ihn nach links, um die Geste der Pose nachzuahmen.

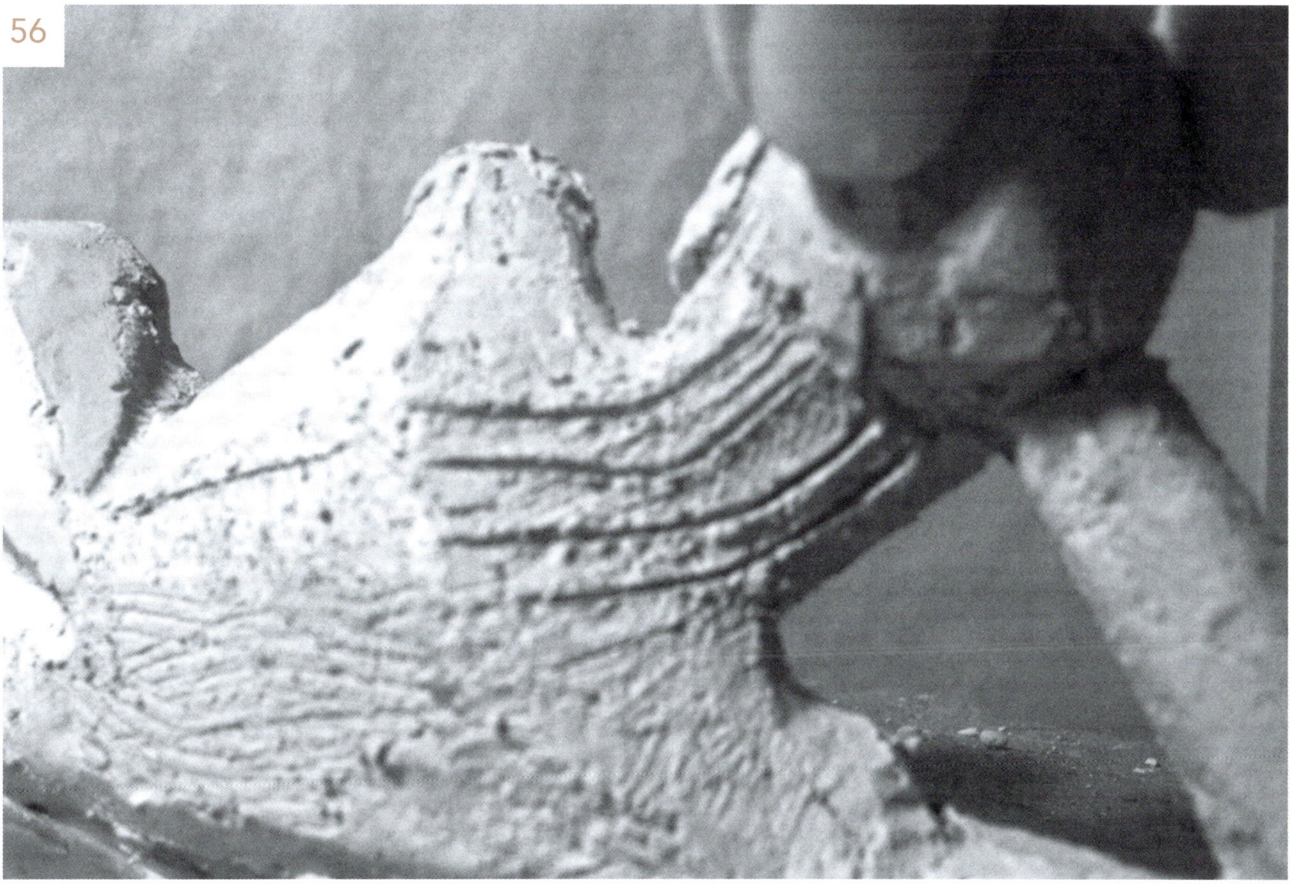

56

57. Setzen Sie kleine Tonstreifen für die Augenlider an und drücken Sie sie mit der Riffelraspel an.

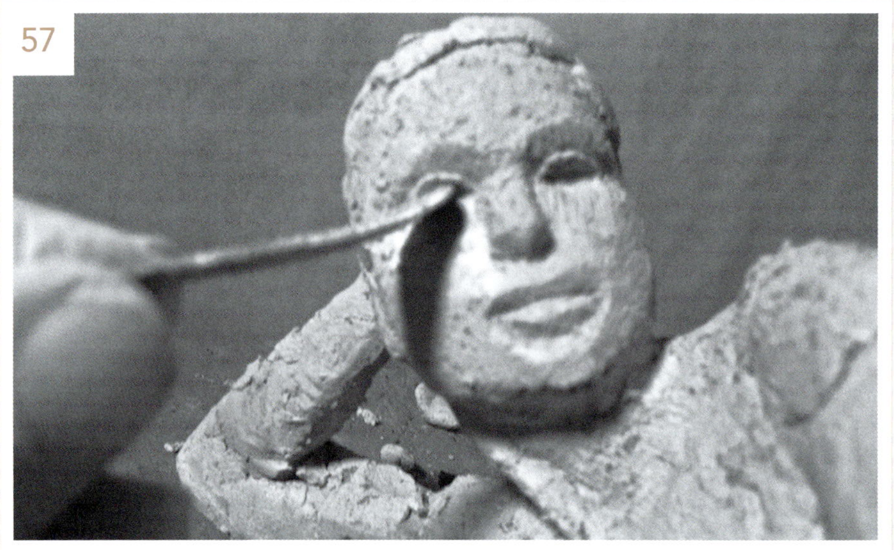
57

58. Bauen Sie die Masse der oberen Schulter mit zusätzlichem Ton auf.

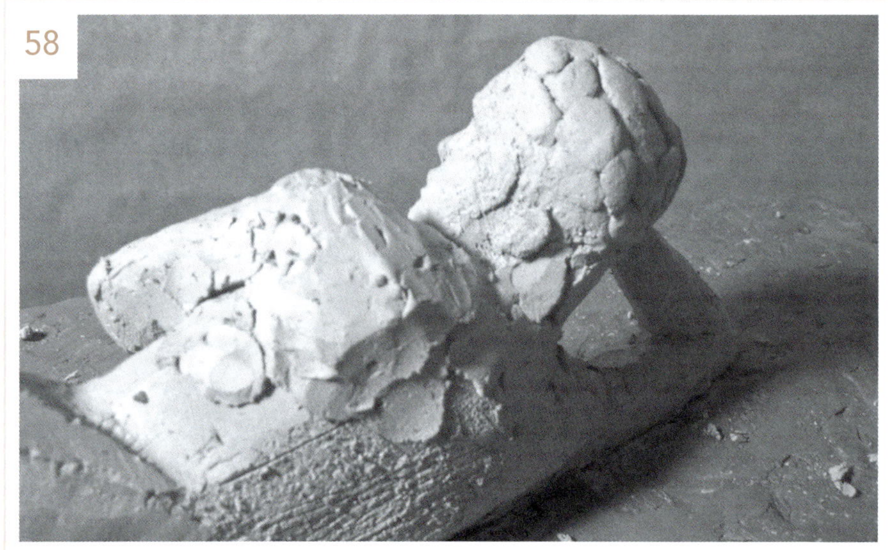
58

59. Zeichnen Sie auf dem Oberarm Orientierungslinien für den unteren Schultermuskel (Deltamuskel) und markieren Sie einige der Muskeln, die sich an der Seite der Schulterblätter befinden (großer und kleiner Rundmuskel und Untergrätenmuskel).

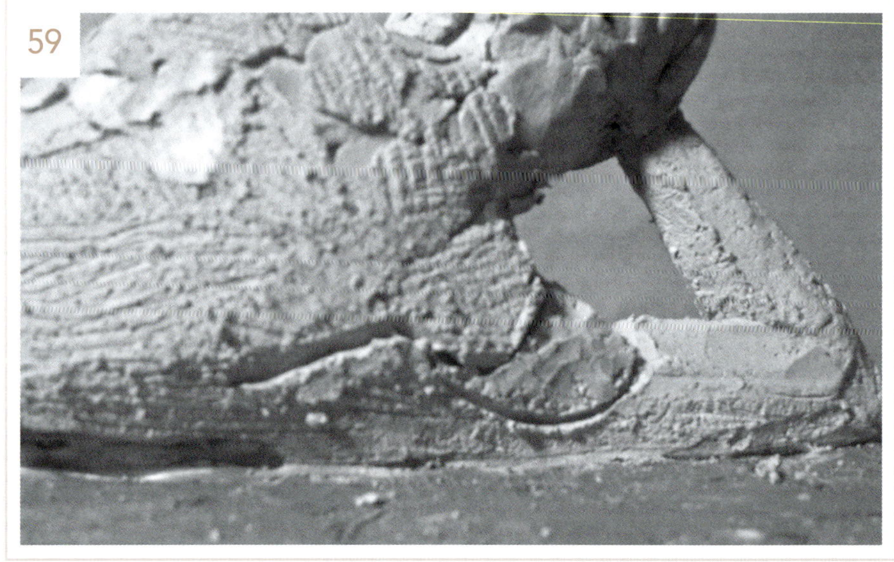
59

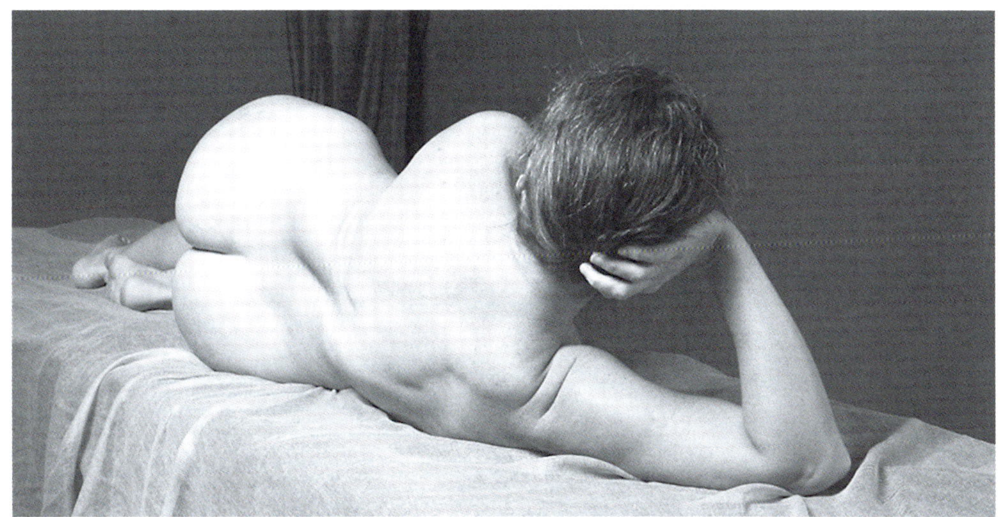

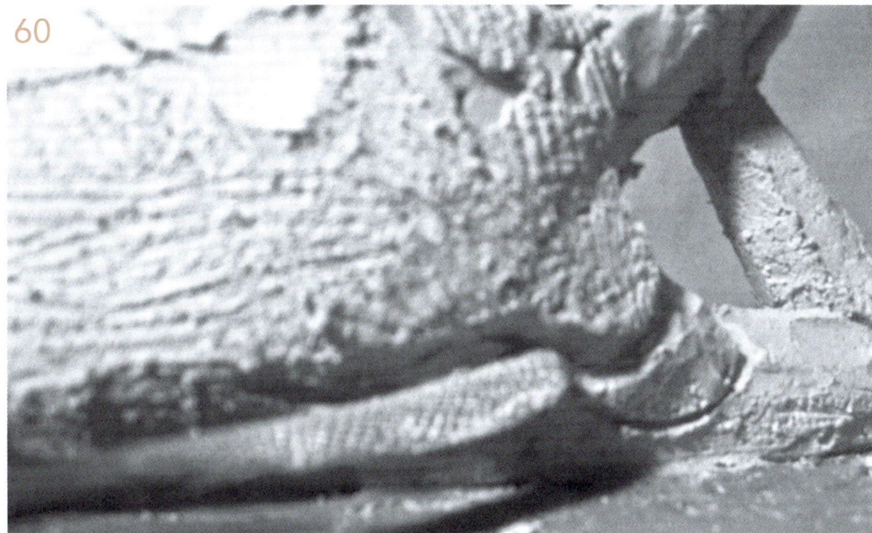

60. Legen Sie für jede Muskelfalte in der unteren Schulterpartie eine Fläche an.

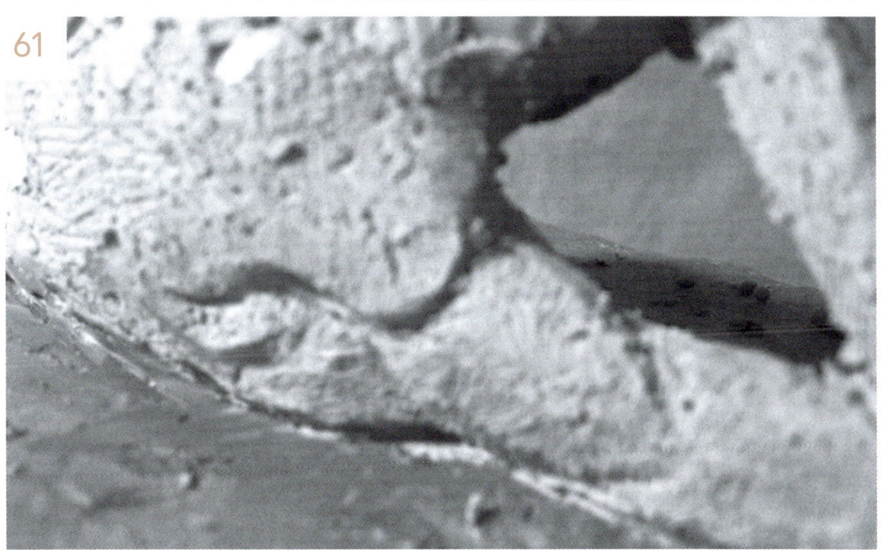

61. Modellieren Sie die Form des Deltamuskels. Er befindet sich an der oberen Außenfläche des Arms. An seinem oberen Ende ist er breit, wird dann aber immer schmaler, je weiter er sich den Oberarm hinunterzieht.

62. Überprüfen Sie bei der Arbeit immer wieder die Beziehungen der Formen untereinander. Während ich am Rücken mit der Schulter beschäftigt bin, fällt mir auf, dass die Hüfte höher sein muss. Also setze ich mit dem Modellierholz etwas Ton auf der oberen Fläche der Hüfte an.

Achten Sie auch auf die schmale Fläche, die entlang der unteren Seitenfläche von Brustkorb und Becken verläuft. Sie stößt mit ihrer Unterkante an das Fundament. Sie sorgt dafür, dass der Körper nicht flach auf dem Fundament liegt und verleiht dieser Seite des Brustkorbs seine Kontur. (Siehe dazu auch das letze Bild auf Seite 62.)

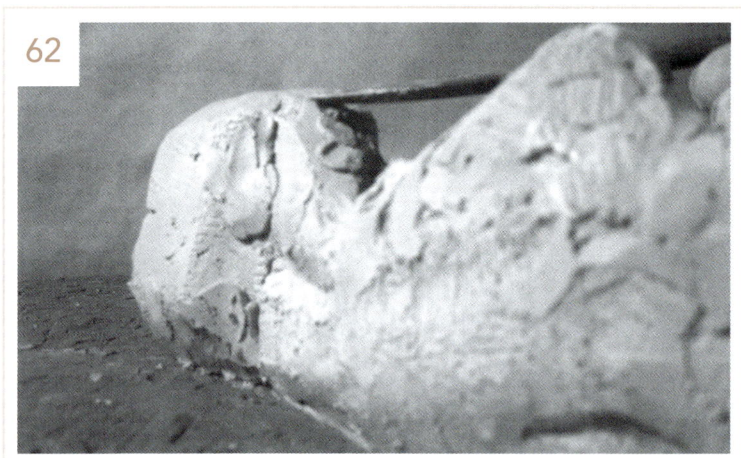

62

63. Setzen Sie am Kopf des Oberschenkelknochens (den großen Rollhügel) Ton an, und zwar dort, wo der Oberschenkelknochen mit der Hüfte verbunden ist. (Siehe dazu auch das letzte Bild auf Seite 65.)

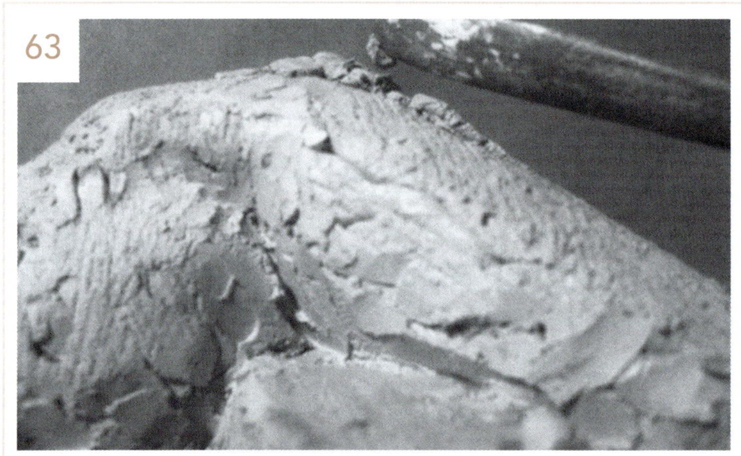

63

64. Prüfen Sie die Armlänge mit dem Zirkel. Vergleichen Sie beide Oberarme und nehmen Sie gegebenenfalls Anpassungen vor. Verfahren Sie mit den Unterarmen ebenso.

Sehen Sie sich die Flächenstruktur der Grundform an, wie sie an Ober- und Unterarmen, Handgelenken, Deltamuskeln, Brust-

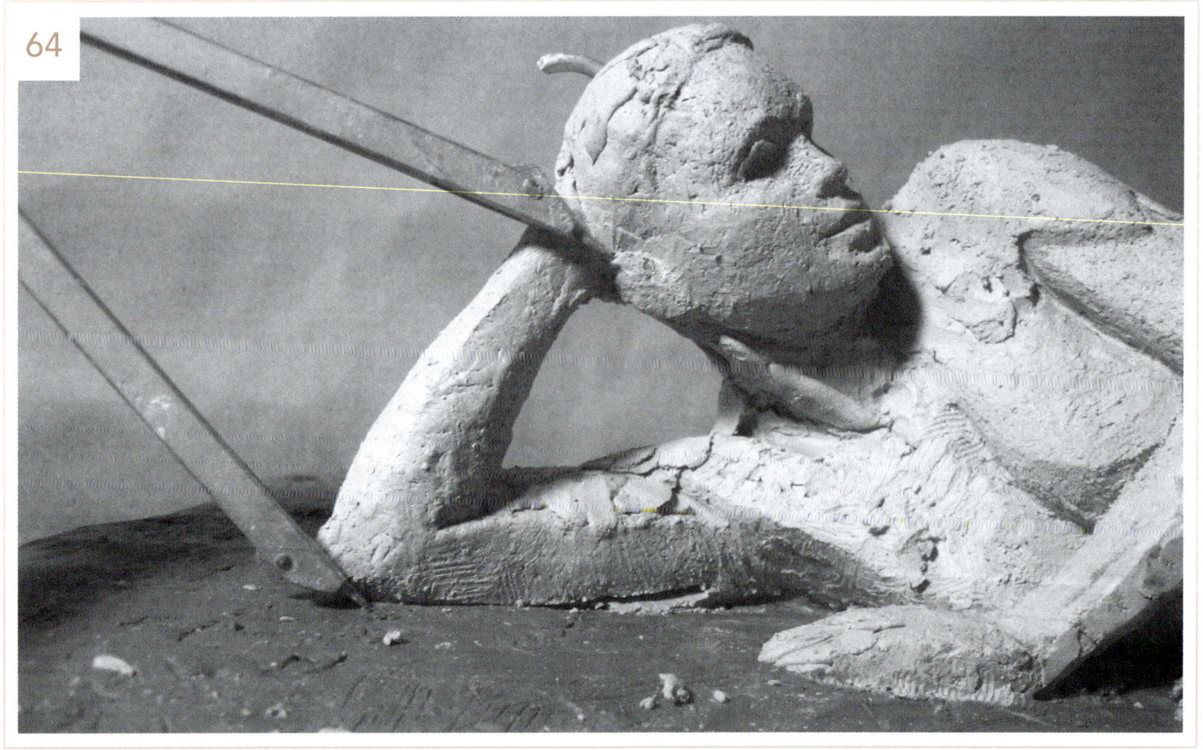

64

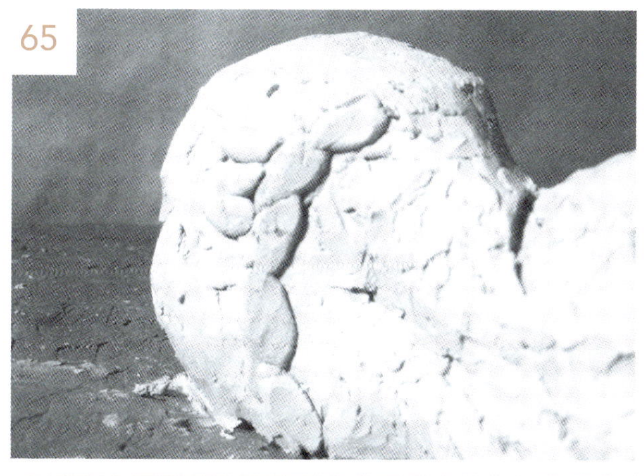

muskeln und Brüsten zu erkennen ist. Das Ohr ist wie ein Apfelsinenschnitz geformt. Für den Kopfnicker wird ein Tonzylinder am Hals angesetzt. Er reicht vom Schlüsselbein bis zum Schädel hinter dem Ohr.

65. Bauen Sie die Fläche weiter auf, die wie ein Regalbrett auf der Oberseite der Gesäßform genau über dem Kreuzbein liegt. Diese Fläche hebt die Gesäßmuskeln aus der Oberfläche des unteren Rückens hervor. Bauen Sie das Volumen der unteren Rückenmuskulatur auf (Rückenstrecker und mittlerer Gesäßmuskel), die über dem großen Gesäßmuskel um das Darmbein (den äußeren Kamm der Hüfte) herum liegen.

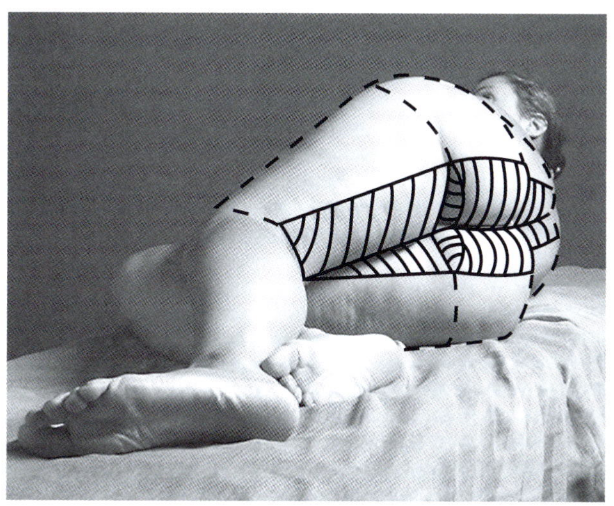

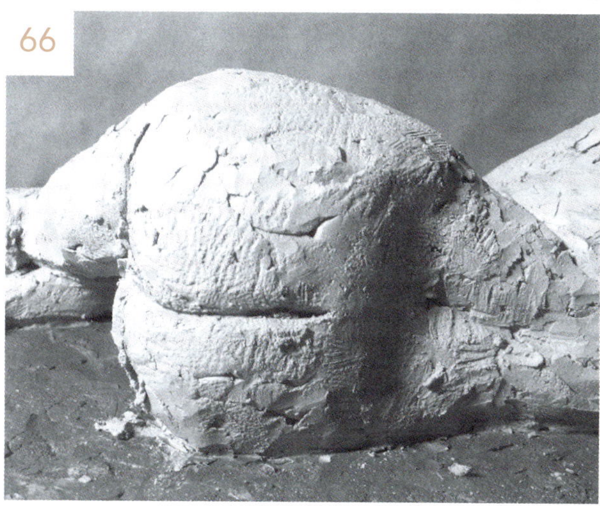

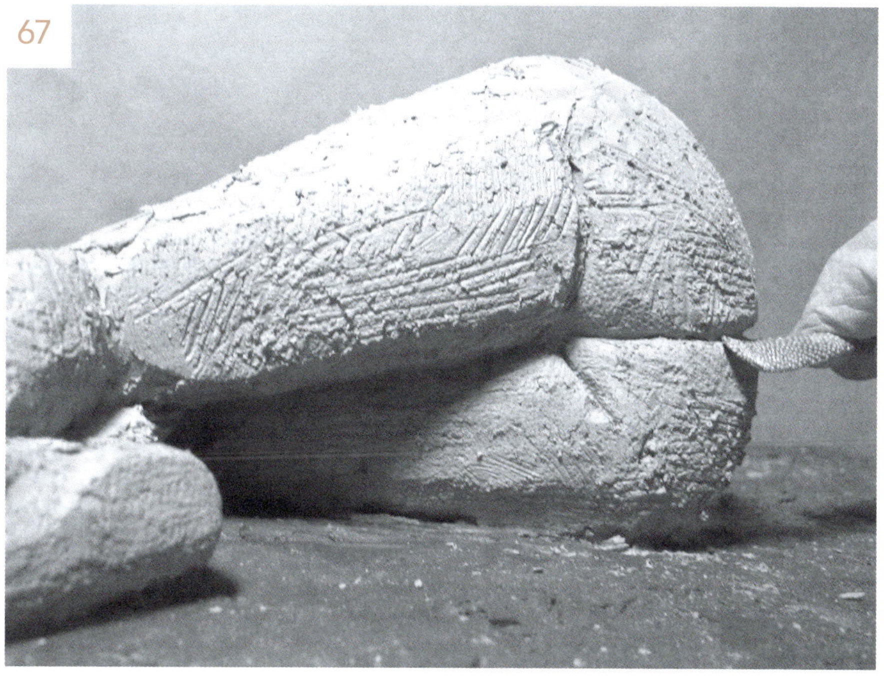

66. Die dunklen Schatten auf der Fläche über den Gesäßmuskeln zeigen an, wie tief die Wölbung des unteren Rückens ist.

67. Setzen Sie die Riffelraspel in der Fuge zwischen den beiden Gesäßmuskeln an und drücken Sie sie am Rand der Form entlang. So formen Sie eine schmale Fläche und schaffen einen kleinen Spalt zwischen den Muskeln.

68. Tragen Sie mit der Modellierschlinge Ton von der Innenfläche der Hüfte ab, so dass eine tiefer liegende Fläche entsteht. Setzen Sie am oberen Rand der Hüfte an und ziehen Sie das Werkzeug hinunter bis zum oberen Rand der Bauchmasse.

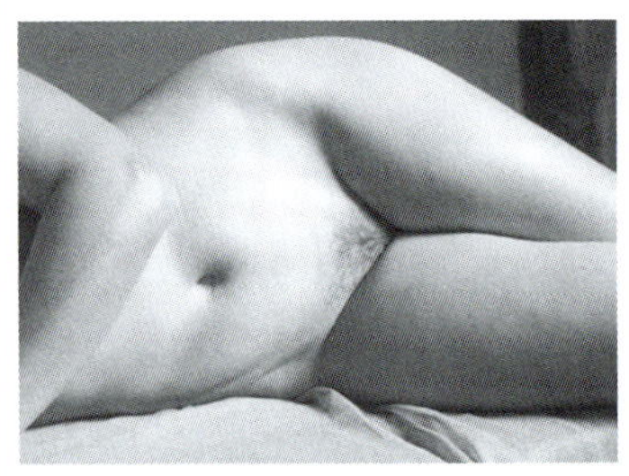

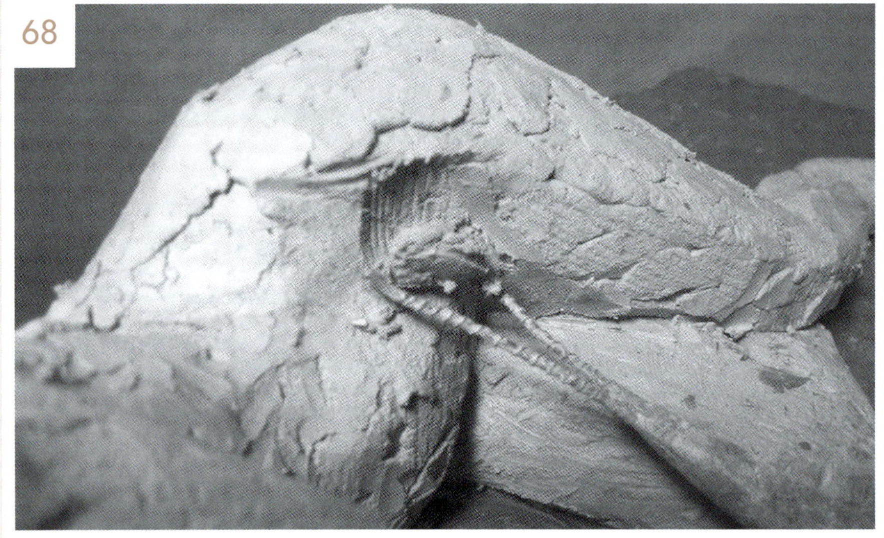

69. Fahren Sie weiter mit dem Werkzeug über den Bauch, um so einen fließenden Übergang von einer Form zur anderen zu schaffen. Der tiefer liegende Bereich unterhalb der Hüfte und oberhalb des Bauches stellt den Übergang zwischen diesen beiden ausgeprägten Formen dar. Achten Sie auf die Neigung des oberen Beins und auf die Flächen an beiden Beinen. Das kastenförmige Knie des unteren Beins ist kleiner als die Masse des oberen Beins und sieht unter dem Ende des oberen Beins hervor. (Siehe auch das zweite Bild auf Seite 62.)

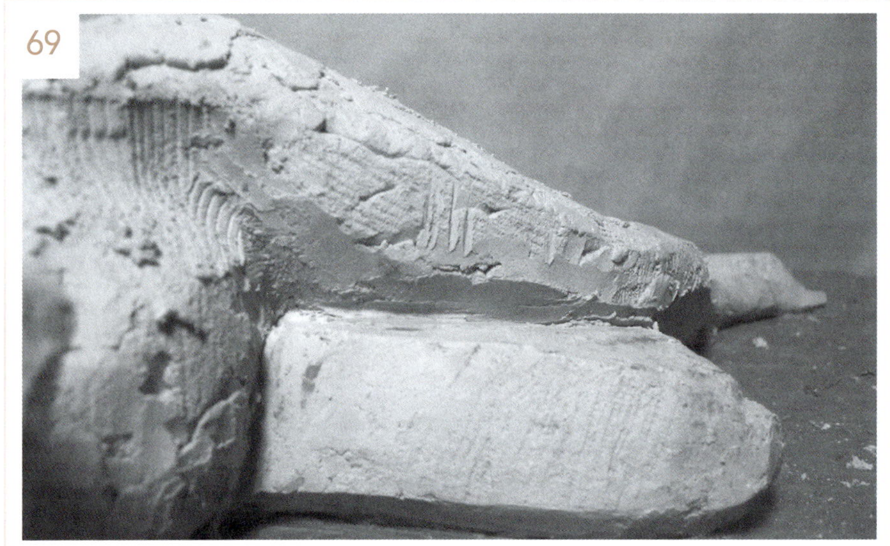

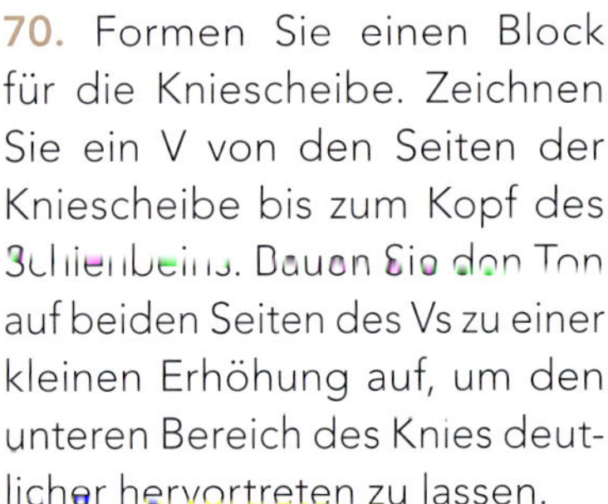

70. Formen Sie einen Block für die Kniescheibe. Zeichnen Sie ein V von den Seiten der Kniescheibe bis zum Kopf des Schienbeins. Bauen Sie den Ton auf beiden Seiten des Vs zu einer kleinen Erhöhung auf, um den unteren Bereich des Knies deutlicher hervortreten zu lassen.

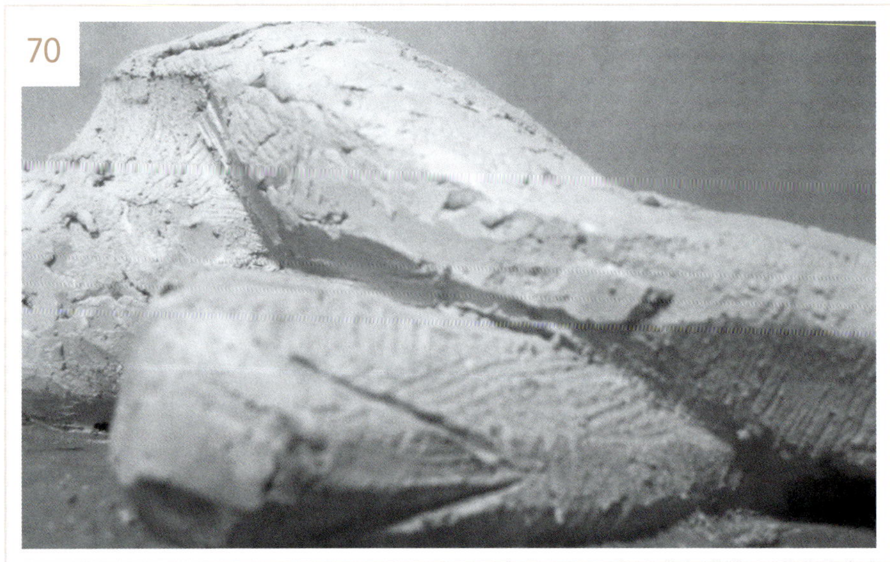

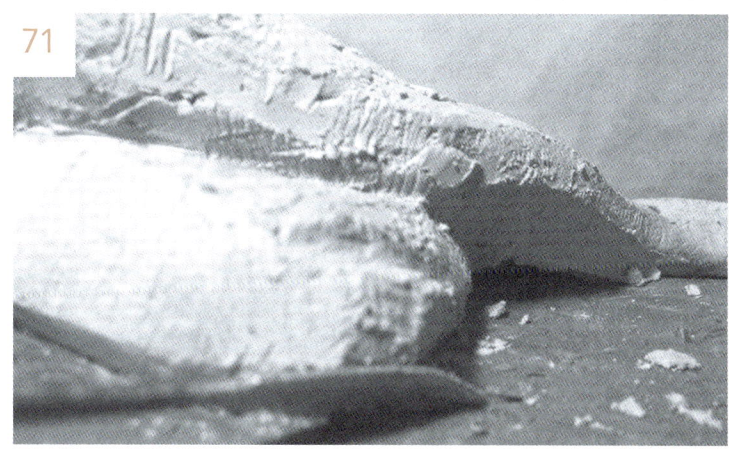
71

71. Stellen Sie die Kniescheibe fertig. Drücken Sie den Ton auf beiden Seiten des Knies mit der Riffelraspel an, so dass das Knie deutlicher zutage tritt.

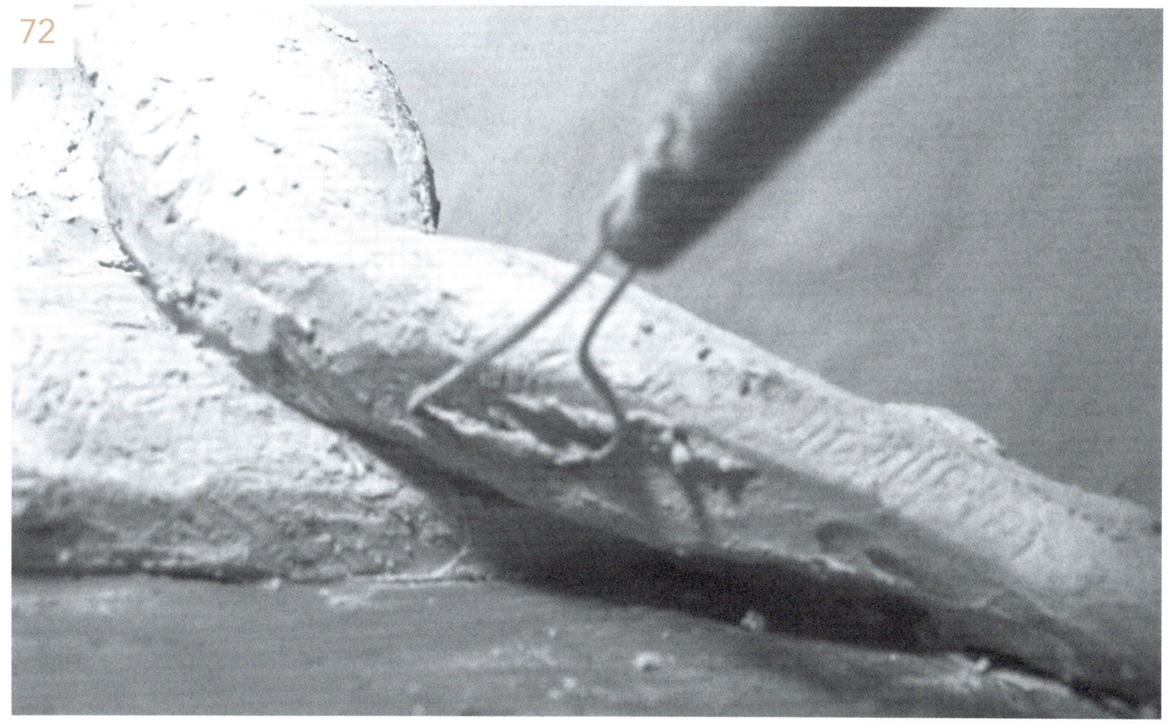
72

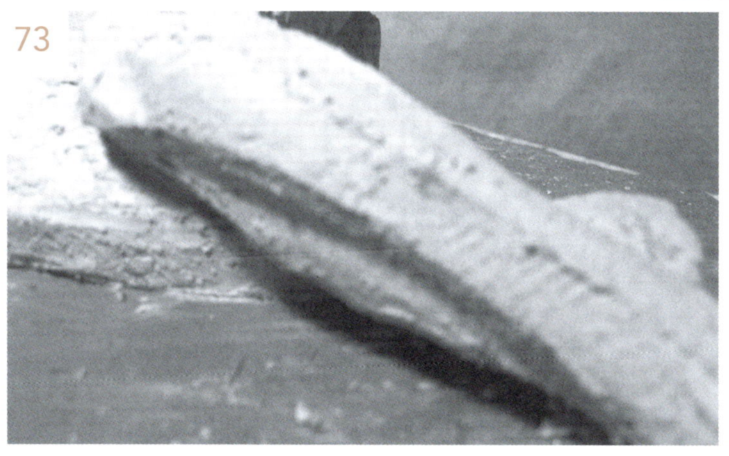
73

72. & 73. Setzen Sie die Modellierschlinge auf der Innenfläche des Unterschenkels an, und zwar 6 mm vom Rand des Schienbeinknochens entfernt. Harken Sie am Knochen entlang einen Graben in den Ton, um den Übergang zwischen der Seite des Wadenmuskels und dem Knochen zu schaffen. (Siehe dazu auch das letzte Bild auf Seite 65.)

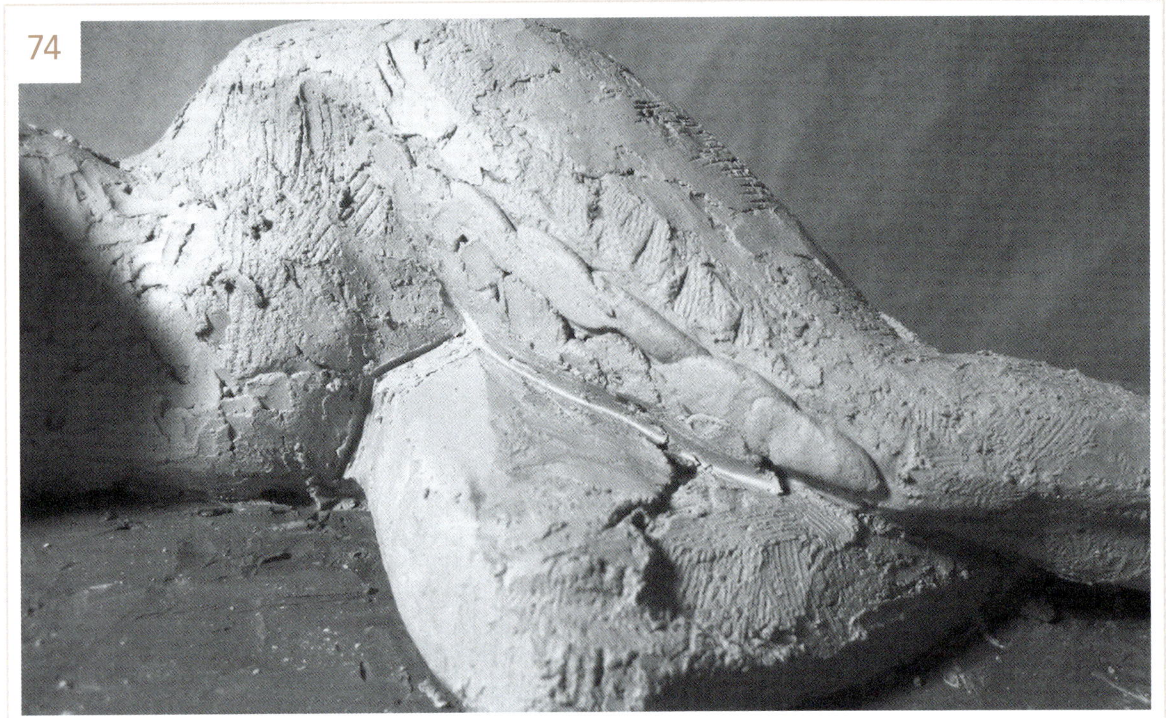

74

74. Setzen Sie auf dem oberen Bein oberhalb des Knies Ton an der Vorderfläche des Beins an, um das Volumen, die Form und die Kontur des Oberschenkels herauszuarbeiten. (Siehe auch das letzte Bild auf Seite 66.)

75. Setzen Sie mit dem Modellierholz Tonkügelchen an die obere und die seitliche Fläche des Oberschenkels des unteren Beins, um das Volumen, die Form und die Kontur des Oberschenkels herauszuarbeiten. Achten Sie auf die klar erkennbare Form von Hüfte und großem Rollhügel. (Siehe auch das letzte Bild auf Seite 65.) Diese Klarheit der Konturen erreichen Sie, wenn Sie den Ton harken und beklopfen und die Übergänge von angesetzten und abgetragenen Tonmengen glätten.

76. Setzen Sie mit dem Modellierholz Tonkugeln an und beginnen Sie, das Volumen der Hüft- und Schulterpartie aufzubauen. Setzen Sie Ton an der unteren schmalen Fläche von Brustkorb und Becken an, wo der Körper auf dem Fundament liegt. So arbeiten Sie die Rundung der Unterseite des Brustkorbs heraus.

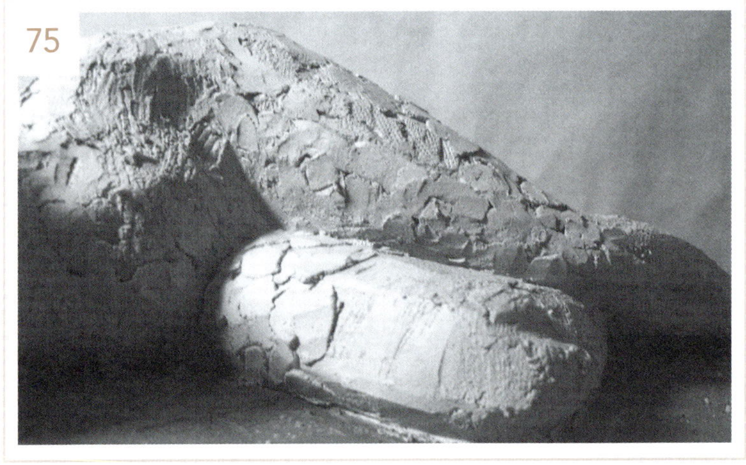

75

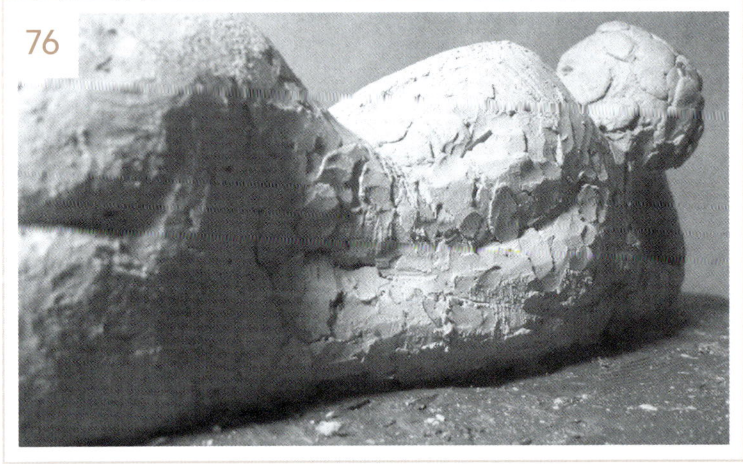

76

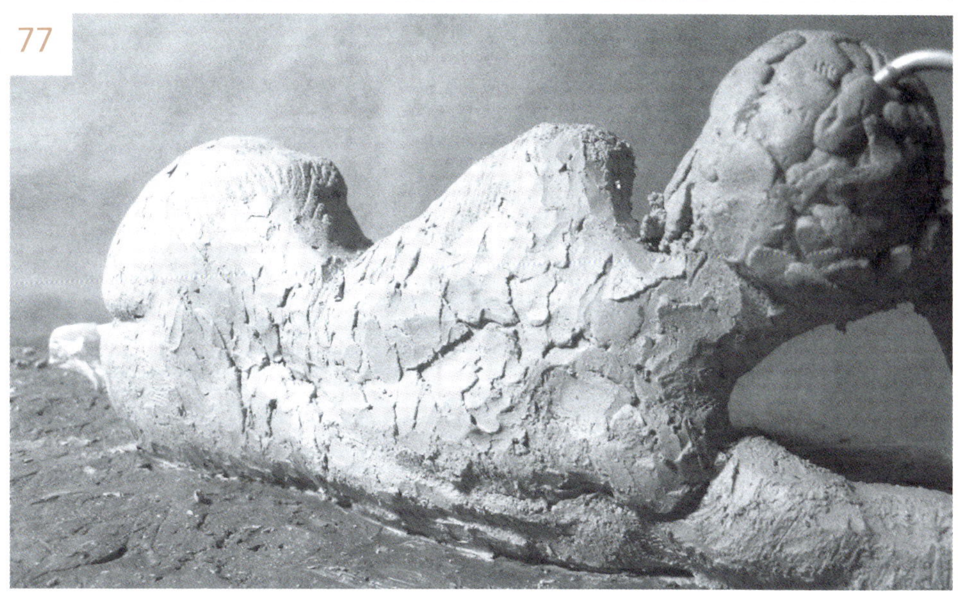

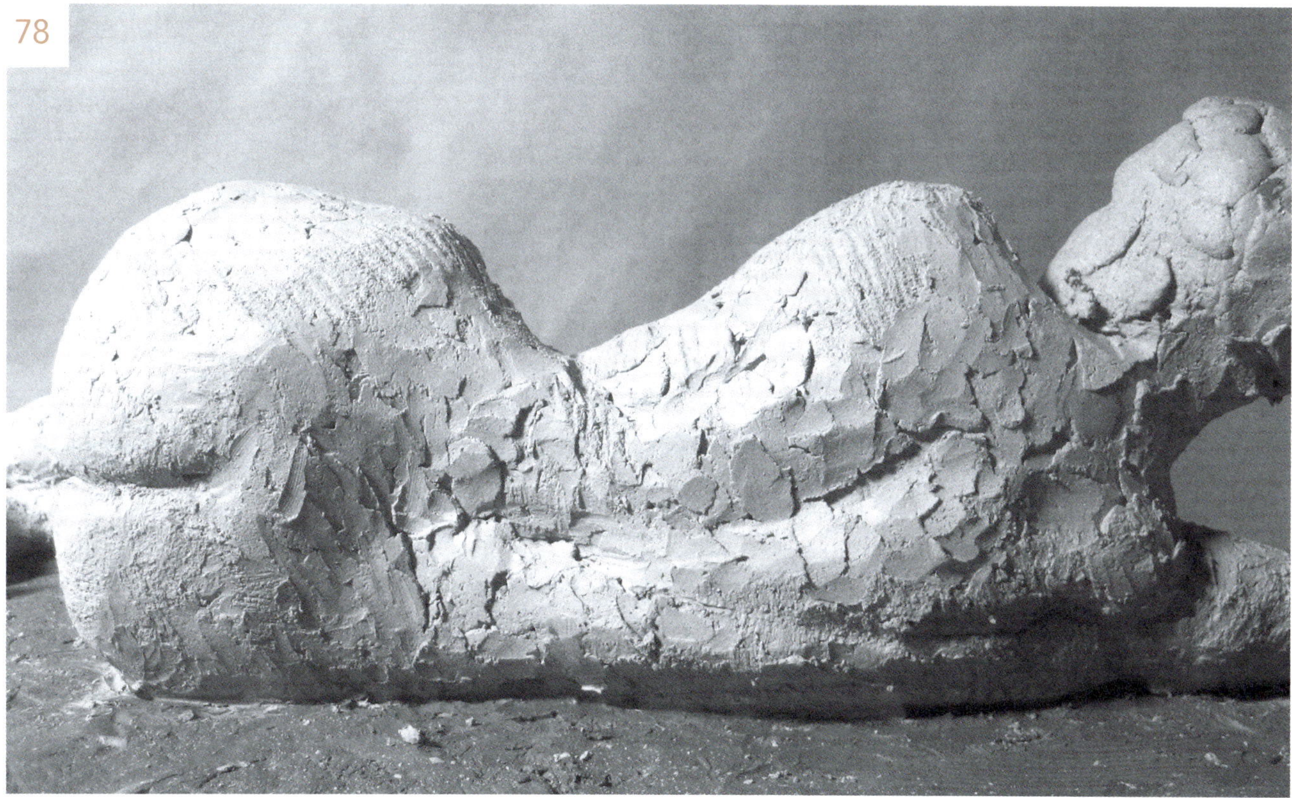

77. & 78. Bauen Sie die Volumina für Schultermuskel und Trapezmuskel auf der Oberseite der Schulter auf. Bauen Sie auf beiden Seiten der Wirbelsäule die Mitte des Rückens auf. An diesem Punkt sind die wesentlichen Formen des Rückens herausgearbeitet. Klopfen und harken Sie noch ein bisschen und glätten Sie die Übergänge, bevor Sie mit der letzten Etappe beginnen: der abschließenden Bearbeitung.

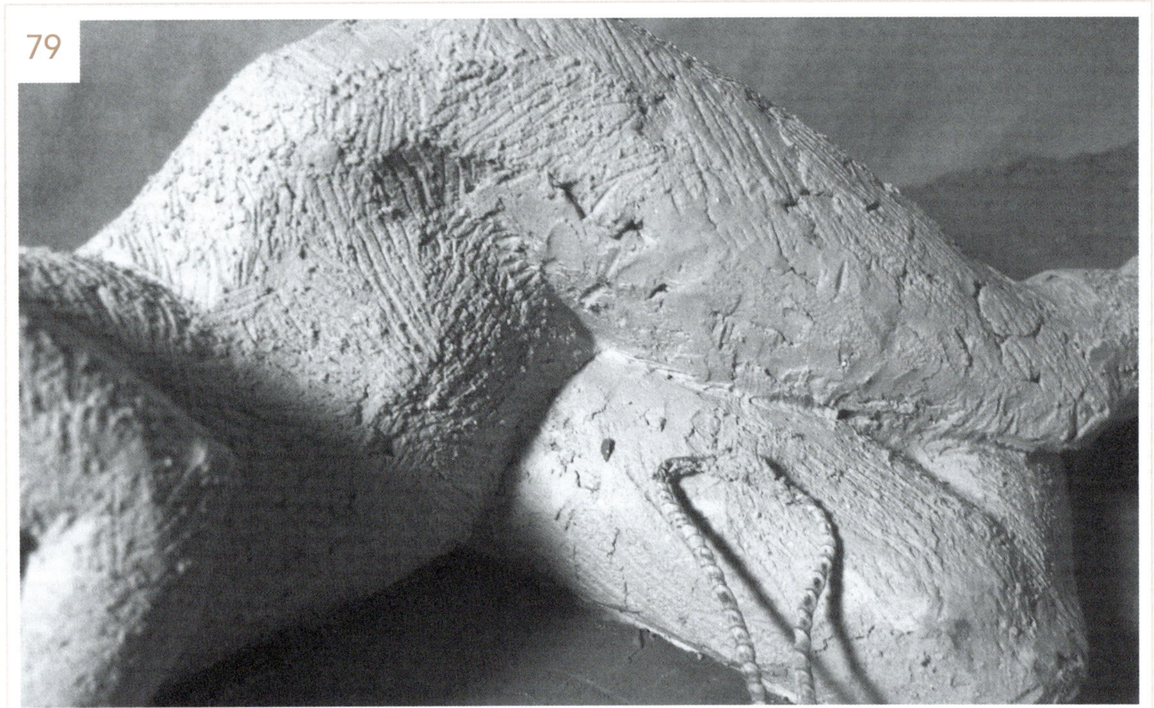

79. Beginnen Sie die letzte Etappe damit, dass Sie die Kanten der großen Flächen am unteren Bein ein wenig runden, während Sie das Bein mit der Modellierschlinge formen.

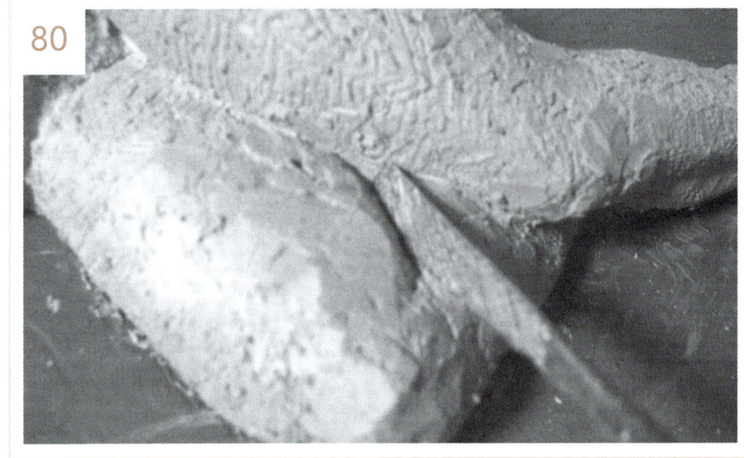

80. & 81. Legen Sie die Furche hinter dem Knie an, die am unteren Bein zwischen Oberschenkel- und Wadenmuskel entsteht. Drücken Sie die Kante der Riffelraspel in die Furche und rollen Sie das Werkzeug mit leichtem Druck in den Ton nach oben. Machen Sie dann dieselbe Bewegung abwärts, um das obere Ende des Wadenmuskels zu runden und eine leichte Abspaltung den beiden Formen hinter dem Knie zu erreichen.

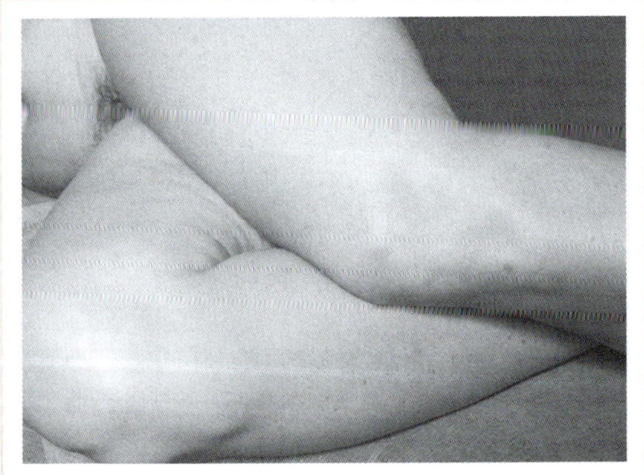

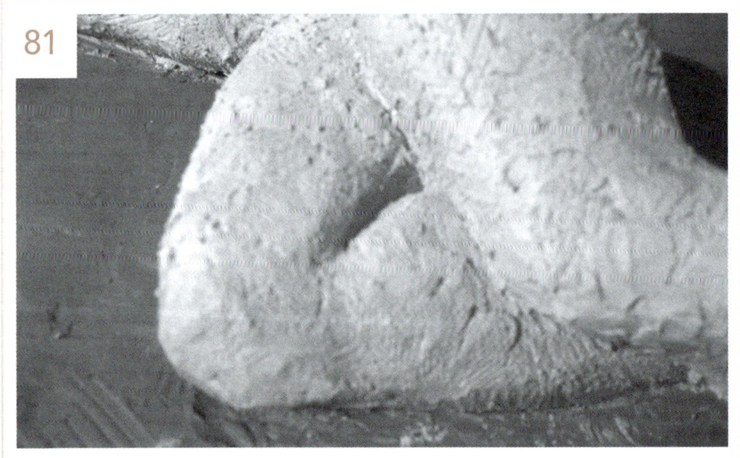

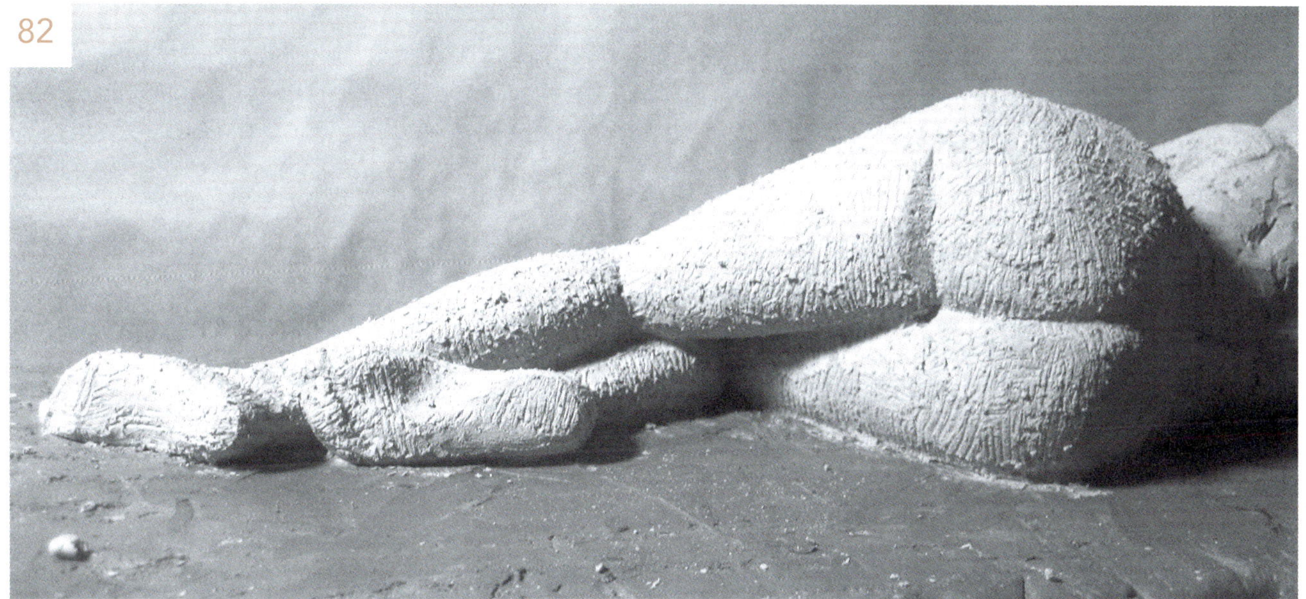

82. Harken Sie mit der Modellierschlinge über die Masse des Gesäßes. Setzen Sie an der Furche an und schaffen Sie eine leichte Fläche an der Seite des Muskels, der an die Furche grenzt. Bearbeiten Sie den Rest der Form. Die Muskeln stoßen unterhalb der Furche aneinander; folglich entsteht zwischen den Gesäßbacken dort, wo sie sich an der Furche nach innen wölben, eine Lücke. Die schmale Fläche an jeder Gesäßbacke, unmittelbar an der Furche, verleiht der Form ihre Kontur. Beachten Sie die Umrisslinie vom Hochpunkt der Hüfte aus um die Gesäßmuskeln herum.

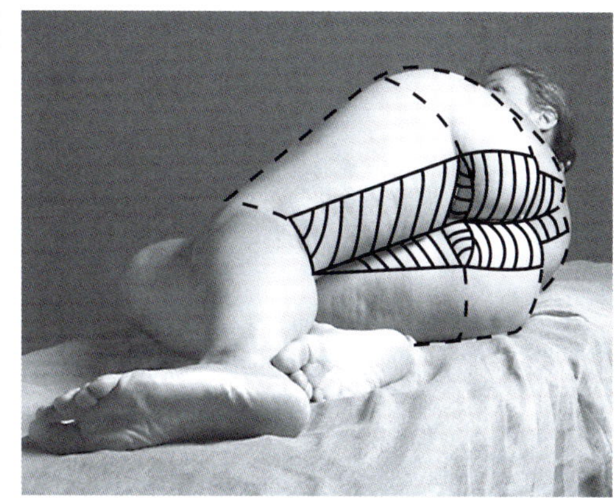

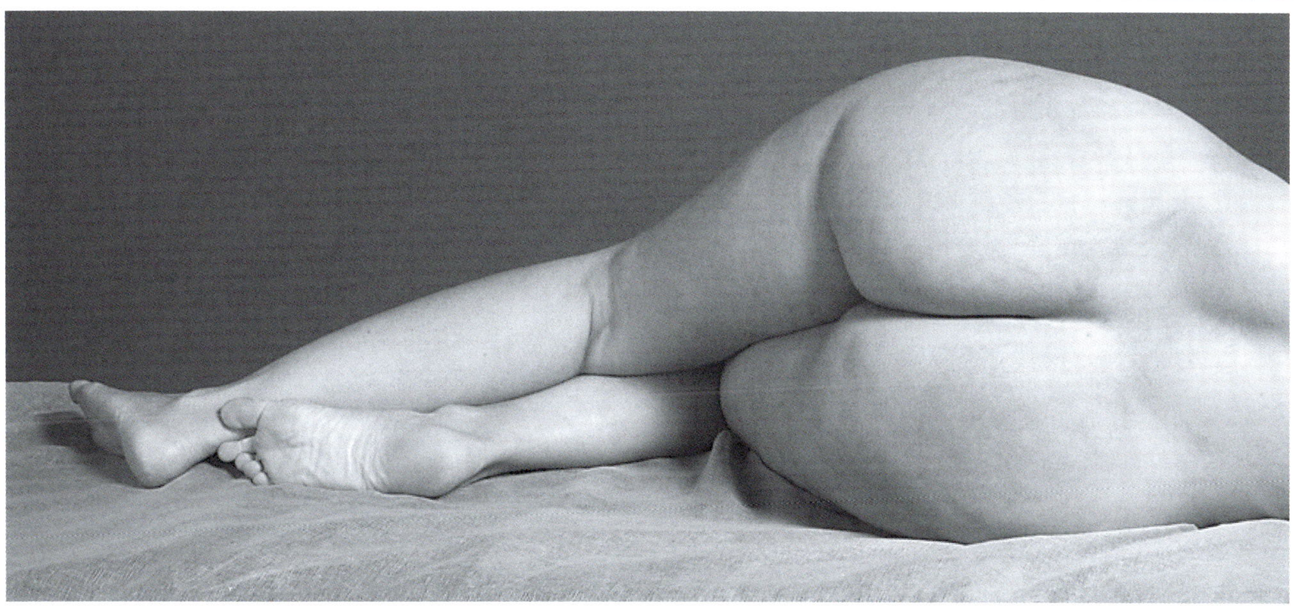

83. & 84. Bauen Sie das Volumen der unteren Rückenmuskeln an beiden Seiten der Wirbelsäule mit Ton auf. Markieren Sie den Bereich mit Orientierungslinien. Muskeln dehnen sich oder ballen sich zusammen, je nach Körperhaltung und -bewegung. Versuchen Sie nicht, bestimmte Muskeln herauszuarbeiten; markieren Sie Gruppen von Muskeln. Die Muskeln schaffen Muster und Linien auf dem Körper, die man am besten an Schatten auf der Form nachvollziehen kann. Die Schatten liegen in den Übergangsbereichen oder Tiefpunkten des Körpers und helfen, die Konturen hervorzuheben. Zeichnen Sie Orientierungslinien, die den Mustern der hohen Formen und tiefen Übergängen entsprechen. Die Linie auf Ihrer Skulptur sollte die Tiefpunkte darstellen und den Schatten auf dem Modell folgen. Wenn Sie dann Ton innerhalb der Orientierungslinien antragen, sind die Übergänge schon dort, wo sie sein sollen. Beachten Sie die unterschiedlichen Tiefen und die Krümmung der Wirbelsäule vom Hals bis zum Kreuzbein.

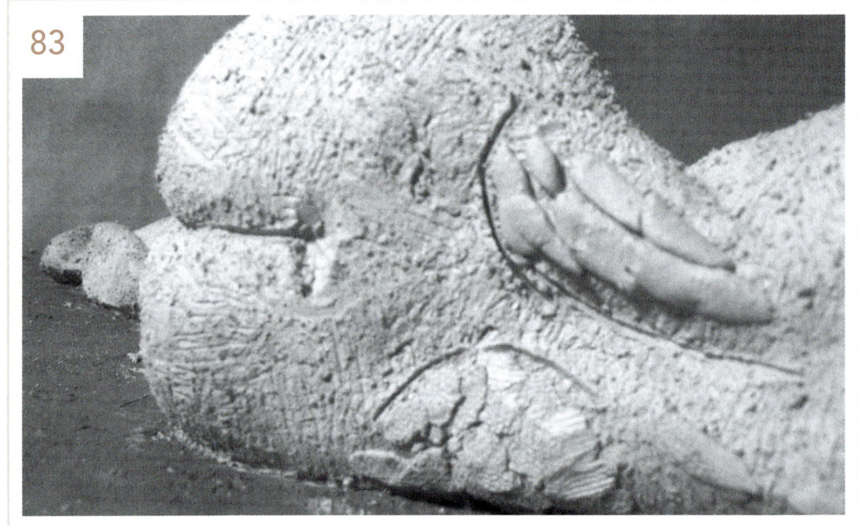
83

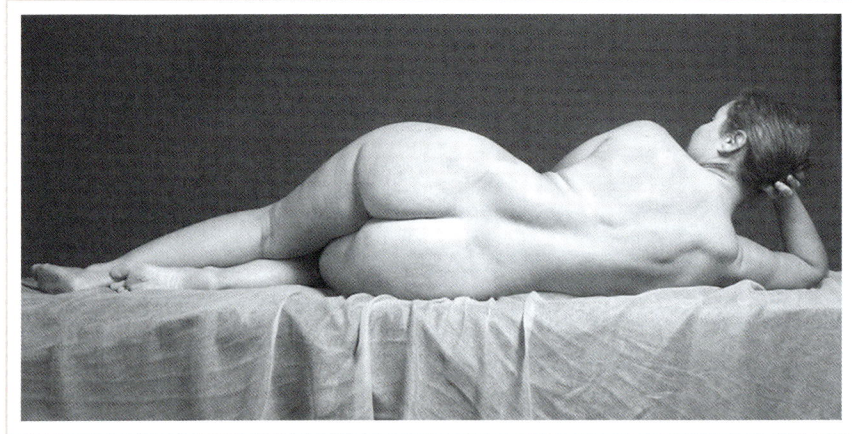

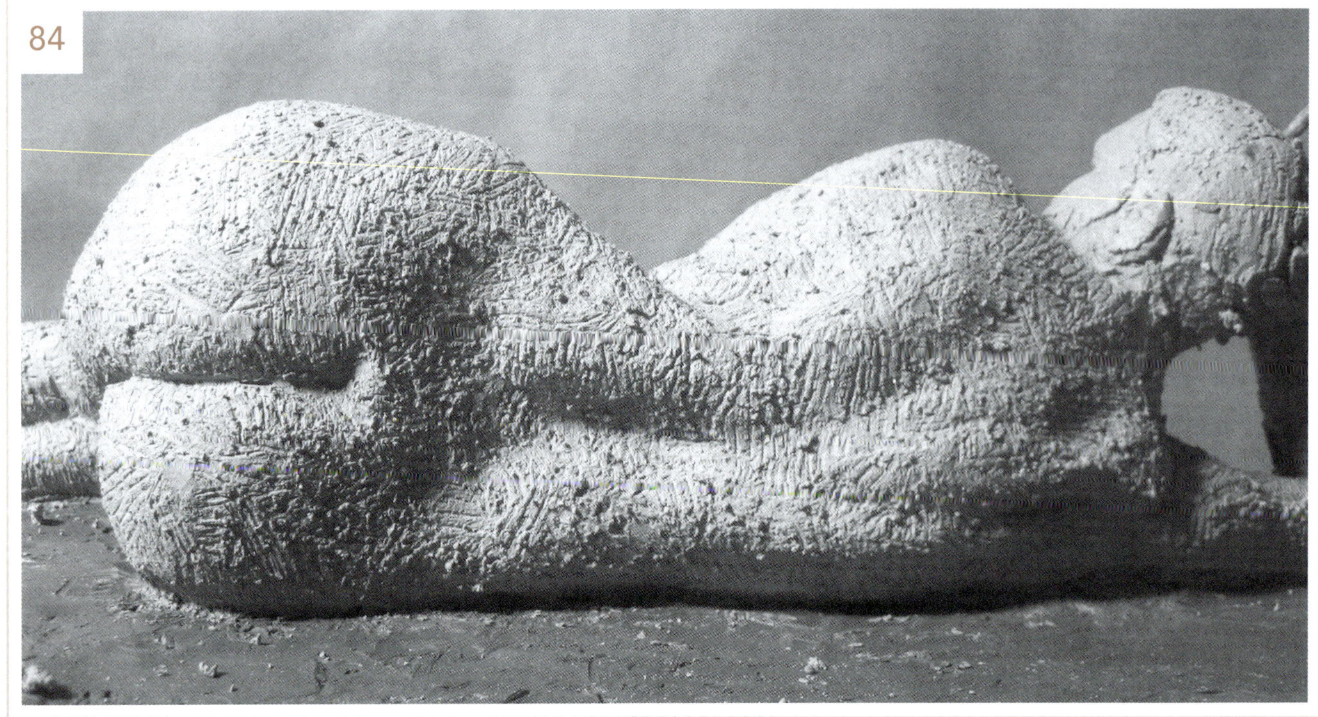
84

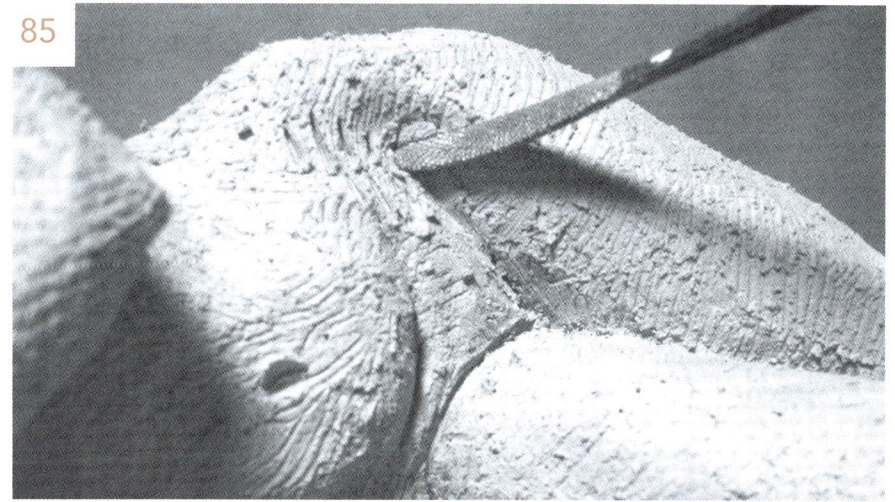

85

85. Setzen Sie kleine Tonmengen an der schmalen Fläche der Innenseite des Oberschenkels an, um ihn ein bisschen fleischiger zu machen. Beginnen Sie an der Hüfte.

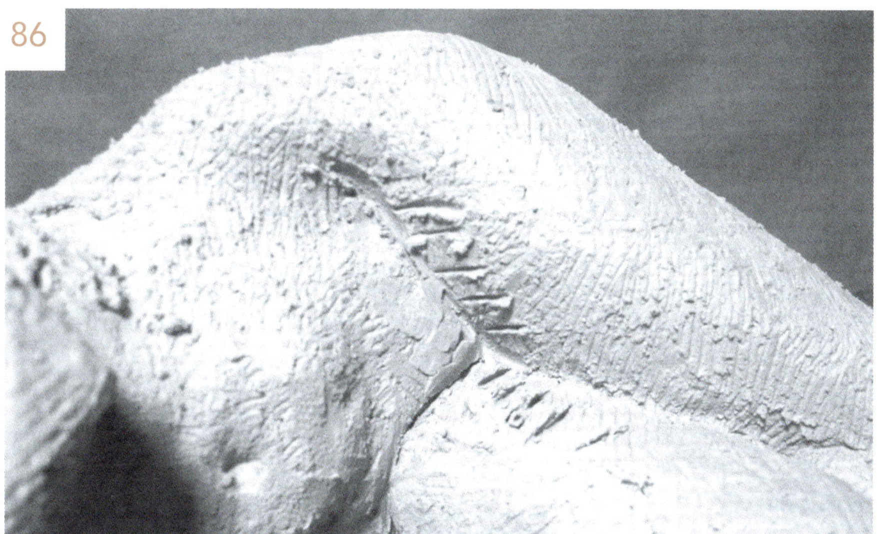

86

86. Setzen Sie noch mehr Ton an dem unteren Bein und der Innenseite des Oberschenkels an, neben dem Schambein. Auf diesem Foto ist dieser Bereich durch in den Ton geritzte Linien zu erkennen.

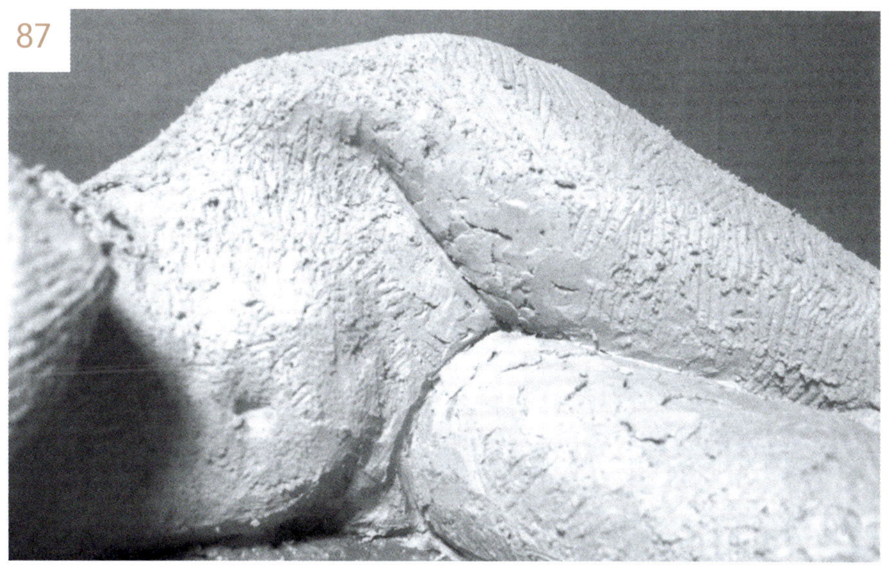

87

87. Diese kleinen Tonmengen reichen aus, um dem Oberschenkel die gewünschte Fülle zu verleihen. Beklopfen Sie diesen Bereich mit dem Holzblock und bearbeiten Sie ihn dann mit der Modellierschlinge. (Siehe auch das zweite Bild auf Seite 66.)

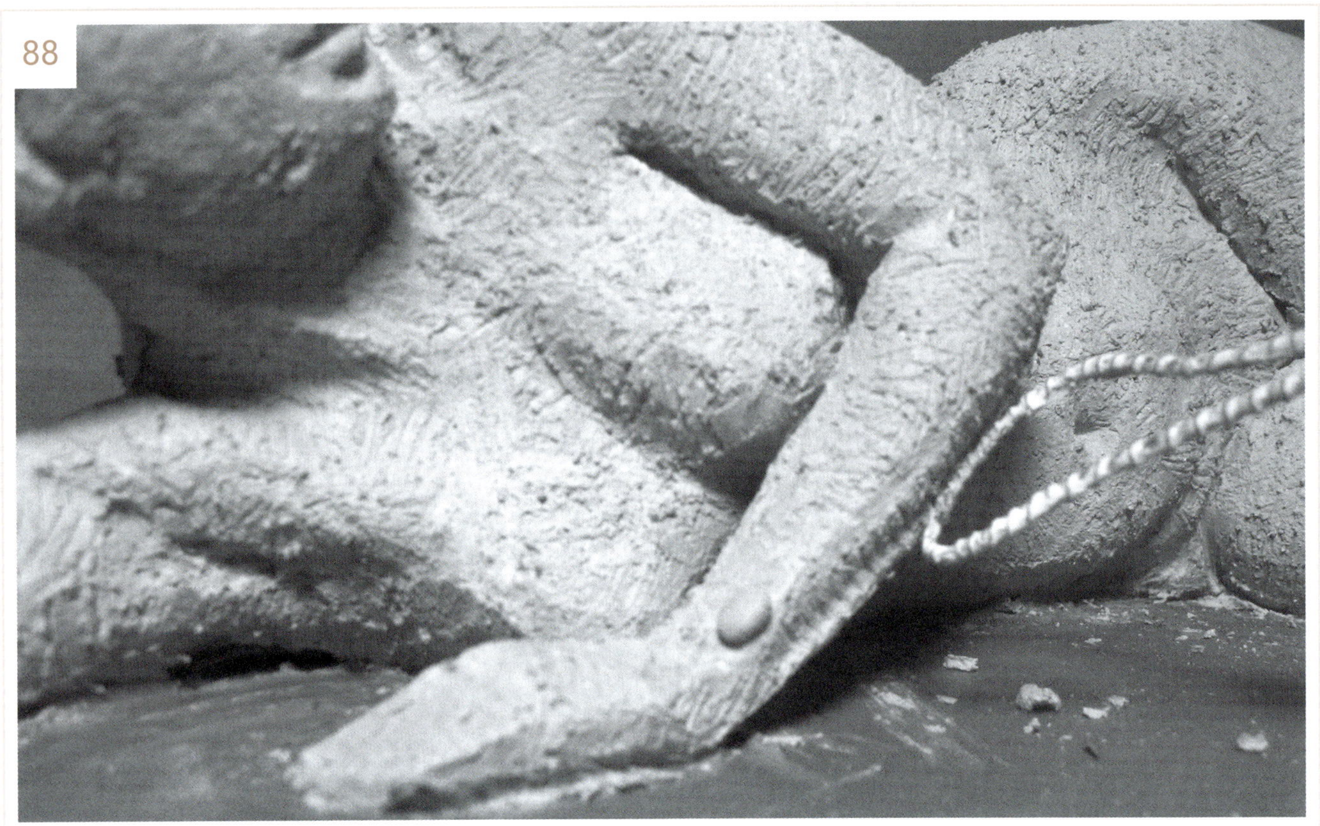

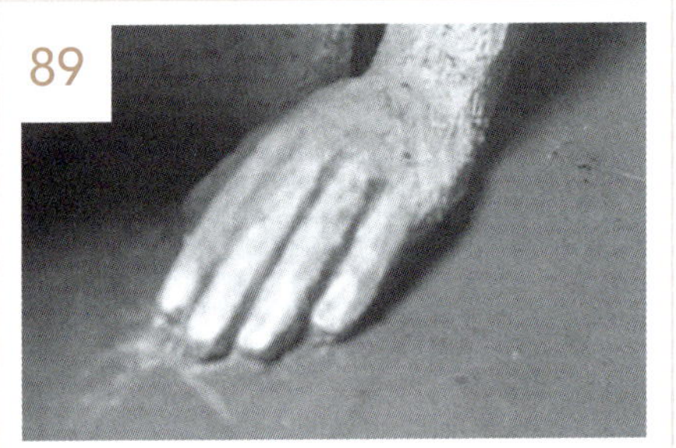

88. & 89. Setzen Sie die Kante der Modellierschlinge an der Seite des Unterarms an und formen Sie einen flachen Graben vom Ellbogen bis zum Handgelenk. Er markiert den Übergang zwischen dem Knochen und den Muskeln des Unterarms. Setzen Sie für den Knochen am Handgelenk eine Tonkugel auf die Oberseite des Handgelenks.

Arbeiten Sie die Finger heraus und formen Sie die Hand. Drücken Sie dazu mit der Riffelraspel gegen den Ton zwischen den Fingern. Formen Sie die Finger nacheinander.

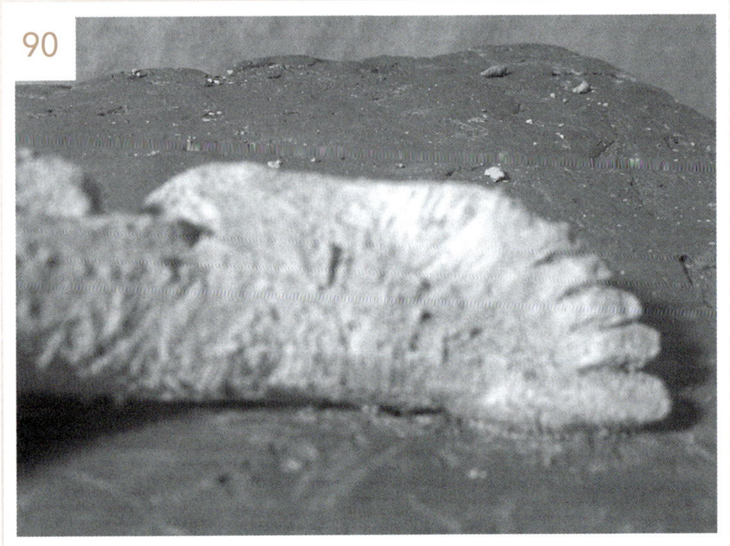

90. Verwenden Sie die Drucktechnik mit der Riffelraspel auch für die Zehen. Harken Sie über den Fuß, um die Flächen ineinander übergehen zu lassen. Glätten Sie dann den Übergang vom Bein zum Fuß.

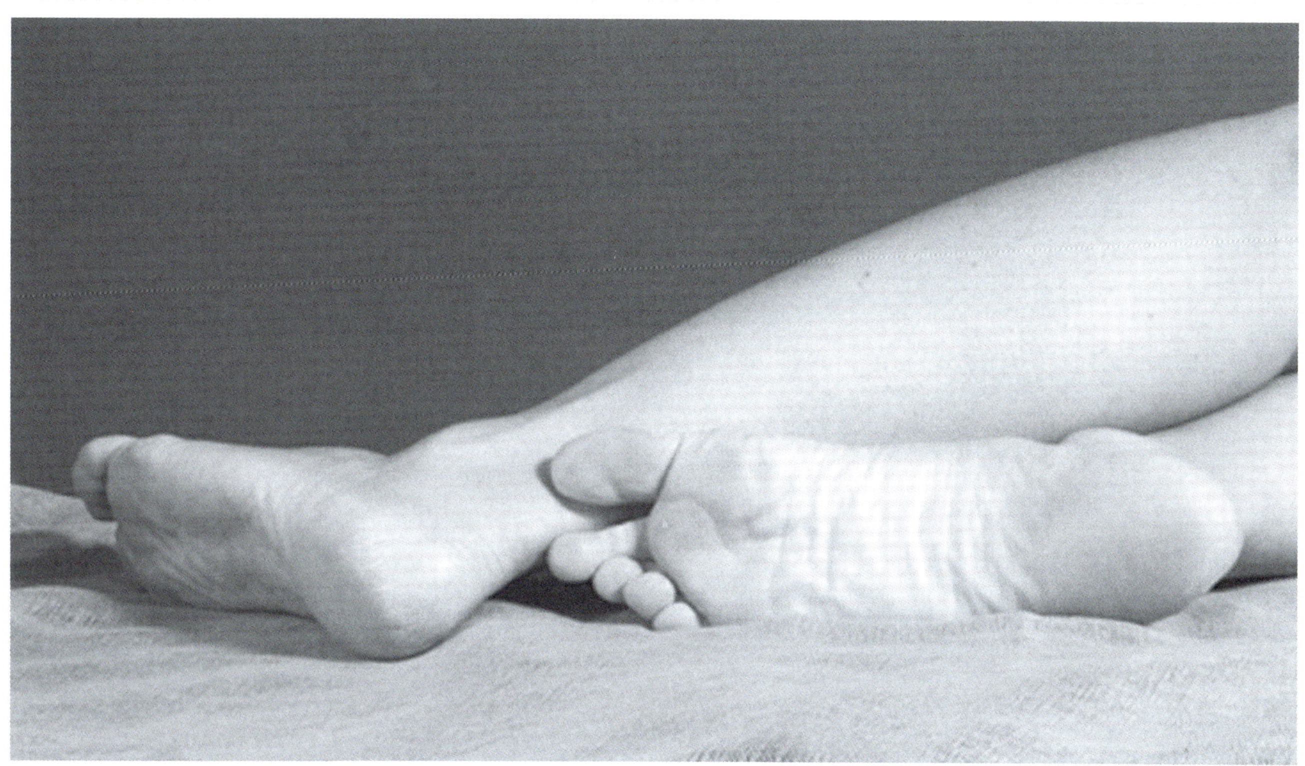

91. & 92. Harken Sie mit der Modellierschlinge über die Unterseiten des Fußes und formen Sie ihn gleichzeitig. Formen Sie die Zehenbeeren und die Furchen zwischen den Zehen mit dem Prägestift.

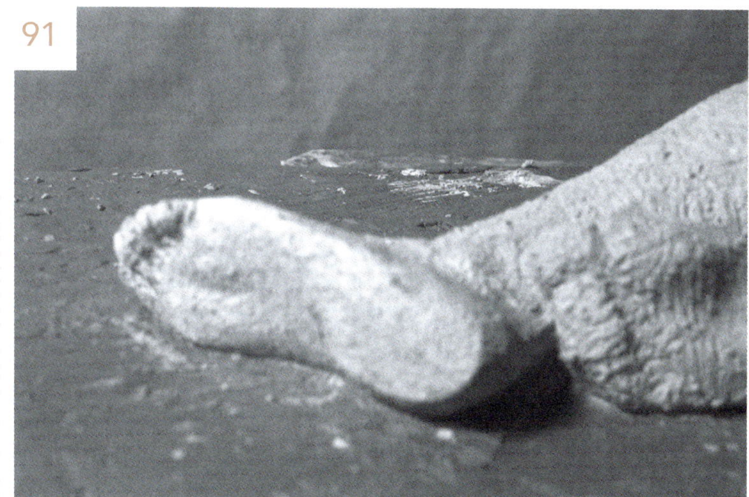

91

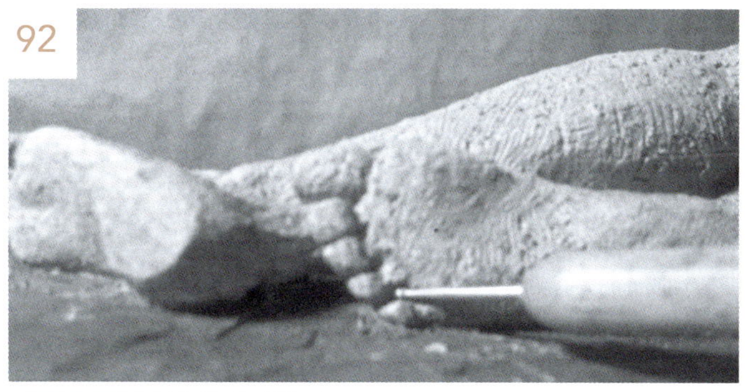

92

93. Bauen Sie Masse zunächst in der Hand auf, die den Kopf stützt und dann an den einzelnen Fingern hinter dem Kopf. Die breite obere Fläche der Hand ist die Fortsetzung der breiten Fläche des Handgelenks.

Aus dieser Perspektive können Sie außerdem sehen, dass die Muskeln am Rücken und in den Schultern sich allmählich von ihrem Untergrund abheben. Setzen Sie Ton an den Muskeln an und arbeiten Sie sie deutlicher heraus, indem Sie die Modellierschlinge um jeden Muskel herum tiefer eindrücken. (Siehe auch das letzte Bild auf Seite 62.)

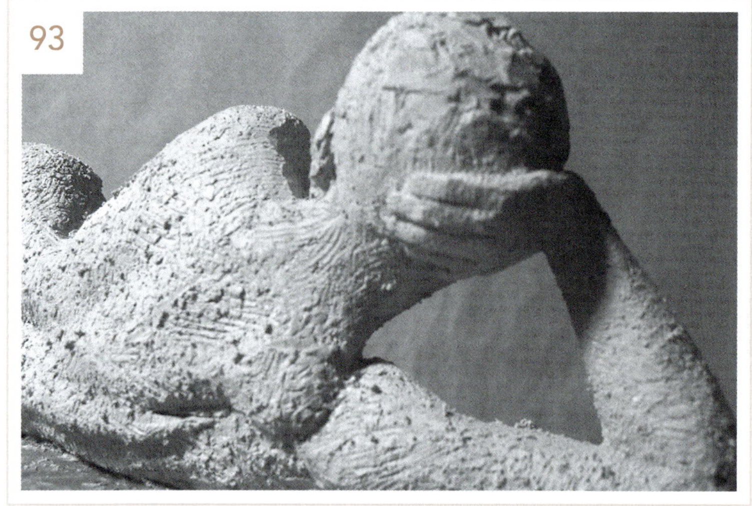
93

94. Die Haut bildet Falten und stößt unterhalb der Oberfläche aneinander. Die Oberfläche einer Hautfalte ist immer ein wenig wulstig. Formen Sie eine kleine Falte im Schultermuskel, indem Sie eine Linie in den Ton schneiden. Setzen Sie dann die Kante der Riffelraspel in den Schnitt und rollen Sie sie von einer Seite zur anderen. Die Riffelraspel formt auf beiden Seiten des Schnittes eine kleine Schräge.

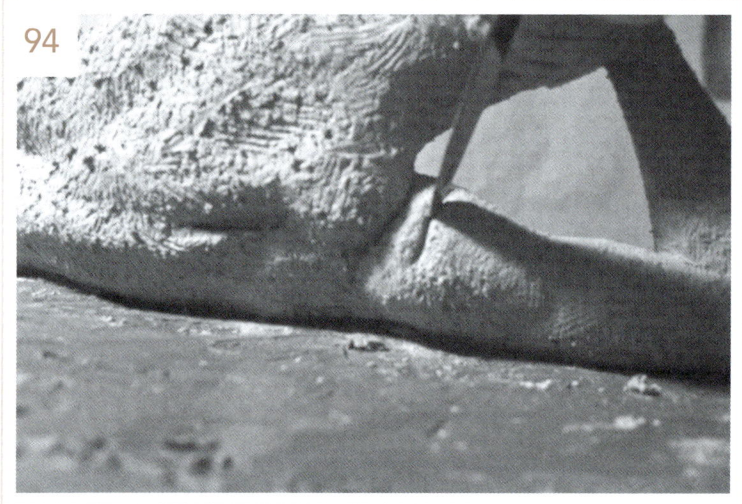
94

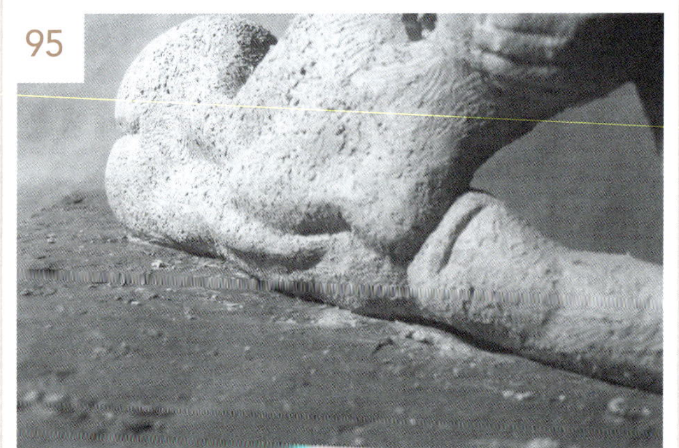
95

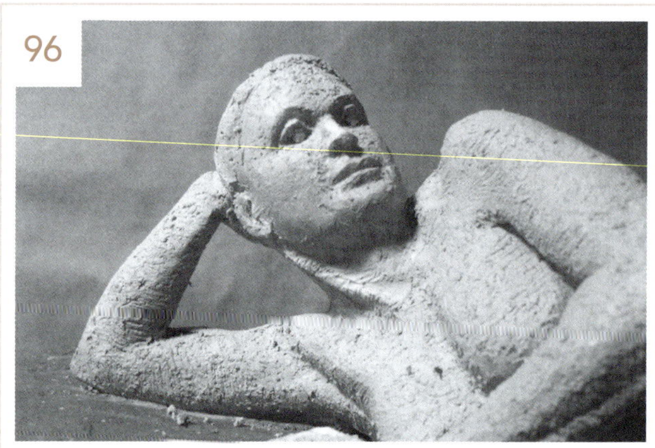
96

95. & 96. Oberfläche, Muskeln und Körperform werden detaillierter. Modellieren Sie Arm, Brust und Kopfnicker mit der Modelierschlinge. Geben Sie den Gesichtszügen ihre endgültige Form. Setzen Sie für den Augapfel eine kleine Tonkugel in die Augenhöhlen, knapp unterhalb des Augenlids. Der Augapfel aus Ton sollte immer tiefer liegen als das Augenlid.

97

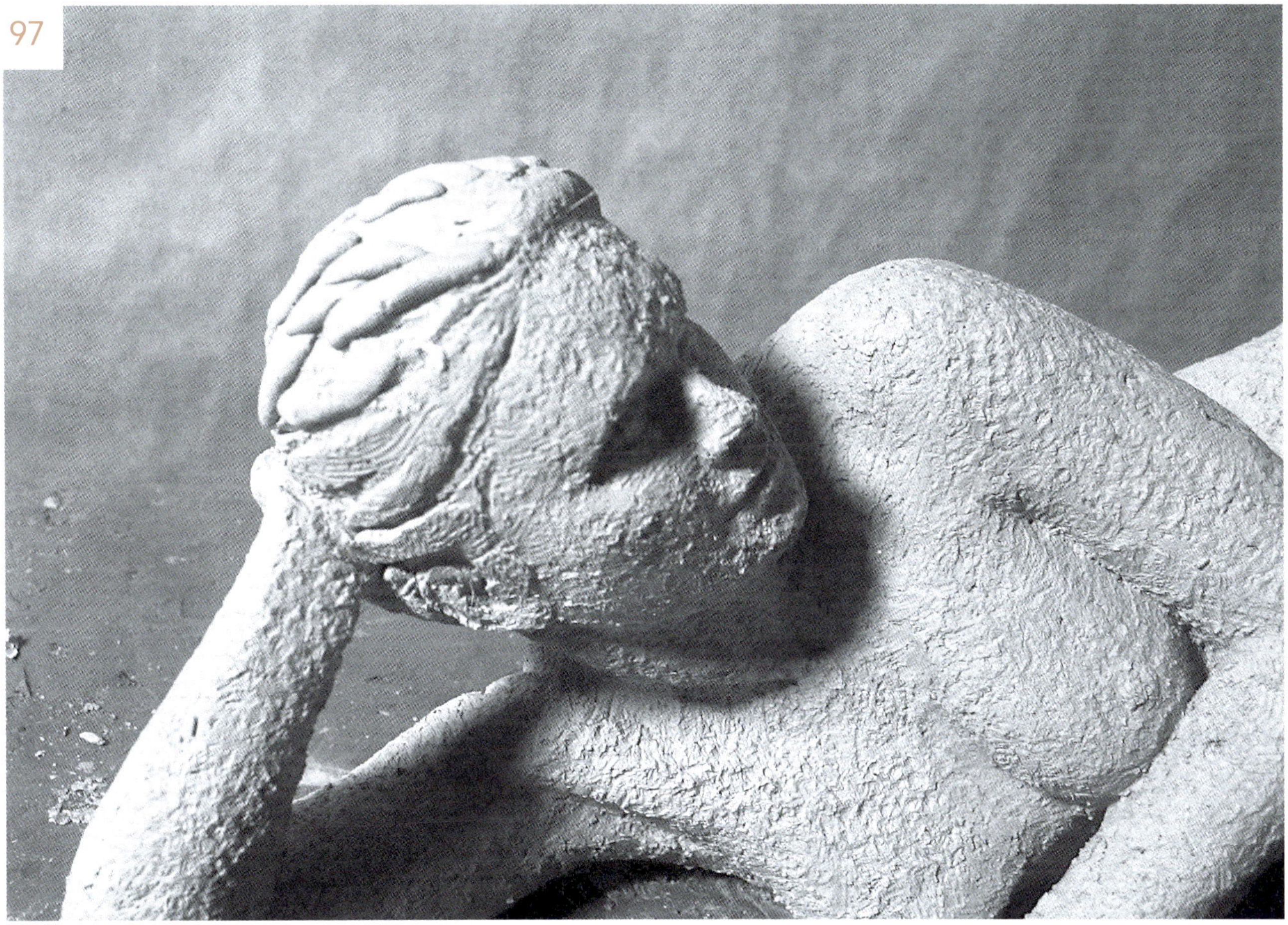

97. Modellieren Sie die Masse der Haare mit dem Modellierholz und dem Holzblock. Es ist nicht notwendig, jede Strähne einzeln zu formen. Bauen Sie Gruppen von Haarmasse mit Tonzylindern auf. Befestigen Sie sie nacheinander am Kopf. Setzen Sie sie am Haaransatz an der Vorderseite an und ziehen Sie sie bis zum Hinterkopf. Legen Sie an den Seiten und auf der Oberseite jeder Haargruppe Flächen an, so dass das Haar eine bildhauerische Integrität oder Form bekommt. Die Tonhaarmasse sollte die Haare des Modells nachahmen.

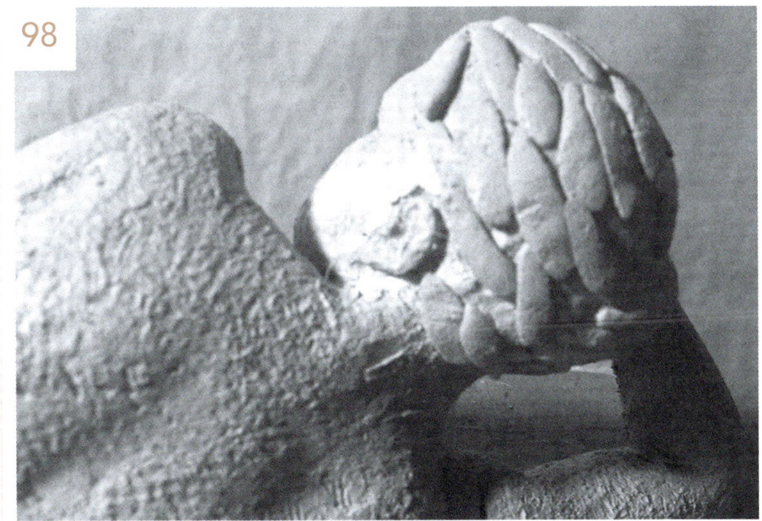

98. Modellieren Sie den Hinterkopf und die rückwärtige Haarmasse ebenso wie die Vorderseite.

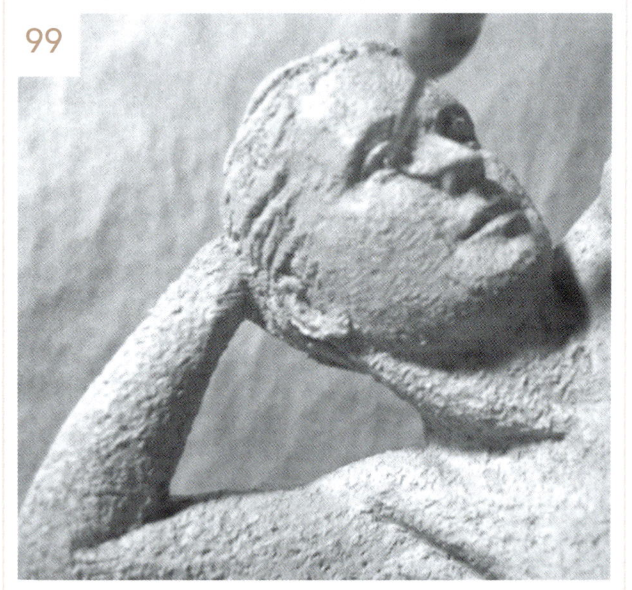

99

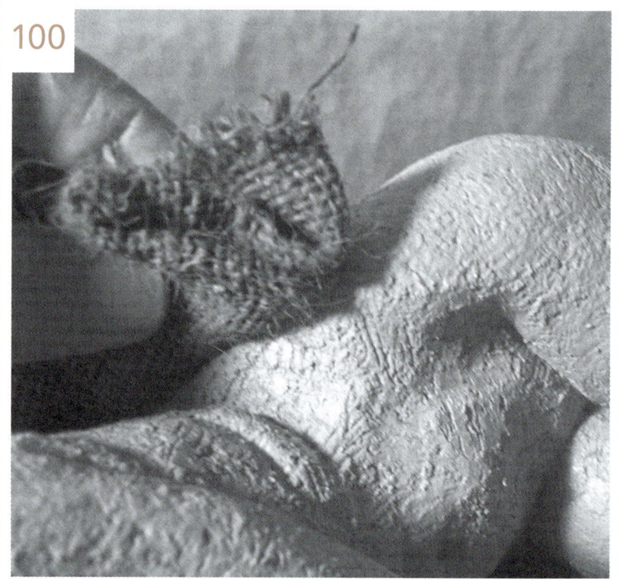

100

99. Stellen Sie das Gesicht fertig. Formen Sie die Augäpfel mit dem Prägestift. Drücken Sie die Kugelspitze vorsichtig in die Mitte des Augapfels, so dass eine runde Vertiefung für die Iris entsteht. Machen Sie kein Loch für die Pupille, sonst sieht es aus als hätte Ihre Figur Knopfaugen. Sie können für das untere Augenlid einen kleinen Tonstreifen ansetzen oder es aus dem vorhandenen Ton modellieren.

100. Fangen Sie an, die gesamte Oberfläche der Skulptur mit einer feinen Textur zu überziehen. Bündeln Sie ein Stück Sackleinen in der Hand, besprühen Sie es mit Wasser und betupfen Sie damit die Oberfläche der Skulptur. Das grobe Gewebe verbindet sich mit den Spuren der Modellierschlinge zu einer ausdrucksstarken Oberflächentextur. Die endgültige Beschaffenheit der Oberfläche kann stark variieren und von glatt bis rau reichen. Eine Textur ist wie eine Unterschrift: Sie verleiht einer Skulptur ihren einzigartigen Charakter. Suchen Sie sich aus, was am besten zu Ihnen passt.

101. Als letztes Detail arbeiten Sie mit der Riffelraspel die Falten des Brustkorbs knapp unterhalb des Arms heraus. Dabei können Sie alles an Räumlichkeit wiederherstellen, was beim Herstellen der Textur möglicherweise verloren gegangen ist.

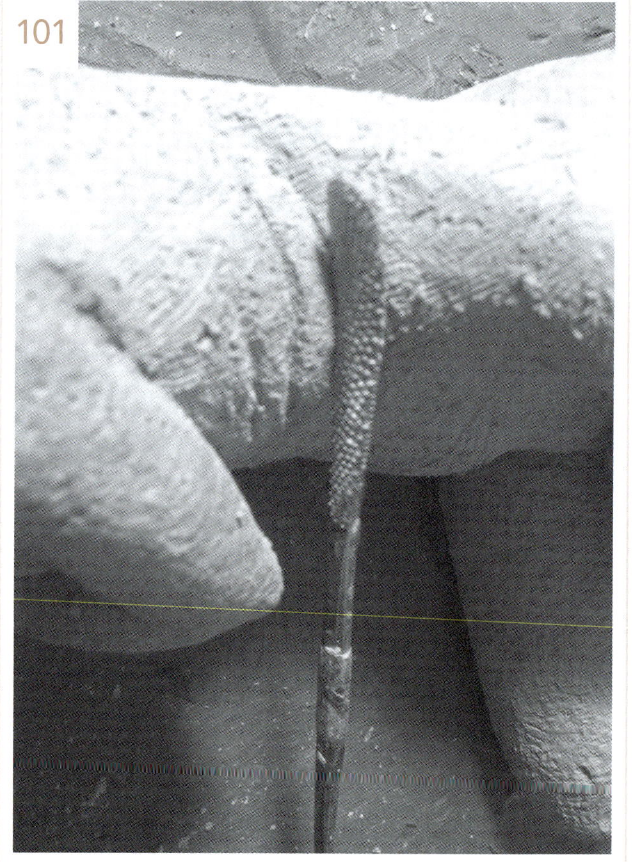

101

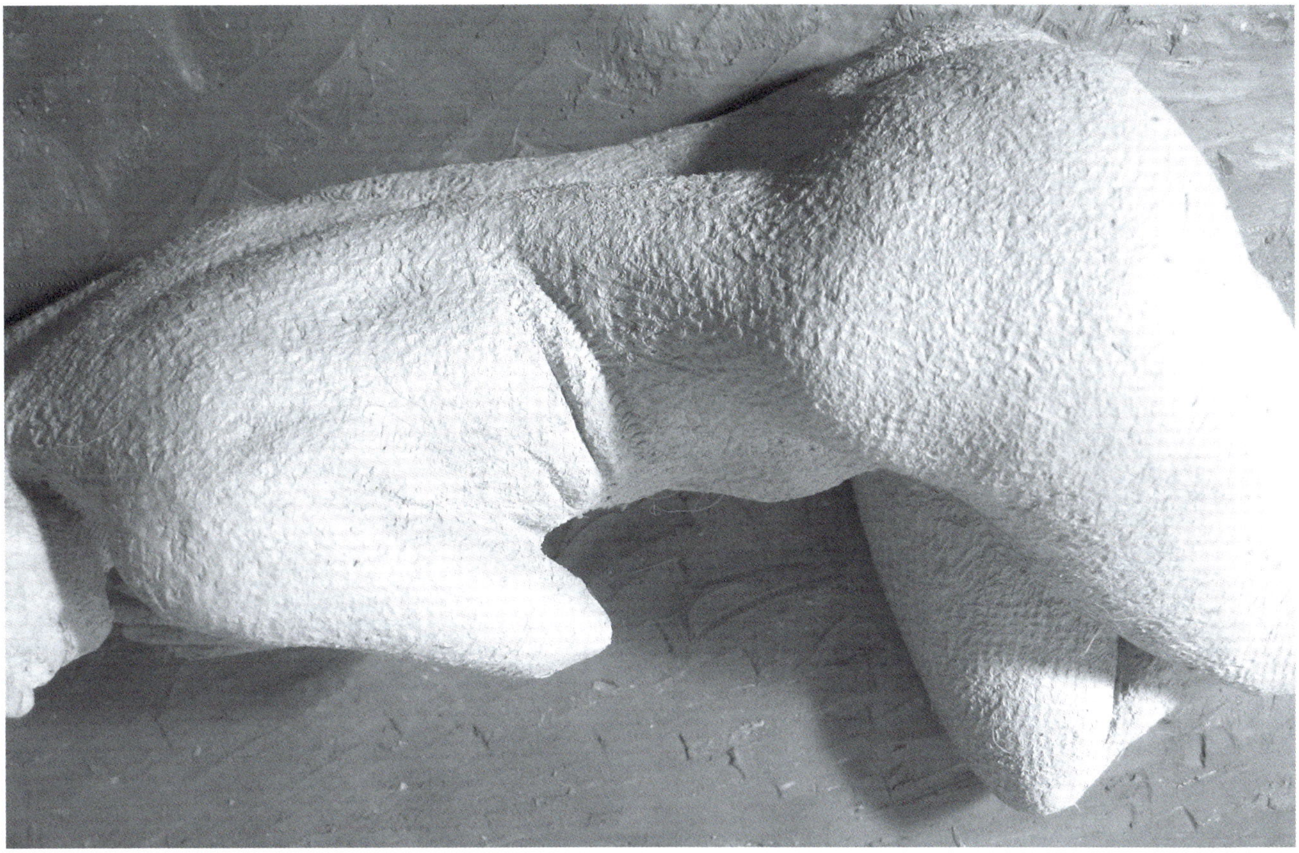

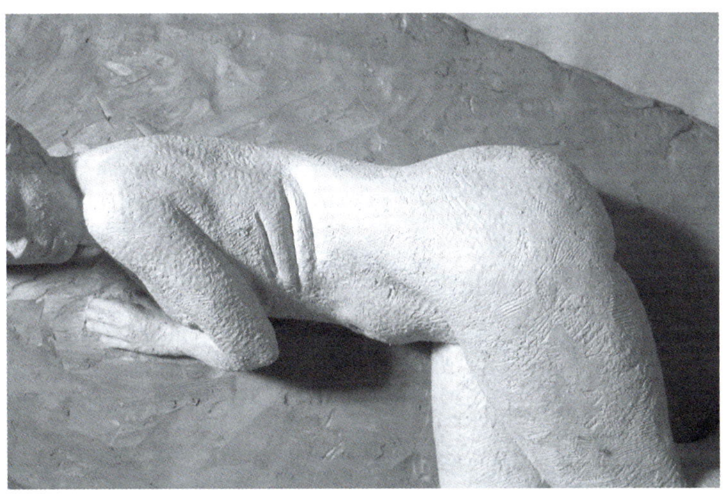

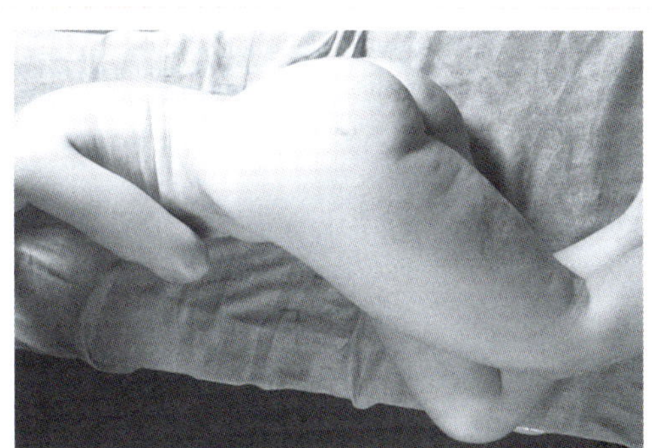

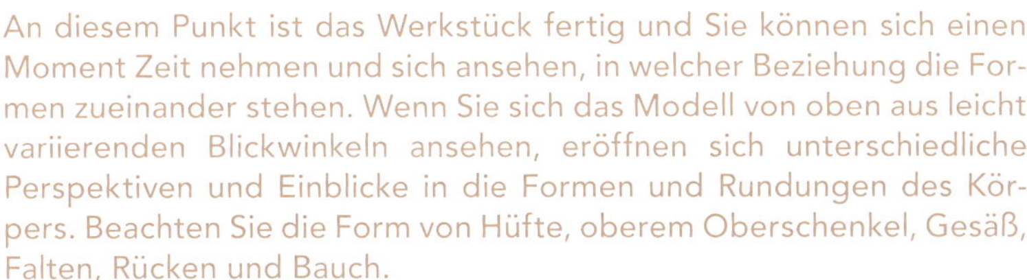

An diesem Punkt ist das Werkstück fertig und Sie können sich einen Moment Zeit nehmen und sich ansehen, in welcher Beziehung die Formen zueinander stehen. Wenn Sie sich das Modell von oben aus leicht variierenden Blickwinkeln ansehen, eröffnen sich unterschiedliche Perspektiven und Einblicke in die Formen und Rundungen des Körpers. Beachten Sie die Form von Hüfte, oberem Oberschenkel, Gesäß, Falten, Rücken und Bauch.

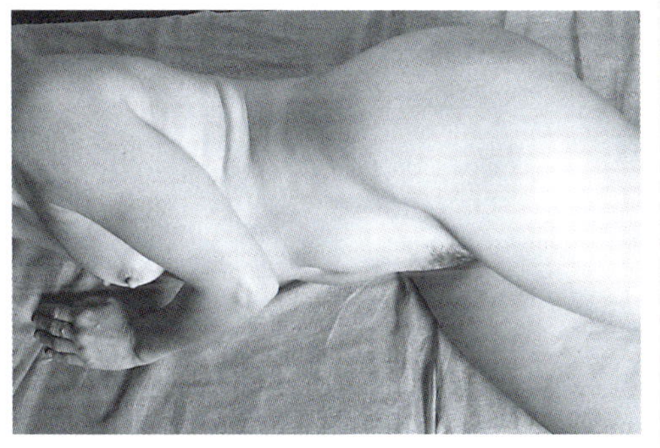

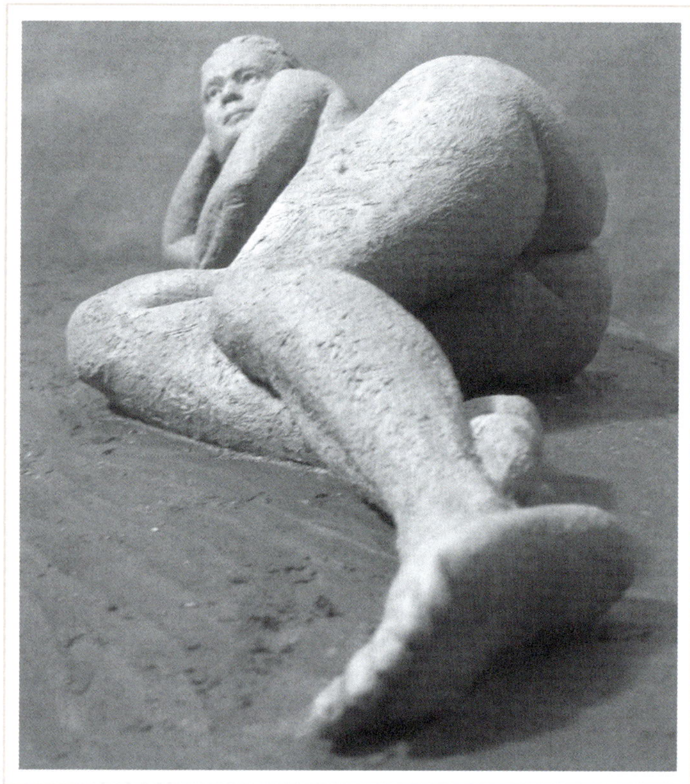

Wenn Sie die fertige Skulptur aus verschiedenen Perspektiven betrachten, haben Sie die Möglichkeit, über die Etappen ihrer Entstehung nachzudenken und sich am Ergebnis Ihrer Arbeit zu freuen. Betrachten Sie Ihre Form von allen Seiten und halten Sie Ausschau nach Harmonie, Rhythmus, Ausgewogenheit und Volumen. Es bleibt immer Raum für Anpassungen.

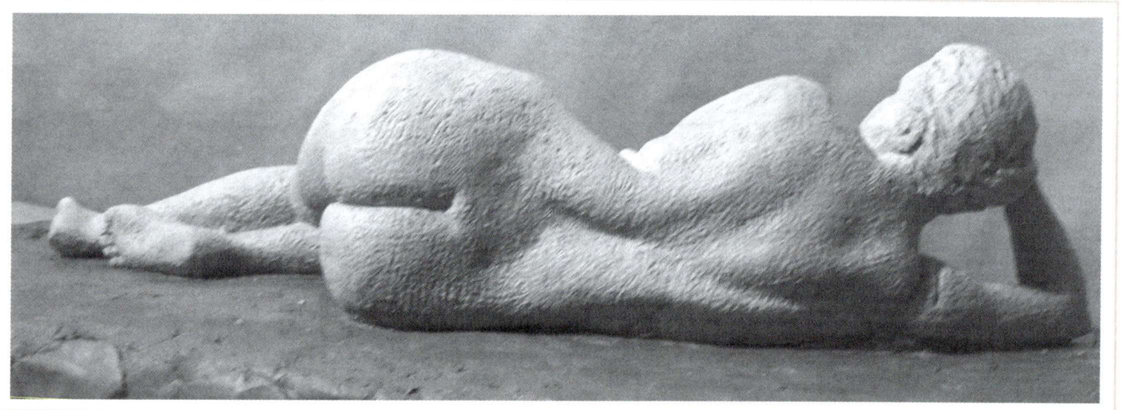

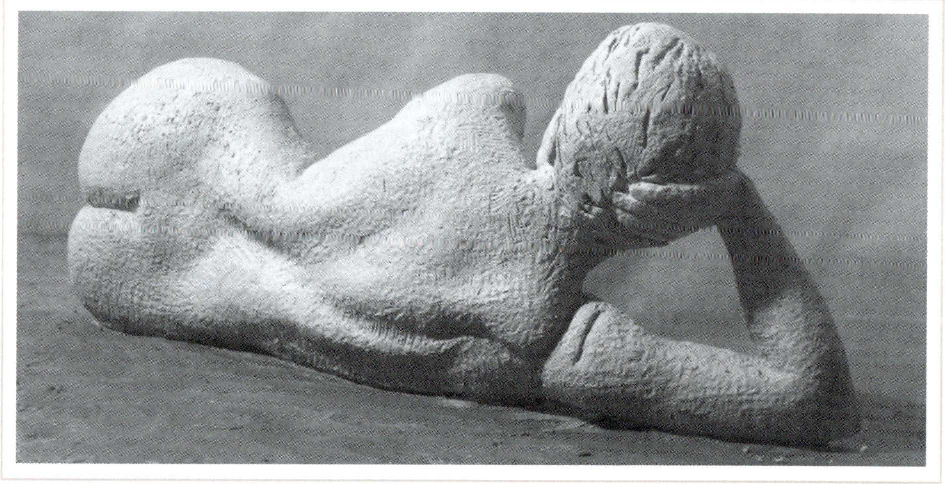

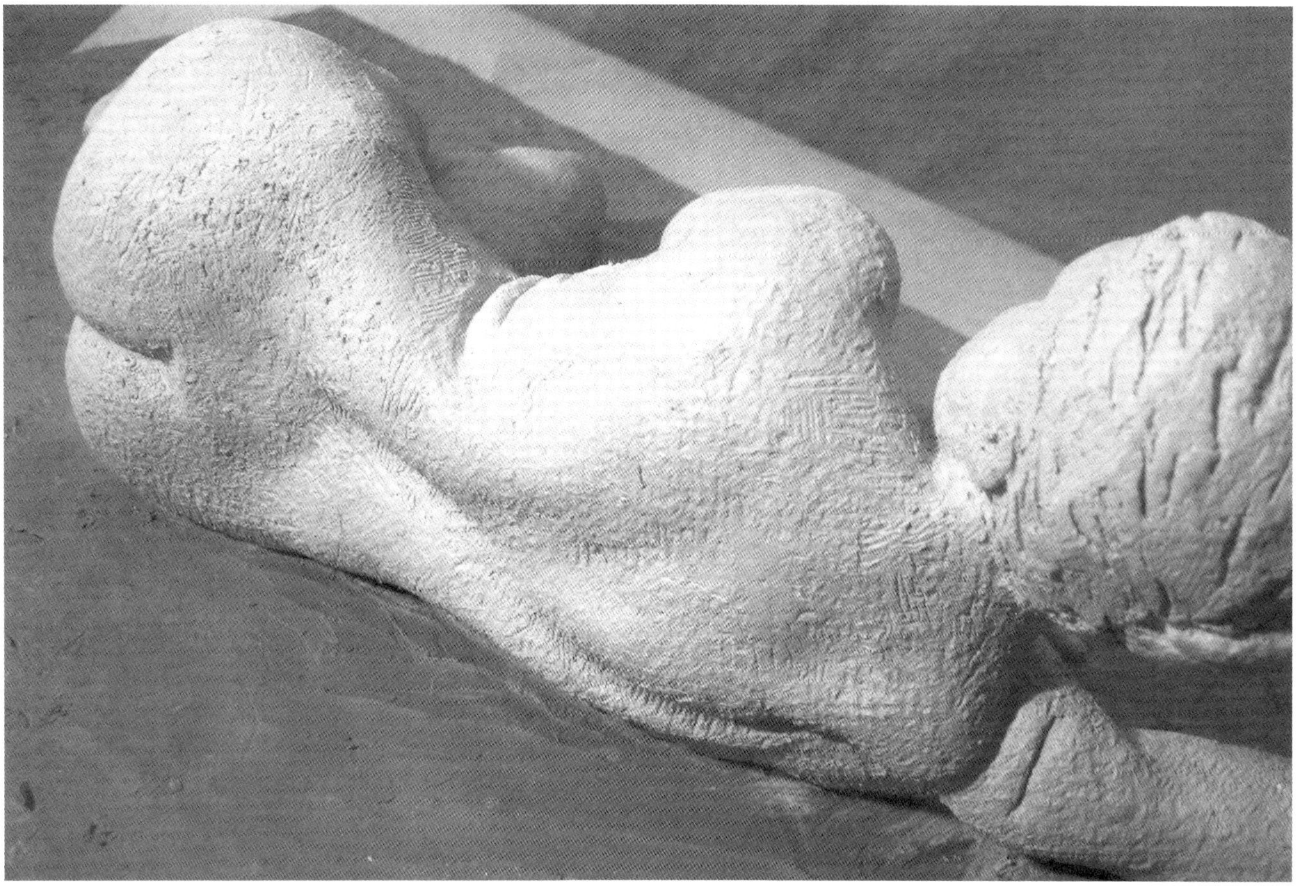

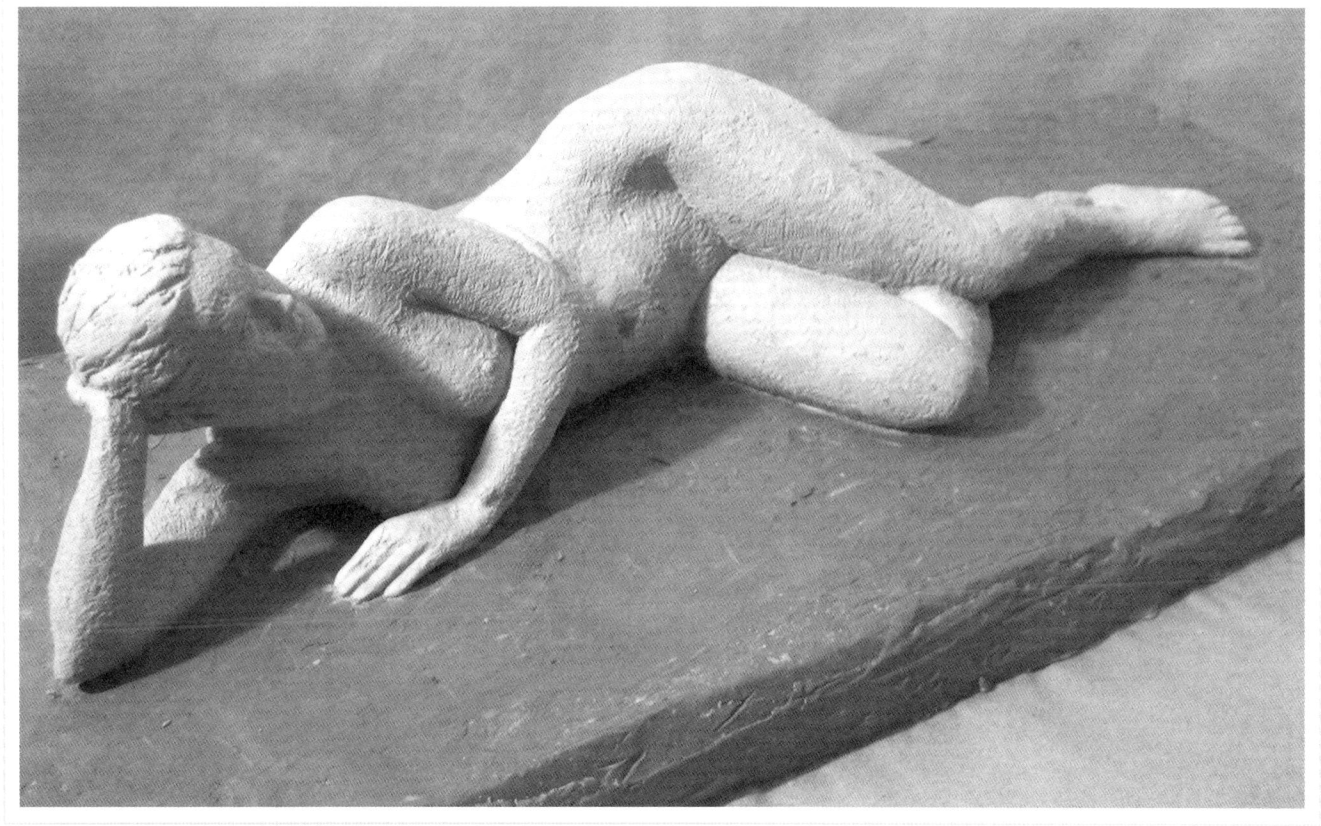

Wenn Sie sich auf einzelne Bereiche oder Nahaufnahmen der Skupltur konzentrieren, nachdem Sie das ganze Werkstück aus vielen unterschiedlichen Perspektiven betrachtet haben, bekommen Sie einen Zugang zu Rhythmus und Ausgewogenheit der kleineren Abschnitte und zu ihrer Bedeutung für das große Ganze.

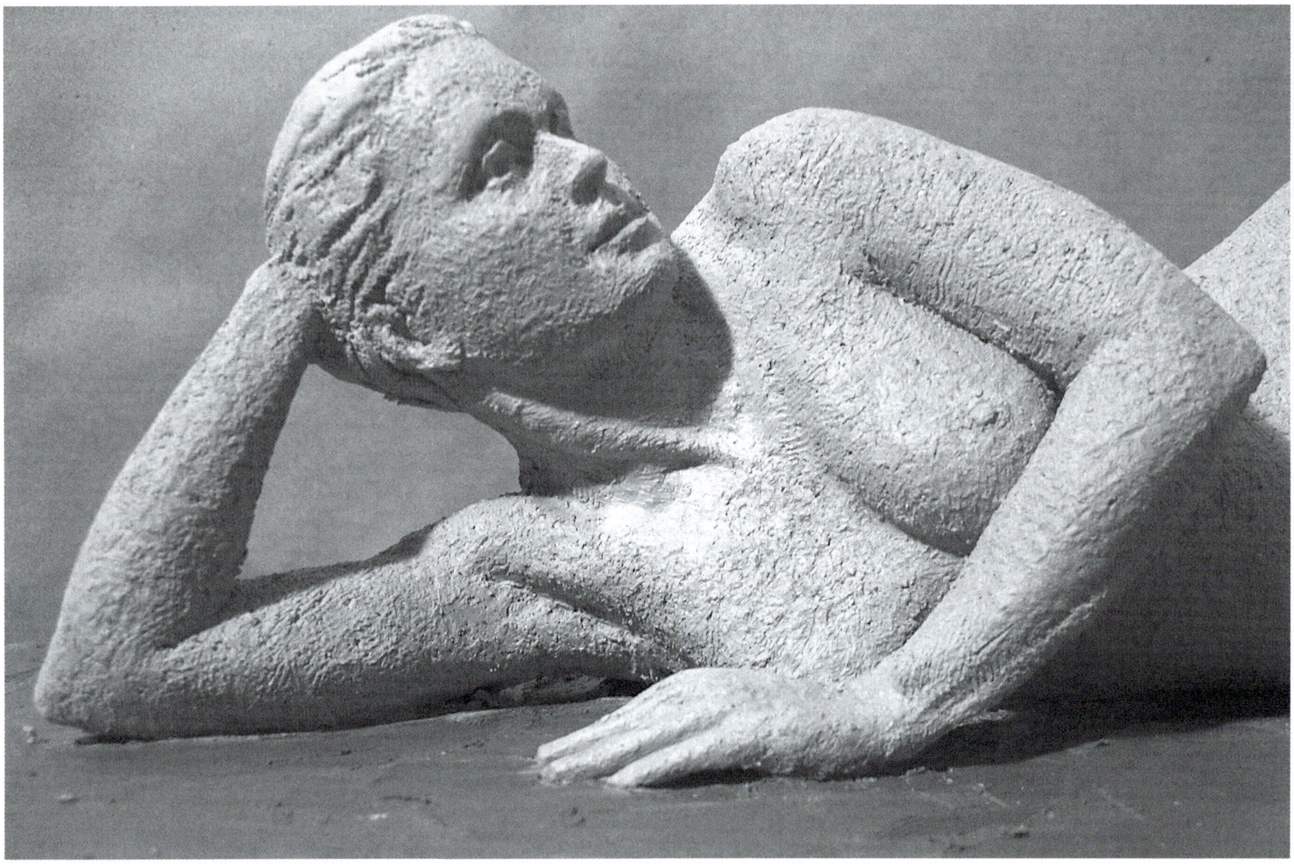

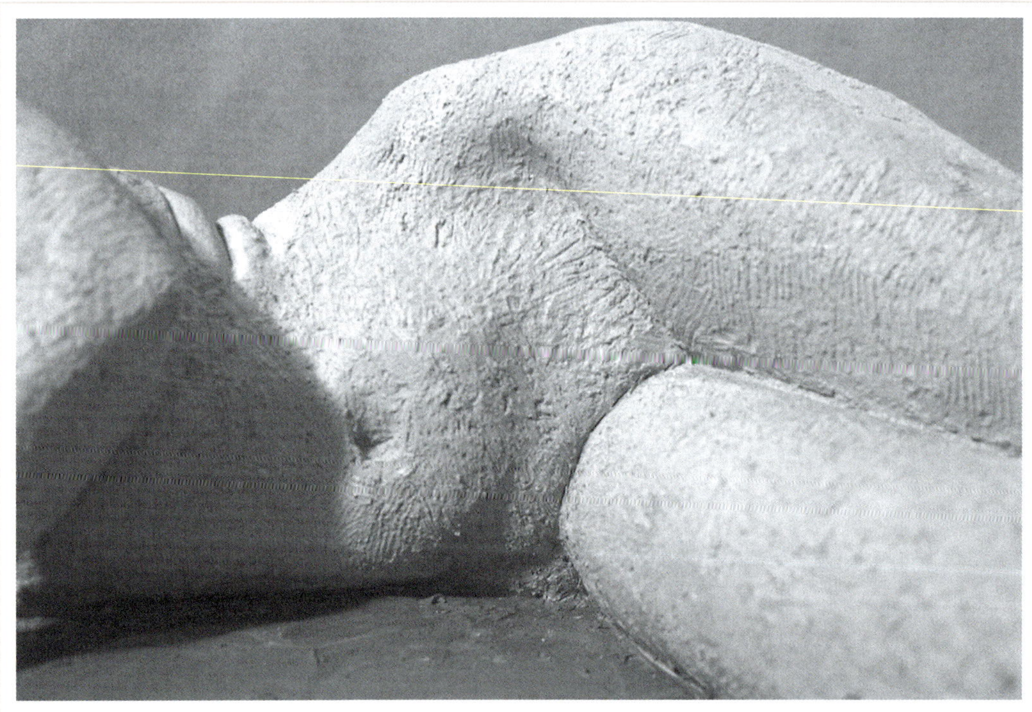

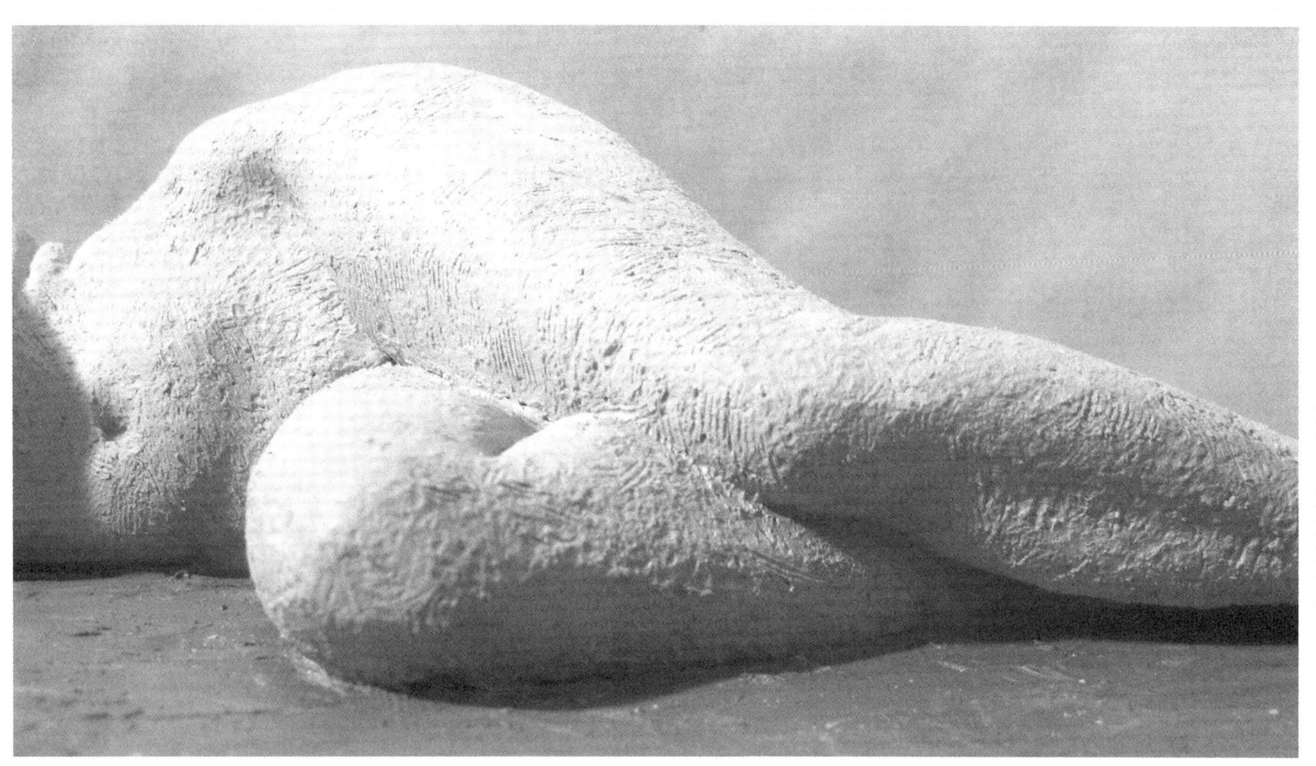

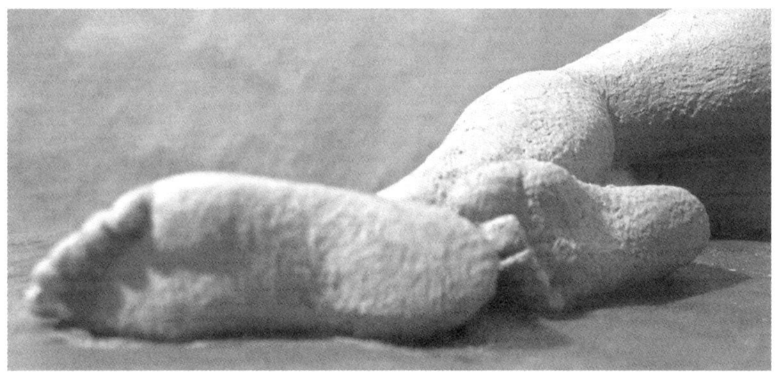

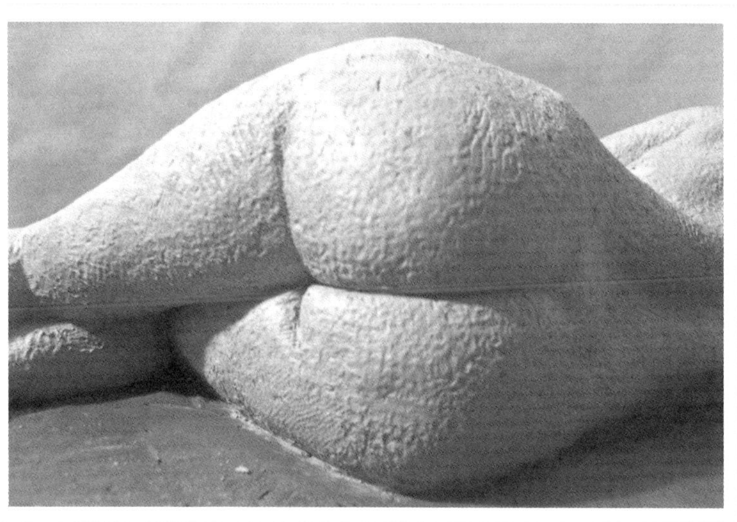

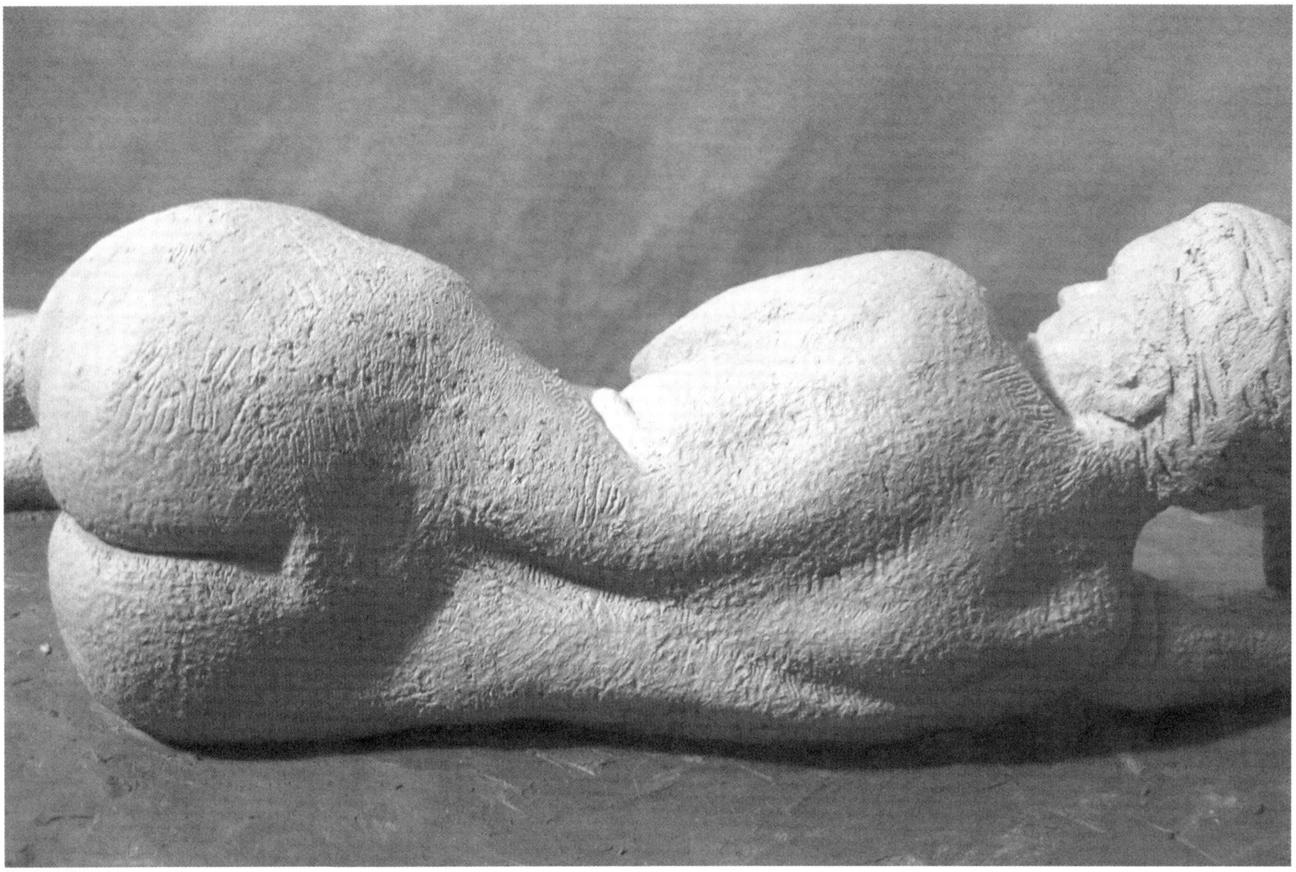

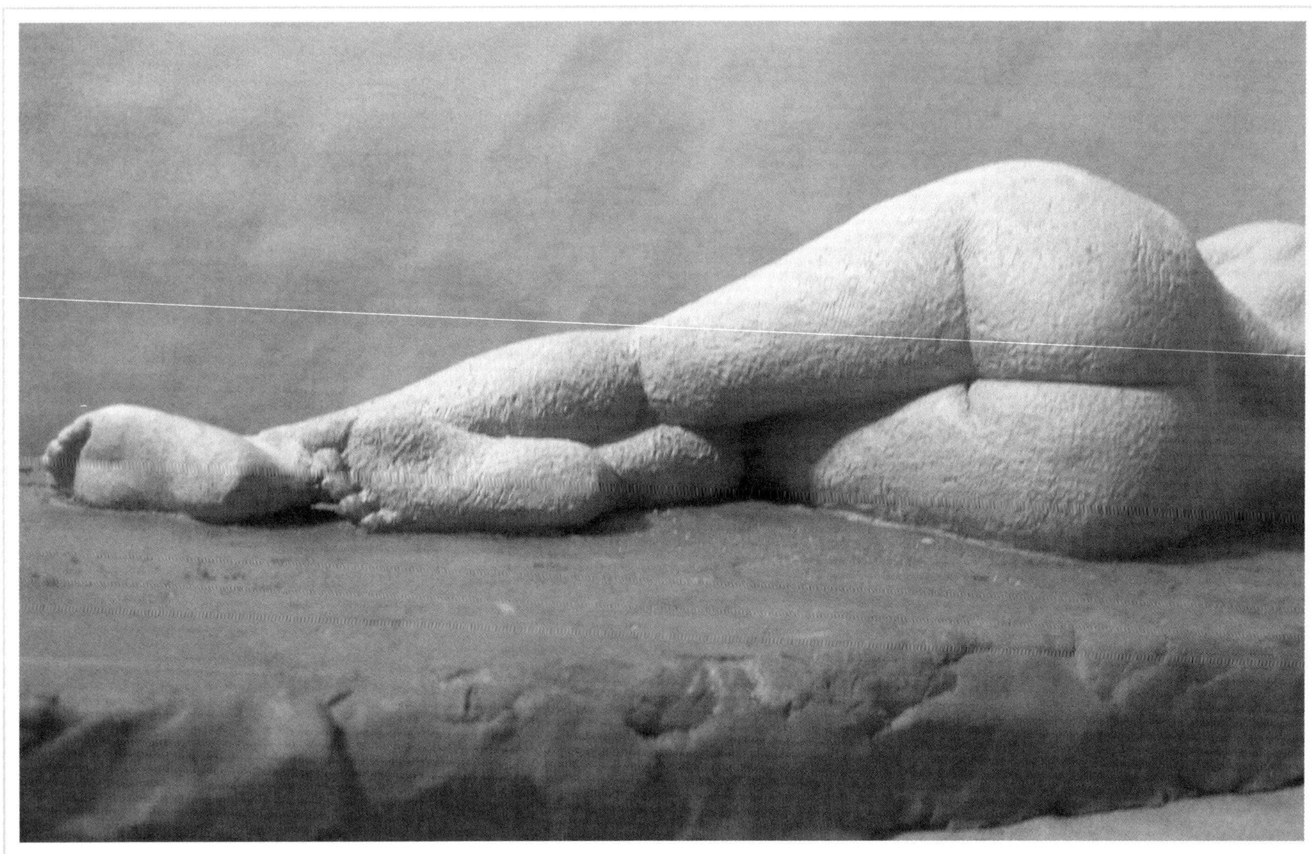

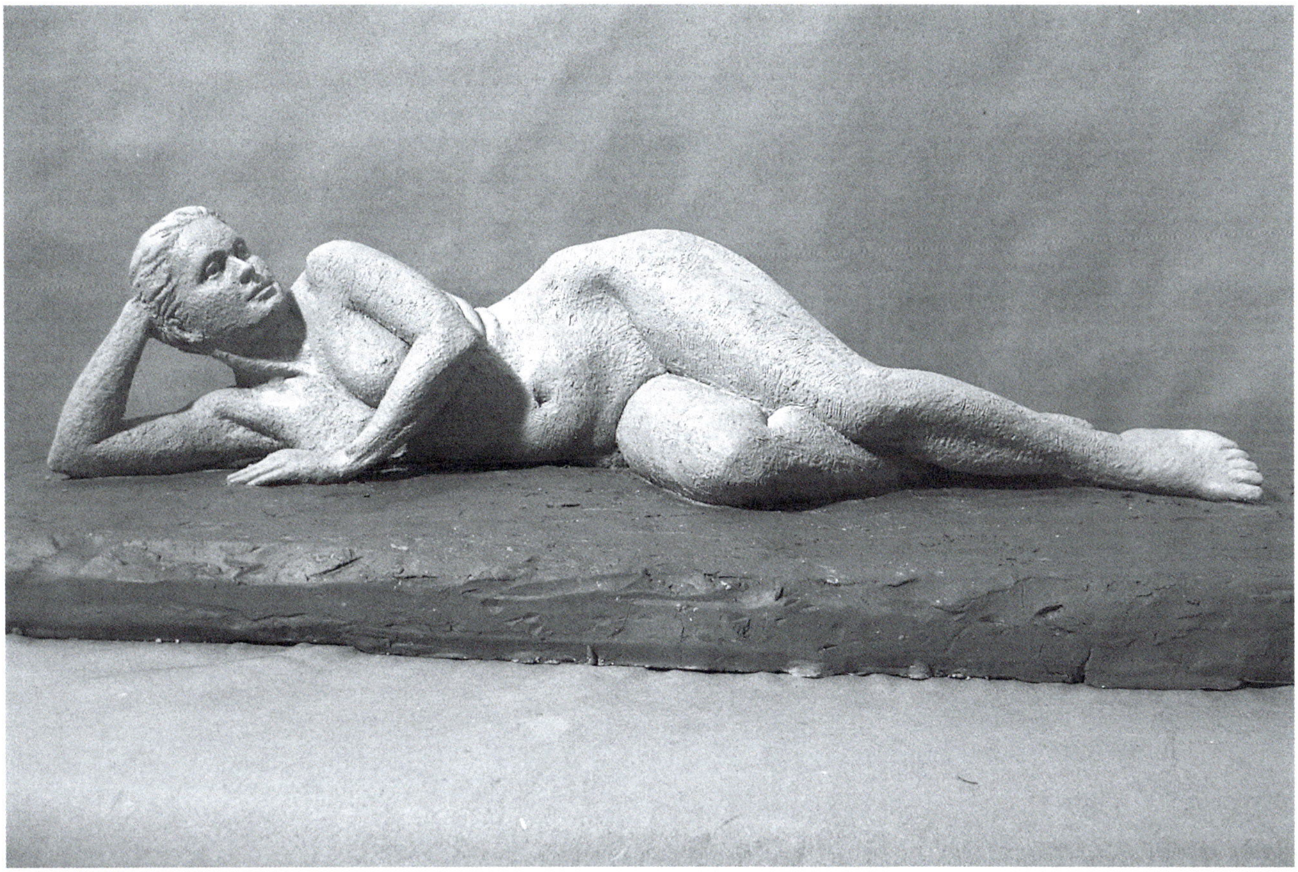

Was ist eine figürliche Skulptur? Im Grunde ist es die dreidimensionale Interpretation eines posierenden Modells. Die Darstellung in Ton sollte Ausdruck/Stimmung und Form der Pose einfangen und wiedergeben, was die Pose für Sie bedeutet. Ihre Skulpturen sollten nach und nach professioneller aussehen. Das können Sie dadurch erreichen, dass Sie Ihre Aufmerksamkeit auf die Oberflächenbehandlung und die Texturtechniken richten, die in diesem Kapitel vorgestellt werden. Mit Übung werden Sie in der Lage sein, sehr schnell an Skulpturen zu arbeiten und dabei einige Schritte zu überspringen oder miteinander zu verbinden. Sie können z.B. die Tonkugel für die Stützmuskulatur von Bauch und Rücken am Anfang weglassen und stattdessen einen einzigen Tonblock für Brustkorb, Becken und Stützmuskulatur verwenden. Dieser einzelne Block hätte dann die Größe der beiden Blöcke plus Kugel in der Mitte. Drehen Sie den Tonblock in die gewünschte Position und arbeiten Sie von dort aus weiter.

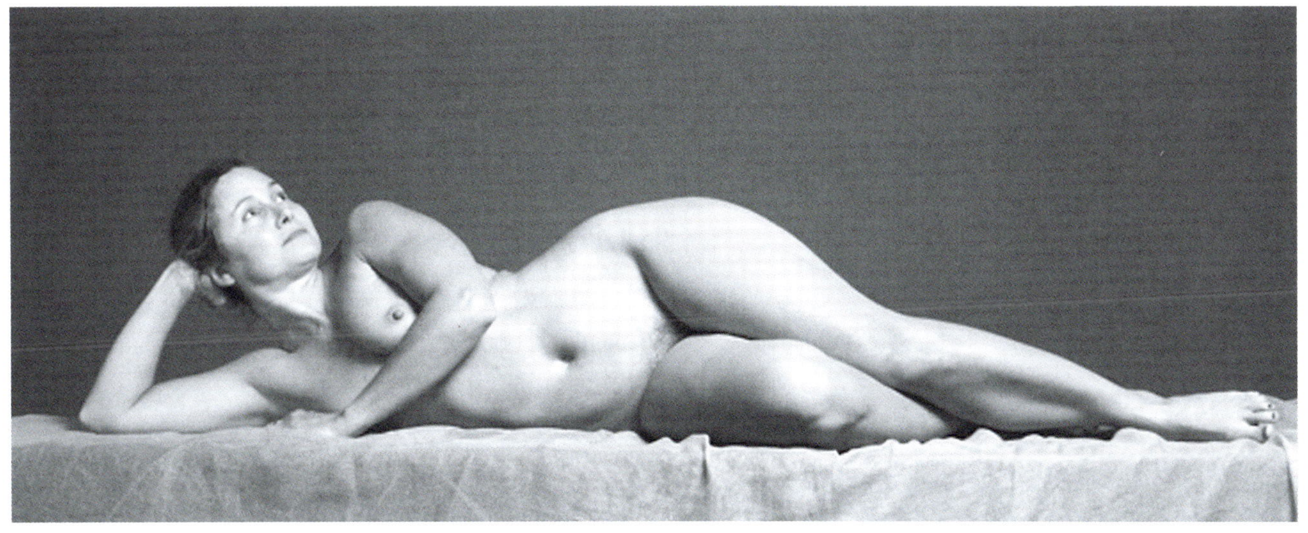

BETRACHTUNGEN ÜBER DIE WESENTLICHEN FLÄCHEN UND GESTALTUNGSELEMENTE DER FORM

Die liegende Figur enthält mehr Gestaltungselemente als der Torso, denn schließlich sind Arme und Beine nun Teil des Ausdrucks. Besonders die Anzahl der Dreiecke, die sich durch die Körperteile ergeben, ist wesentlich größer. Daraus ergibt sich eine größere Anzahl offener Räume zwischen diesen Körperteile (z.B. der dreieckige Raum, der dadurch entsteht, dass der Arm den Kopf stützt). Mir macht es mindestens ebenso viel Spaß, diese Zeichnungen anzufertigen und dabei den Mustern, Flächen und Linien der Figur auf die Spur zu kommen wie das Modellieren selbst. Ich empfehle Ihnen, diese Übung auszuprobieren und Ihre eigenen Muster und Linien zu entdecken. Nehmen Sie gerade und geschwungene Verbindungslinien und fangen Sie an einer beliebigen Stelle an der Figur an. Sie werden fasziniert feststellen, dass es eine schier unendliche Anzahl von Winkeln und Beziehungen der Teile untereinander und zum Ganzen gibt. Wenn Sie eine echte Überraschung erleben wollen, zeichnen Sie diese Zeichnungen ohne die Figur darunter nach. Dabei kommen einige der einfachen Gestaltungselemente der Pose zum Vorschein.

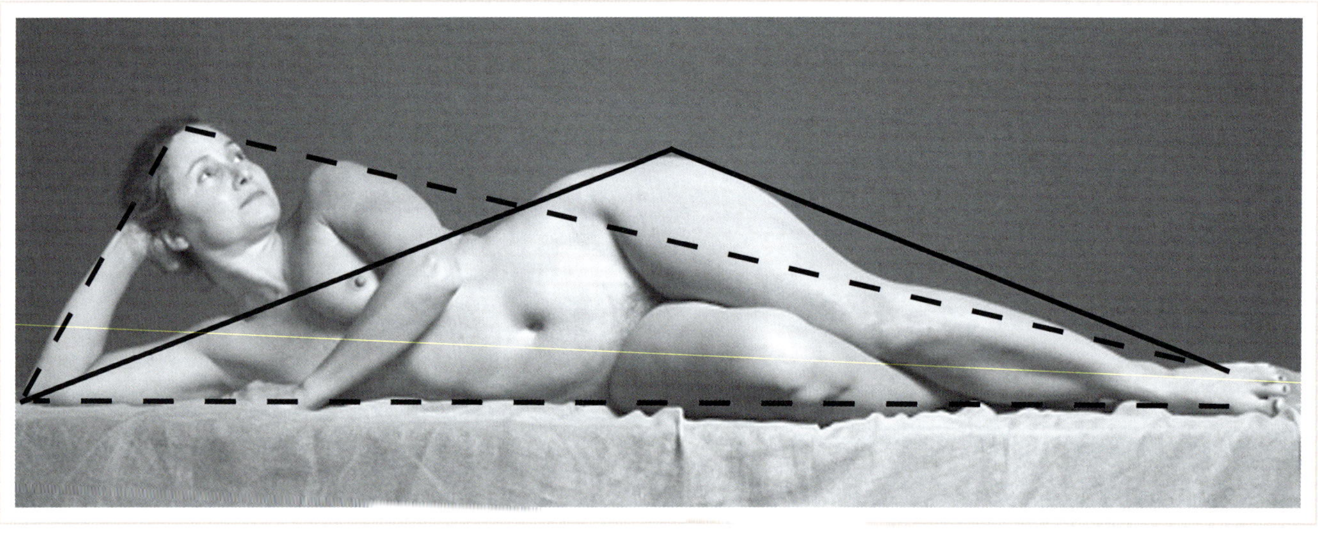

Hier verbinden die Linien die Hochpunkte mit den Punkten, die von ihnen aus gesehen am tiefsten und am weitesten entfernt liegen. Daraus ergeben sich zwei Dreiecke, das eine vom Kopf zum Ellbogen und zum Fuß, das andere vom großen Rollhügel zum Ellbogen und zum Fuß (die durchgezogene Linie). Es ist faszinierend zu sehen, wie die Teile des Körpers in geometrischen Mustern angeordnet sind. Beachten Sie, dass die gestrichelte Linie vom Kopf zum Fuß die Schulter und das Knie kreuzt. Die durchgezogene Linie vom großen Rollhügel zum tiefsten Ellbogen kreuzt die untere Schulter, die Brustwarze, den oberen Arm und das Darmbein (den Kamm der Hüfte). Arbeiten Sie so mit vertikalen, horizontalen und diagonalen Linien wie mit einem Raster. Auf diese Weise entdecken Sie die räumlichen Beziehungen der einzelnen Teile. Diese Information wird Ihnen helfen, wenn Sie anfangen, die Tonmassen in ihre Ausgangsposition zu bringen.

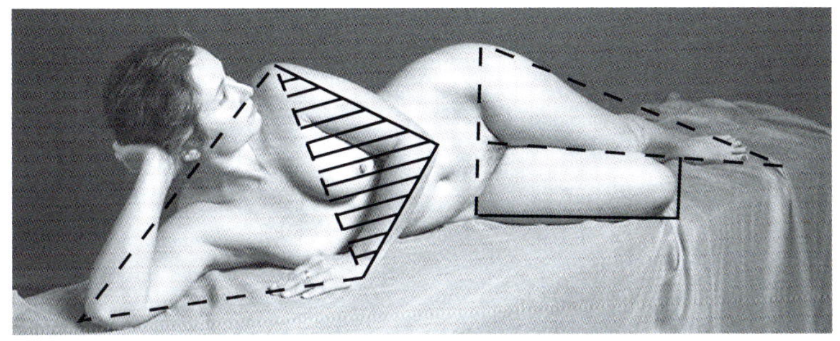

Die Position von Armen und Händen bestimmt das Muster des Oberkörpers, die Beine das des Unterkörpers. Der mittlere Abschnitt des Körpers verbindet diese beiden Gestaltungselemente zu einer eindrucksvollen gestalterischen Aussage.

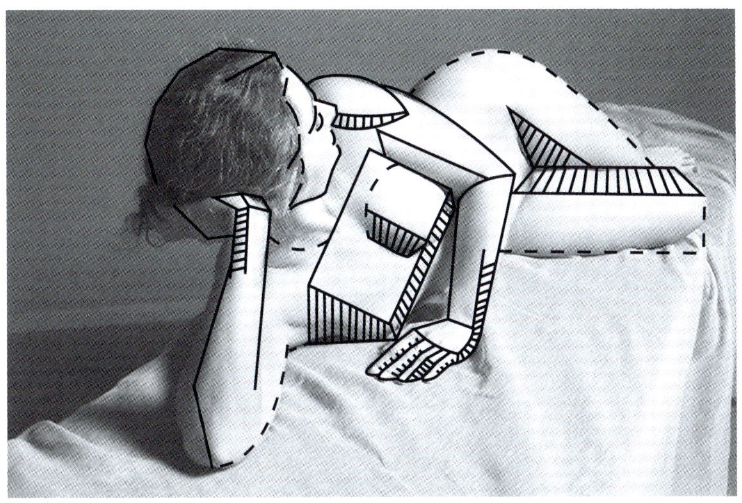

Die Verbindung von geschwungenen und geraden Linien sorgt für Kontrast und Spannung. Aus dieser Perspektive können Sie sehen, wie das untere Bein aus der Vorderfläche des Beckens herausragt. Die Arme, der Kopf und die Brust bilden zusammen eine offene, kastenförmige Struktur. Die kleineren Flächen der verschiedenen Teile sind ebenfalls gekennzeichnet.

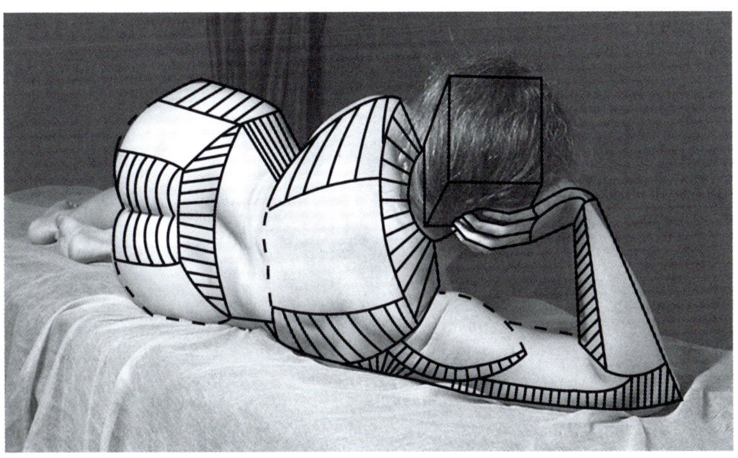

Die kleineren Flächen des Rückens sind hier eingezeichnet um zu zeigen, wie der Trapezmuskel und die gerundeten Seiten des Brustkorbs für Räumlichkeit sorgen. Die obere und die seitlichen Flächen des großen Gesäßmuskels, der Hüften, der Schulter und des Arms sind durch Linien gekennzeichnet.

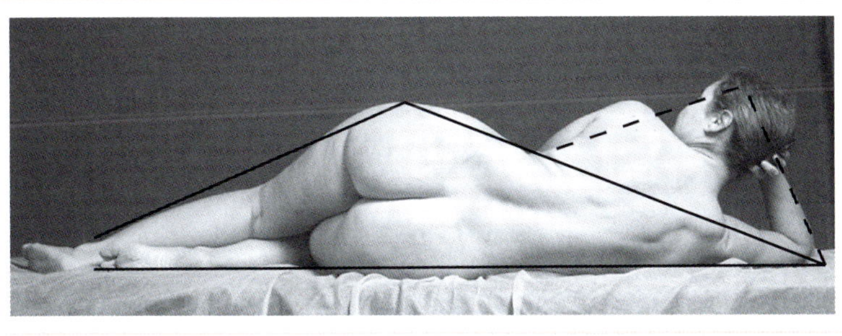

Wie bei der Vorderansicht können Sie auch hier sehen, wie sich die Körperformen auf zwei wesentliche Dreiecke reduzieren lassen. Die durchgezogenen Linien markieren sowohl die Höhe der Hüfte als auch die Länge der Pose. Die gestrichelten Linien verdeutlichen die dreieckige Komposition von Kopf, Arm und Rücken.

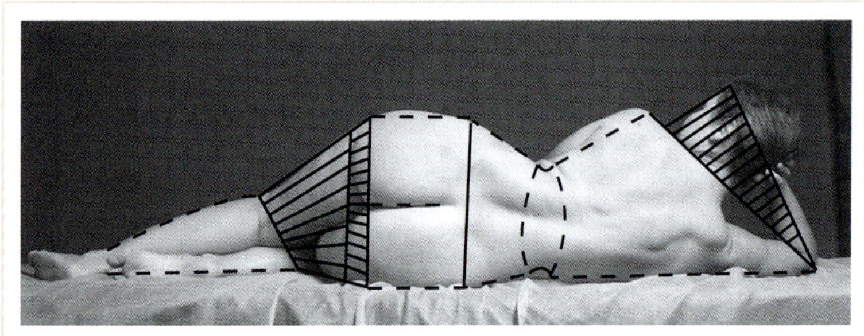

Diese Serie gestrichelter und durchgezogener Linien zeigt die verschiedenen Formen und Beziehungen der großen Rückenabschnitte zueinander.

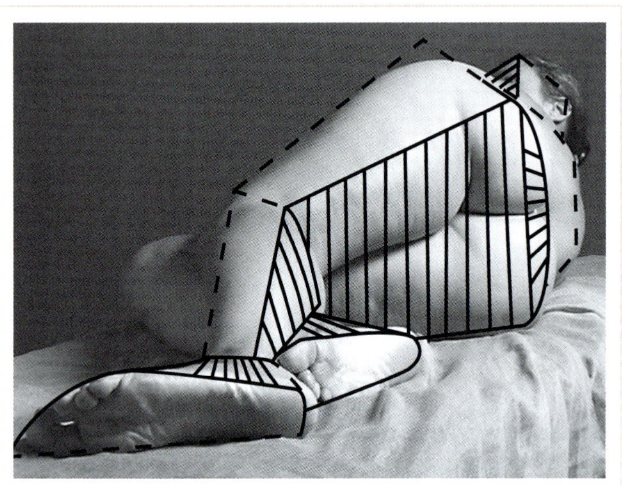

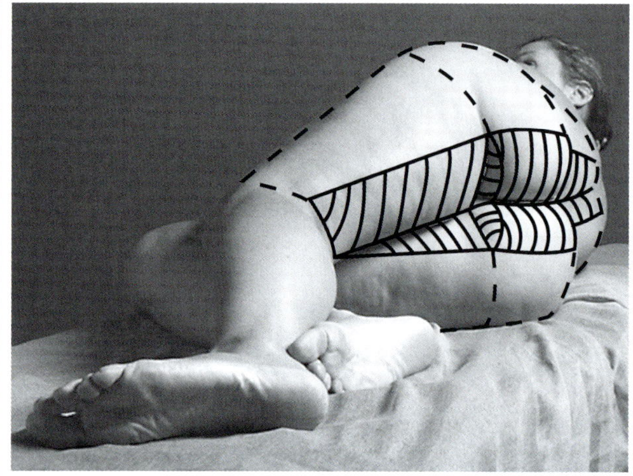

Diese Darstellung zeigt die großen, einfachen Flächen der Beine, Gesäßmuskeln und Füße.

Außerdem können Sie aus dieser Perspektive die Flächen an der Rückseite der Oberschenkel, die kleinen Flächen an der Unterseite der Gesäßmuskeln und die mittige Rundung des unteren Rückens deutlich erkennen.

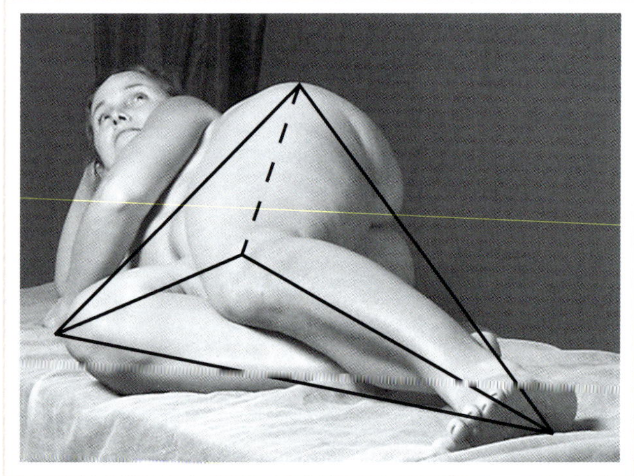

Drei große Dreiecke um die Beine ergeben eine Pyramide.

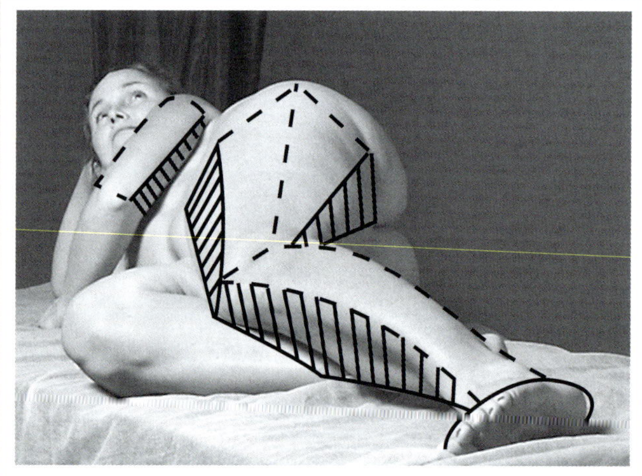

Auf der Keilform des oben liegenden Oberschenkels sind zwei obere Flächen zu sehen: rechts und links von der in der Mitte verlaufenden gestrichelten Linie. Sie bildet die Anstoßkante zwischen den beiden Flächen. Vordere und rückwärtige Fläche des Beins (die angrenzenden schraffierten Flächen) liegen relativ parall zueinander. Die geschwungene gestrichelte Linie in der Mitte des Schienbeins markiert seinen Verlauf vom Knie bis zum Knöchel. Sie bildet die Anstoßkante für die beiden Flächen des Unterschenkels.

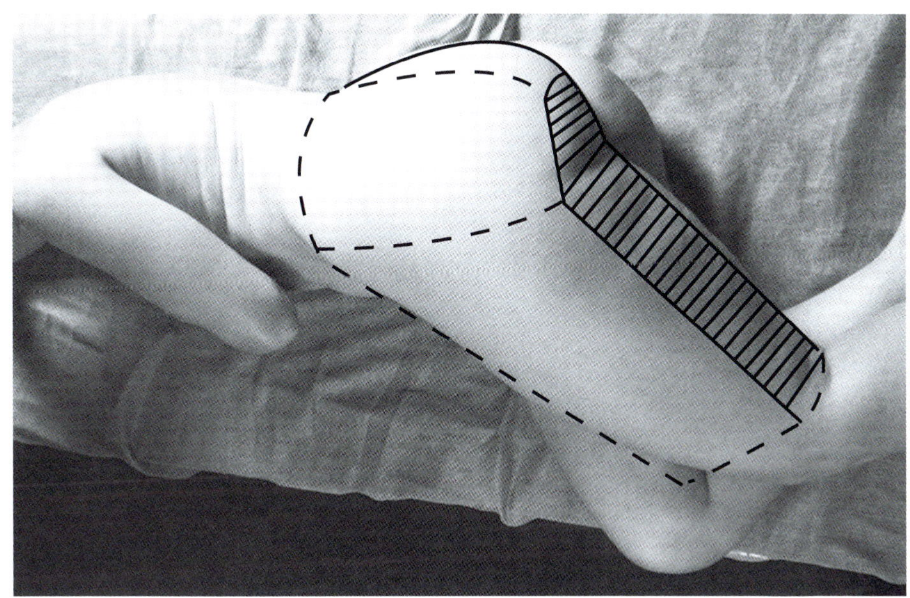

Hier sehen Sie die Flächen der rechteckigen Form, die der obere Oberschenkel bildet, von oben.

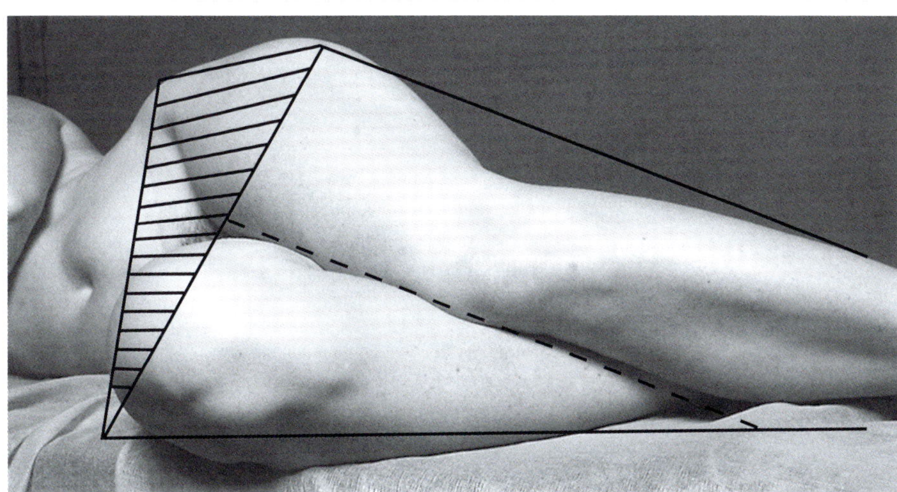

Große Dreiecke machen die Räumlichkeit der beiden Beine deutlich, wenn man sie als eine einzige Form betrachtet.

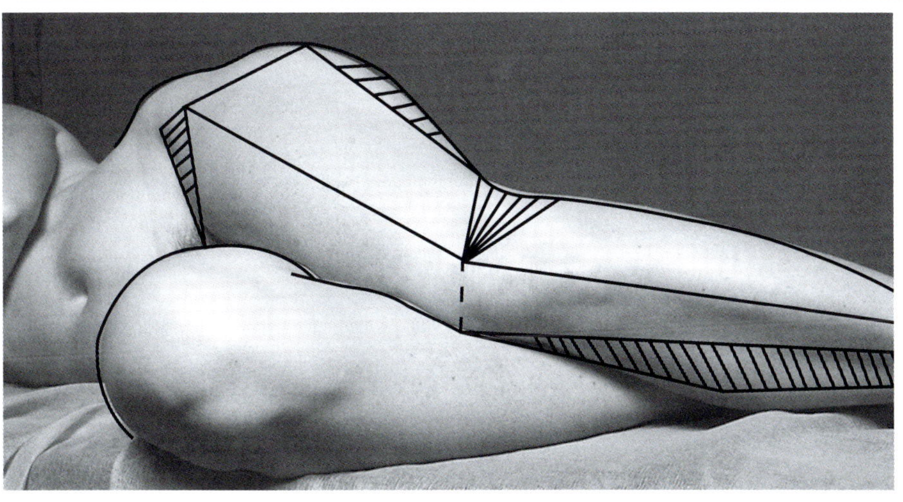

Hier sind Flächen der Beine mit fließenden Umrisslinien verbunden.

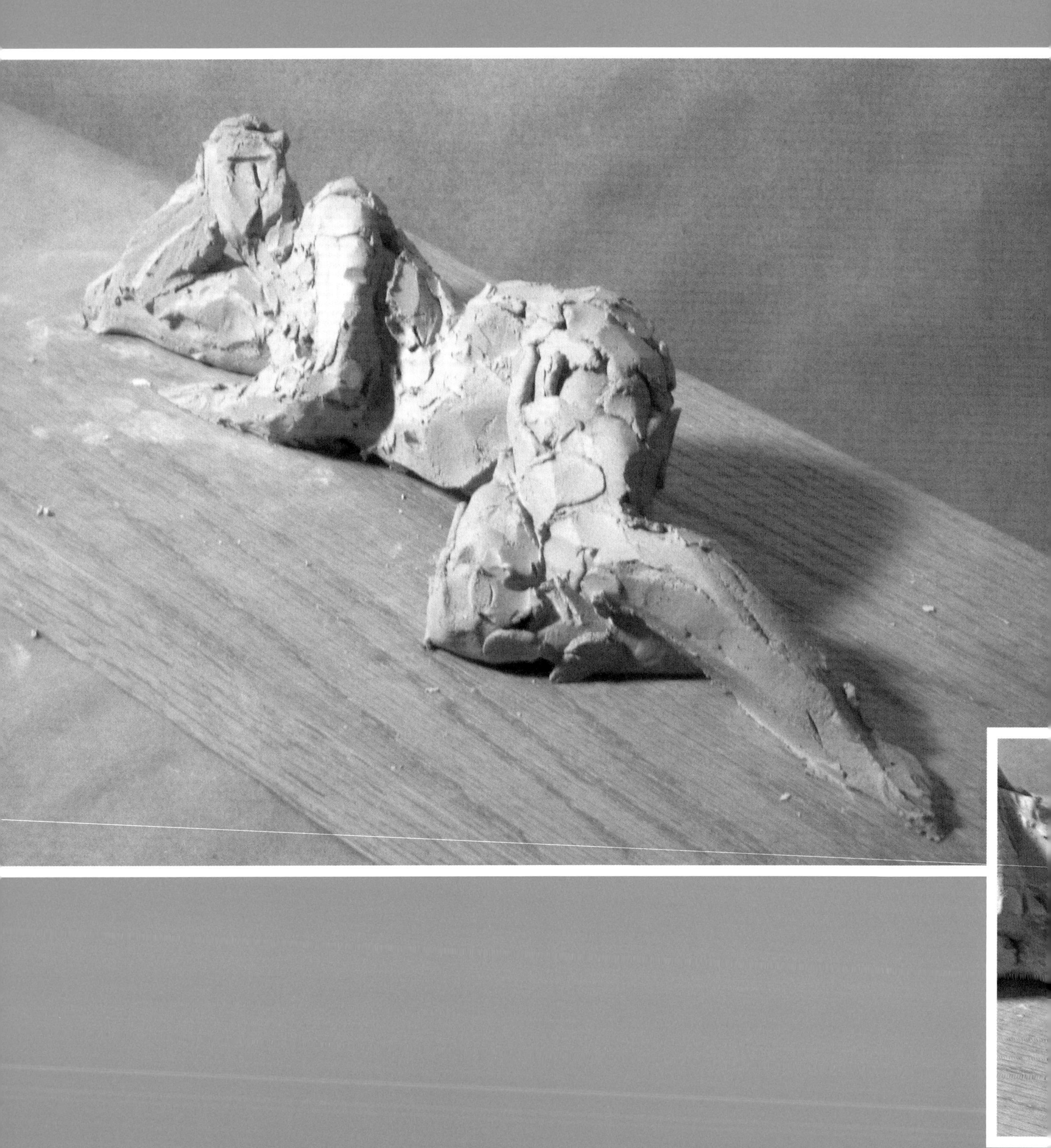

TEIL 3

EINFÜHRUNG IN DIE FIGÜRLICHE ABSTRAKTION

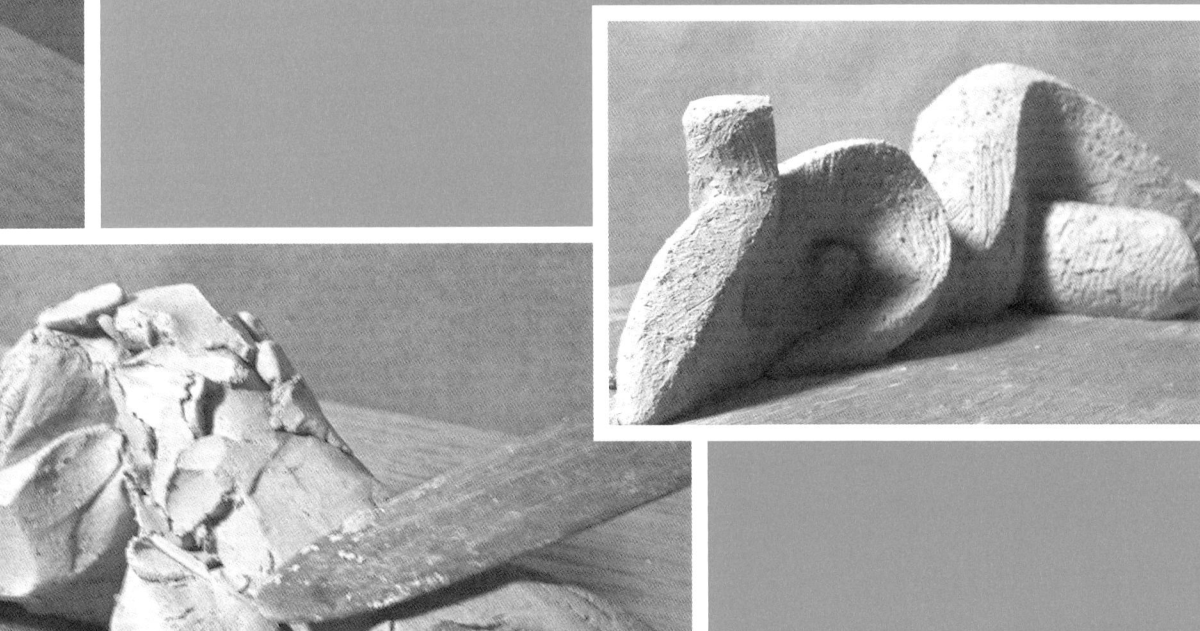

5

DIE TONSKIZZE

Bevor wir zur figürlichen Abstraktion übergehen, lassen Sie uns etwas erkunden, das man eine Tonskizze nennt. Ich mache immer rasche Entwürfe von einer Pose, bevor ich meine Abstraktion beginne. Diese Skizzen werden immer einfacher und schließlich kommt durch diesen Vereinfachungsprozess die Abstraktion der Pose zum Vorschein. Bei dieser großartigen Übung liegt der Akzent auf den großen Formen, Bewegungen, Winkeln und dem Ausdruck der Pose. Halten Sie den Kopf, die Hände und Füße bei der Skizze klein. Das hilft Ihnen die Einheit, den Fluss und die Gestaltung des Ausdrucks herauszuarbeiten, ohne die Aufmerksamkeit auf einzelne Körperteile zu lenken. Es ist eine gute Idee, diese Entwürfe aufzuheben und im Atelier herumstehen zu haben. Sie können gebrannt werden und als Anregung für zukünftige Projekte dienen.

DEN AUSDRUCK FESTHALTEN

Diese Skizze beruht auf derselben liegenden Pose, die im vorangegangenen Kapitel verwendet wurde. Der Entwurf soll Ihnen helfen, die Bedeutung der Bewegung, Gestik und Haltung einer Pose zu verstehen, ohne sich durch die Details zu verzetteln. Schließlich wohnt die Essenz der Gesamtheit der Pose inne und nicht einem einzelnen Element. Der Entwurf fängt den Ausdruck sofort ein, indem er alle Teile schnell zu einem einzigen, einheitlichen bildhauerischen Ausdruck verschmilzt. Er führt ein Eigenleben. Die Energie dieses Lebens ist wesentlich für die Schaffung aller Skulpturen – und für figürliche Abstraktionen im Besonderen. Die figürliche Abstraktion muss die Gestik sofort einfangen, um das Wesen der Pose auszudrücken. Es verbirgt sich nicht unter Schichten von Details.

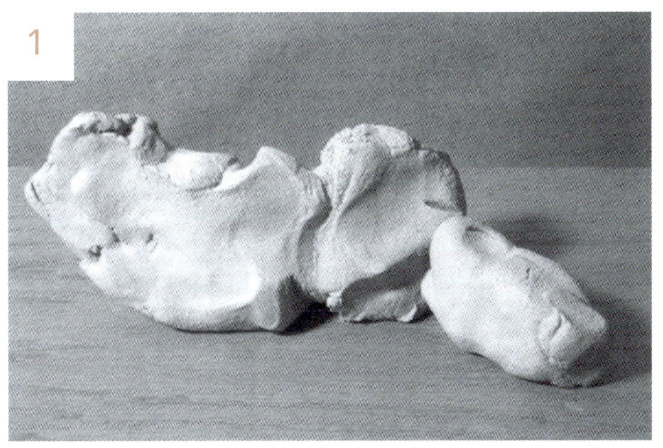

1. Arbeiten Sie auf einem Holzbrett oder einem laminierten Brett. Behalten Sie die Proportionen des Körpers bei, übertreiben Sie die Bewegung der Pose in Ihrer ersten Skizze aber ruhig. Beginnen Sie mit zwei locker geformten Tonstücken für die Massen von Becken und Brustkorb. Schieben Sie sie zusammen und ziehen Sie sie so, dass sie die Bewegung der Pose widerspiegeln. Zeichnen Sie an der Unterkante des Beckens ein V für den Schambereich an. Setzen Sie an dem V einen kantigen Tonzylinder für den Oberschenkel des unteren Beines an.

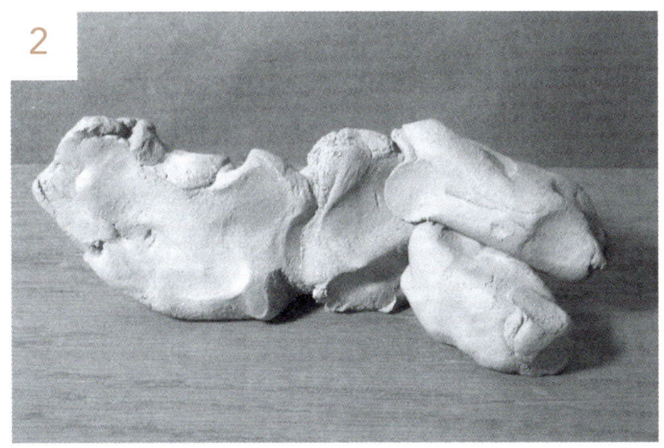

2. Setzen Sie ein Stück Ton für den oben liegenden Oberschenkel an. Es ist so groß wie der untere Oberschenkel.

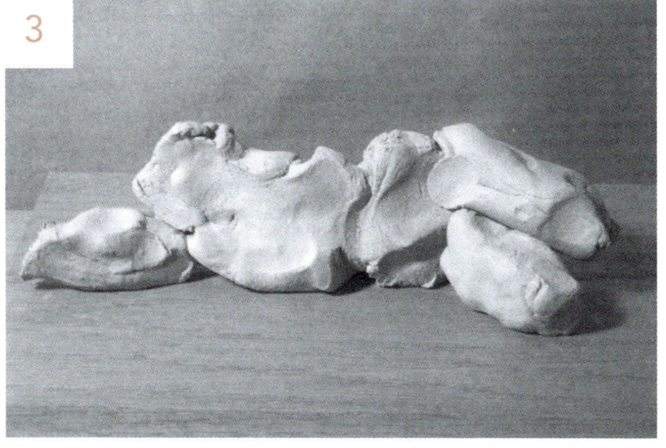

3. Fügen Sie unter dem Schulterbereich einen Tonbrocken für den Oberarm an, der auf der Arbeitsfläche ruht.

4. Setzen Sie ein Stück Ton für den Hals und einen kleinen Block für den Kopf an.

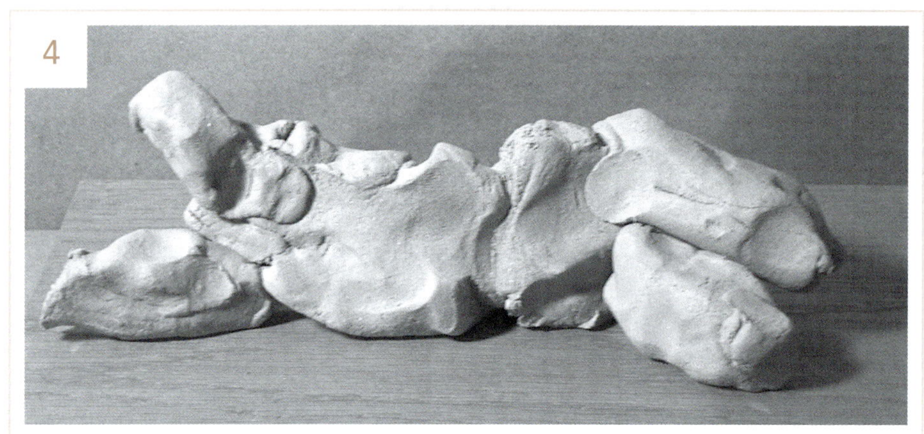

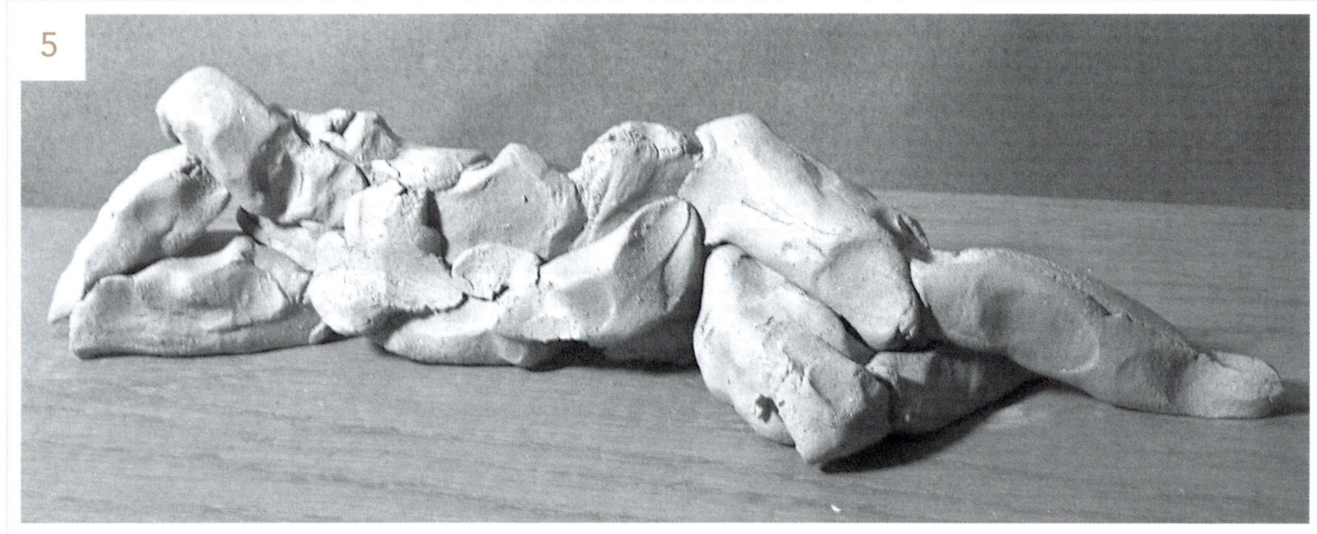

5. Setzen Sie vom Kopf bis zum Ellbogen ein Stück Ton an. Es entsteht ein nahezu vollständig ausgefülltes Dreieck, das den Kopf stützt. Setzen Sie Tonzylinder für die Unterschenkel an und drücken Sie sie an den Knien an die Oberschenkel. Arbeiten Sie an dem ausgestreckten Bein knapp unterhalb des Knies eine Rundung für den hoch gewölbten Umriss des Wadenmuskels heraus. Drücken Sie die Füße aus dem Ton am Ende der Beine. Fügen Sie für den Bauch ein Stück Ton an, das vom V des Venushügels bis zum Brustkorb gedehnt wird.

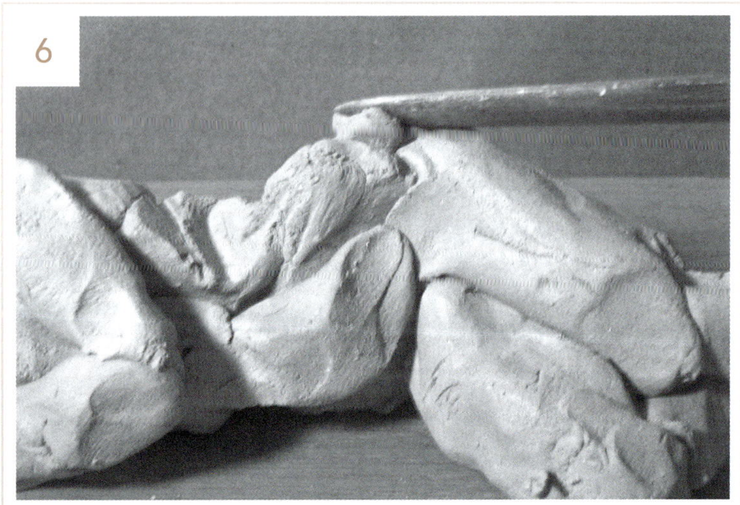

6. Setzen Sie an die obere Schulter einen Tonzylinder für den anderen Oberarm an und für den vorderen Unterarm ein längliches Dreieck. Drücken Sie sie am Ellbogen zusammen. Schneiden Sie mit dem Modellierholz ein V-förmiges Tonstück aus dem Taillenbereich zwischen Brustkorb und Becken aus. Dann setzen Sie mit dem Modellierholz kleine Kugeln aus Ton an und bauen so die Hüfte auf.

7

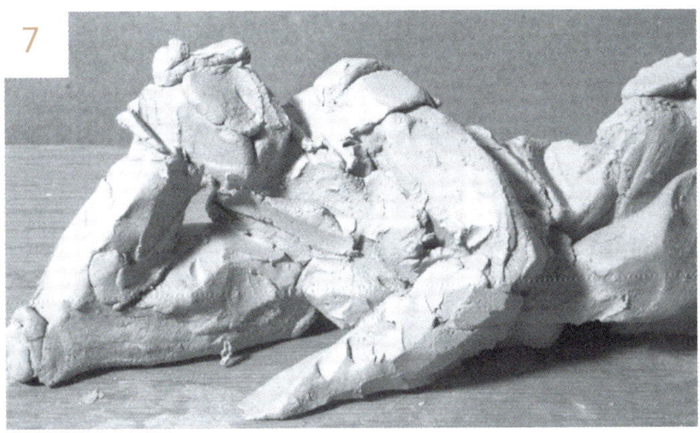

7. Bauen Sie die obere Schulter und die Form des oberen Oberarms weiter auf und schaffen Sie eine Fläche auf der Oberseite der vorderen Hand. Beginnen Sie, den Kopf und den Arm, der ihn stützt, ansatzweise zu formen.

8. Schneiden Sie mit dem Modellierholz am Knie des oberen Oberschenkels eine schräge Fläche zu.

8

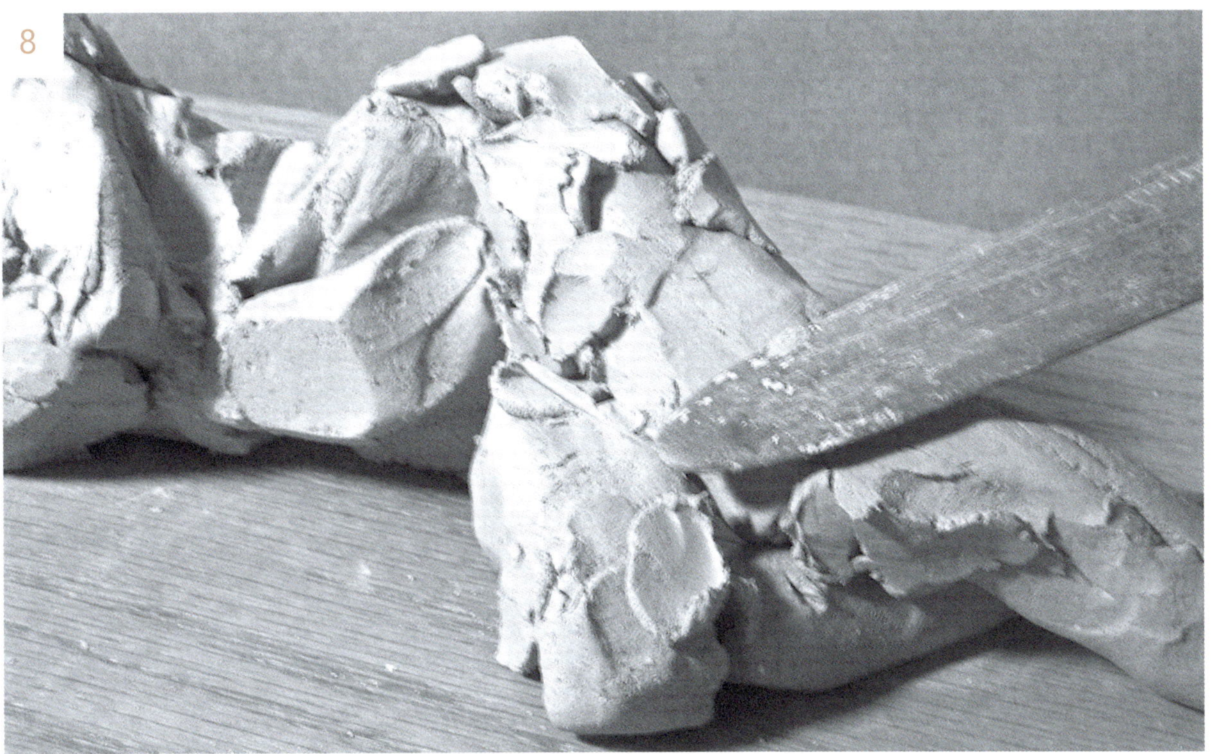

9

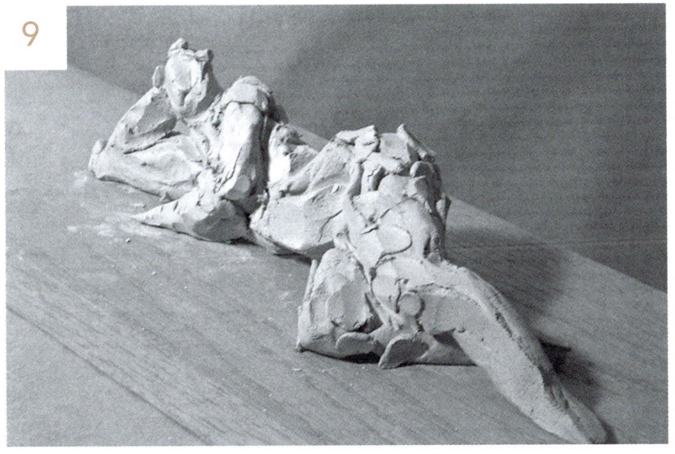

9. Schneiden Sie eine Fläche auf der Vorderseite des Schienbeins am ausgestreckten Bein. Setzen Sie mit dem Modellierholz Tonkügelchen auf Oberschenkel und Hüfte und den Unterschenkel des ausgestreckten Beins an.

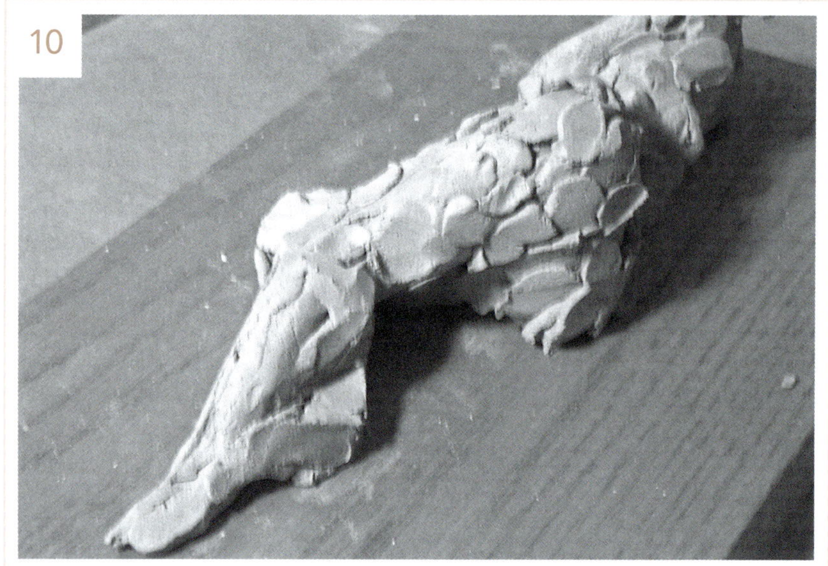

10

10. Bauen Sie die Formen der Gesäßmuskeln, des Wadenmuskels und der Füße auf.

11. Zeichnen Sie eine geschwungene Orientierungslinie auf den Rücken, von der rechten Schulter bis zur Hüfte. Setzen Sie an dieser Linie einen Streifen Ton an, die dem Rücken eine schwungvolle Bewegung verleiht. Legen Sie auf dem Rücken eine Fläche für Hals und Kopf an.

12. Setzen Sie Ton für den Bauch an, für deutlicher sichtbare Brüste und für beide Oberschenkel.

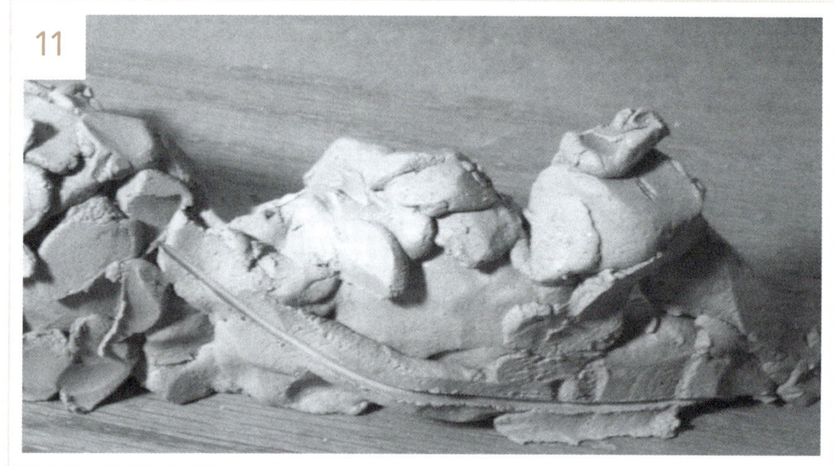

11

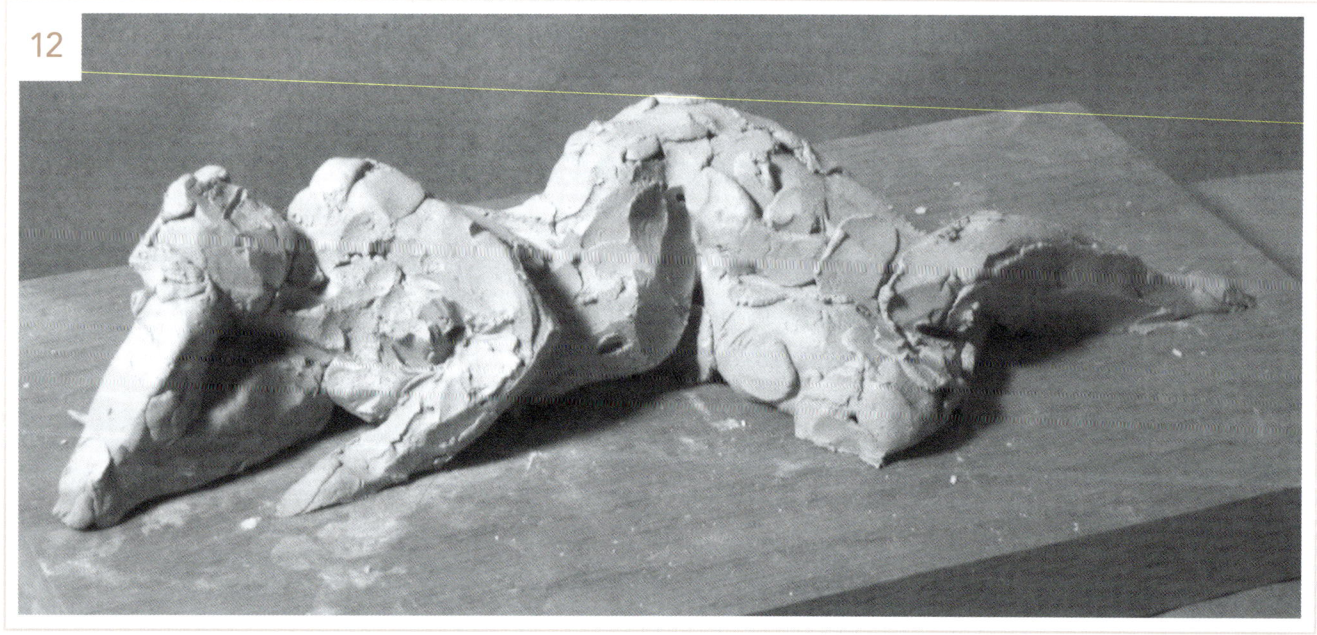

12

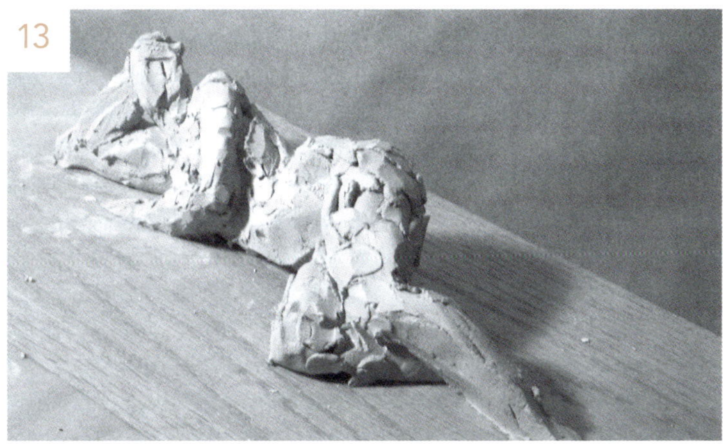

13. Legen Sie Flächen an Vorder- und Oberseite der Hüfte an und formen Sie sie mit Tonkügelchen. Setzen Sie Ton an, um das Volumen an der vorderen Fläche des oberen Oberschenkels aufzubauen. Biegen Sie den Kopf nach hinten und drehen Sie ihn zur oberen Schulter hin für mehr Ausdruck.

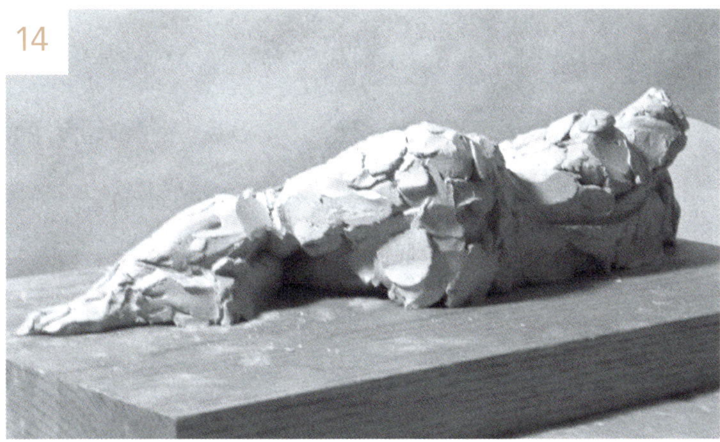

14. Deuten Sie die Formen der Schultern, Hüften, Gesäßmuskeln und Unterschenkel an. Setzen Sie Ton an der Unterseite der Gesäßmuskeln an und schneiden Sie eine Fläche auf der Oberseite des Wadenmuskels.

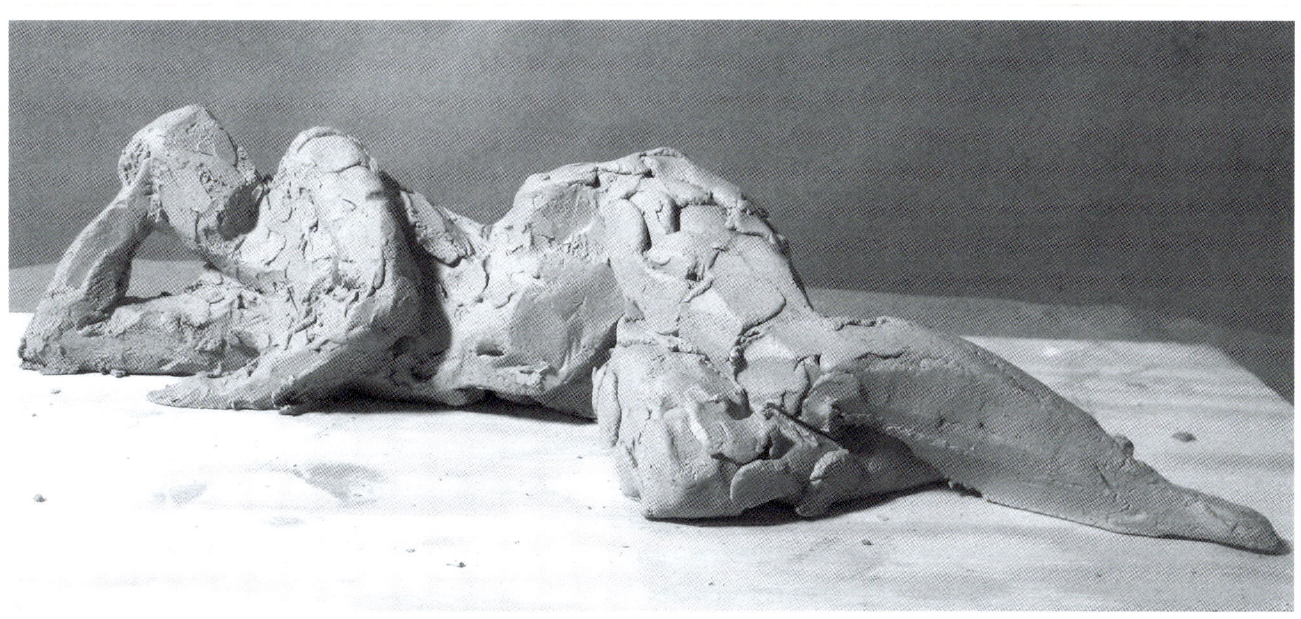

Wenn die Skizze fertig ist, sollten Sie eine vereinfachte Version der Pose in ihrer reinsten Form vor sich haben, die schlicht und schnörkellos den Ausdruck einfängt.

6

DIE FERTIGE SKULPTUR

Die Lektionen in diesem Buch, die sich mit der Figur beschäftigen, sind dazu gedacht, dass Sie lernen abstrakt zu denken, damit Sie die Wirklichkeit sehen können. Das Abstrahieren einer Figur macht es dem Künstler möglich, persönliche ästhetische Entscheidungen zu treffen; es kann eine Welt voll unendlicher kreativer Möglichkeiten eröffnen. Ich arbeite mit den Prinzipien Einfachheit, Übertreibung und Gestik – kombiniert mit den kontrastierenden Elementen großer und kleiner, flacher und gerundeter Formen, rauer und glatter Oberflachen –, die alle zusammenkommen und das Wesentliche der Pose einfangen, in meinem eigenen künstlerischen Stil und mit meinem eigenen künstlerischen Ausdruck geschaffen.

DIE FIGUR ABSTRAHIEREN

Wie bei der Tonskizze gehen wir hier von der Pose aus Kapitel 4 aus. Die liegende Figur ist jedoch mehr als sie auf den ersten Blick zu sein scheint. Sie könnte eine Landschaft sein, mit Hügeln und Tälern, mäandernden Flüssen und leise flüsternden Bächen. Oder vielleicht ist sie eine Bergkette mit zerklüfteten majestätischen Gipfeln oder eine Wüste mit sanft geschwungenen Dünen. Vielleicht ist sie der Ozean mit schimmerndem ruhigem Wasser oder mit tosender Brandung. Die Figur ist eine einzigartige Quelle der Inspiration und sie ist all das, was Sie sich vorstellen könnten.

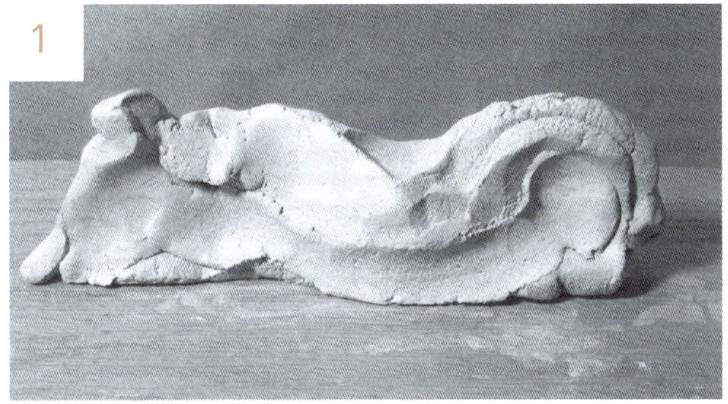

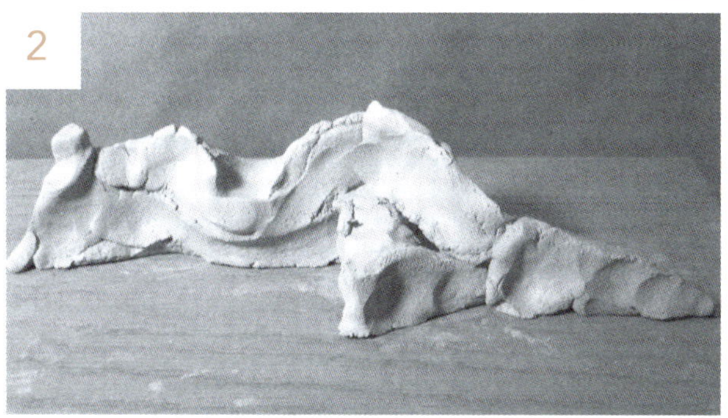

1. & 2. Ziehen Sie ein zusammenhängendes Stück Ton so in Form, dass es Brustkorb, Becken, Kopf und angewinkelten Arm als Kopfstütze darstellen. Fügen Sie für das untere Bein an das Becken ein dreieckiges Stück Ton an. An die Hüfte kommt ein geschwungenes Stück Ton für das obere Bein. Drücken Sie den Ton an der Hüfte mit Daumen und Zeigefinger nach oben, um der Hüfte mehr Höhe zu geben. Fügen Sie ein dreieckiges Stück Ton an für den unteren Teil des ausgestreckten Beins. Wenn Sie die Beine fertig angefügt haben, drücken Sie mit dem Finger den Ton zwischen Hüfte und Brustkorb ein, um eine schmale Taille zu formen.

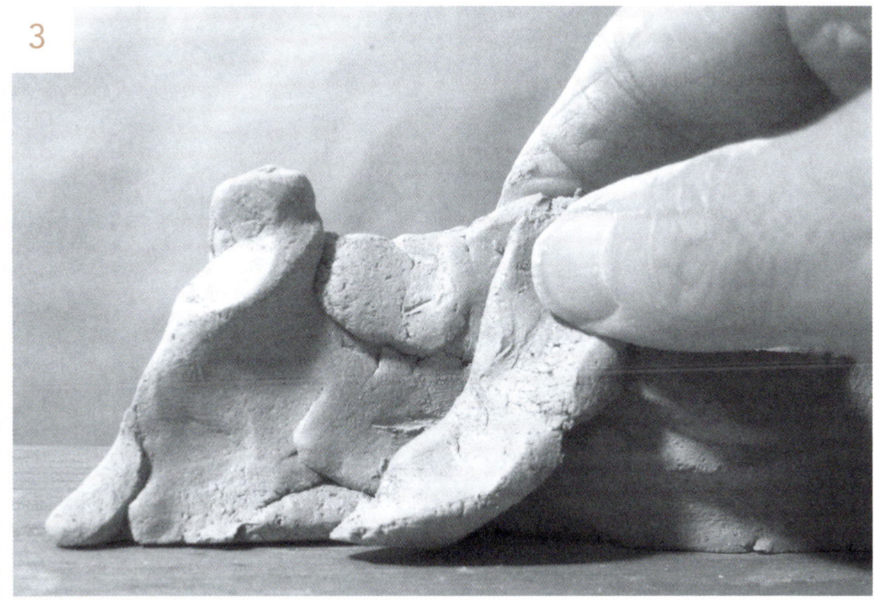

3. Formen Sie ein geschwungenes Stück Ton und setzen Sie es als Oberarm an die obere Schulter. Ein weiteres Stück kommt als Unterarm an den Ellbogen.

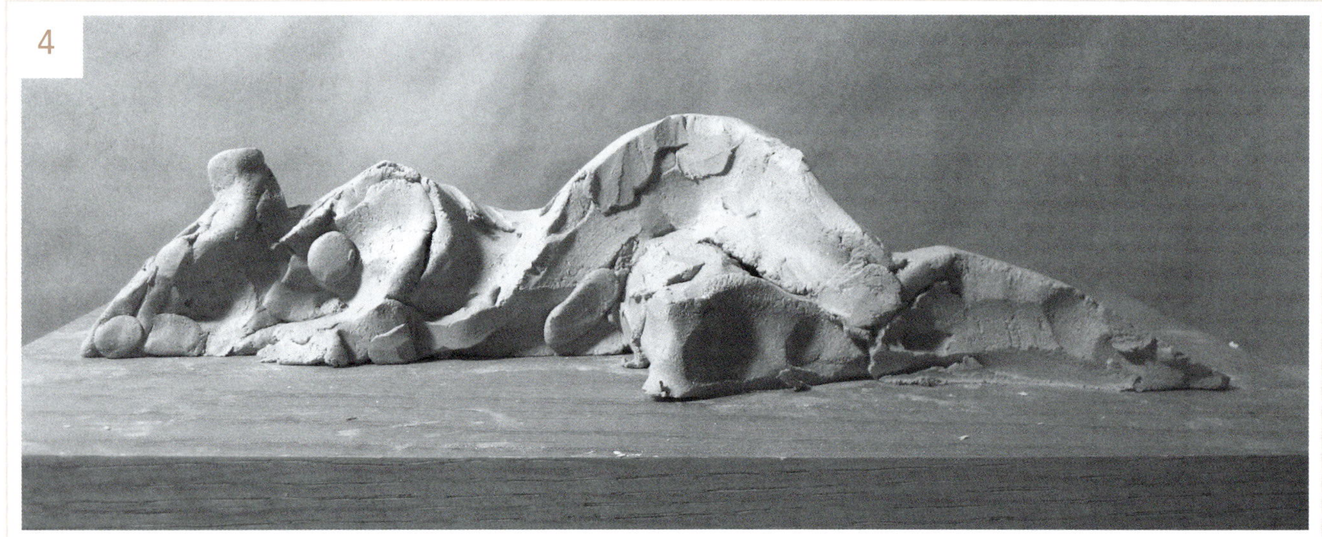

4

4. Bauen Sie die Kante der Hüfte auf und führen Sie sie bis zum Arm fort. Bauen Sie die Kante des geschwungenen vorderen Arms auf und setzen Sie eine Tonkugel für die Brustpartie an. An dem Arm, der den Kopf stützt, arbeiten Sie den Ellbogen und den konkaven Bereich zwischen Kopf und Arm heraus.

5. Klopfen und formen Sie die Schulter mit dem Holzblock. Formen Sie die Hüfte und die Gesäßpartie. Arbeiten Sie die Fülle der Rückenmasse heraus, machen Sie die Schultern winkelig und formen Sie einen steilen Winkel für die Hüfte und über die Unterseite der Beckenmasse und der Gesäßmuskeln.

6. Setzen Sie kleine Tonstreifen an der Kante des geschwungenen Arms an, um ihm mehr Kontur zu verleihen.

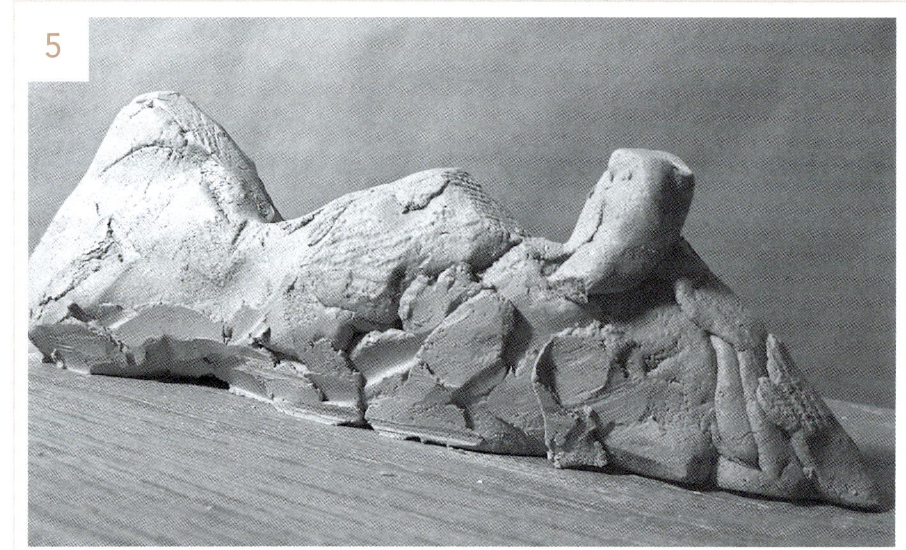

5

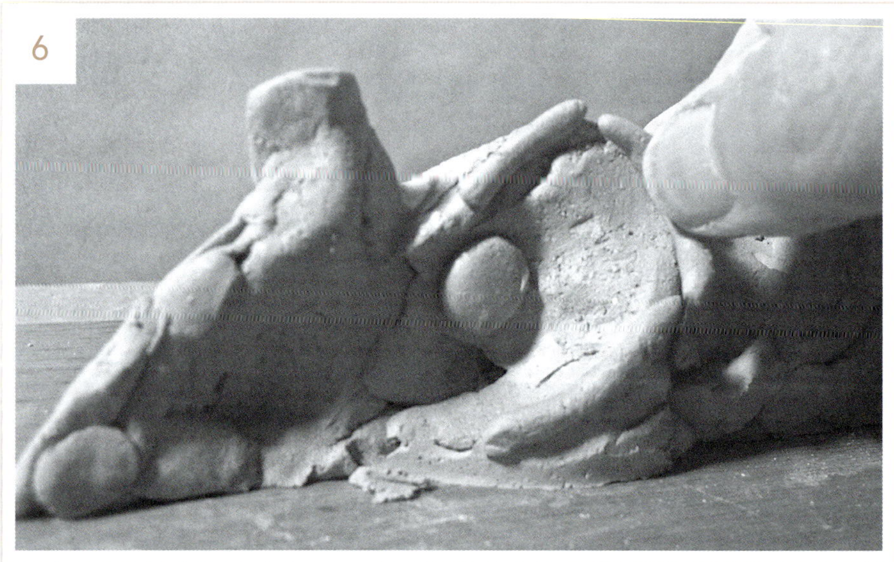

6

7

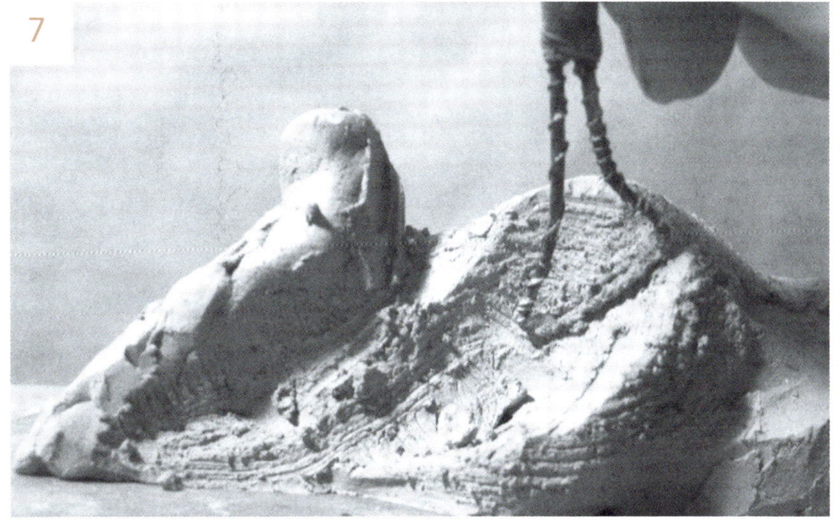

8

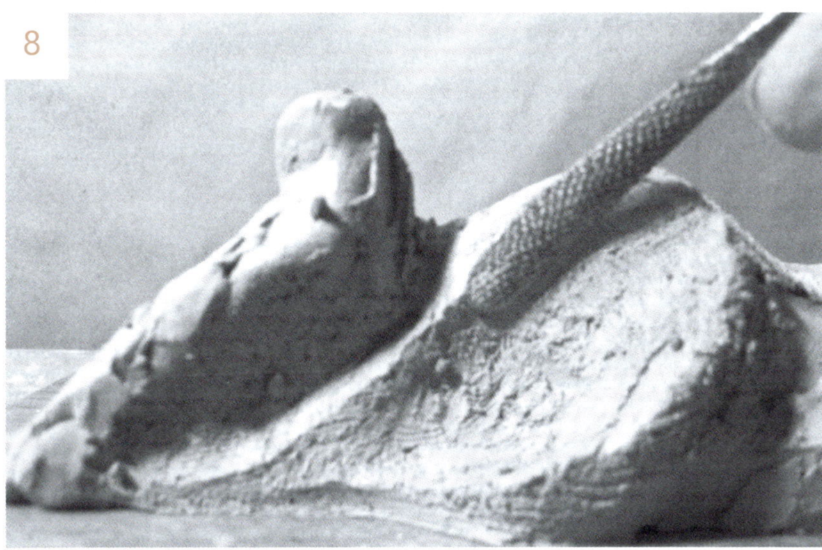

9

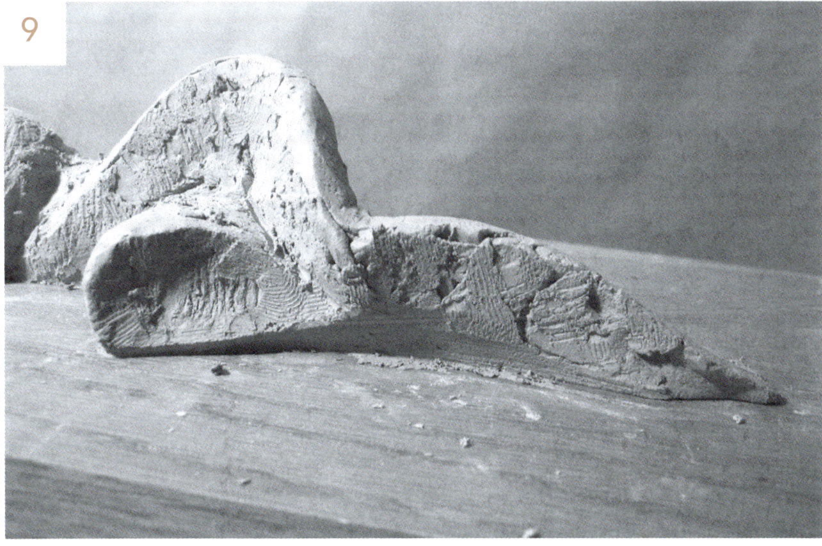

7. Harken Sie mit der Modellierschlinge eine konkave Oberfläche auf den gekrümmten Arm und bearbeiten Sie die seitliche Fläche. Arbeiten Sie die Kante des Arms weiter heraus und verbinden Sie sie mit dem Ellbogen des anderen Arms. Beginnen Sie, die wirbeligen Hügel und Täler der Formen miteinander zu verbinden.

8. Drücken Sie die Riffelraspel erst gegen die Unterseite der Armkante und auf die Oberseite. So bekommt der Ton um die Form herum eine kompakte, scharfe Kante.

9. Meine gestalterischen Vorstellungen sind nun zu 90 Prozent festgelegt. Bauen Sie die Form an den Rändern und auf den Flächen durch Ansetzen kleiner Tonstücke weiter auf. Die Kante verbindet und lässt die Formen ineinander fließen. Die Schatten machen Tiefe und Flächen der Formen deutlich. Lassen Sie Hände, Füße und alle Details der menschlichen Anatomie weg, fügen Sie nur eine kleine Masse für den Kopf hinzu. Legen Sie eine konkave Form für das angewinkelte Bein neben der durchgehenden Fläche des ausgestreckten Beins an. Schneiden Sie eine schmale Fläche zu, die unterhalb des Knies beginnt und bis zum Zeh geht. Wenn Sie diese Anordnung für den Augenblick so lassen, können Sie sie später immer wieder verändern. Es ist schließlich nur Ton!

10. Bauen Sie die Hüfte und den Bereich des Unterleibs durch ein paar zusätzliche kleine Wülste auf. Wenn Sie sich Knie und Hüfte von oben ansehen, erkennen Sie, dass die Kante der Hüfte in die des Oberschenkels des oberen Beins übergeht. Die Rückseite von Hüfte und Gesäßmuskeln werden zu breiteren Konturen aufgebaut, die sich von der Rückseite des Oberschenkels bis zur Rückseite des Kniegelenks ziehen.

11. Die Kanten von Oberschenkel und Hüfte gehen ineinander über und fließen zum Arm. Die Rückseite des Oberschenkels und die Rückseite der Gesäßmuskeln sind aufgebaut worden und haben nun mehr Volumen. Füllen Sie das konkave Gebiet des angewinkelten Beins auf, so dass es zum ausgestreckten Bein passt. Bauen Sie die Bauchpartie weiter auf. Trennen Sie die Arme, lassen Sie einen angewinkelt, den anderen gekrümmt. Die Position der Arme erzeugt ein Muster, genau wie die Beine. Die Körpermitte verbindet diese Formelemente zu einer einzigen bildhauerischen Aussage.

Die Gesichtsfläche liegt im Schatten und ist der Hüfte zugewandt. Lassen Sie eine fortlaufende rhythmische Bewegung sich durch die ganze Skulptur ziehen. Folgen Sie dabei der Kante des Arms, die unter dem Kinn beginnt, nach außen und hinunter bis zum Ellbogen des unteren Arms. Diese Bewegung setzt sich dann unter der Kugel für die Brust und dem geschwungenen Arm zu der Seite des Bauches fort, geht weiter zur Hüfte, um den Oberschenkel herum, am Oberschenkel herunter zum Knie und nach außen zum Zeh.

12. Harken Sie mit der Modellierschlinge einen Graben quer über die Mitte des Rückens von der Hüfte zu der rechten Schulter, um den Unterkörper mit dem Oberkörper zu verbinden.

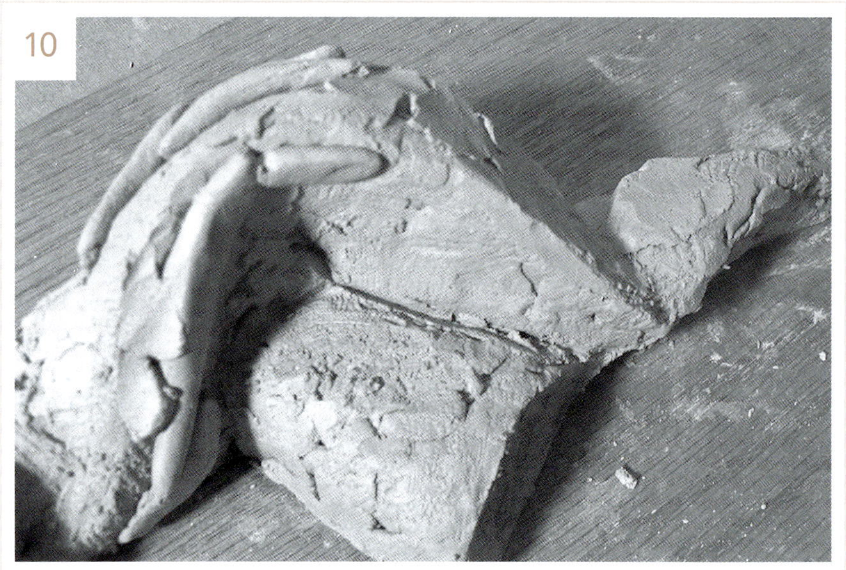
10

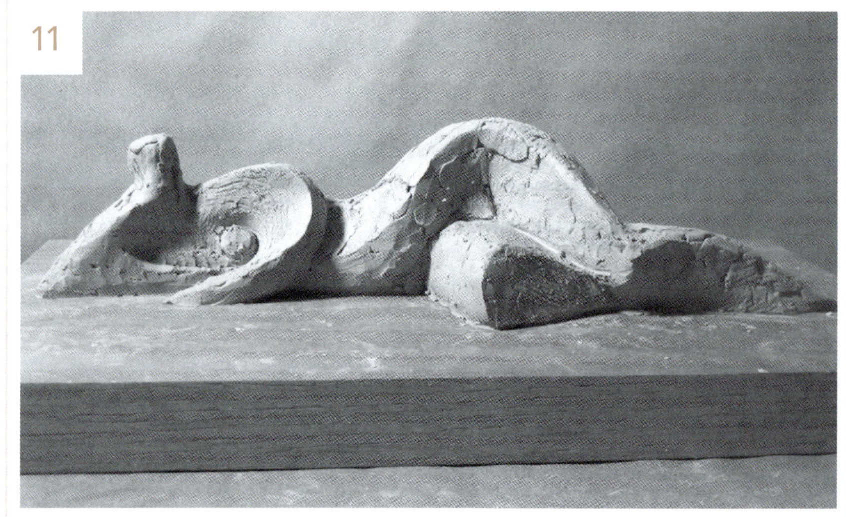
11

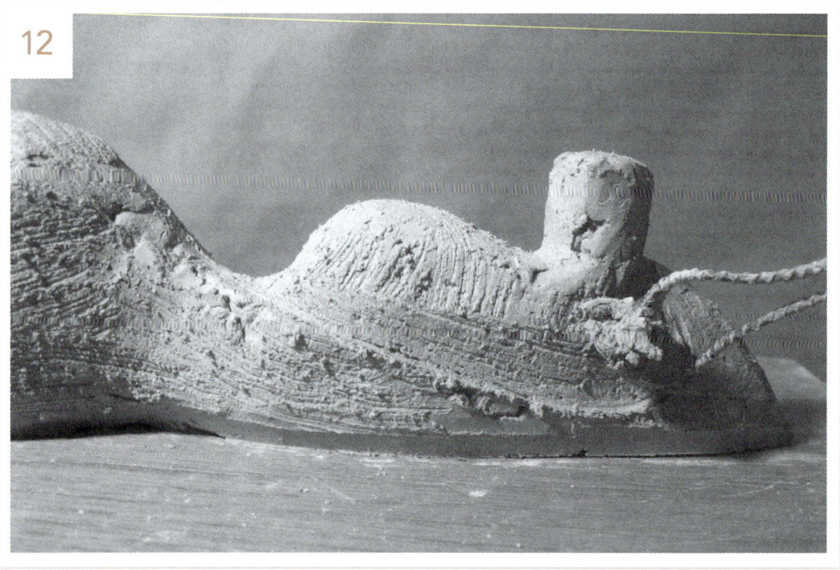
12

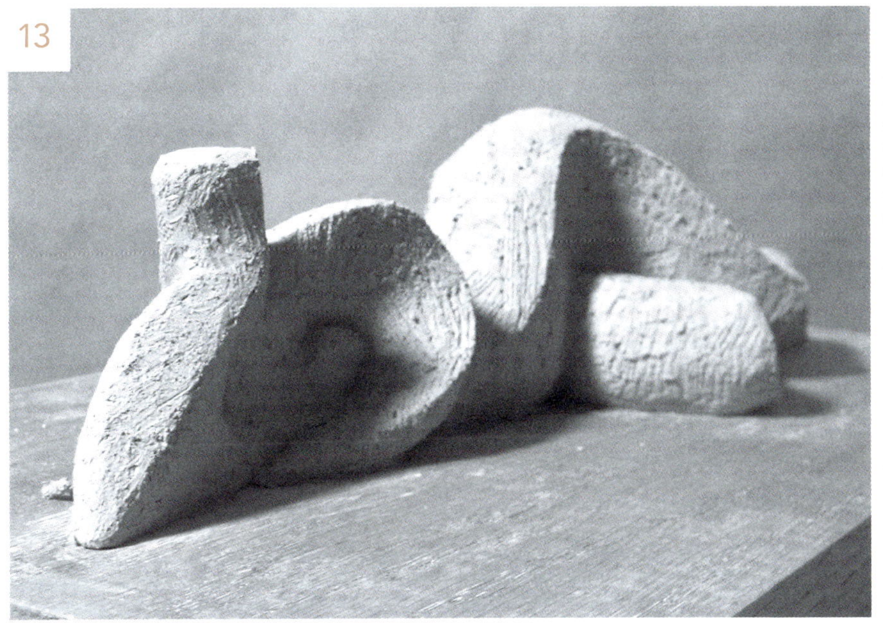

13

13. Die Fläche des oberen Beins fließt vom Knie zur Hüfte, geht weiter um den Bauch herum und unter den Arm und wird dann zur Brustfläche. Es ist eigentlich eine einzige Fläche, die in ihrem Verlauf wie ein Fluß die Richtung ändert. Sowohl die Kanten als auch die Flächen fließen und verbinden die Formen miteinander und schaffen so einen harmonischen Ausdruck.

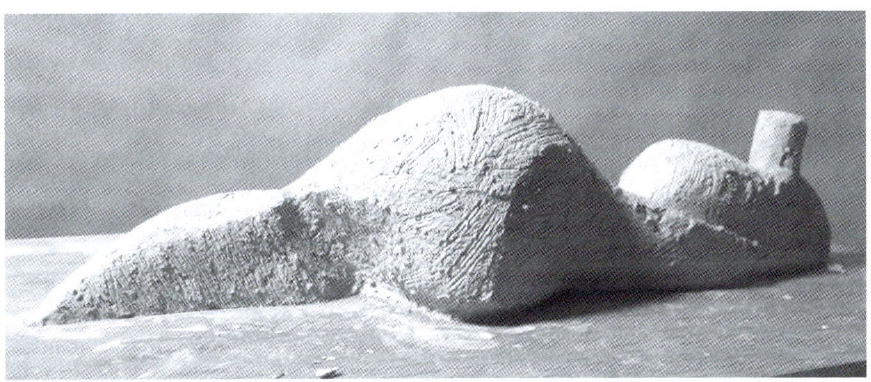

Wenn das Stück fertig ist, zeigen Rück- und Vorderansicht die Anordnung von Flächen, Rundungen und Winkeln – die Hügel und Täler ziehen sich wellenförmig durch die Landschaft des bildhauerischen Ausdrucks. Wenn Sie diesen Prozess bis zu dieser letzten Etappe durchlaufen, verfolgen Sie ihn mit Leidenschaft – modellieren Sie!

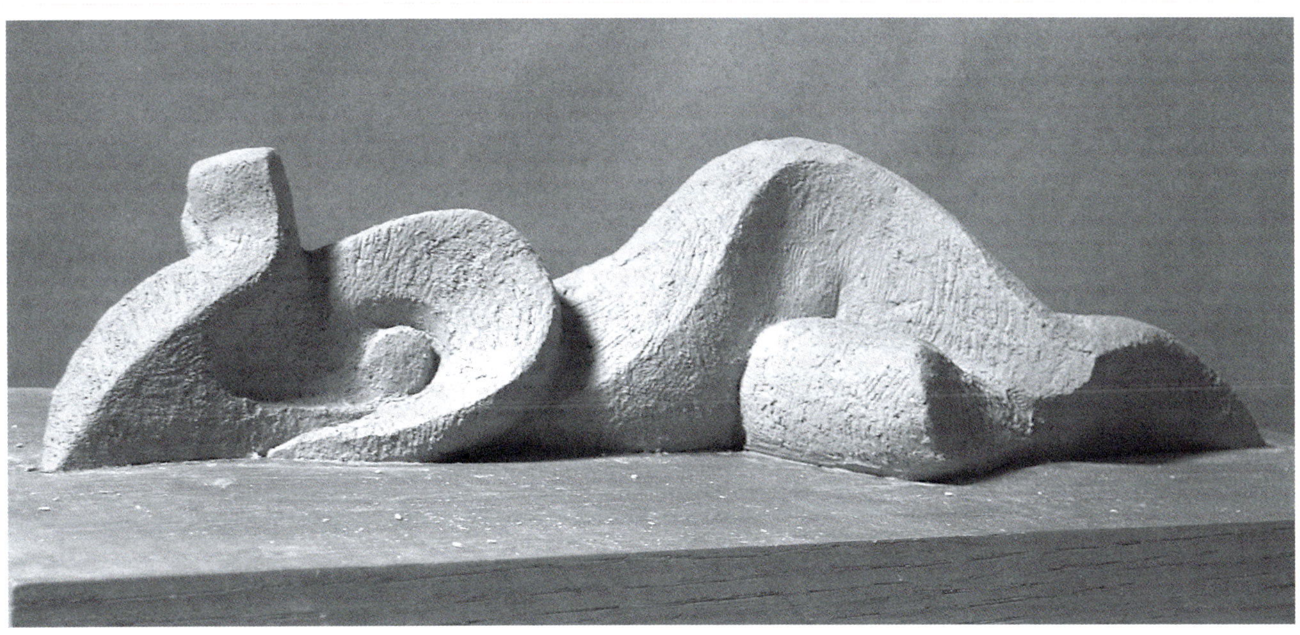

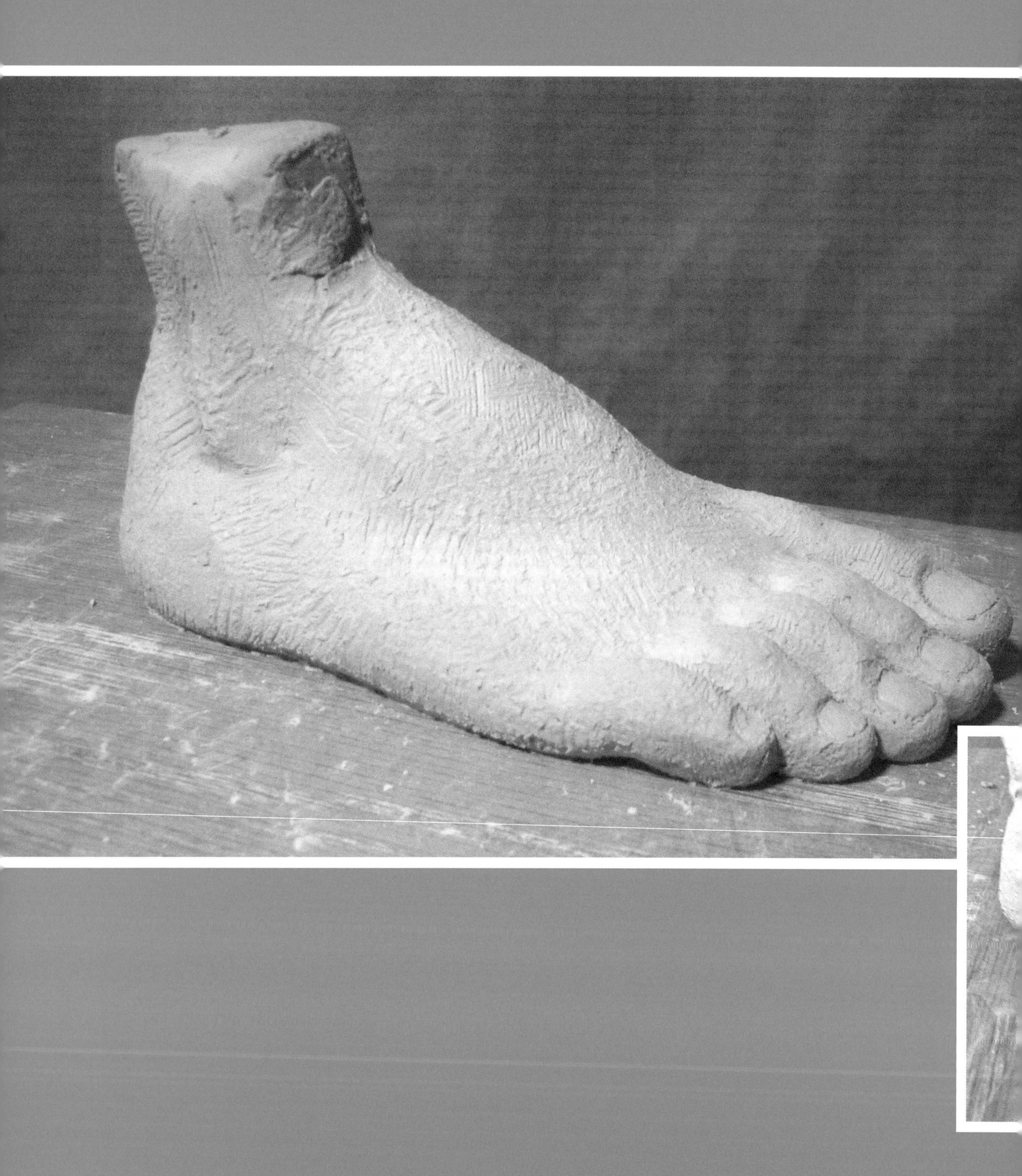

TEIL 4

EINZELNE KÖRPERTEILE

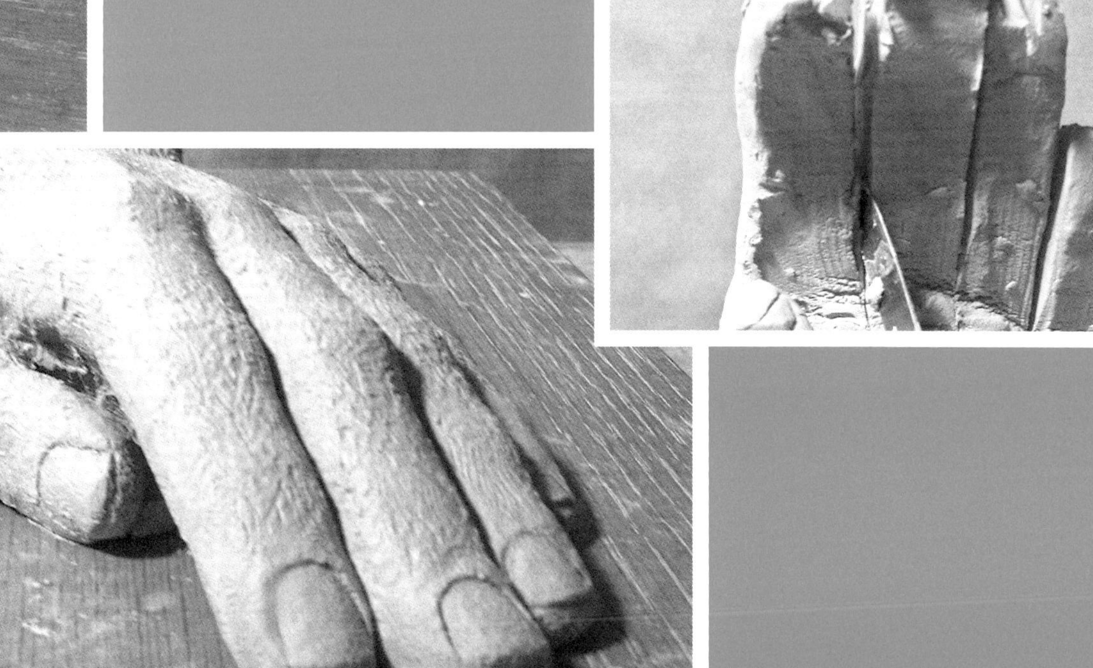

7

DIE HAND

Ihre Funktionsweise macht die Hände zu den komplexesten menschlichen Körperteilen. Sie zu modellieren ist entsprechend schwierig. Wie bei den meisten Körperteilen richtet jeder Betrachter seine Aufmerksamkeit zuerst auf die Details, in diesem Fall auf die Hautfalten an den Fingerknöcheln und die Adern auf dem Handrücken. Ich habe von einigen Schülern gehört, die sich von den Händen so eingeschüchtert fühlten, dass sie ihnen Handschuhe anmodellierten und ihrem Werkstück einen anderen Namen gaben, um keine Hände modellieren zu müssen. Kommen Sie mir bloß nicht damit!

DER SCHRITTWEISE AUFBAU

Wie beim restlichen Körper beginnen Sie auch bei der Hand mit einfachen Formen, die der Gestalt am nächsten kommen. Sie können als Grundform oder Stufe 1 des Modellierprozesses gelten, danach gehen wir zu den Stufen 2 und 3 weiter, dem Herausarbeiten der Form und der abschließenden Bearbeitung.

1

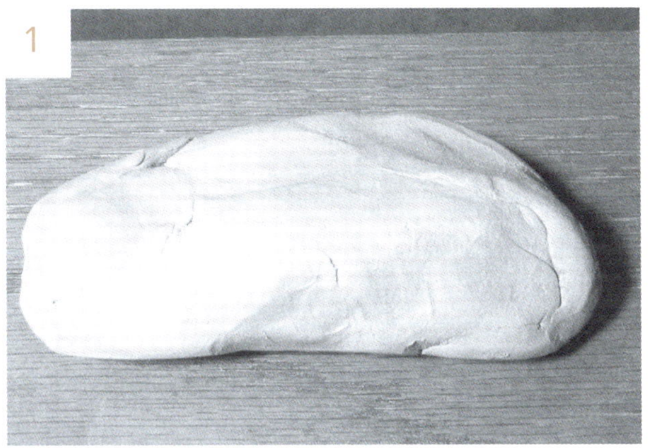

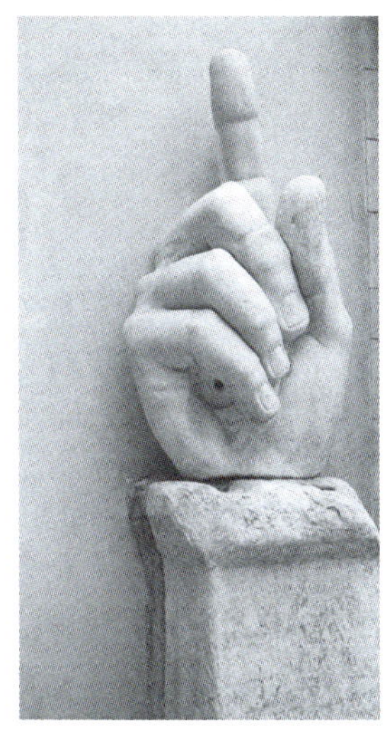

Diese riesige alte, aus Marmor gemeißelte Hand mit ausgestrecktem Zeigefinger steht im Innenhof eines Museums an der Piazza del Campidoglio mitten in Rom. Achten Sie auf die kastenartige Form der Finger. Jeder Fingerabschnitt hat eine obere, eine untere und seitliche Fläche. Der dritte, vierte und fünfte Finger sind gekrümmt und berühren die Handfläche unterhalb des Daumens. Die Fingerenden dieser Finger liegen im 45-Grad-Winkel zur Handkante, vom dritten Finger neben dem Daumen bis zum kleinen Finger nahe der Handwurzel. Die Fingernägel folgen der elliptischen Form der Fingerspitzen.

1. Formen Sie einen Wulst aus Ton, lassen Sie ihn auf eine beschichtete Arbeitsplatte fallen und ziehen Sie ihn in eine rechteckige Form. Machen Sie ihn doppelt so lang wie breit.

2. Setzen Sie den Holzblock in einem 45-Grad-Winkel an und klopfen Sie damit über die gesamte Oberfläche, von einem Ende zum anderen.

3. Lassen Sie die Masse der vier Finger schmal zulaufen, angefangen von dem breiten Stück an den Fingerknöcheln bis zu den Fingerkuppen. Zeichnen Sie Orientierungslinien für die Finger ein, zuerst die mittlere Linie und dann jeweils eine Linie in der Mitte der verbleibenden Hälften. Dies ist eine linke Hand mit Fingern, daher wird der Daumen später an der rechten Seite angesetzt. Der Unterarm mit dem Handgelenk wird an der Vorderseite am Ende der Hand angefügt. Sie können sehen, wie der Handrücken von rechts nach links schräg abfällt. Zeichnen Sie in der Mitte der Oberseite eine geschwungene Orientierungslinie für die Fingerknöchel, quer über die ganze Hand. Beachten Sie, dass die Spitze des Zeigefingers weiter vom Handgelenk entfernt ist als die des kleinen Fingers. Lassen Sie die Orientierungslinie am Knöchel des Zeigefingers beginnen und beschreiben Sie eine flache Kurve bis zum Knöchel des kleinen Fingers. Wenn die Hand ausgestreckt ist und die Finger sich berühren, ist die Hand im Bereich der Knöchel breiter als an den Fingerkuppen. Zeigefinger und kleiner Finger neigen sich zum Mittelfinger hin.

2

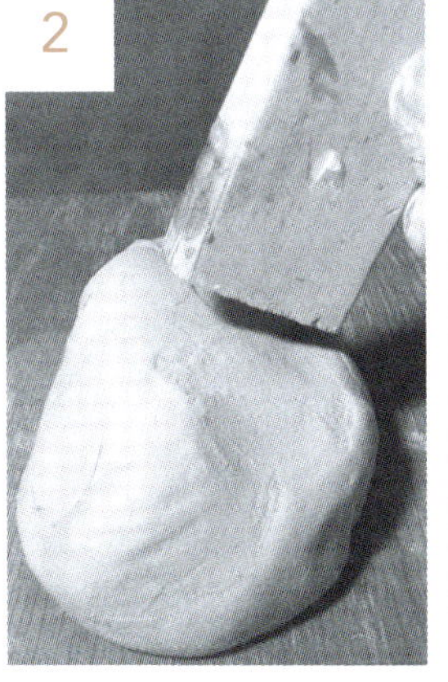

3

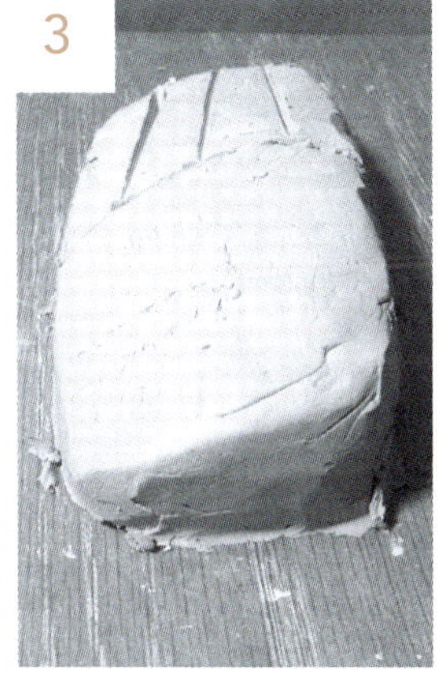

4. Schneiden Sie mit dem Modellierholz etwas von der Oberseite der Hand ab, so dass sie zum Handgelenk hin flacher wird. Beginnen Sie den Schnitt an den Knöcheln und schneiden Sie in Richtung Handgelenk. Zum kleinen Finger hin fällt die Schnittfläche schräg ab. Von den Knöcheln bis zu den Fingerspitzen machen Sie es ebenso. Die Hand ist keilförmig. Der Knöchel des Zeigefingers ist der hohe Punkt der Hand, Handgelenk und Fingerspitzen sind die niedrigen.

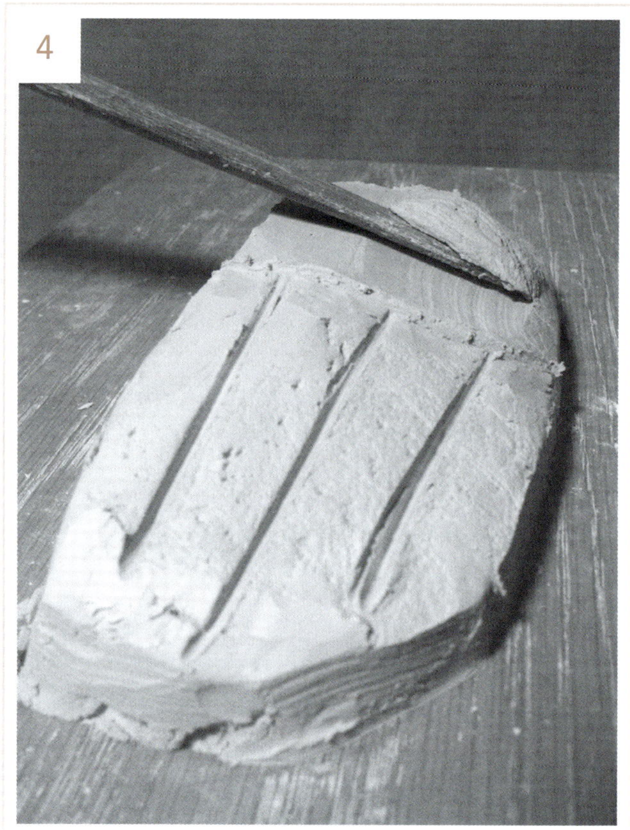

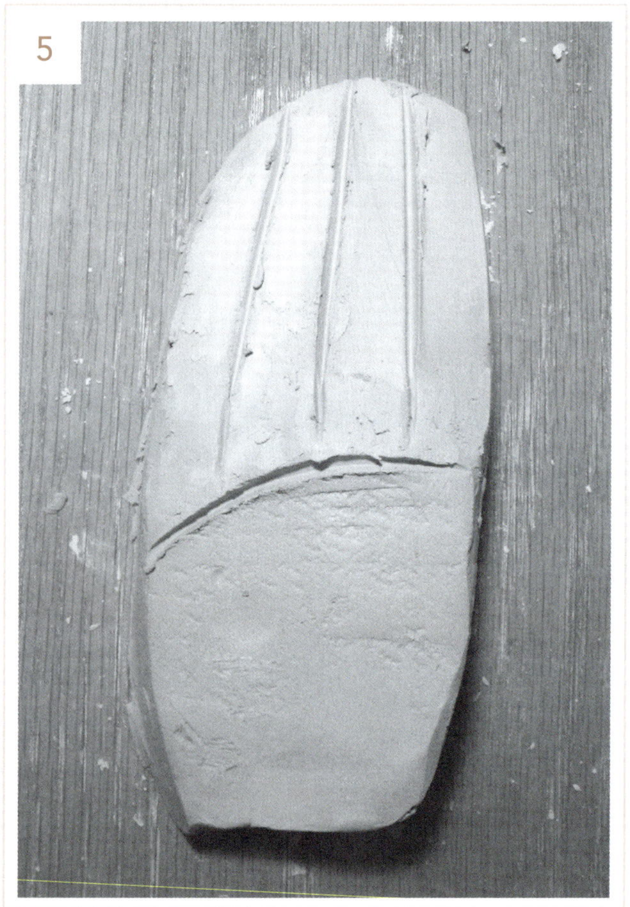

5. Die Draufsicht zeigt die geschwungene Linie für die Knöchel. Die Finger werden an den Fingerkuppen schmaler. An den Knöcheln ist die Hand breiter als an den Fingerkuppen. Auch zum Handgelenk hin wird sie schmaler. Die Finger sind unterschiedlich lang, die Kuppen beschreiben eine geschwungene Linie. Schneiden und formen Sie den Ton so, dass diese Linie erkennbar wird. Sie sollte parallel zu der geschwungenen Linie für die Knöchel verlaufen. In ihrer Ausgangsform sollte Ihre Tonhand aussehen wie eine Hand mit einem übergestreiften Fäustling oder Socken.

6. Überprüfen Sie die Vorderansicht der Hand von den Fingerenden aus. Der Knöchel des Zeigefingers sollte höher sein als der Knöchel des kleinen Fingers. Die Fläche, die die Oberseite der Finger bildet, fällt schräg ab, sowohl von den Fingerknöcheln bis zu den Fingerenden als auch von der Innenseite mit dem hohen Knöchel des Zeigefingers bis zur Außenkante mit dem niedrigeren Knöchel des kleinen Fingers.

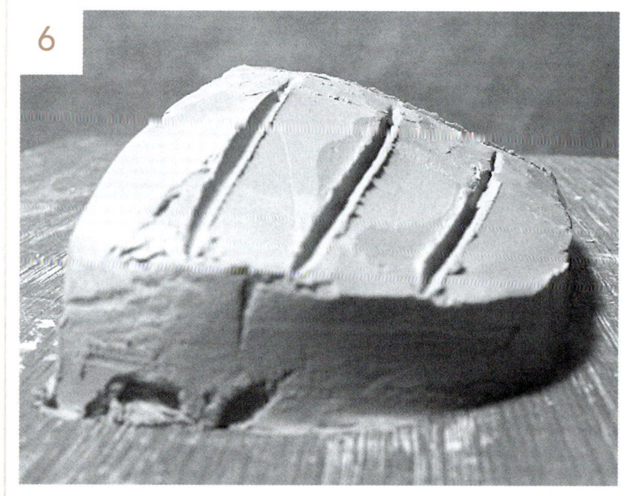

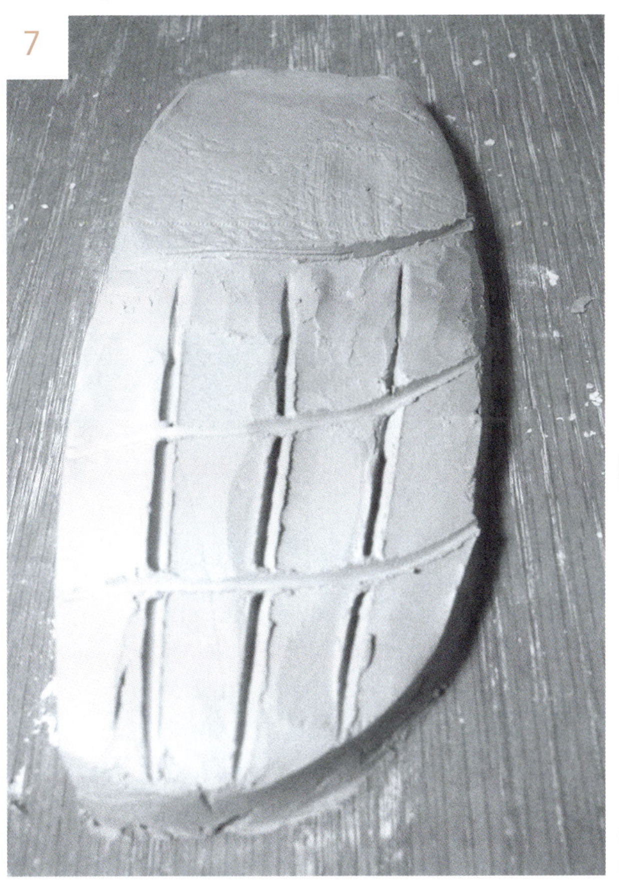

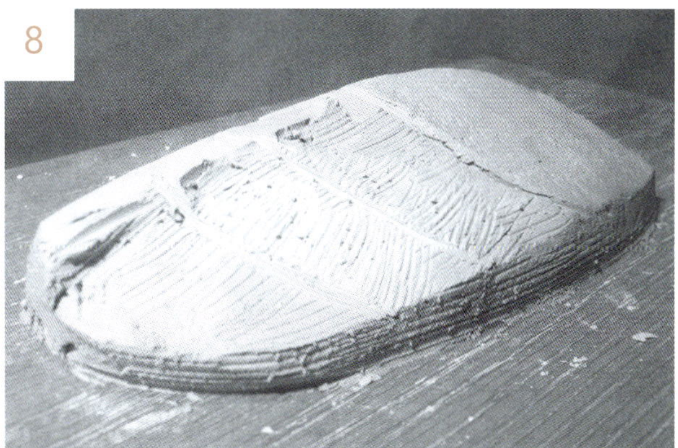

7. & 8. Ziehen Sie auf der oberen Fläche zwei geschwungene Orientierungslinien für die Fingergelenke. Die Linien gehen über alle Finger (7). Auf allen Fingern außer dem ersten schaffen Sie flache Abwärtsstufen von einer Gelenkreihe zur anderen (8). Lassen Sie den Zeigefinger zunächst so, wie er ist.

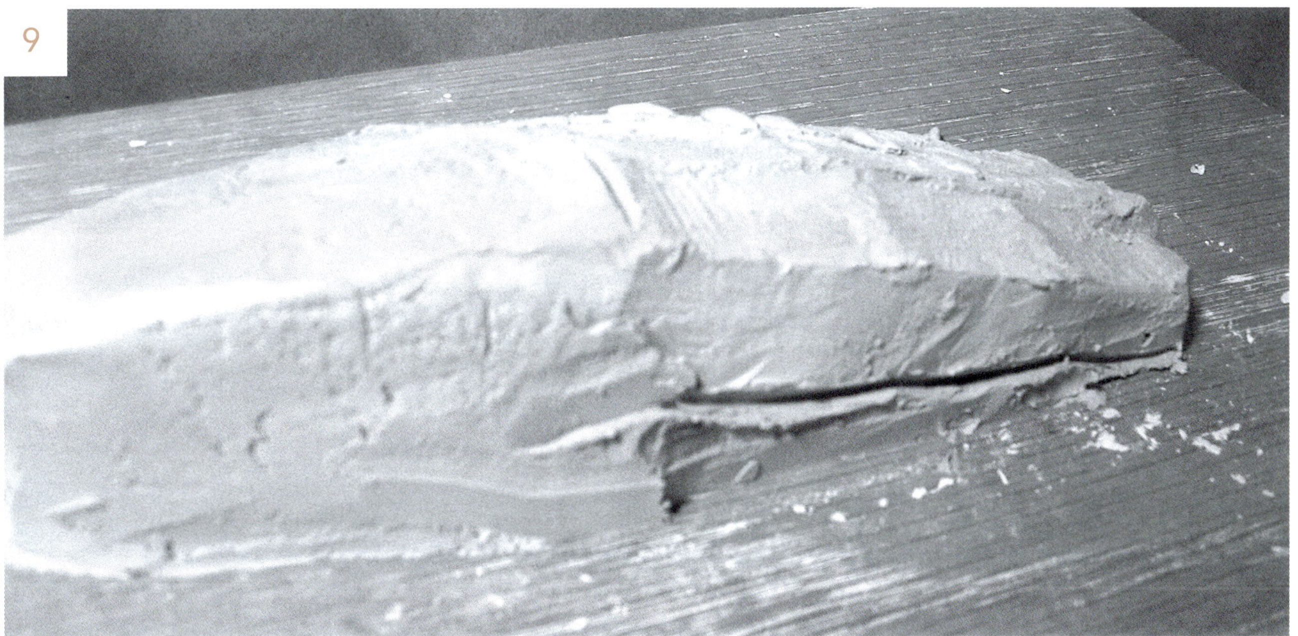

9. Markieren Sie an der Seite, an der der Daumen angesetzt werden soll, eine Orientierungslinie an der Unterseite des Zeigefingers. Unterhalb dieser Linie nehmen Sie Ton weg, so dass der Finger schlanker wird. Unterteilen Sie den Zeigefinger in drei Flächen und fangen Sie an, die Fingergelenke zu modellieren.

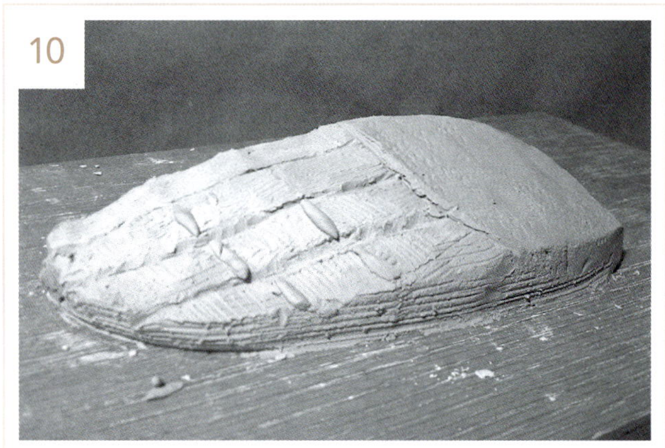

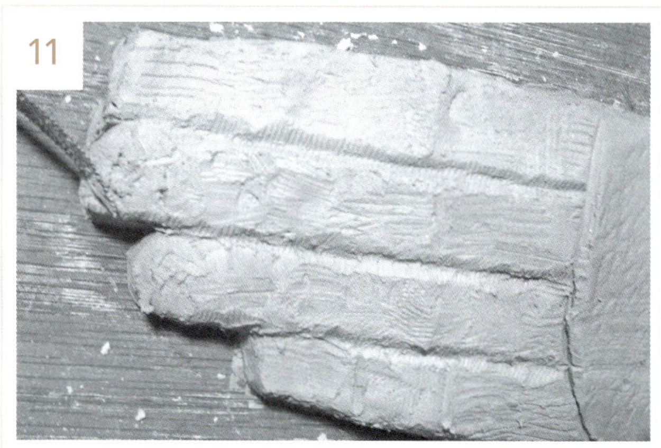

10. Belegen Sie jedes Fingergelenk mit einem kleinen Streifen Ton und fangen Sie an, die Finger zu formen. Setzen Sie die Kante der Riffelraspel zwischen die Finger, rollen Sie sie hin und her und drücken Sie dabei gegen die Seiten der Finger. Die Abschnitte zwischen den Gelenken sollten schmaler sein als die Gelenke.

11. Schneiden Sie die Finger auf ihre relative Länge zurecht. Runden Sie die Fingerkuppen ab. Der Mittelfinger ist der längste, dann kommen der Ringfinger und der Zeigefinger, und der kleine Finger ist der kürzeste. Halten Sie Ihre Hand in die Höhe und sehen Sie sich an, wo jede Fingerspitze im Vergleich zum Nachbarfinger endet. Bei mir endet der kleine Finger z.B. ein kleines Stück oberhalb des Fingerendgelenks des Ringfingers.

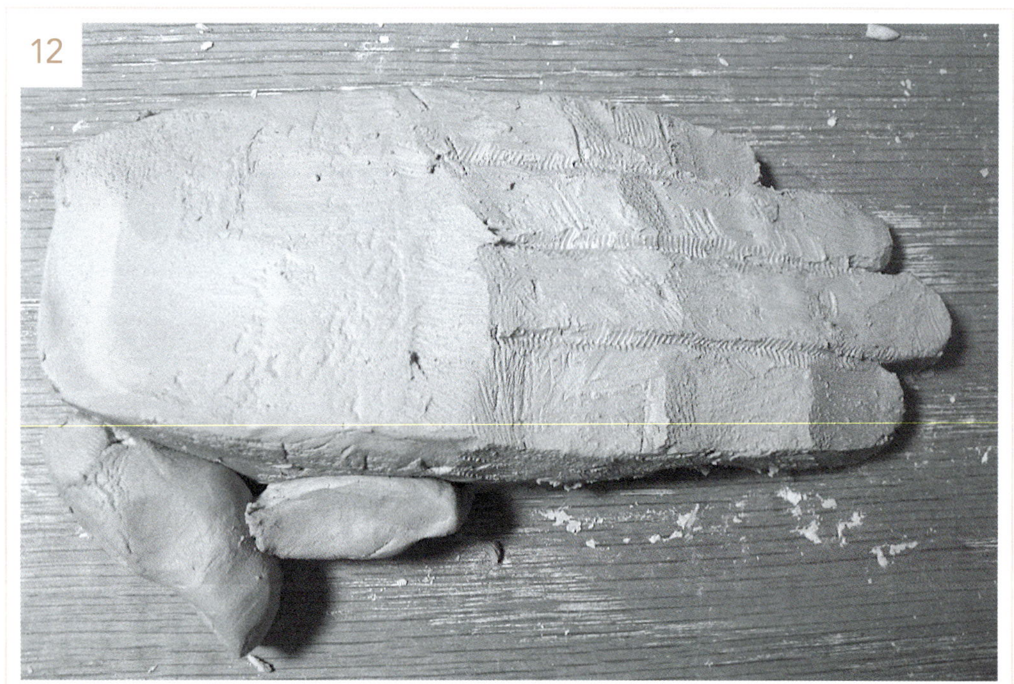

12. Der Daumen ist eine eigene Form, die an der Seite der Hand ansetzt und am Handgelenk beginnt. Halten Sie Ihre linke Hand ausgestreckt vor sich hin. Der Handrücken zeigt nach oben. Entspannen Sie die Hand. Dabei sinkt der Daumen nach unten und krümmt sich nach außen. Er gehört nicht zu der Masse der Hand. Fingergelenke und Fingernägel liegen auf der Oberseite der Finger. An der parallel dazu verlaufenden Unterseite liegen die dickeren Muskelpolster zwischen den Gelenken. Die Finger haben vier Seiten (Flächen). Gehen Sie also zunächst von einer leicht rechteckigen Form aus. Setzen Sie für das erste Fingerglied des Daumens einen Tonzylinder am Handgelenk an. Er liegt im 45-Grad-Winkel zum Zeigefinger. Fangen Sie außerdem an, den Raum zwischen Daumen und Hand zu füllen.

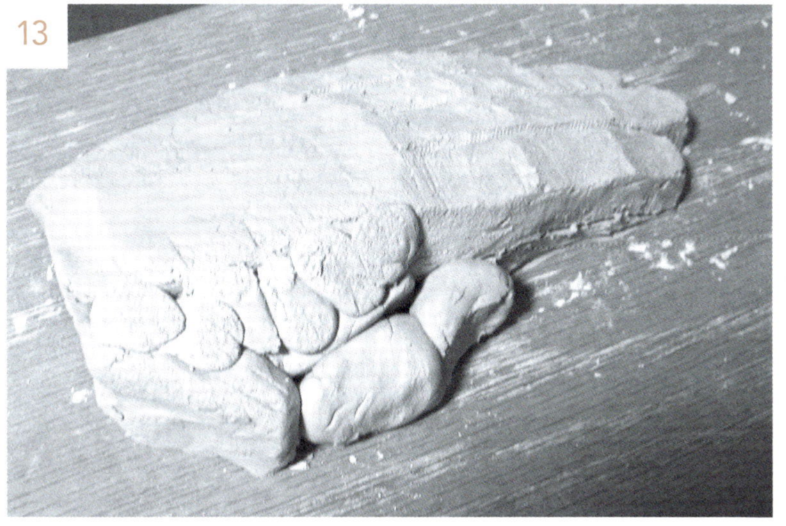

13

13. Fügen Sie Tonstückchen für das zweite und dritte Fingerglied des Daumens an. Füllen Sie den Raum zwischen der Oberkante der Hand und dem Daumen weiter mit Tonstreifen auf. Klopfen Sie auf den Daumen und auf den Ton zwischen Hand und Daumen, um dort jeweils eine glatte Fläche zu schaffen.

14. An der Seite der Hand zwischen Daumen und Zeigefinger gibt es eine schräg abfallende, dreieckige Fläche. Dort liegen die kleinen Zwischenknochenmuskeln. Wo die Oberseite der Hand und diese dreieckige Fläche an der Seite aufeinander treffen, entsteht eine Anstoßlinie, die sich vom Handgelenk zum Zeigefinger zieht. Streichen Sie den Ton in diesem Bereich zu einem Kamm hoch. Beachten Sie, dass die Fläche des Daumennagels zur Seite zeigt, die Flächen der Fingernägel jedoch nach oben.

15. Klopfen Sie mit dem Holzblock auf die seitliche Fläche des Daumens und die dreieckige Fläche der Zwischenknochenmuskeln. Beginnen Sie am Handgelenk und arbeiten Sie sich bis zu den Fingerkuppen vor.

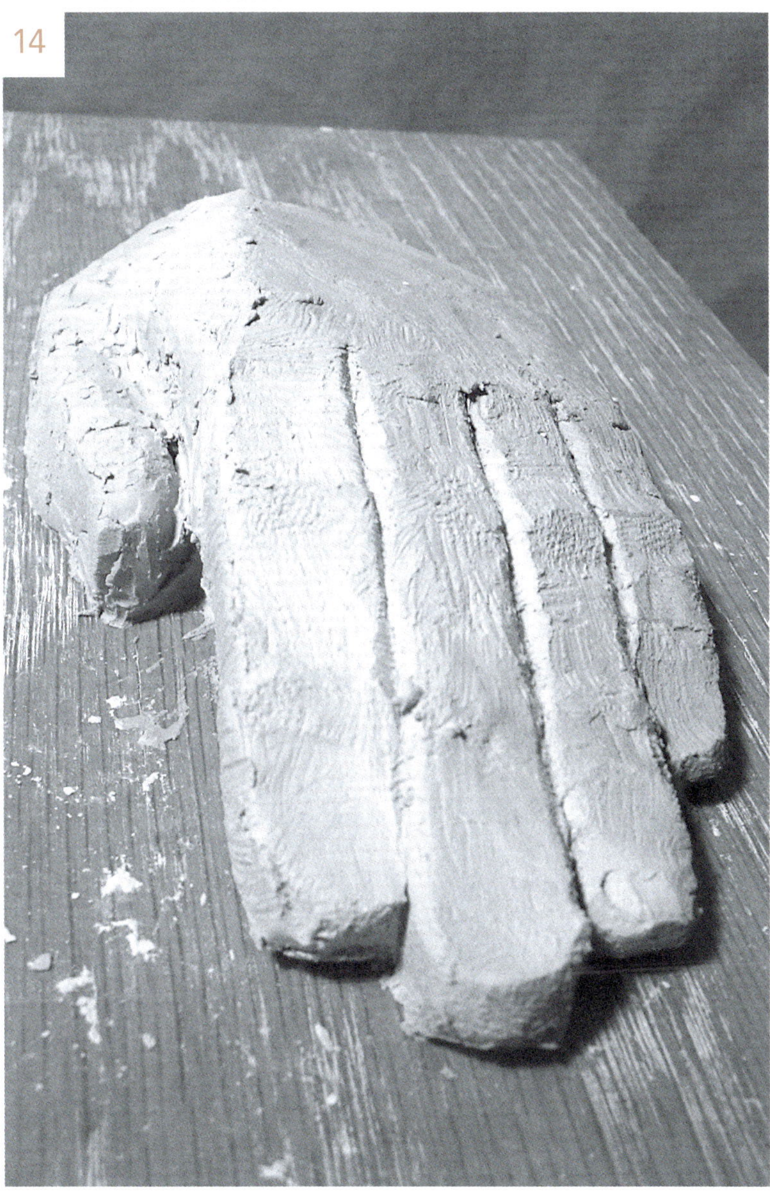

14

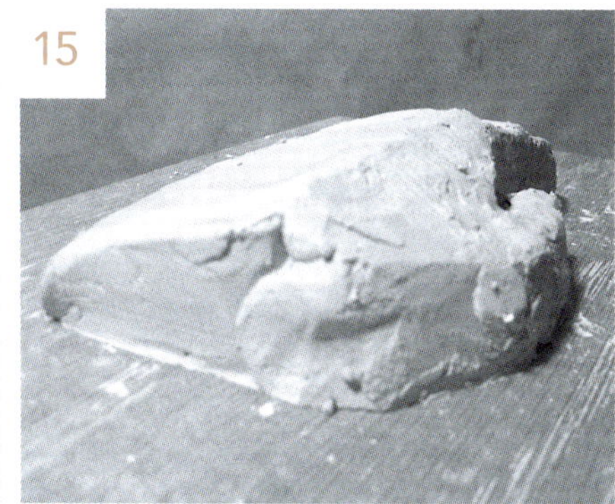

15

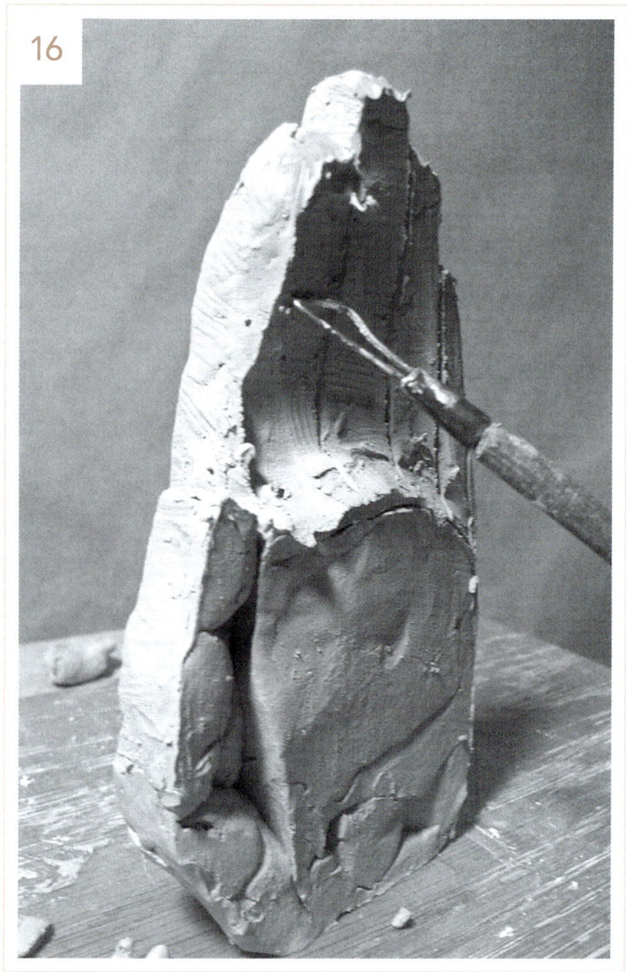

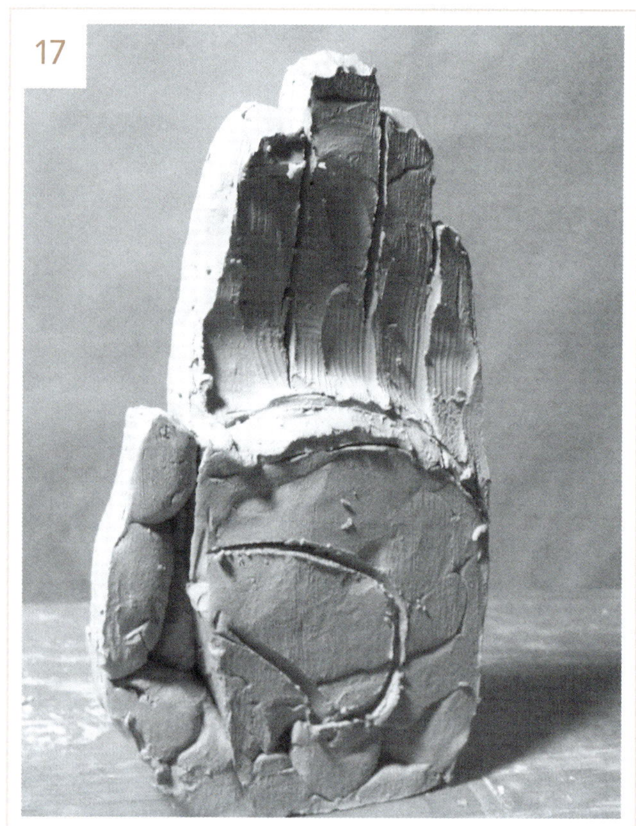

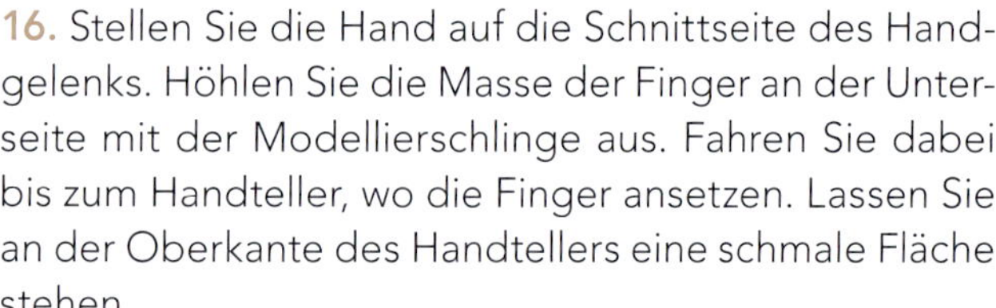

16. Stellen Sie die Hand auf die Schnittseite des Handgelenks. Höhlen Sie die Masse der Finger an der Unterseite mit der Modellierschlinge aus. Fahren Sie dabei bis zum Handteller, wo die Finger ansetzen. Lassen Sie an der Oberkante des Handtellers eine schmale Fläche stehen.

17. Um später die Krümmung der Handfläche herausarbeiten zu können, zeichnen Sie in diesem Stadium in der Mitte des Handtellers einen Halbkreis an. Seine offene Seite zeigt in Richtung des Daumens. Der Handteller ist in der Mitte mit Muskeln gepolstert, am Rand sind die Muskeln etwas dicker. Sehen Sie sich Ihren Handteller an und schließen Sie ihn langsam. Dabei bildet sich in der Mitte eine Vertiefung, wie bei einem Baseballhandschuh.

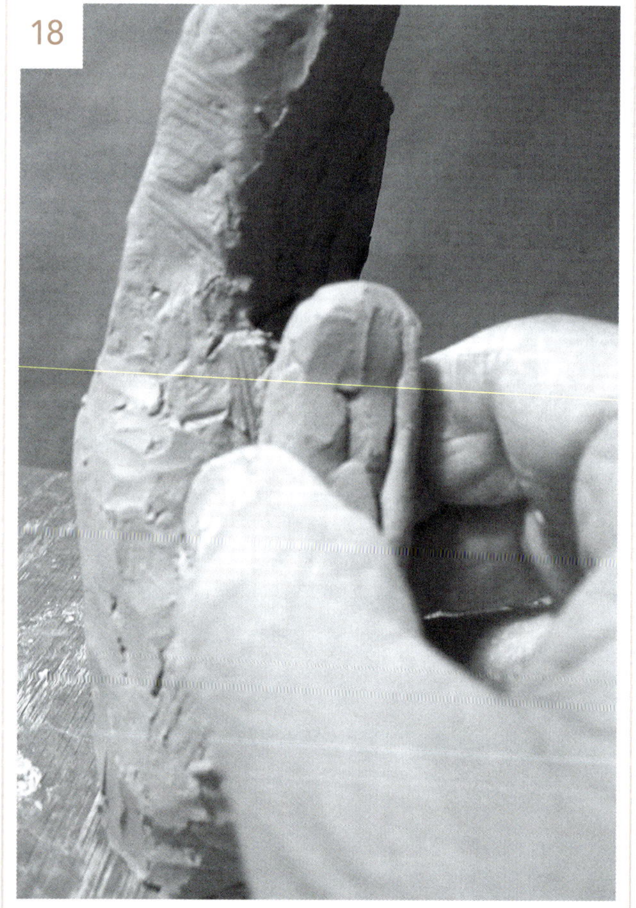

18. Bewegen Sie den Daumen vorsichtig, bis er vor dem Handteller liegt.

19. Trennen Sie die Finger voneinander. Benutzen Sie dazu einen Antragespachtel. Das ist ein dünner Metallspachtel (Sie können auch ein Messer mit glatter Schneide nehmen.) Harken und verflachen Sie die Mitte des Handtellers, bauen Sie mit Tonstückchen die Muskelpolster rings um den Handteller auf und runden Sie die schmale Fläche an der Oberkante des Handtellers mit Tonklümpchen ab, wo die Finger ansetzen.

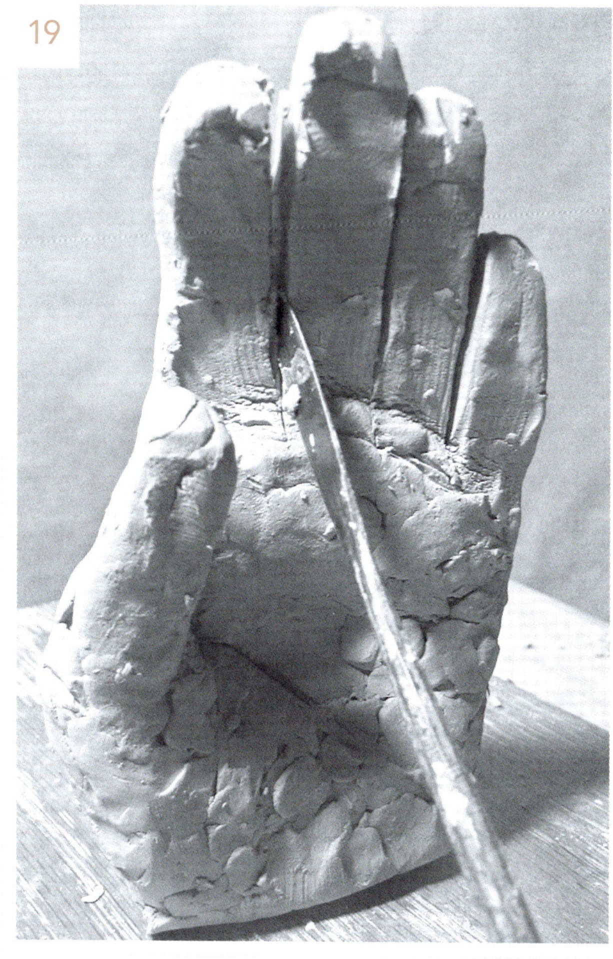
19

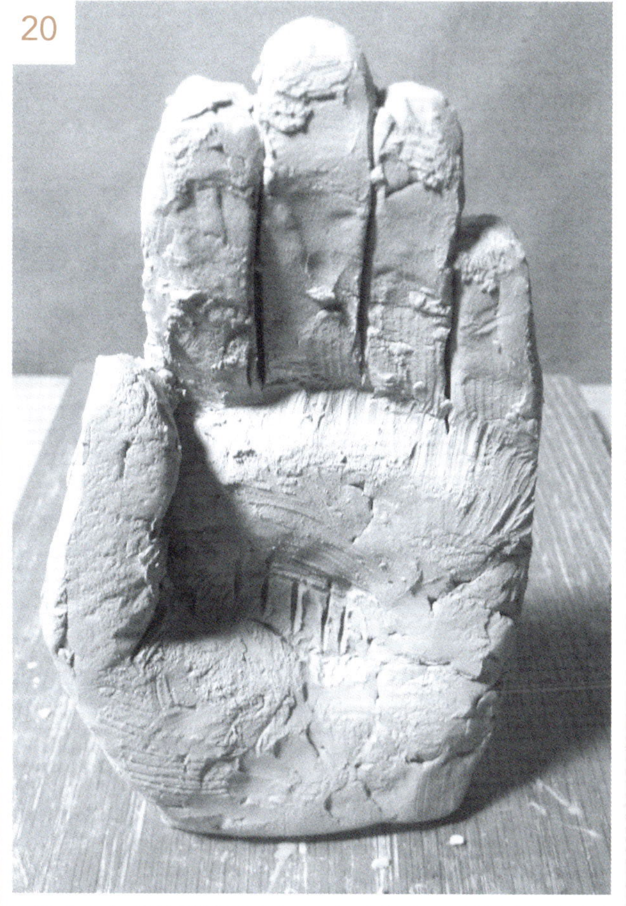
20

20. Beklopfen Sie den Ton mit dem Holzblock und bearbeiten Sie Daumen, Finger und Handteller mit der Modellierschlinge, so dass die Form deutlicher erkennbar wird. Der Handteller muss nicht genauer ausmodelliert werden, weil die Hand am Ende mit der Handfläche nach unten aufliegen wird.

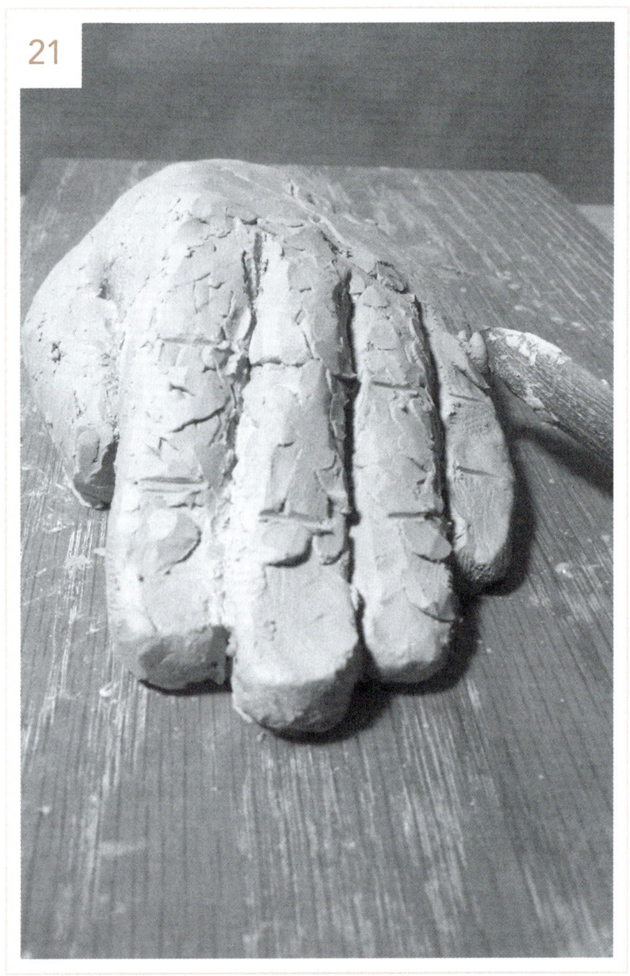

21

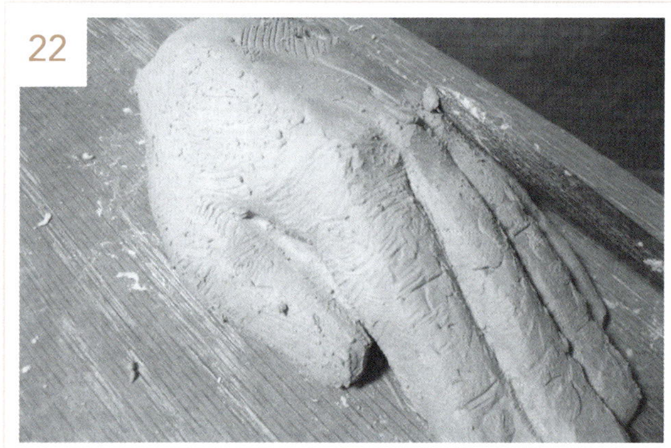

22

21. Legen Sie nun die Hand wieder in ihre ursprüngliche Position. Strecken Sie zum Vergleich Ihre linke Hand aus, mit der Handfläche nach unten. Entspannen Sie den Daumen und lassen Sie ihn locker hängen. Legen Sie Ihre Hand in diesem entspannten Zustand auf den Tisch. Es ist diese Handhaltung, die wir modellieren wollen. Nehmen Sie mit der Spitze des Modellierholzes nacheinander kleine Tonstückchen auf und runden Sie damit die Oberseite der Finger. Geben Sie auch der Oberseite des Daumens, wo der Nagel hinkommt, eine leichte Rundung.

22. Tragen Sie mit der Spitze des Modellierholzes kleine Tonstückchen auf die Fingerknöchel auf.

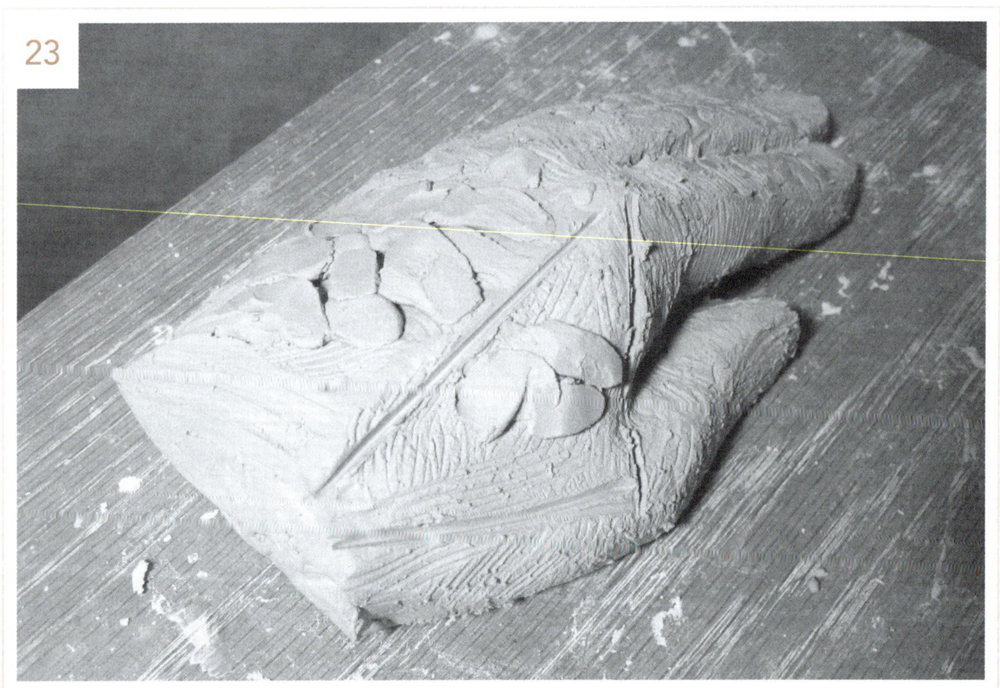

23

23. Zeichnen Sie die dreieckige Fläche zwischen Daumen und Handrücken an. Bauen Sie dort mit kleinen Tonstückchen das Volumen der Zwischenknochenmuskeln auf. Setzen Sie Ton auf der Oberseite des Handrückens an und beginnen Sie, die Oberfläche durch Klopfen und Harken zu runden.

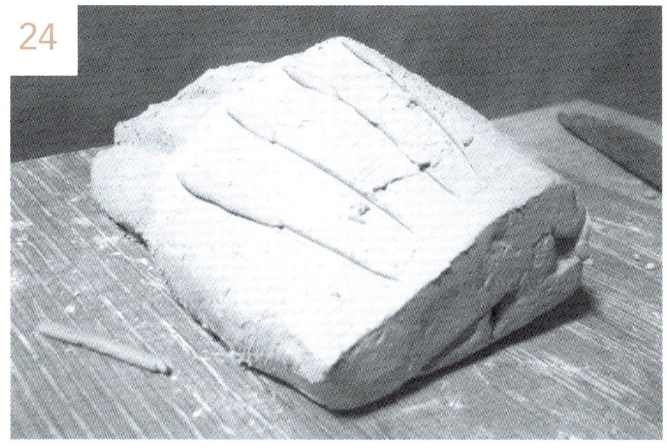

24

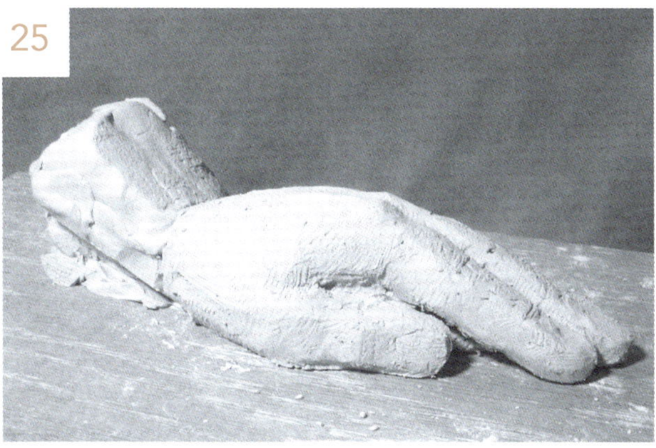

25

24. Setzen Sie auf dem Handrücken Tonstreifen für die Sehnen der Finger an. Sie verlaufen von den Fingerknöcheln bis zur Mitte des Handgelenks. Glätten Sie die Übergänge von den Streifen zum Handrücken.

25. Setzen Sie für das Handgelenk einen Quader an. Bauen Sie die Fingergelenke des Daumens mit kleinen Tonmengen auf. Verstreichen Sie die Übergänge mit der Modellierschlinge.

26. Beklopfen Sie Ober- und Seitenflächen des Handgelenks. Die Oberseite des Handgelenks ist breiter als die Seite und gehört zu derselben Fläche wie der Handrücken und die Oberseite der Finger. Strecken Sie Ihre Hand aus. Halten Sie Handgelenk und Hand gerade. Die Oberseite ist flach, von der Unterarmmitte bis zu den Fingerspitzen. Beugen Sie Ihr Handgelenk nach oben, nach unten, knicken Sie die Finger ab. Die Oberfläche bleibt die gleiche, allerdings ändert sich die Richtung, wenn Sie die Hand und die Finger an den Gelenken beugen. Auch die schmale Seitenfläche des Handgelenks setzt sich an der Seite des Zeigefingers und an der Oberseite des Daumens (wo der Nagel sitzt) fort.

Die Linien auf der Hand kennzeichnen die Stellen, wo die Oberseite und die seitliche Fläche des Handgelenks und des Daumens aufeinander treffen und markieren die dreieckige Fläche der Zwischenknochenmuskeln.

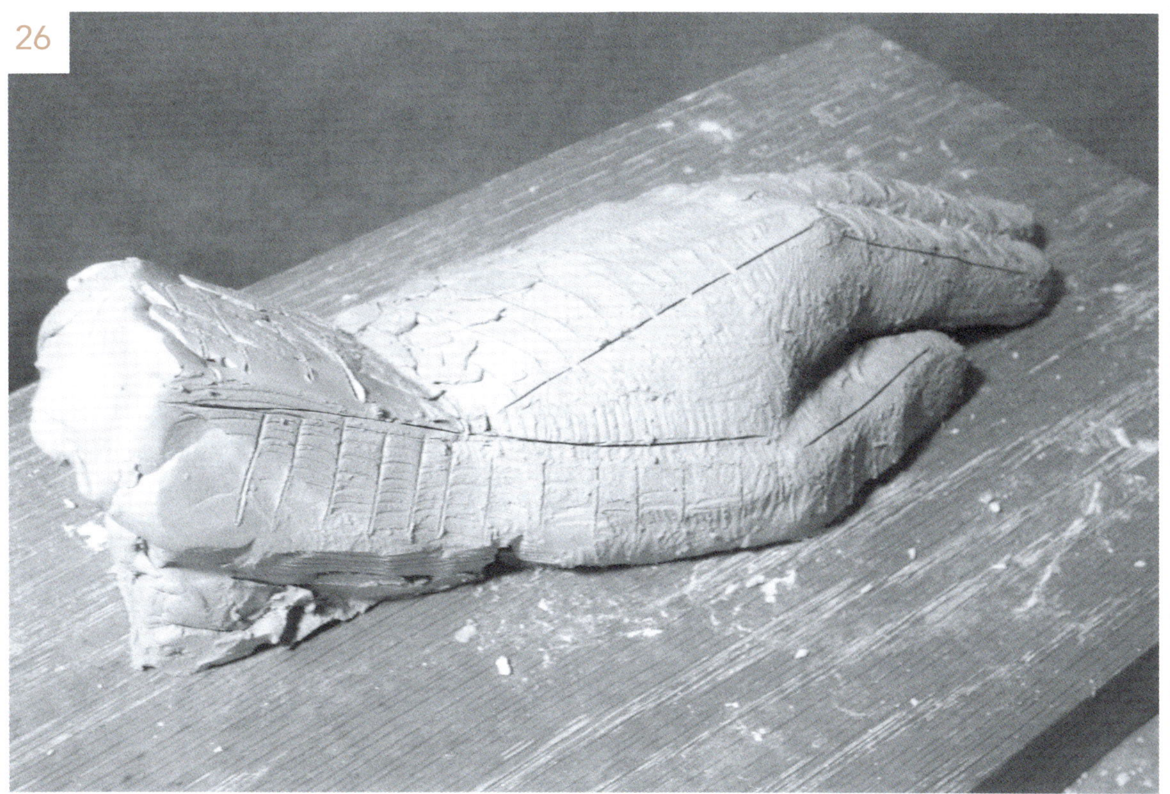

26

27. Biegen Sie die Fingerenden an den Kuppen nach oben. Biegen Sie das Daumenendglied nach außen weg. Formen Sie die Fingerkuppen und die Fingerknöchel mit der Modellierschlinge. Arbeiten Sie die Formen durch Druckbewegungen mit der Riffelraspel klarer heraus. Die hier abgebildeten Linien zeigen die Anstoßstellen der oberen und der seitlichen Flächen von Hand und Fingern.

28. Bauen Sie den kurzen Hohlhandmuskel (das ist der dicke Muskel an der Außenseite der Hand zwischen kleinem Finger und Handgelenk) mit etwas Ton auf. Arbeiten Sie die Kontur durch Klopfen und Harken heraus und harken Sie am kleinen Finger über den Bereich unter dem Fingerknöchel, um die beiden Formen ineinander übergehen zu lassen. Die Orientierungslinie zeigt hier die Anstoßstelle zwischen seitlicher und oberer Fläche von Hand, Fingern und Handgelenk.

29. Fügen Sie an den Fingerspitzen kleine Tonstreifen für die Fingernägel an.

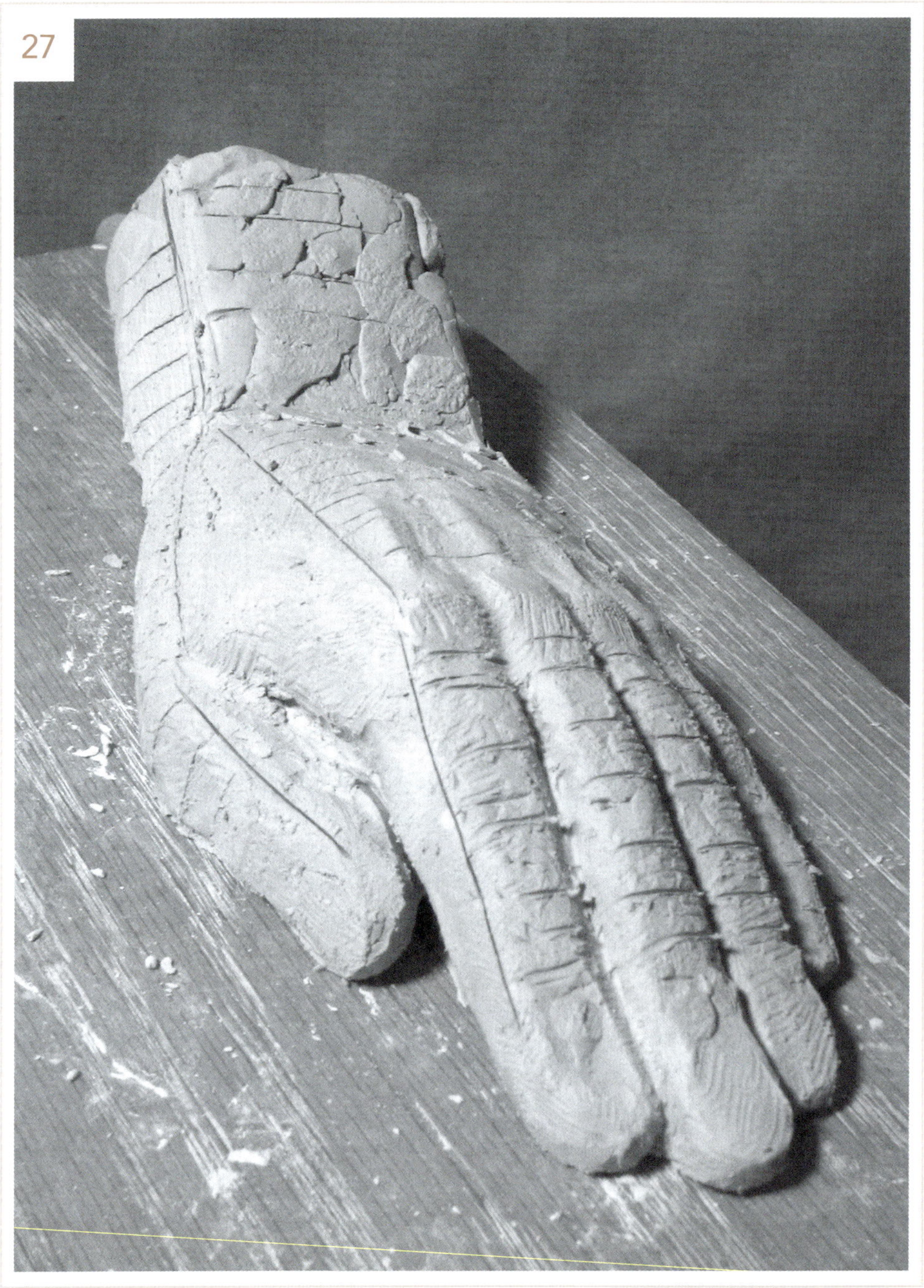

27

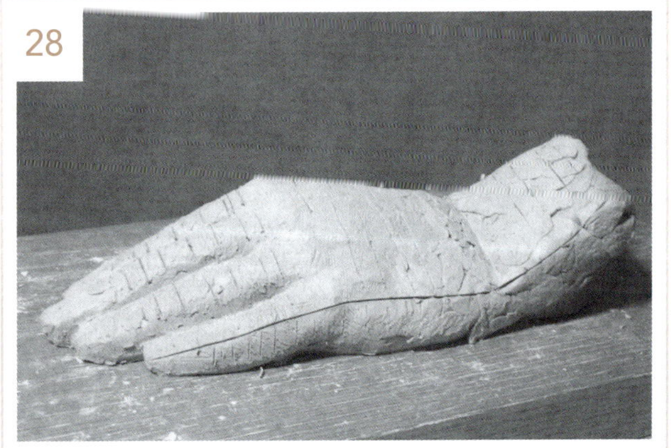

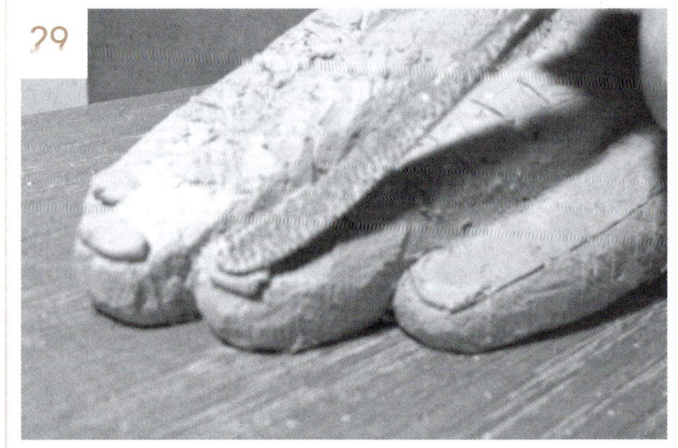

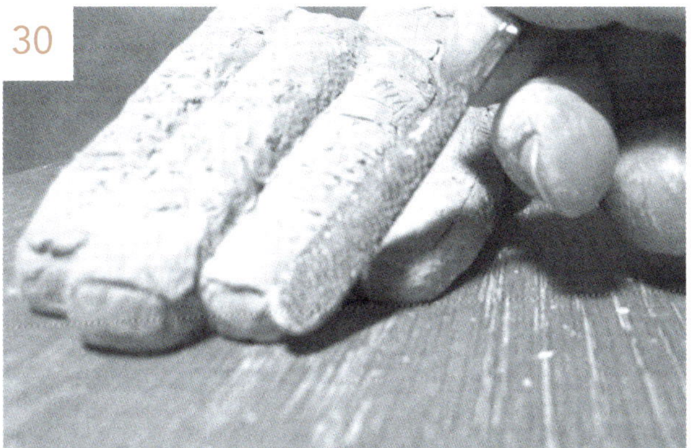

30. Die Kuppen der Finger und des Daumens sind elliptisch. Runden Sie die Seitenkanten der Fingerspitzen, indem Sie mit der Riffelraspel dagegen drücken.

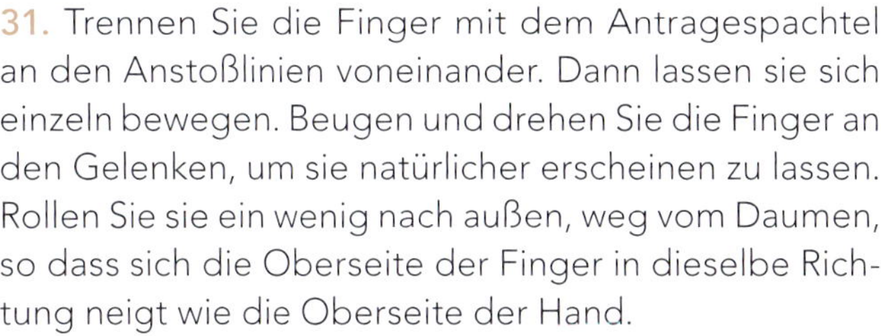

31. Trennen Sie die Finger mit dem Antragespachtel an den Anstoßlinien voneinander. Dann lassen sie sich einzeln bewegen. Beugen und drehen Sie die Finger an den Gelenken, um sie natürlicher erscheinen zu lassen. Rollen Sie sie ein wenig nach außen, weg vom Daumen, so dass sich die Oberseite der Finger in dieselbe Richtung neigt wie die Oberseite der Hand.

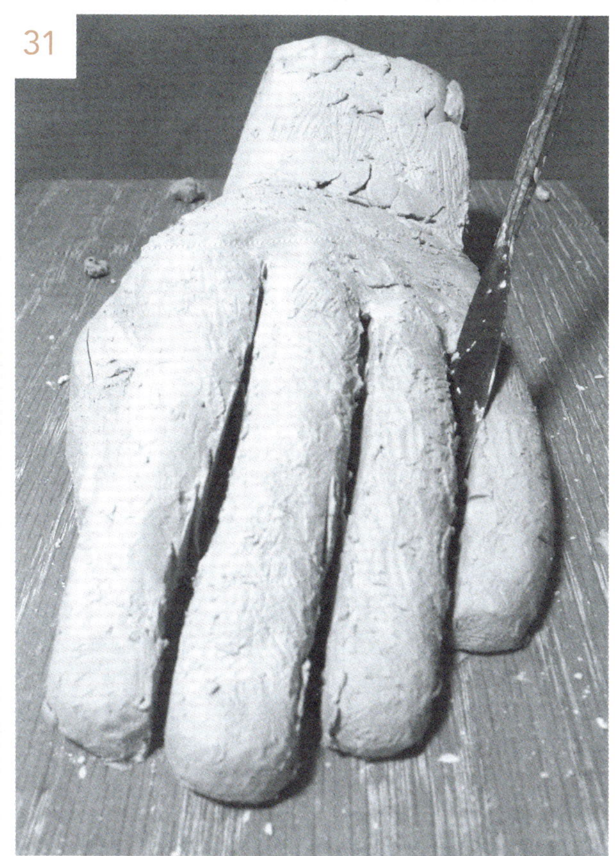

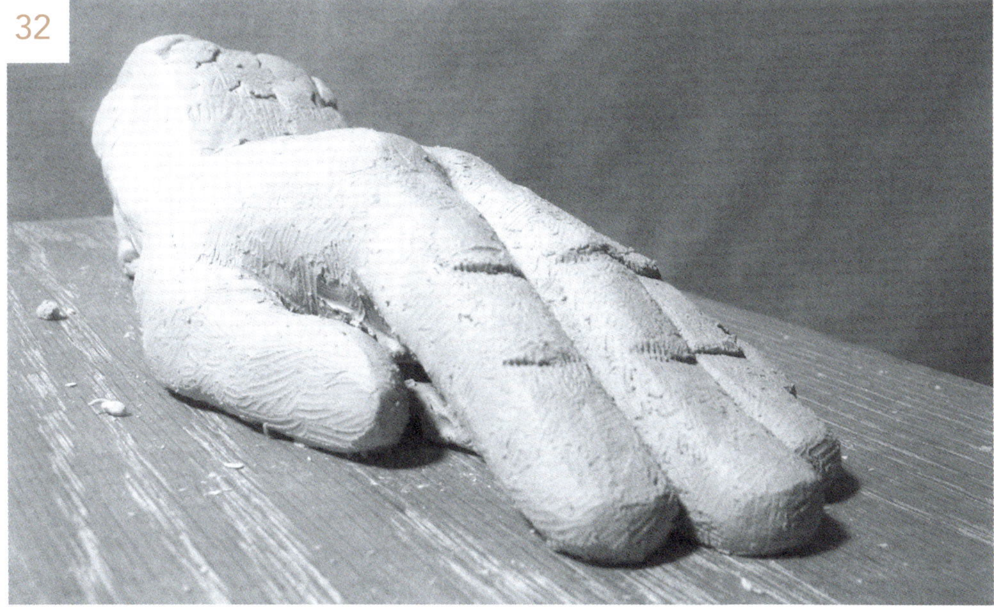

32. Arbeiten Sie die Fingerknöchel und die Kuppe des Daumens heraus. An seinem obersten Gelenk ist der Daumen breit, zur Spitze hin wird er schmaler. Das letzte Daumengelenk ist ein bisschen nach außen gebogen, wie bei der „Thumbs up"-Geste. Runden Sie den Bereich des Daumennagels.

33. Drücken Sie die Kante der Riffelraspel in die Fingergelenke, um sie etwas zu vertiefen.

34. Legen Sie die flache Seite der Riffelraspel an die Fingerkuppe, unter den Nagel. Drücken Sie gegen die Kuppe und rollen Sie das Werkzeug von einer Seite des Fingers zur anderen. Die Riffelraspel bleibt dabei unter dem Nagel. Die Vorderkante des Nagels und die gerundete Fingerkuppe lassen sich auf diese Weise zur gleichen Zeit formen.

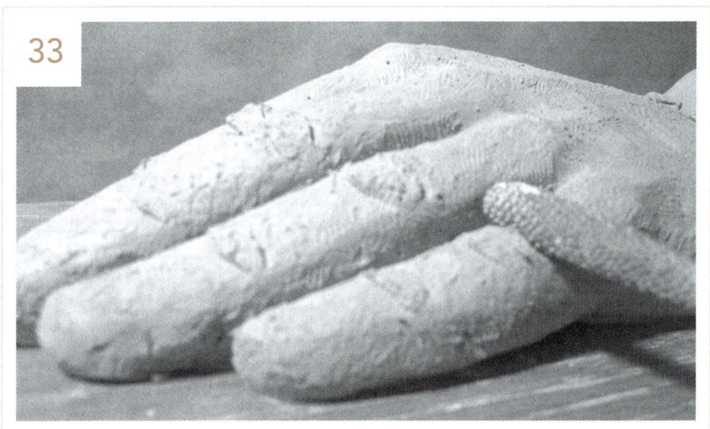

33

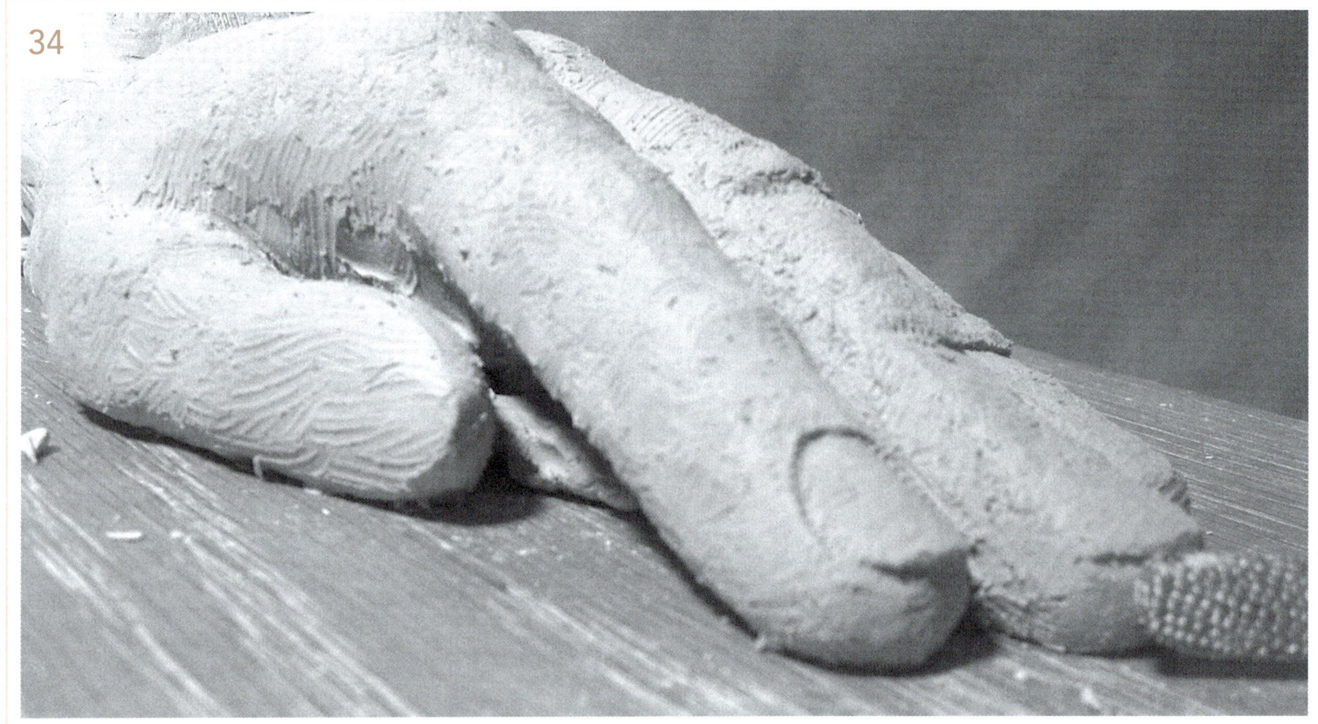

34

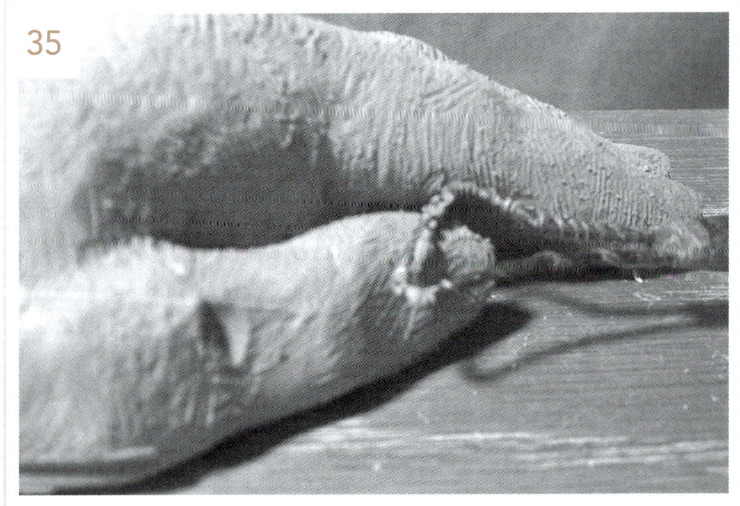

35

35. Harken und formen Sie die Oberseite des Daumens. Die Seiten des Daumens sollten dort, wo der Nagel sitzen soll, abgeschrägt sein. Machen Sie an dieser Stelle eine leichte Schräge, indem Sie mit der Modellierschlinge harken.

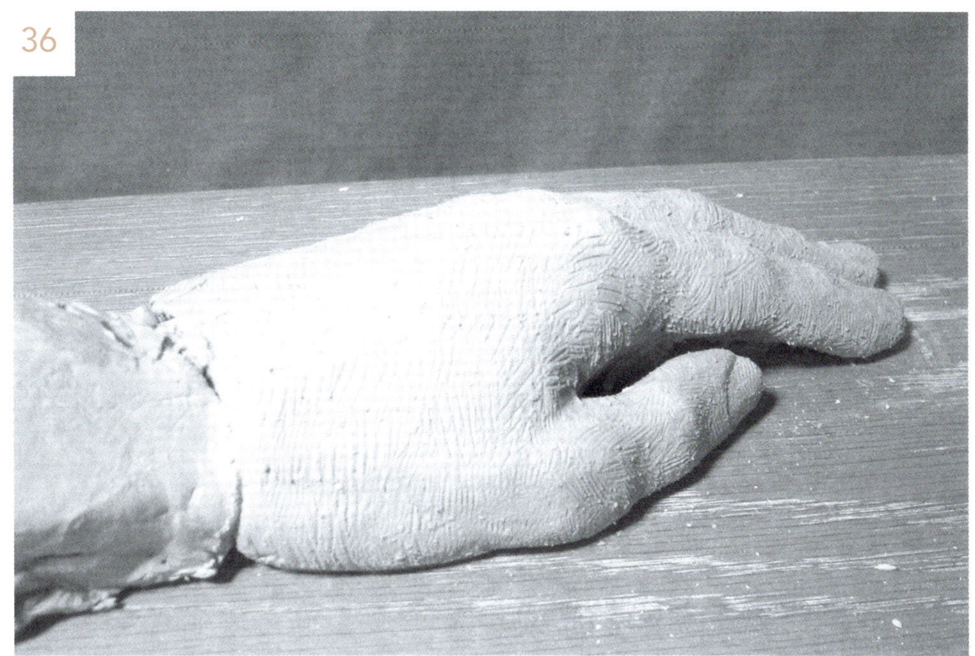

36. Verbinden Sie die Oberflächen von Hand und Fingern, indem Sie sie mit der Modellierschlinge schraffieren. Bauen Sie die Masse der Daumengelenke mit weiterem Ton auf. Harken und verbinden Sie Fingerknöchel und Finger. Variieren Sie die Höhe der einzelnen Finger.

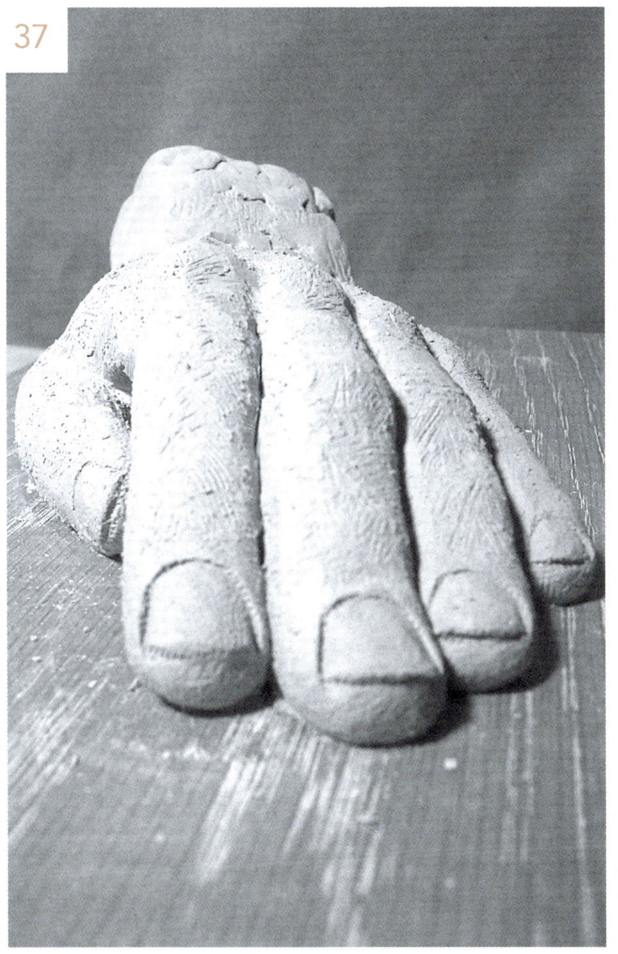

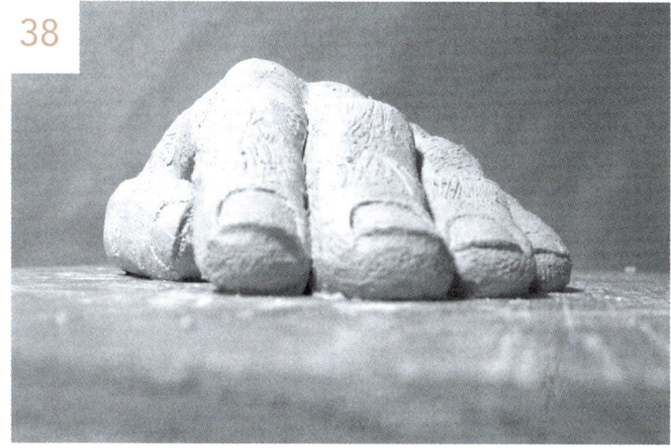

37. Beachten Sie die unterschiedlichen Höhen der Finger und die Krümmung an den Fingergelenken. Die Fingernägel nehmen ebenfalls Form an.

38. Vom Zeigefinger bis zum kleinen Finger verläuft eine schräge Linie. Außerdem fallen die einzelnen Finger ein wenig zur Seite, und zwar in dieselbe Richtung wie der Handrücken. Die Fingerkuppen sind nach oben gebogen und ruhen auf der Mitte der Fingerbeeren. Die Fingernägel liegen auf einer gekrümmten Oberfläche. Graben Sie die Fingernägel an den Seiten und am unteren Rand durch Druck mit der Riffelraspel in die Haut. Achten Sie auf den Winkel und die Lage des Daumens.

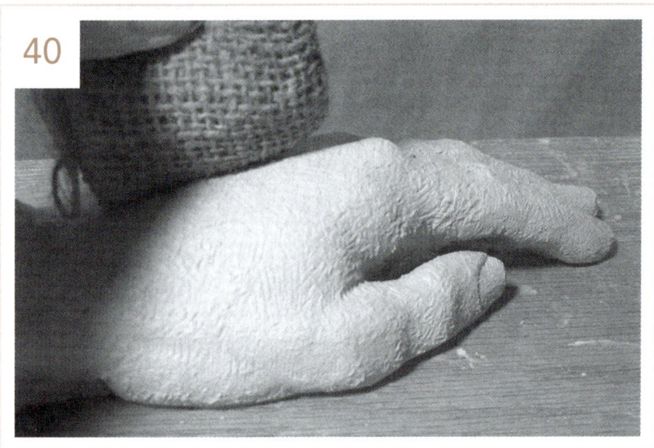

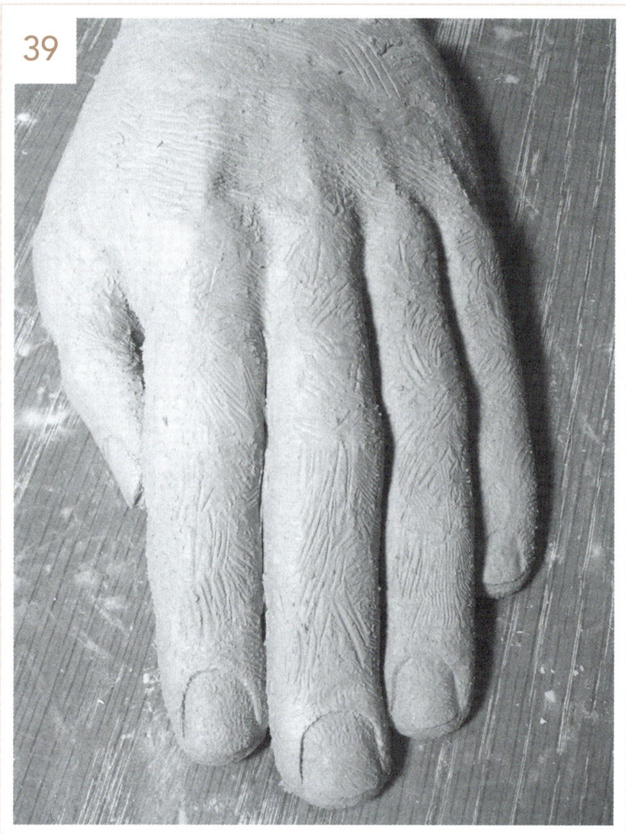

39. Lassen Sie den kleinen Finger und den Zeigefinger sich zum Mittelfinger hin krümmen. Die Ring- und Mittelfingerkuppen können sich ebenfalls zueinander krümmen. Sehen Sie sich an, wie es bei Ihrer Hand ist.

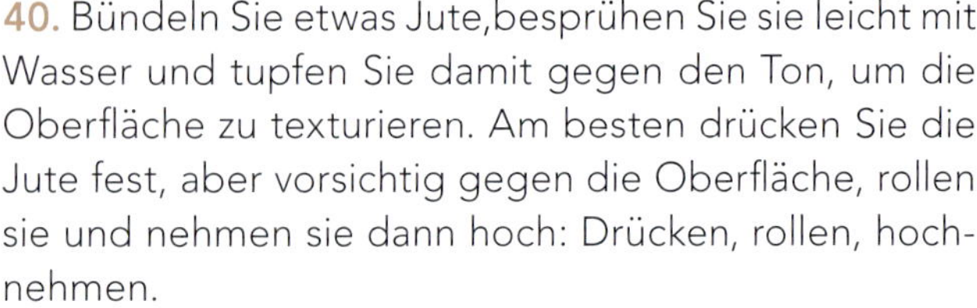

40. Bündeln Sie etwas Jute,besprühen Sie sie leicht mit Wasser und tupfen Sie damit gegen den Ton, um die Oberfläche zu texturieren. Am besten drücken Sie die Jute fest, aber vorsichtig gegen die Oberfläche, rollen sie und nehmen sie dann hoch: Drücken, rollen, hochnehmen.

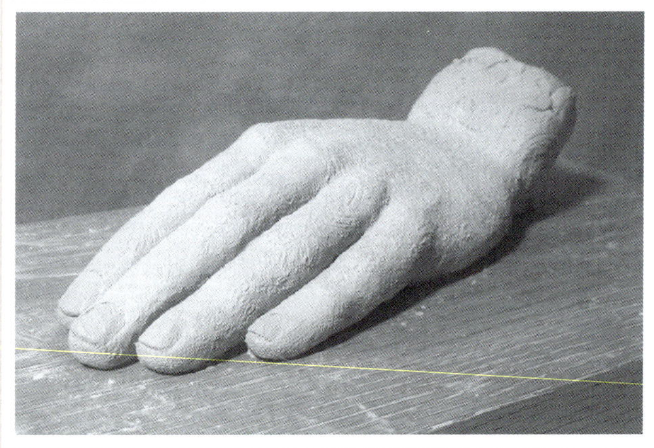

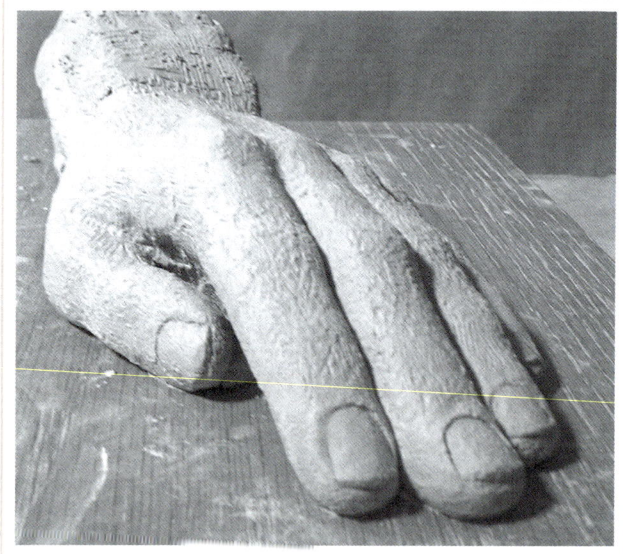

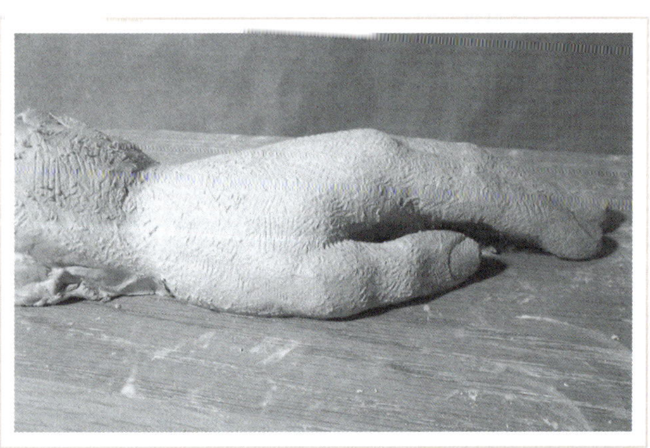

Diese Schritt-für-Schritt-Anleitungen sollen Ihnen eine einfache Grundlage und einen Ausgangspunkt für das Modellieren einer Hand vermitteln. Die Orientierung an einfachen Schritten wird Ihnen helfen, sich auf das Wesentliche zu konzentrieren, wenn Sie eine ausdrucksstärkere Hand modellieren. Es ist sehr hilfreich, einige Grundlagen zu kennen. Üben Sie, überlebensgroße Hände zu modellieren und arbeiten Sie mehr Details heraus, wenn Sie mögen. Die hier gezeigte Handhaltung, offenkundig entspannt und im Aufbau stark vereinfacht, ist ein gutes Beispiel für Studienzwecke.

DER UNTERARM

Der Unterarm ist die komplexeste unserer vier Gliedmaßen. Die beiden Knochen des Unterarms, Elle und Speiche, ermöglichen dem Arm, sich gleichzeitig in zwei Richtungen zu bewegen. Die Elle bewegt sich auf und ab, die Speiche dreht sich nach innen. Die große Muskelgruppe des Unterarms (in der oberen Hälfte des Unterarms) versorgt die schmaleren Muskeln am Handgelenk mit Kraft, was die Bewegung der Hand aktiviert.

Um ein Gefühl für den Aufbau zu bekommen, lassen Sie Ihren Arm an der Seite herunterhängen. Heben Sie dann den Unterarm, bis Ihre Handfläche zur Decke und der Ellbogen zum Boden zeigt. Legen Sie die Finger Ihrer anderen Hand auf das Handgelenk, so als wollten Sie den Puls fühlen. Lassen Sie Ihre Finger über die durchgehende Fläche vom Handgelenk bis zum Ansatz des Oberarms an der Innenseite des Ellbogens gleiten. Diese Fläche erstreckt sich über den gesamten Unterarm. Am Ellbogengelenk ist sie breiter als am Handgelenk. Lassen Sie Ihre Finger auf der Fläche an der Innenseite des Ellbogengelenks liegen und drehen Sie Ihren Arm um 90 Grad, bis die Handfläche gegen eine Wand zeigt. Bewegen Sie Ihren Ellbogen nicht. Lassen Sie Ihre Finger nun über die Unterarmfläche bis zum Handgelenk gleiten. Sie merken, dass die Fläche nach wie vor eben ist, aber ungefähr auf der Hälfte beginnt sich zu verdrehen, je näher Sie ans Handgelenk kommen.

Drehen Sie Ihren Unterarm noch einmal um 90 Grad (insgesamt 180 Grad von der ursprünglichen Position aus gesehen), bis Sie die Handfläche parallel zum Boden halten, und zwar ohne den Ellbogen zu bewegen. Fahren Sie mit den Fingern zwischen dem Handgelenk und der Innenseite des Ellbogengelenks hin und her, über die Verdrehung der Fläche. Die Unterarmmuskeln beginnen, ihre Form zu verändern, sie werden runder, wenn der Arm sich dreht. Das Handgelenk bleibt jedoch vor und während der Drehung relativ flach und rechteckig.

Das Handgelenk im unteren Abschnitt des Unterarms ist ein rechteckiger Block. Die Oberseite des Handgelenkblocks ist breiter als die Seitenfläche und gehört zur selben Fläche wie die Oberseite der Hand. Die Fläche ändert die Richtung, wenn das Handgelenk sich auf und ab bewegt. Die Unterseite des Handgelenks gehört zur selben Fläche wie die Handfläche. Der obere Abschnitt des Unterarms hat eine annähernd dreieckige Form. Der Übergang zwischen den beiden Abschnitten befindet sich bei der Drehung irgendwo in der Mitte des Unterarms.

Finden Sie beim Modellieren heraus, wo die Unterseite des Handgelenks bei der gewählten Handhaltung ist. Dann sehen Sie sich an, wo die Fläche der Innenseite des Ellbogens ist. Finden Sie heraus, in welcher Beziehung ihre Positionen zueinander stehen. Gestalten Sie die Flächen des Tonblocks für das Handgelenk mit der Modellierschlinge und beklopfen Sie sie mit dem Holzblock. Bauen Sie die gerundete, dreieckige Form des oberen Teil des Unterarms mit kleinen Tonmengen auf. Folgen Sie der in sich verdrehten, eben verlaufenden Fläche vom Handgelenk zum Ellbogen und achten Sie auf den Übergang zwischen den beiden Formen des Unterarms. Bauen Sie diese Formen aus kleinen Tonstücken auf und verbinden Sie sie miteinander.

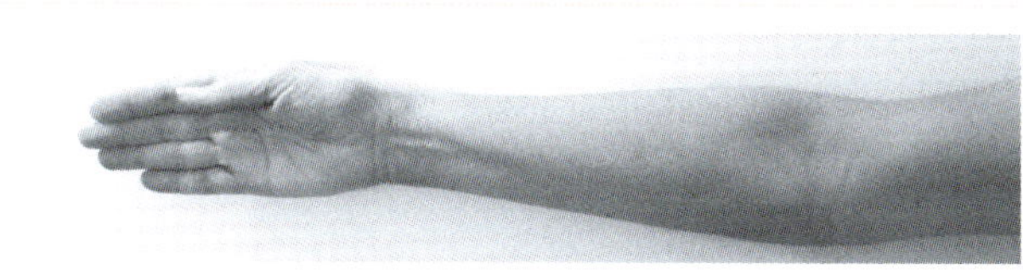

Hier sind Handfläche und Innenseite des Ellbogens der Kamera zugewandt.

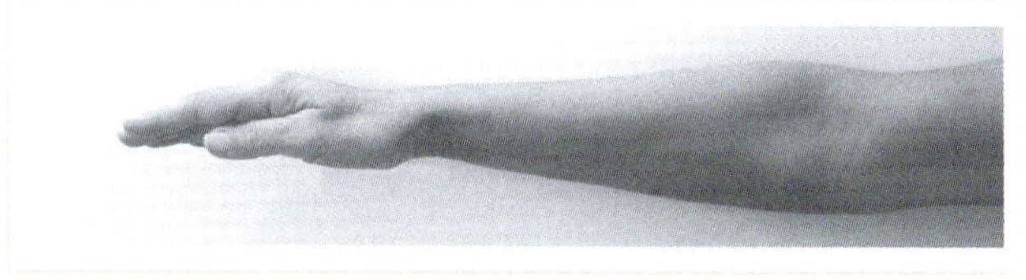

Wenn der Arm sich von der Ausgangsposition um 90 Grad dreht, zeigt die Handfläche zum Boden. Die Innenseite des Ellbogens ist weiterhin der Kamera zugewandt.

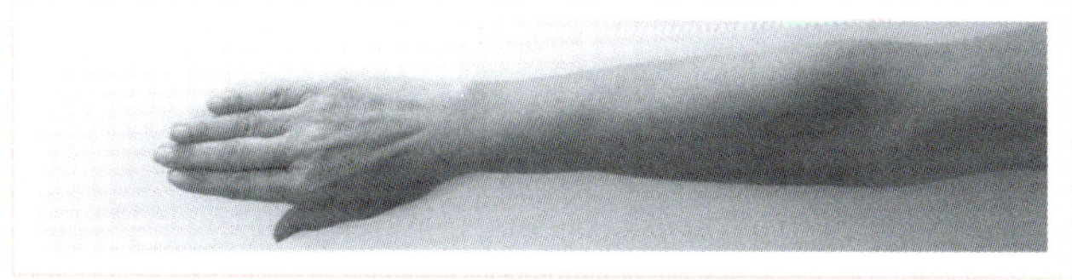

Wenn sich der Arm um weitere 90 Grad dreht (180 Grad von der Ausgangsposition aus) zeigt die breite, flache Unterseite des Handgelenks zur Wand.

Der Arm hat eine dreieckige Form, die am Ellbogen breiter ist als am Handgelenk. Auf dem Bild rechts markiert eine Linie die Mitte der Fläche von einem X am Handgelenk bis zu einem anderen X am inneren Ellbogen. Diese Unterseite des Unterarms am Handgelenk gehört zu derselben Fläche wie der Handteller und ändert ihre Richtung, wenn sich die Hand nach unten und nach oben bewegt.

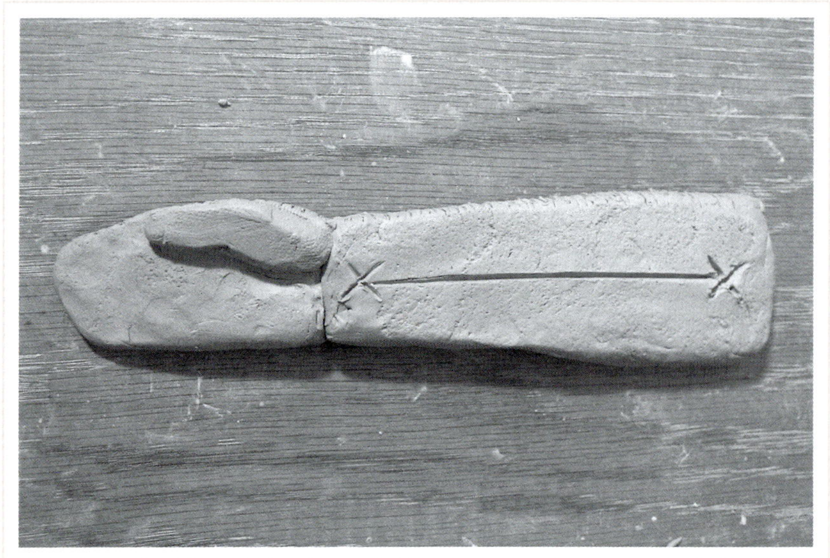

Wenn der Arm sich um 90 Grad dreht, bewegt sich der Ellbogen selbst nicht. Ellbogenmuskeln, die an der Daumenseite des Handgelenks befestigt sind, kreuzen sich jedoch und folgen der neuen Position des Handgelenks. Die Ellbogenmuskeln, die an der Seite des Handgelenks befestigt sind, an der sich der kleine Finger befindet, rollen sich nach unten, um der gedrehten Position des Handgelenks zu folgen. Die seitliche Fläche von Arm und Handgelenk dreht sich von der Mitte des Arms aus. Die schraffierte Fläche zeigt die gedrehte seitliche Fläche von Arm, Handgelenk, Hand und Zeigefinger.

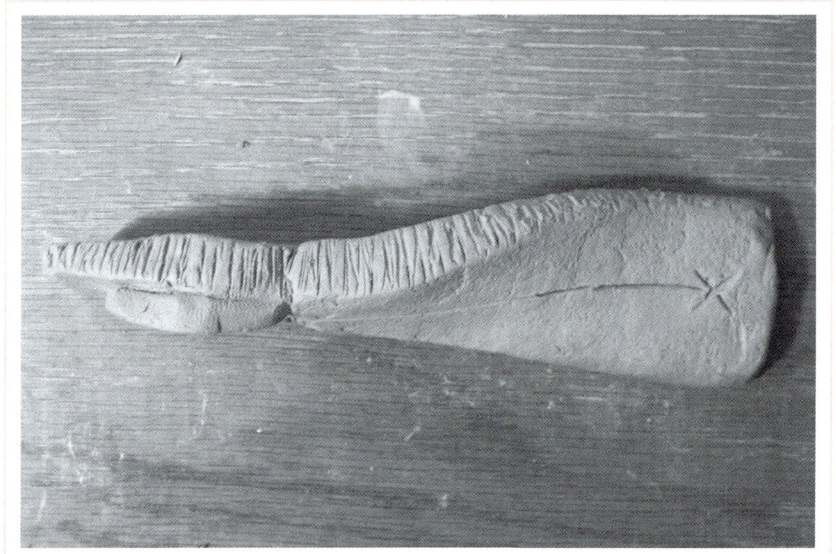

Wenn Sie den Arm aus Ton um weitere 90 Grad drehen, so dass die Handfläche und die Unterseite des Handgelenks die Unterlage berühren, dehnen sich die Muskeln, um sich der neuen Position des Handgelenks anzupassen. Die Speiche kreuzt die Elle vollständig. Die seitliche Fläche setzt die Drehung fort.

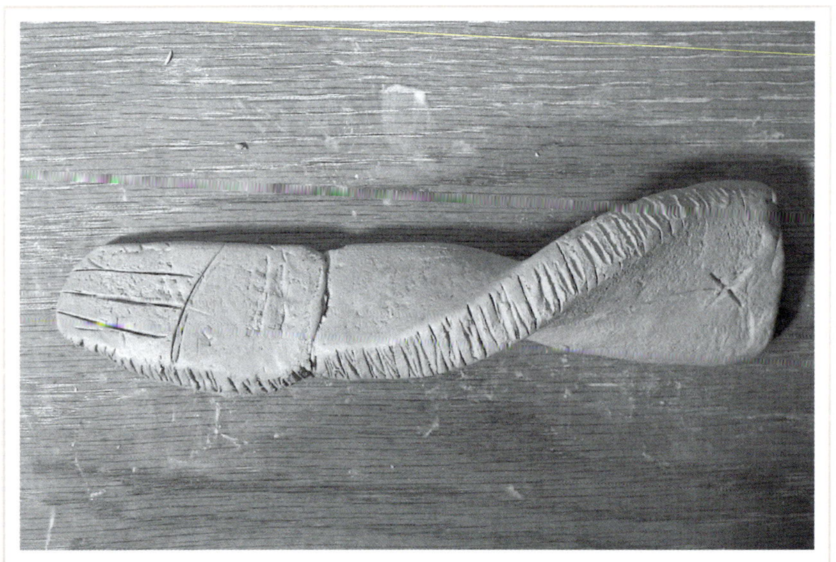

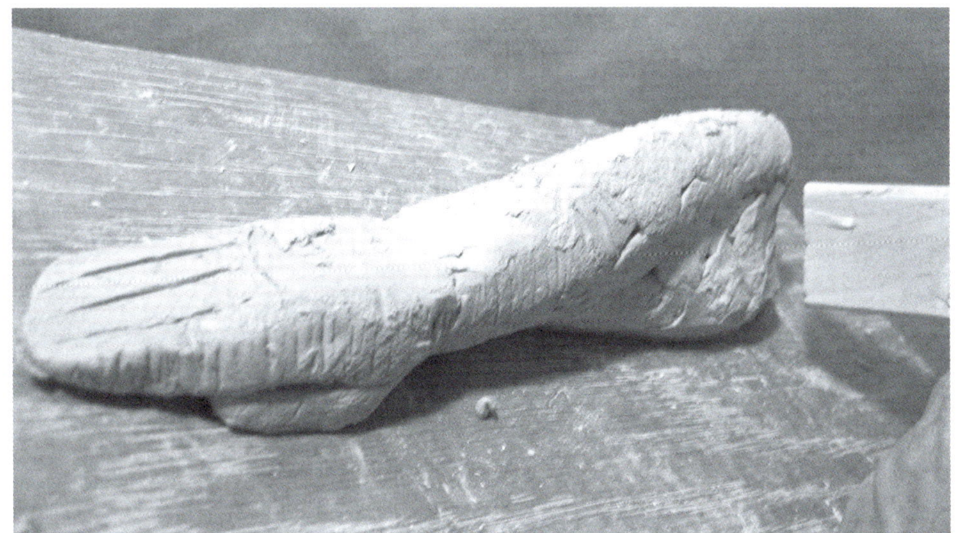

Mit der Hand ist es wie mit der ganzen Figur: Wenn die grundlegende Blockstruktur erst einmal etabliert ist, können Sie anfangen, Tonbröckchen an den Flächen von Arm und Handgelenk anzusetzen, um den Formen Volumen zu geben. Beklopfen Sie den Ton mit dem Holzblock und harken Sie ihn mit der Modellierschlinge, um die Formen ineinander übergehen zu lassen, wo das schmalere Handgelenk zum breiteren Ellbogen übergeht.

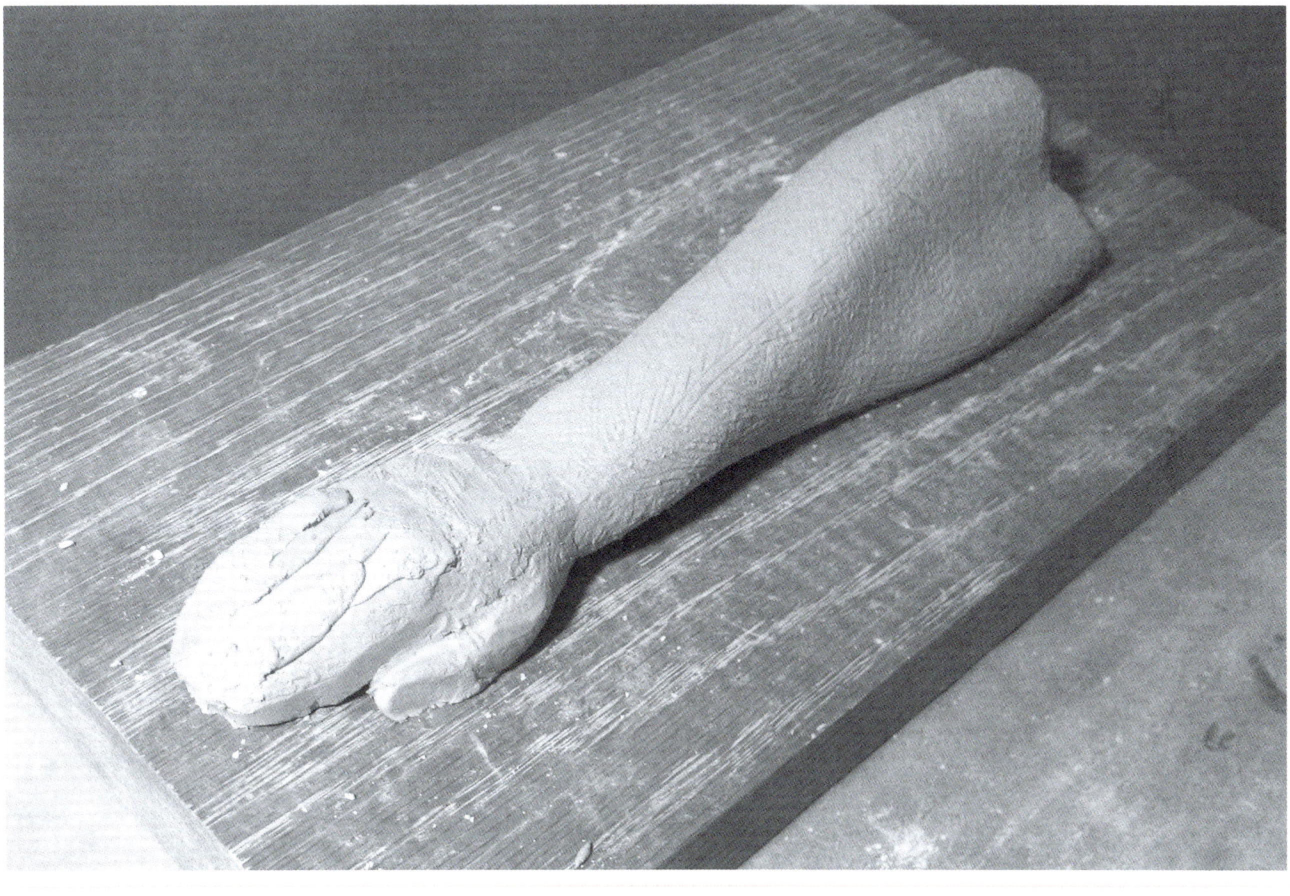

Bearbeiten Sie den Arm zum Schluss mit einem zusammengerollten Stück Jute, um ihm seine endgültige Textur zu verleihen.

8

DER FUSS

Der menschliche Fuß ist ähnlich gebaut wie die Hand. Füße sorgen dafür, dass wir nicht umfallen und der große Zeh hilft uns, das Gleichgewicht zu halten. Wie Sie wissen, haben wir es dem Daumen an der Hand zu verdanken, dass wir Gegenstände ohne Schwierigkeiten greifen und festhalten können. Ebenso krallt sich der große Zeh in den Boden und macht es so möglich, dass wir ohne Schwierigkeiten gehen können. Der Fuß kann zwar nicht ganz so extravagante, hochfliegende Gesten vollführen wie die Hand, doch auch er kann abheben. Der Fuß kann aus dem Stand in die Höhe schnellen und elegant gewölbt, mit lang gestreckten Zehen, den Boden hinter sich lassen.

DER SCHRITTWEISE AUFBAU

Wenn Sie mit dem Fuß anfangen, sollten Sie eine einfache Form im Hinterkopf behalten. Von der Seite betrachtet gleicht der Fuß einem Dreieck, von oben gesehen ist er vorne breiter als hinten. Die Zehenspitzen beschreiben eine Rundung, die vom großen zum kleinen Zeh verläuft. Beginnen wir mit der Grundform, bevor wir einzelne Zehen herausarbeiten.

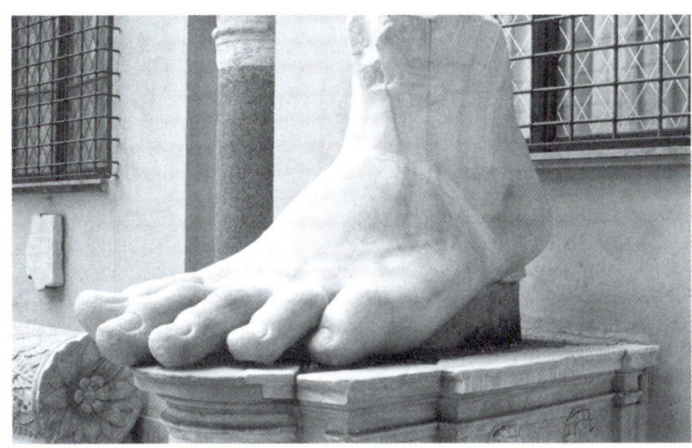

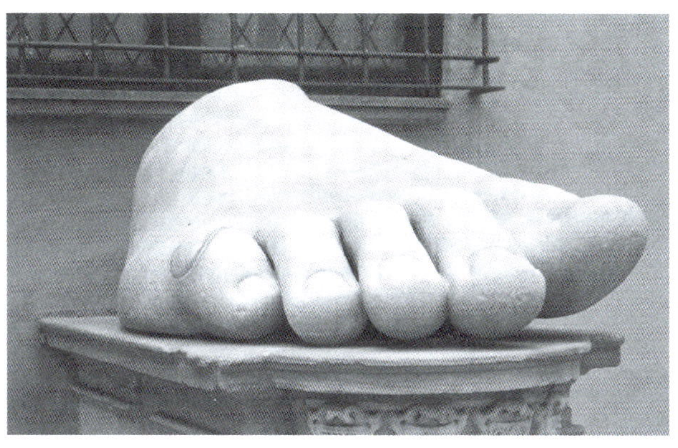

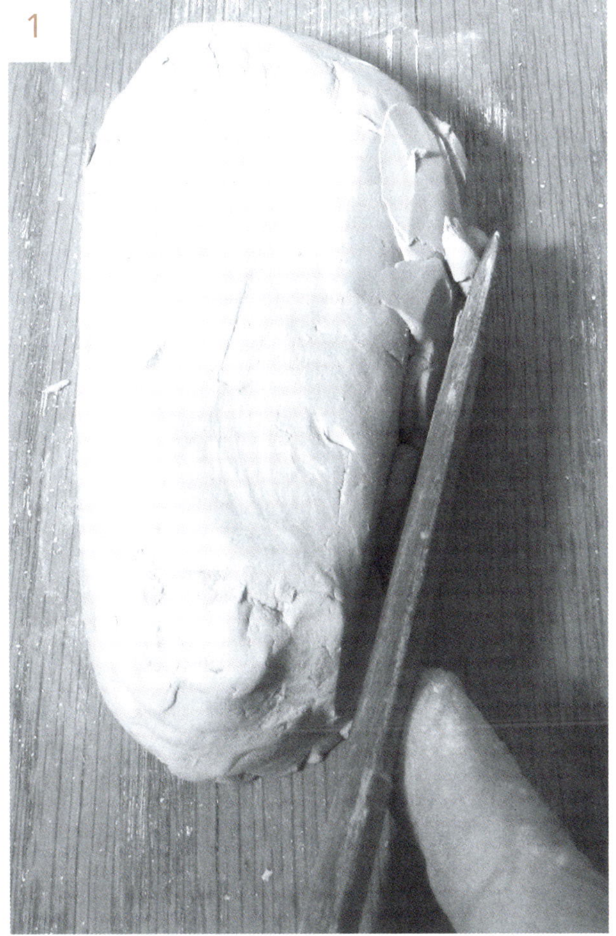

Diese beiden erstaunlichen Riesenfüße aus Marmor finden sich ebenso wie die Hände auf Seite 135 im Innenhof eines Museums an der Piazza del Campidoglio. Beachten Sie die rechteckige Form der Zehen. An ihrem Ende, unter den Zehnägeln, sind die Zehen ellipsenförmig gerundet. Die Zehenbeeren sind rund und gepolstert, nicht flach, und wölben sich an den Zehenspitzen nach oben. Beachten Sie, dass die Mittelfußknochen zum Ansatz des Unterschenkels hin ansteigen. Zwischen Mittelfuß und Zehen liegt ein flaches Stück. An der Außenkante des Fußes, vor dem kleinen Zeh, weist die Sohle eine Verdickung auf, die von der Unter- bis zur Oberseite des Fußes reicht.

1. Formen Sie aus Ton einen dicken Zylinder und lassen Sie ihn auf Ihre Arbeitsfläche fallen. Rollen Sie ihn aus, wie den Teig für einen Brotlaib. Klopfen Sie die Oberfläche mit der Hand flach. Da es sich um einen rechten Fuß handelt, schneiden Sie für das Längsgewölbe an der linken Seite eine Tonplatte ab, von der Ferse bis zum Knochen des großen Zehs. Von diesem knochigen Punkt aus gehen Sie 30 Grad nach rechts und schneiden Ton vom großen Zeh ab. Der große Zeh neigt sich in Richtung des kleinen Zehs.

Fügen Sie außerdem kleine Tonbröckchen an der Außenkante des Fußes an, um den Bereich um den kleinen Zeh aufzubauen.

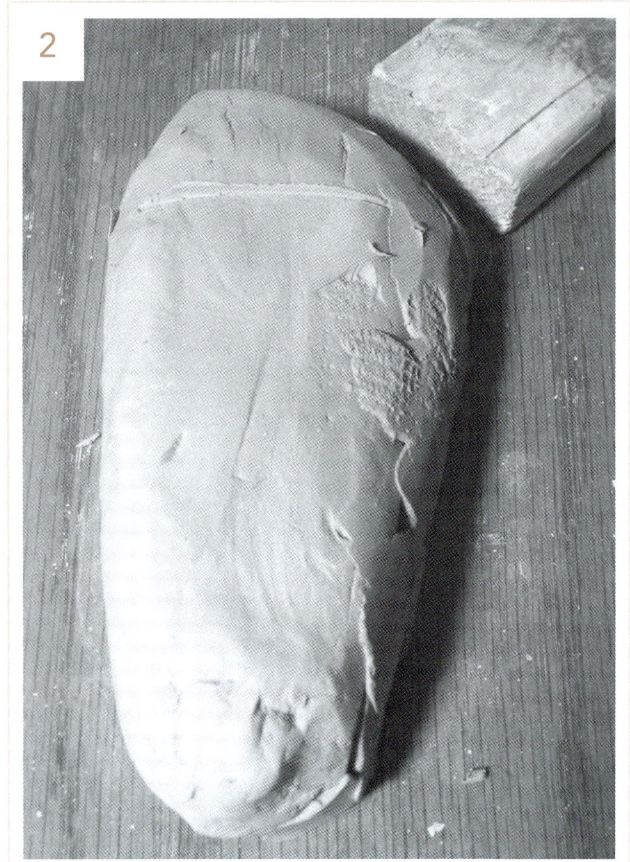

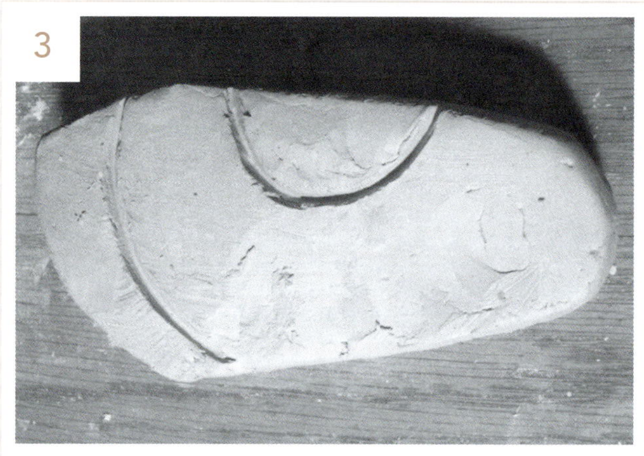

2. Runden Sie die Fußspitze an den Zehenenden, vom großen bis zum kleinen Zeh. Schneiden Sie an der Außenkante des Fußes Ton ab. Setzen Sie an den Zehen an und schneiden Sie bis zur Ferse. Lassen Sie den Fuß zur Ferse hin schmaler werden. Zwischen dem Grundglied des großen Zehs und dem Grundglied des kleinen Zehs ist der Fuß am breitesten. Die Ferse ist ungefähr halb so breit wie der Vorfuß. Nehmen Sie Ihren eigenen Fuß als Modell. Messen Sie die Länge, die Breite der Ferse und den vorderen Teil des Fußes. So begreifen Sie die Proportionen und die Form des Fußes am besten.

3. Drehen Sie den Ton um. Zeichnen Sie mit der Spitze des Modellierholzes eine geschwungene Orientierungslinie für die Zehen und einen Halbkreis für die Wölbung des Längsgewölbes in die Fußsohle.

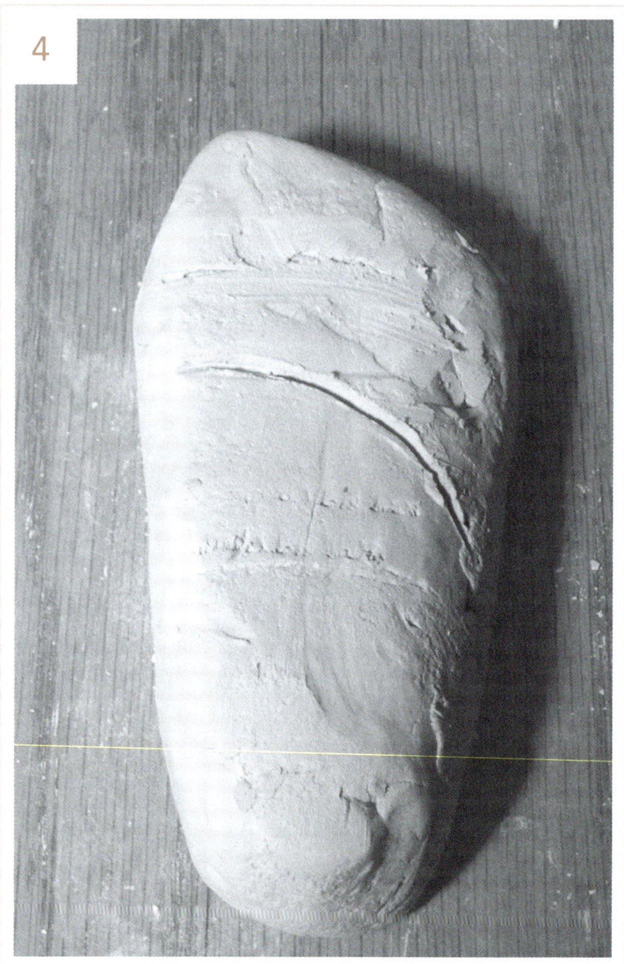

4. Drehen Sie den Ton wieder mit der richtigen Seite nach oben. Zeichnen Sie eine geschwungene Orientierungslinie kurz unterhalb der Mittelfußknochen. Diese Linie verläuft parallel zur Rundung der Zehen an der Fußspitze.

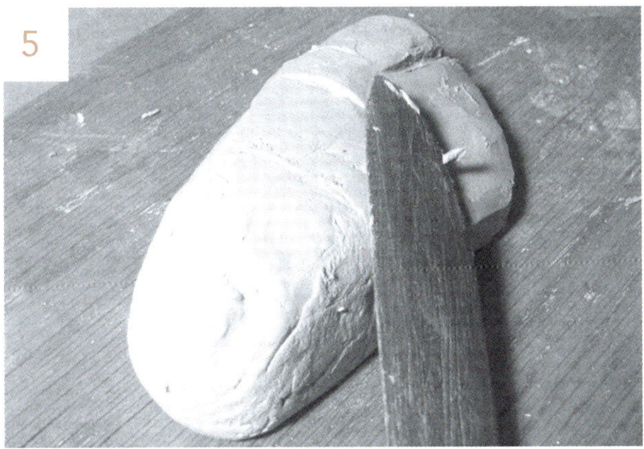

5. Setzen Sie die lange Kante des Modellierholzes an der Orientierungslinie an. Schneiden Sie eine zur Außenkante der vier Zehen hin schräg abfallende Fläche ab. (Der große Zeh bleibt unverändert.)

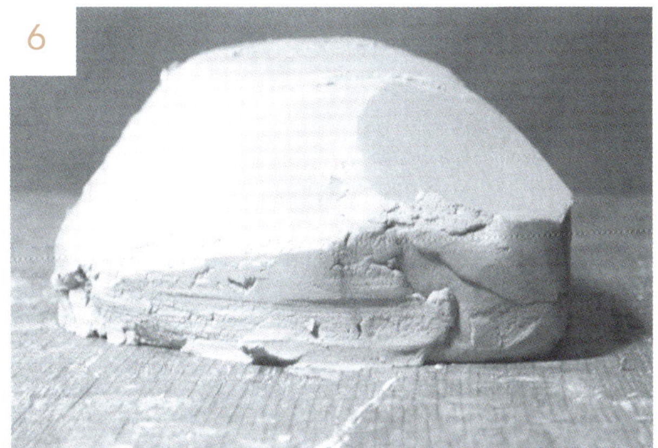

6. Schneiden Sie auf der Oberseite des großen Zehs eine Fläche ab, die parallel zur Arbeitsfläche verläuft. Bei dieser Frontalansicht der Zehen auf Augenhöhe sehen Sie die Schrägung der oberen Fläche der Zehen und die Neigung der oberen Fläche des großen Zehs. Beide Schrägen beginnen an der Anstoßkante der Flächen. Beachten Sie auch, wie die Vorderfläche des Fußes von rechts, vom großen Zeh aus, nach links zum kleinen Zeh schmaler wird.

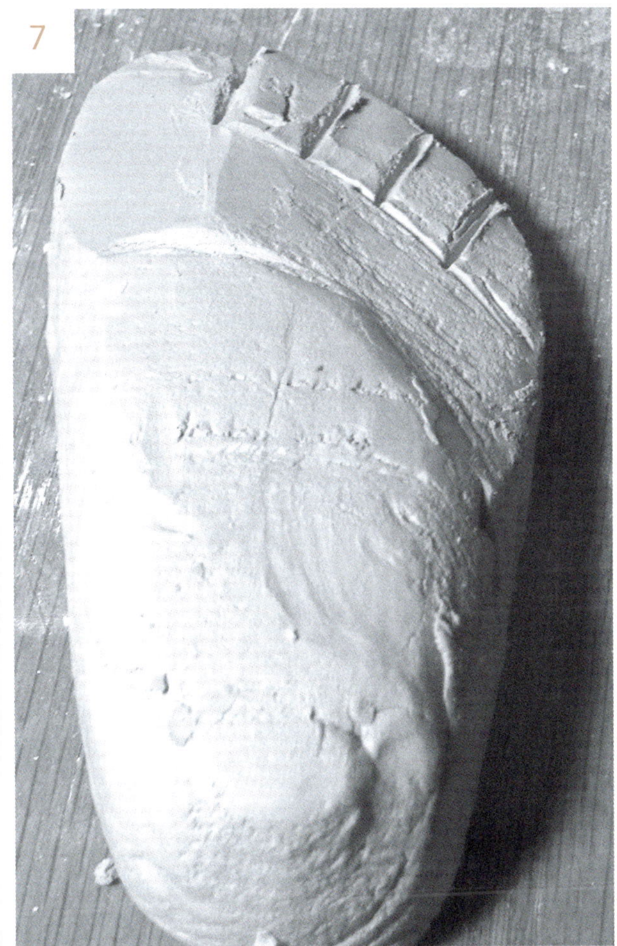

7.Ziehen Sie eine geschwungene Orientierungslinie vom Endgelenk des großes Zehs bis zum Endgelenk des kleinen Zehs. Markieren Sie vier parallele Linien für die Zehen. Die Linien beginnen an der geschwungenen Orientierungslinie und sind ein wenig zur Außenkante des Fußes hin geneigt. Beachten Sie bei dieser Draufsicht die schräg abfallende Fläche der Zehen und die obere Fläche des großen Zehs.

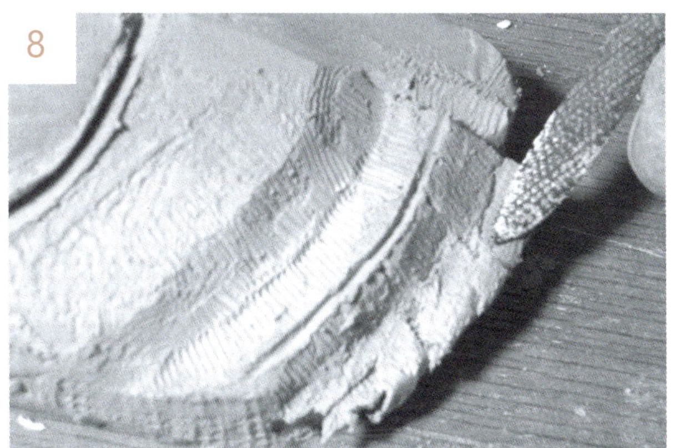

8. Formen Sie stufenförmige Flächen, von den obersten bis zu den vordersten Zehgelenken an den Zehnägeln. Nehmen Sie die Riffelraspel, um den oberen Bereich der einzelnen Zehen herunterzudrücken. Folgen Sie dabei der Rundung, die die Zehenspitzen vom großen bis zum kleinen Zeh beschreiben. Fügen Sie in diesem Stadium auch einen Streifen aus Ton an den Zehenspitzen an, um sie länger zu machen. Denken Sie daran: Sie machen keine Fehler, Sie passen nur an.

9. Setzen Sie an allen Zehen kleine Tonkugeln an, um die Zehenspitzen rundlich zu formen.

10. Für den Knöchelbereich des Unterschenkels setzen Sie oben auf das hintere Ende des Fußes einen dicken Tonzylinder auf. Fügen Sie einen dünneren Zylinder für das Sprungbein hinzu, den höchstgelegenen Knochen des Fußes,.

11. & 12. Bauen Sie die restlichen hochliegenden Knochen auf. Lassen Sie sie zur Außenkante des Fußes hin niedriger werden. Beachten Sie, dass der Fuß von der Seite betrachtet eine dreieckige Form aufweist. Die knochigen Abschnitte auf der Oberseite bilden eine langgezogene, steile Schräge vom Bein bis zum großen Zeh.

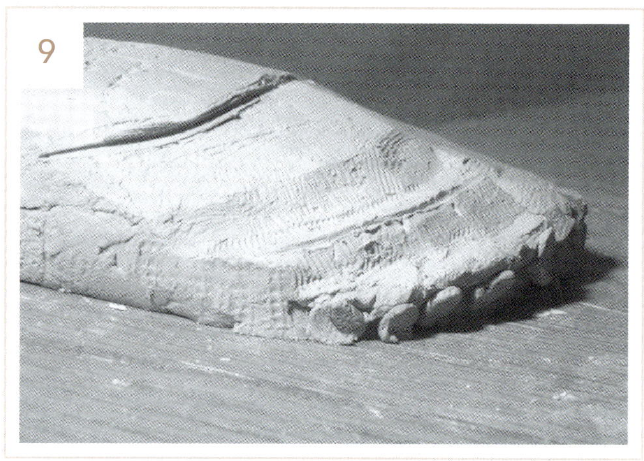

9

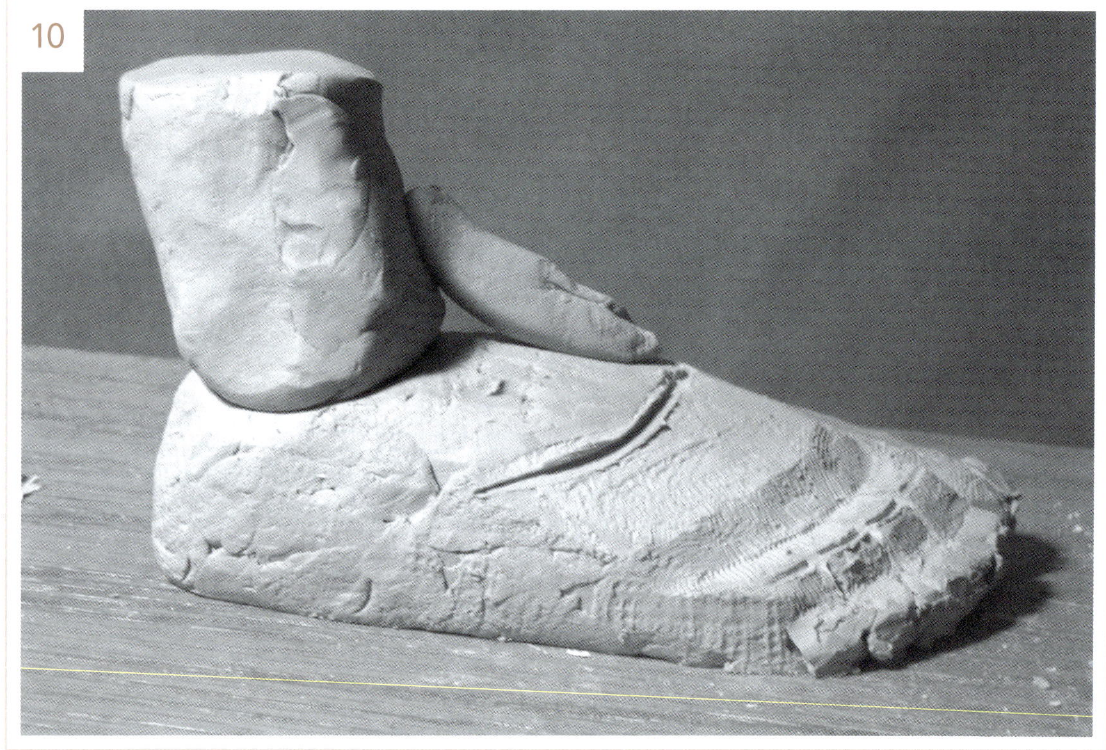

10

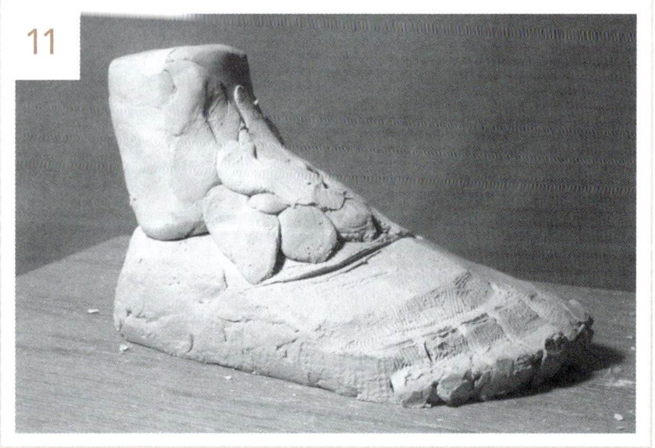

11

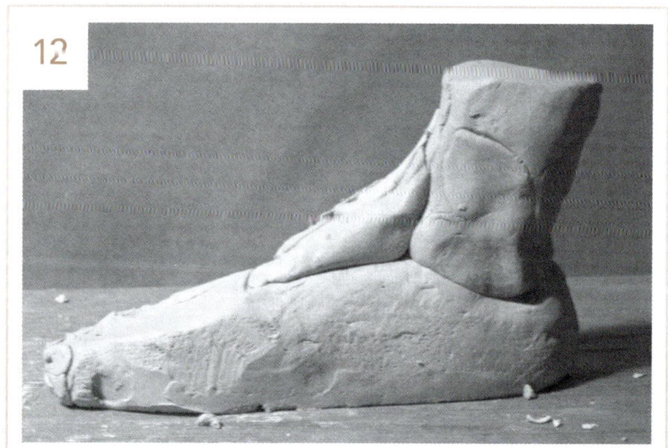

12

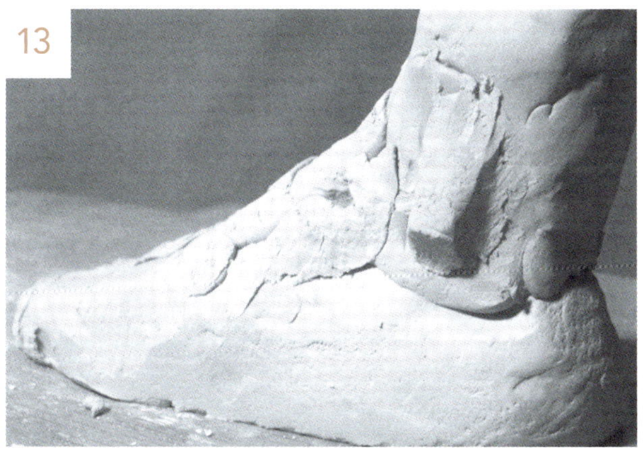

13

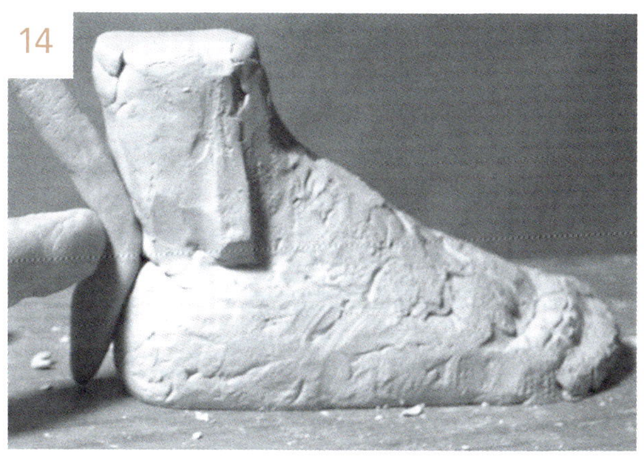

14

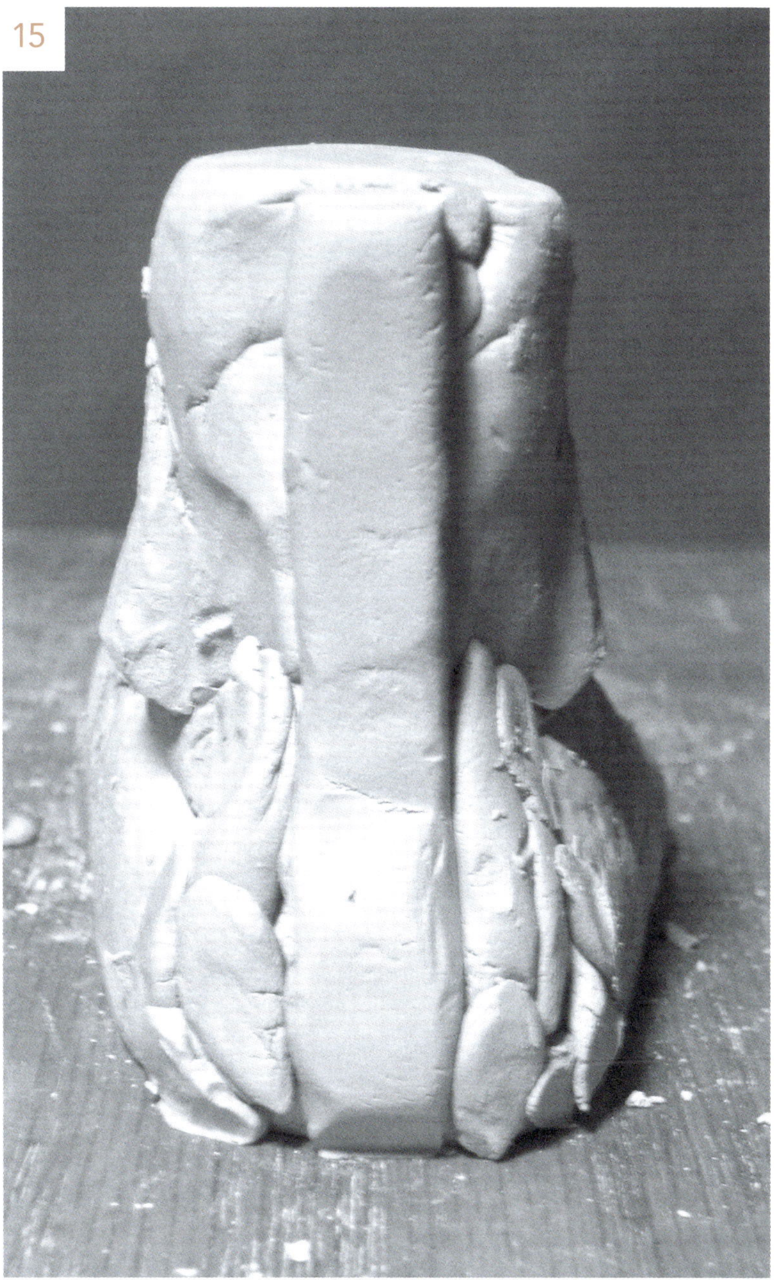

15

13. Bauen Sie den oberen Bereich auf. Fangen Sie an, an der Innenseite des Fußes eine dreieckige Form für den Knöchel aufzubauen. Setzen Sie sie oberhalb der Ferse und ein kleines Stück vor der Beinmitte an.

14. Für die Achillessehne und das Fersenbein (die Rückseite der Ferse) formen Sie einen Tonzylinder und befestigen ihn vertikal an der rückwärtigen Mitte des Unterschenkels. Oberhalb der Ferse drücken Sie mit dem Daumen eine Delle in den Tonstrang. Dies ist der Übergang zwischen den beiden Formen. Bauen Sie für den Knöchel an der Fußaußenseite ein kantiges Dreieck. Beachten Sie dabei, dass der äußere Knöchel etwas tiefer und weiter hinten am Bein sitzt als der innen liegende Knöchel.

15. Bauen Sie die Seiten der Ferse mit zusätzlichem Ton auf. Beachten Sie bei dieser Rückansicht die Breite des Tonstreifens für die Achillessehne.

16., 17. & 18. Harken Sie mit einer Modellierschlinge über die Bestandteile der Ferse, um sie miteinander zu verbinden. Beachten Sie, dass die Ferse birnenförmig oder dreieckig ist. Unten wird sie breiter und wölbt sich nach außen. Der äußere Knöchel sitzt tiefer und weiter hinten als der innen liegende. Auf dem Bild von der Außenseite des Fußes (17) können Sie Form und Kontur der Ferse gut sehen. Von der Achillessehne angefangen beschreibt sie nach hinten eine Rundung. Wenn Sie die Innenseite des Fußes von hinten betrachten (18), werden Form und Kontur der Ferse ebenso sichtbar wie die flächige Struktur des innen liegenden Knöchels. Beachten Sie auch, dass die Rückseite der Achillessehne eine gerade Fläche bildet. Seitlich von der Sehne stellt sich der Unterschenkel ebenfalls als eine Fläche dar. Ihre keilförmige Spitze grenzt vorne an den Knöchel und hinten an die Seite der Ferse.

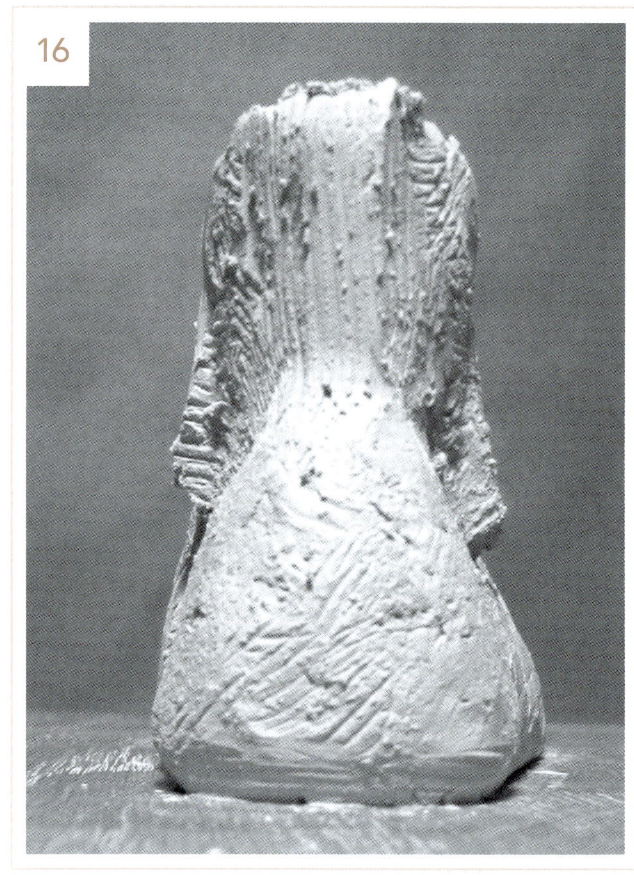
16

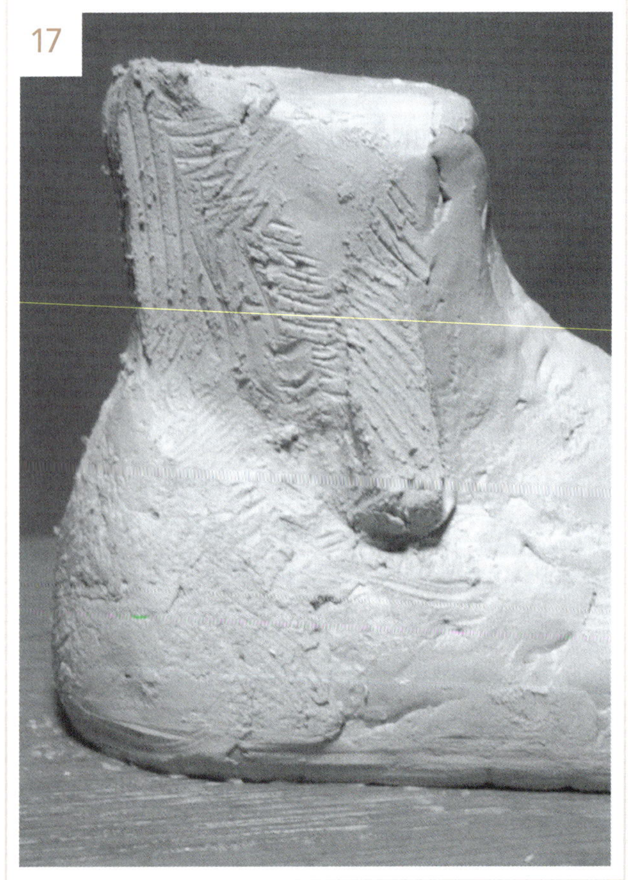
17

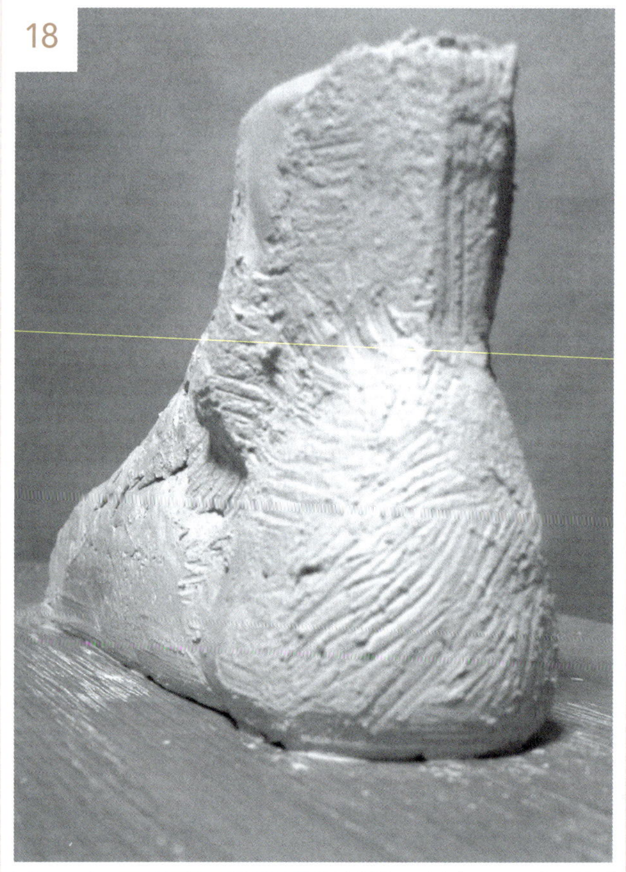
18

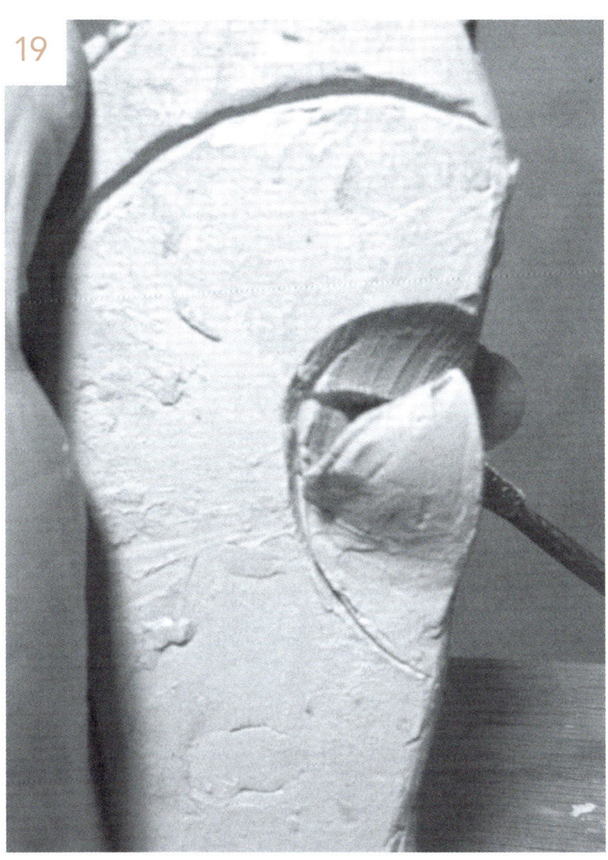

19. Stellen Sie den Tonfuß auf die Ferse, damit Sie anfangen können, Ton für das Längsgewölbe abzutragen. Setzen Sie die Riffelraspel seitlich am Fuß an, an der Öffnung der halbkreisförmigen Orientierungslinie, die Sie in Schritt 3 gezogen haben. Schneiden und schaben Sie Ton für die Wölbung aus. Gehen Sie nicht tiefer als 13 mm in die seitliche Fläche des Fußes.

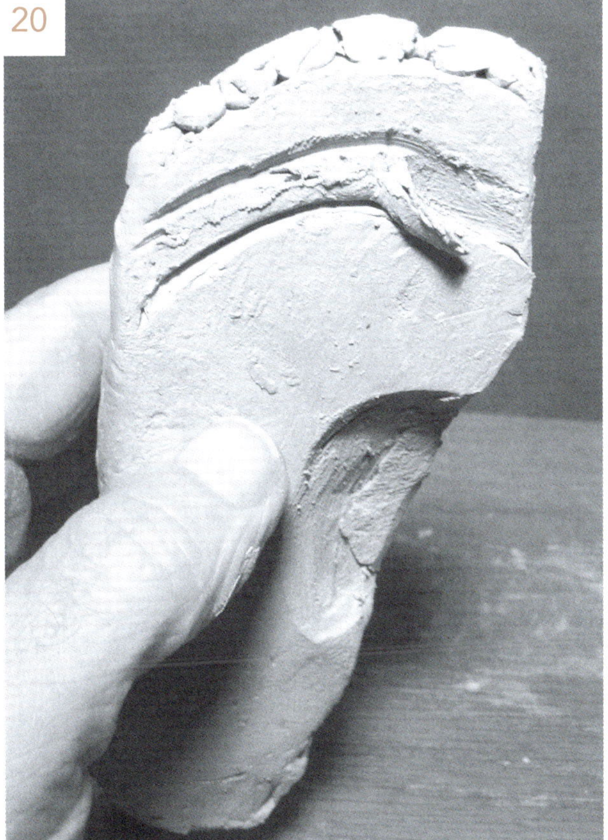

20. Höhlen Sie einen 13 mm tiefen Graben zwischen den Zehen und den Fußballen aus. Folgen Sie der geschwungenen Orientierungslinie für die Zehen aus Schritt 3.

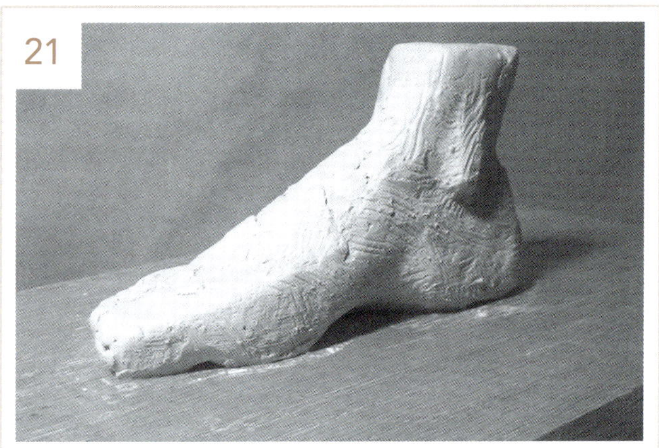

21

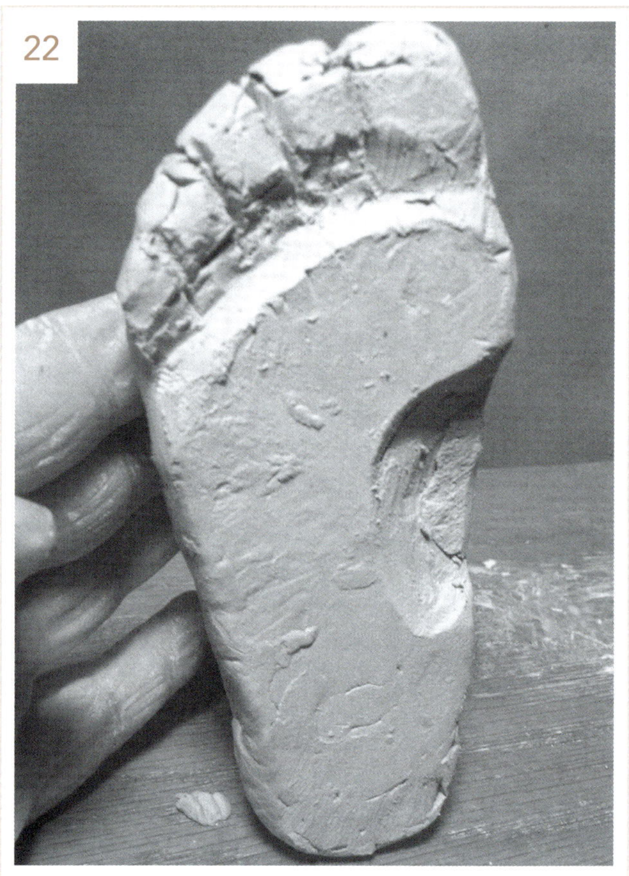

22

21. & 22. Zeichnen Sie Linien für die Zehen und arbeiten Sie die Zehenbeeren am Ende eines jeden Zehs heraus. Setzen Sie die Kante der Riffelraspel zwischen die Zehen an, drücken Sie sie abwechselnd rechts und links gegen die Seiten. Stellen Sie den Fuß dann wieder mit der Sohle auf die Arbeitsfläche. Wenn Sie ihn von der Seite mit dem Längsgewölbe aus betrachten, sehen Sie die Wölbung zwischen der Ferse und den Innenballen. In diesem Bereich gehen zwei Muskelgruppen ineinander über. Einen weiteren Übergang gibt es zwischen dem Ballen und der Zehenbeere des großen Zehs.

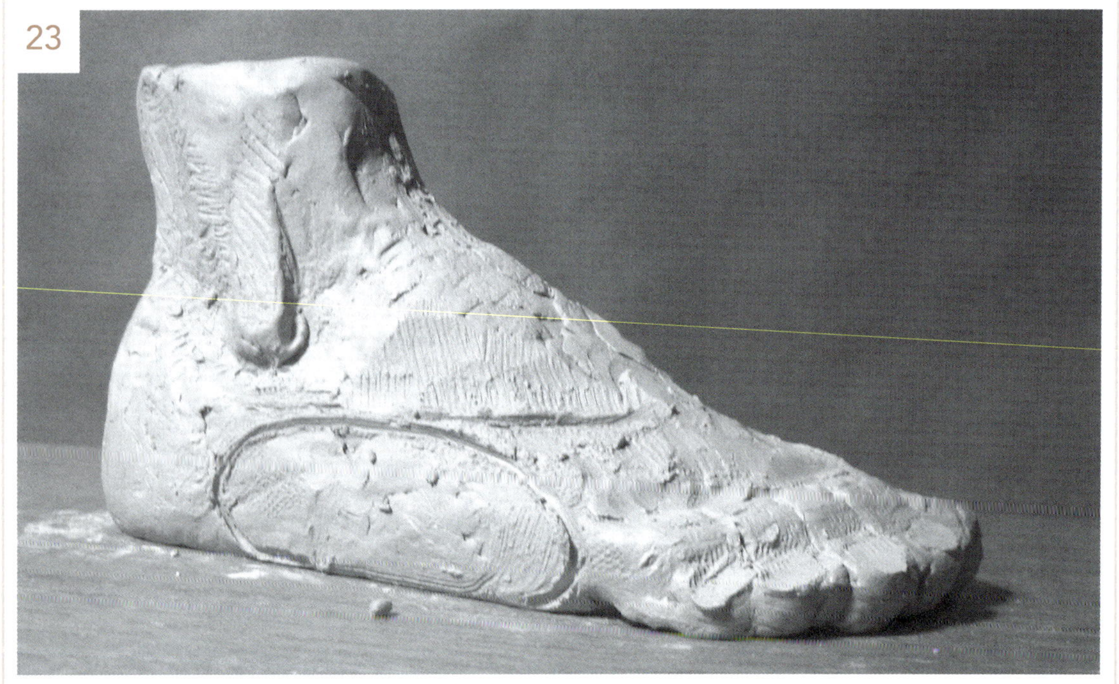

23

23. Zeichnen Sie am Fußaußenrand eine Orientierungslinie ein. Dort ist der Fuß etwas breiter. Beginnen Sie, die Oberfläche des Fußes mit der Modellierschlinge zu harken und die Übergänge zu glätten.

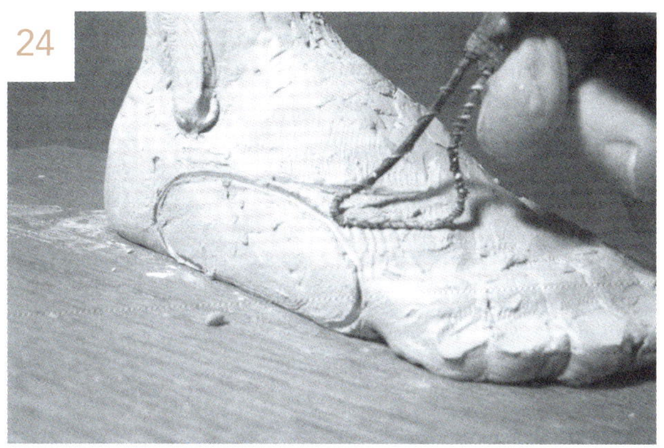

24

24. & 25. Nehmen Sie mit dem Ende des Modellierholzes etwas Ton von einem Tonklumpen auf. Fügen Sie den Ton an der markierten Fläche am Außenrand des Fußes an und bauen Sie so das Volumen der Form auf. Harken Sie über die Oberfläche des Fußes und die Flächen am Knöchel und an der Fußseite.

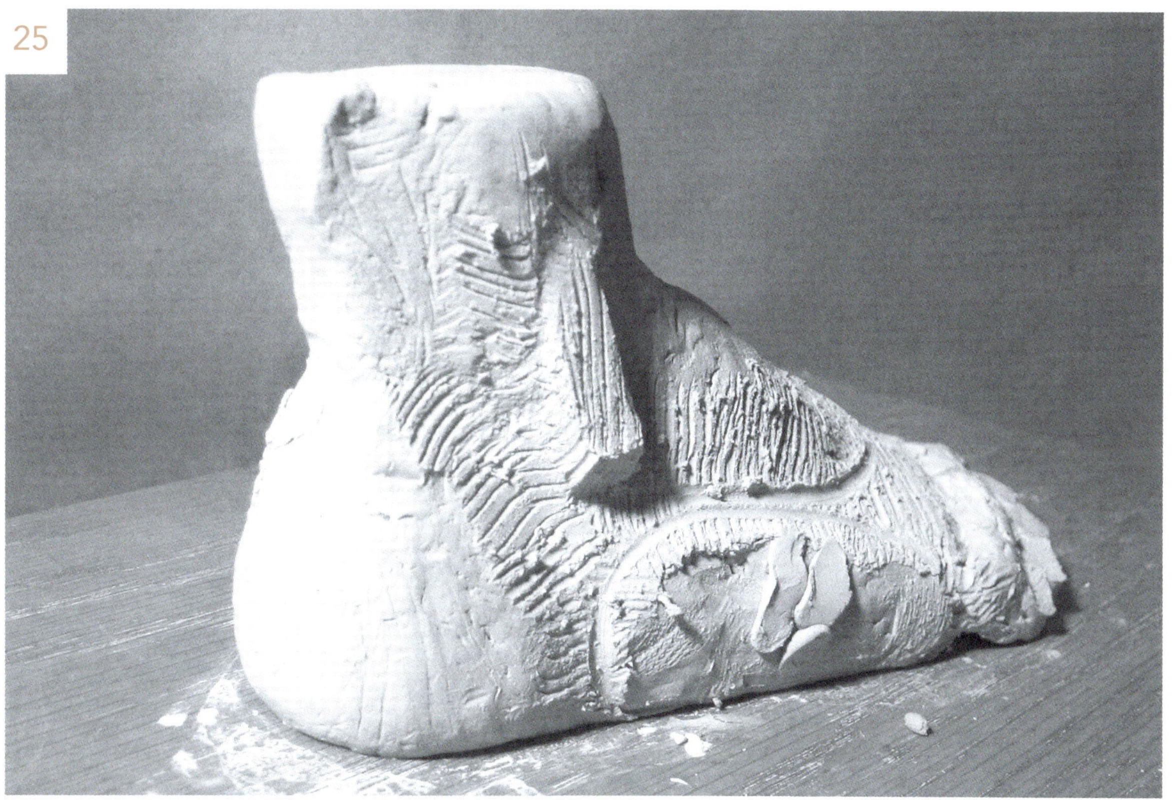

25

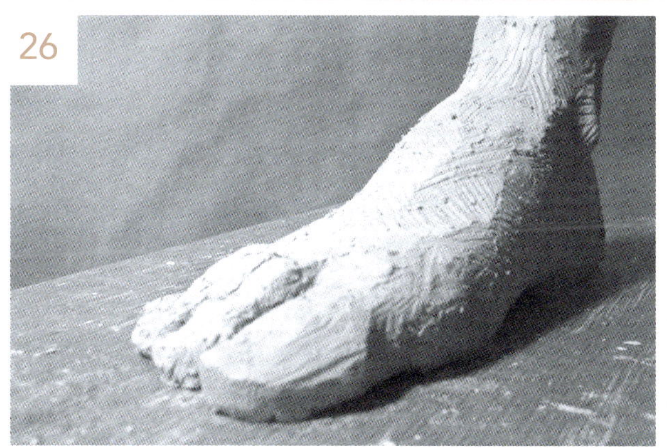

26

26. Fangen Sie an, die Zehen durch Harken mit der Modellierschlinge zu formen. Zwischen dem Zehenballen und der Zehenbeere weist der große Zeh eine schmale Stelle auf. Am Nagelansatz ist er breiter und zur Zehenspitze hin wird er wieder schmaler. Arbeiten Sie beim großen Zeh die flächige Struktur des Seitenbereichs, der Vorderseite und der Oberseite heraus.

Setzen Sie an jedem Zehengelenk eines jeden Zehs etwas Ton an, um an Höhe zu gewinnen. Vergrößern und formen Sie das Volumen an den Zehenspitzen ebenfalls durch Anfügen von Ton. Beachten Sie, dass die Zehen kastenförmig aussehen.

27. Formen Sie Flächen an den Seiten des Großzehnagels. Markieren Sie die Position des Nagels mit Orientierungslinien. Setzen Sie die Vorderkante der Riffelraspel zwischen Zeh und Nagel an und drücken Sie den Ton, der den Zeh bildet, entlang der Rundung des Zehnagels herunter. So formen Sie den Zehnagel und grenzen den Nagel vom Zeh ab.

Runden Sie die Vorderkante des Zehnagels ab. Drücken Sie mit der Kante der Raspel in die Oberfläche des Zehs, so dass die Seiten des Nagels zum Vorschein kommen. Formen Sie eine Fläche mit abgeschrägtem Rand rund um den Zehnagel, so dass er aussieht, als sei er in den Zeh hineingesetzt.

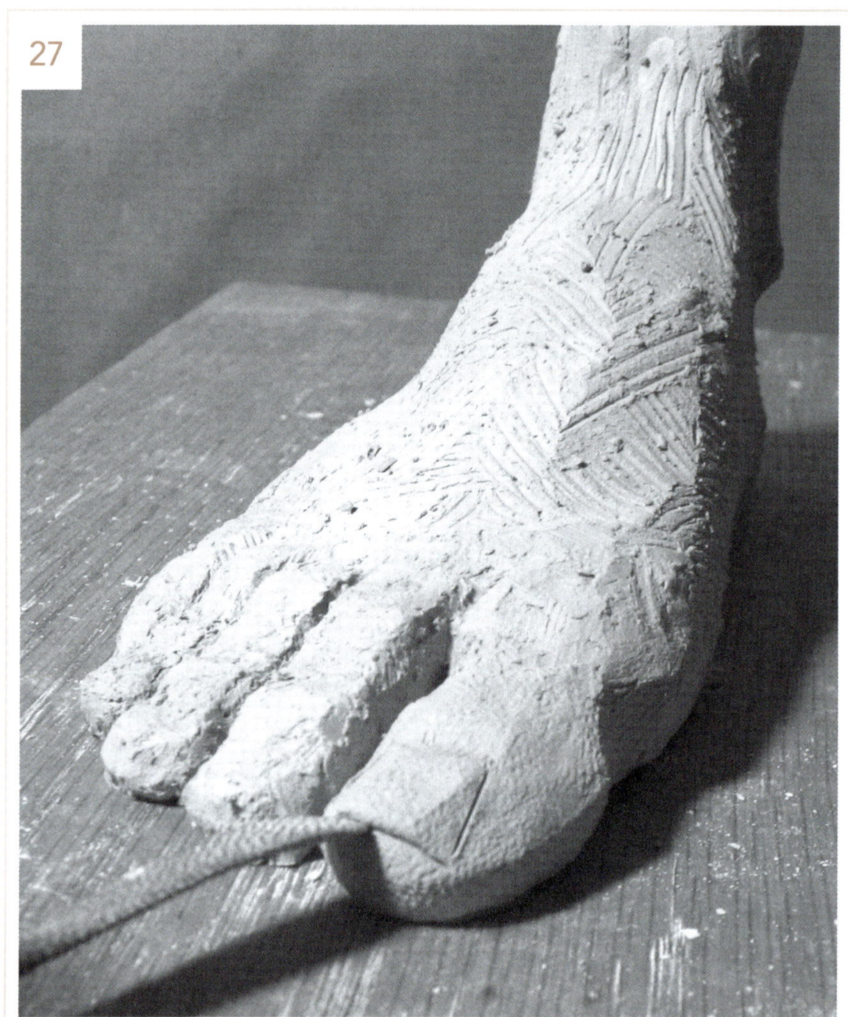

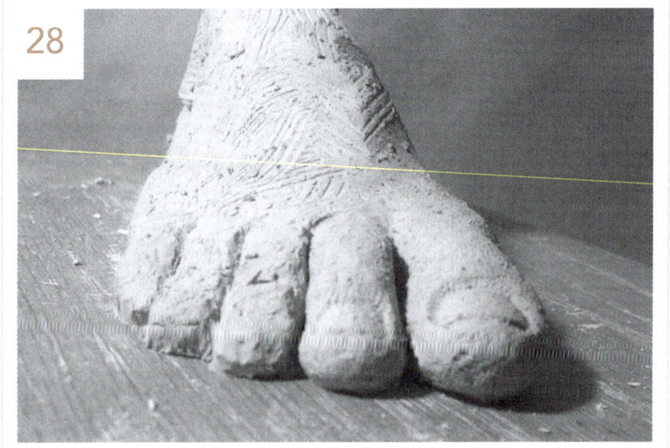

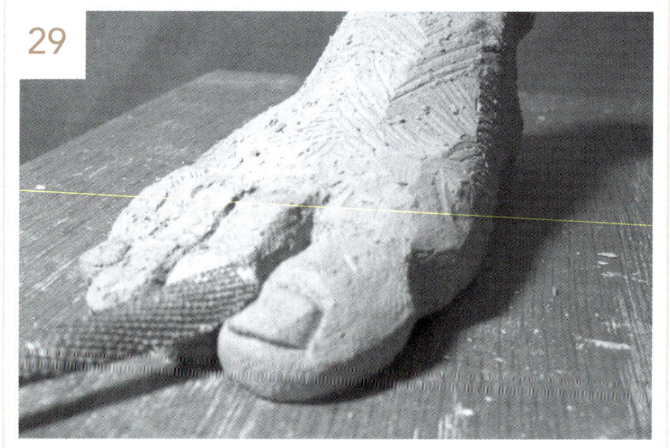

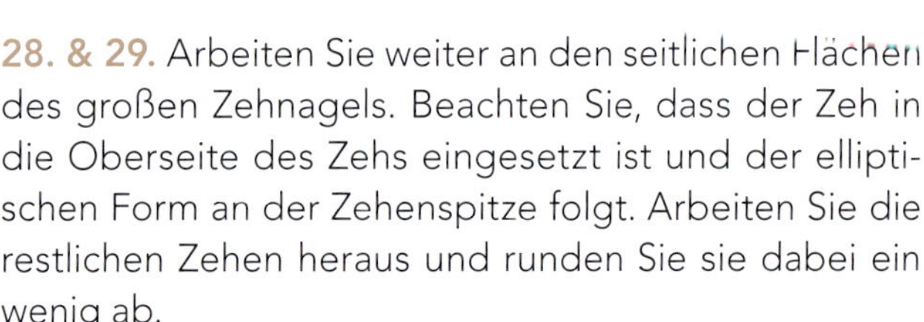

28. & 29. Arbeiten Sie weiter an den seitlichen Flächen des großen Zehnagels. Beachten Sie, dass der Zeh in die Oberseite des Zehs eingesetzt ist und der elliptischen Form an der Zehenspitze folgt. Arbeiten Sie die restlichen Zehen heraus und runden Sie sie dabei ein wenig ab.

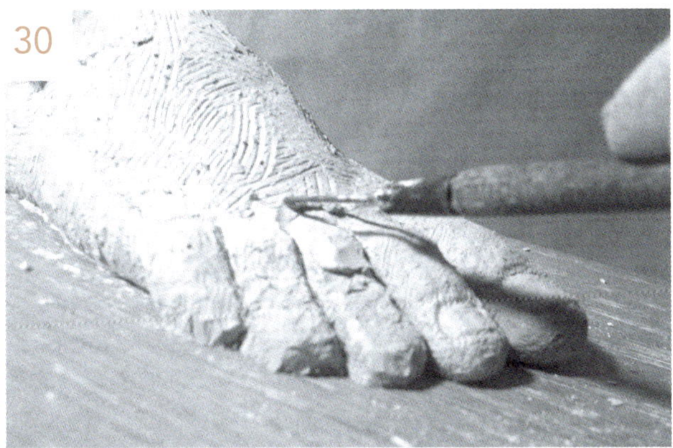

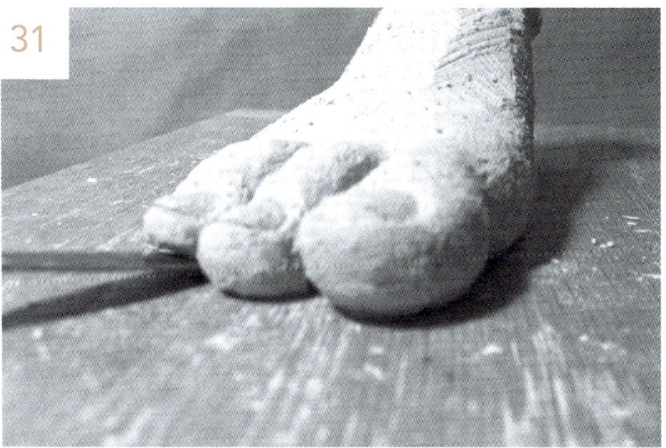

30. Formen Sie die anderen Zehen. Harken Sie mit der Modellierschlinge über die Oberseite des Fußes, angefangen von den hohen Knochen bis zu den Grundgliedern der einzelnen Zehen. Üben Sie dann mehr Druck auf das Werkzeug aus und formen Sie ein flaches Tal als Übergang, unmittelbar bevor Sie über die oberen Flächen der einzelnen Zehen fahren. Das gibt dem Zeh an der Stelle, an der er am Fuß ansetzt, eine leichte Krümmung.

31. Heben Sie jede Zehenspitze mit der Riffelraspel an und biegen Sie sie ein wenig nach oben.

32. Setzen Sie mit dem Modellierholz an jedem Zeh kleine Tonmengen an. So geben Sie ihnen Form und Volumen.

32

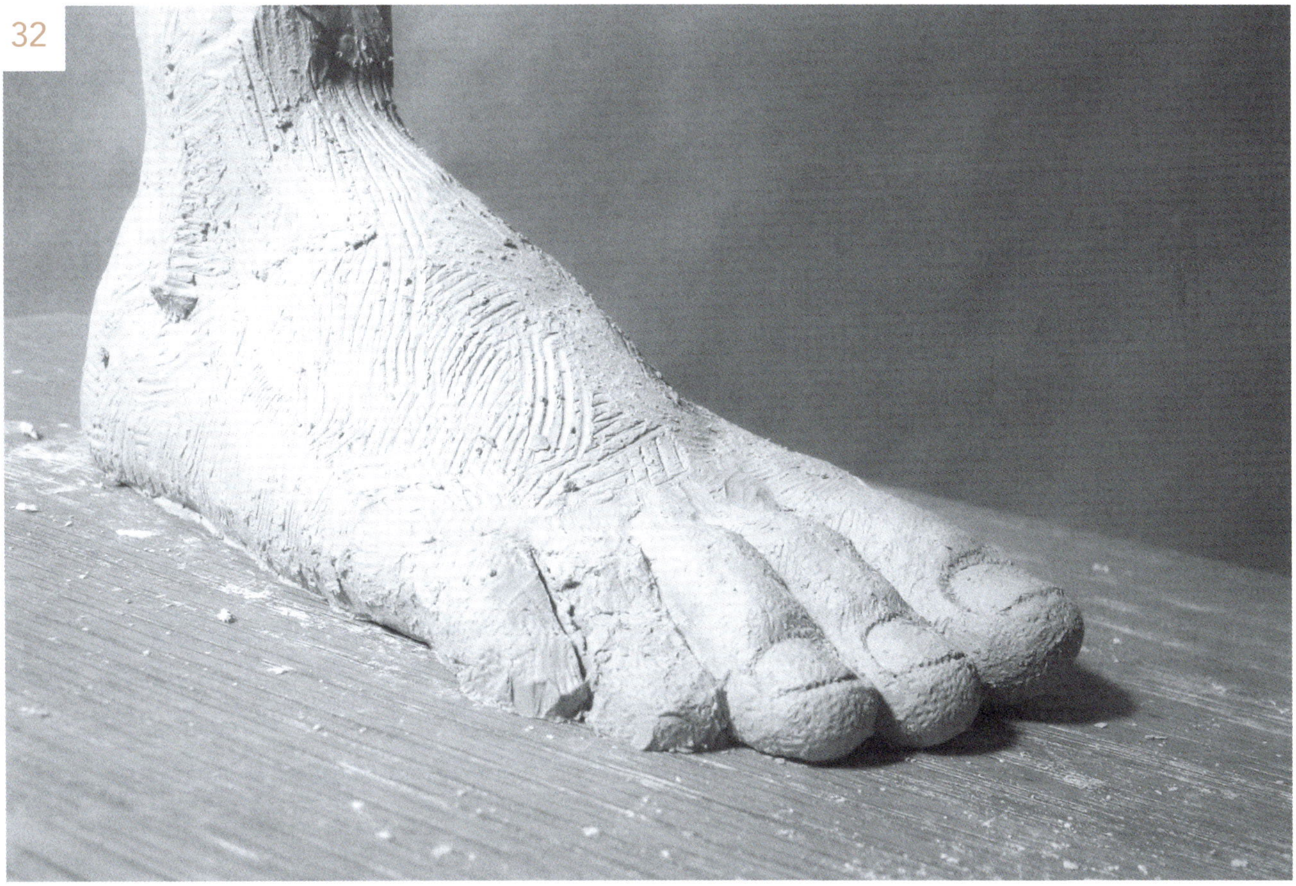

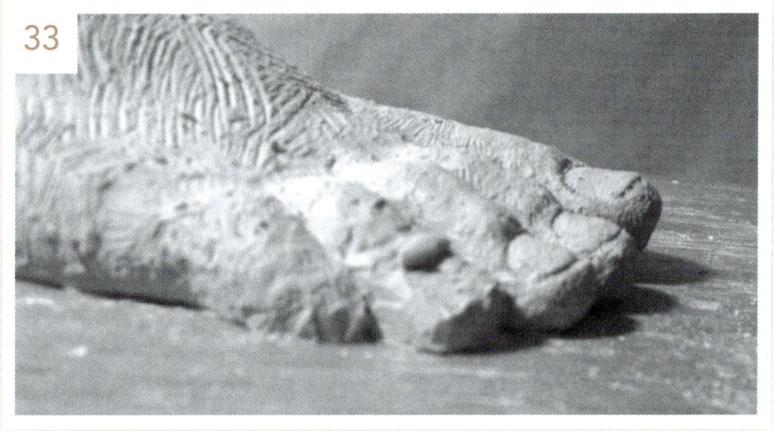

33

33. Setzen Sie knapp oberhalb der Nägel kleine Tonstreifen an den Zehen an, so dass die Zehen in diesem Bereich etwas höher werden.

34. Legen Sie den Fuß auf die Innenseite. Folgen Sie der Orientierungslinie und tragen Sie mit der Modellierschlinge weiteren Ton für das Längsgewölbe ab.

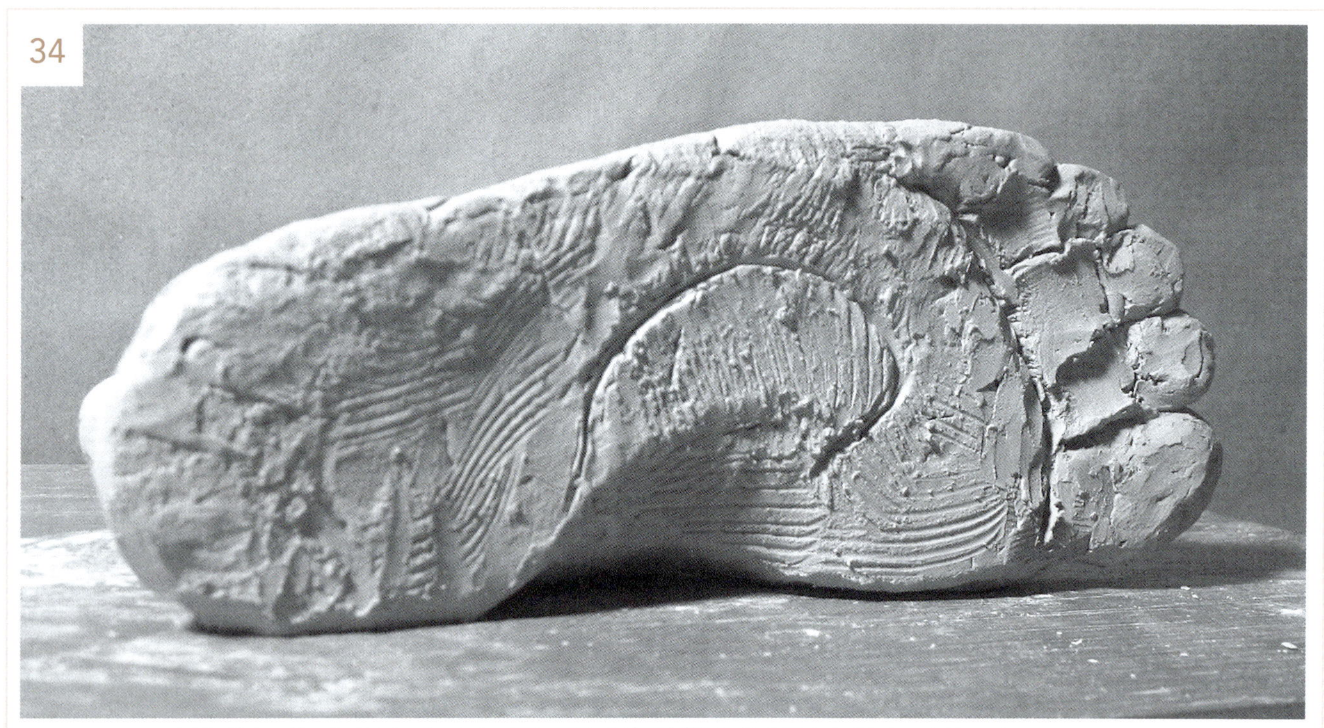

34

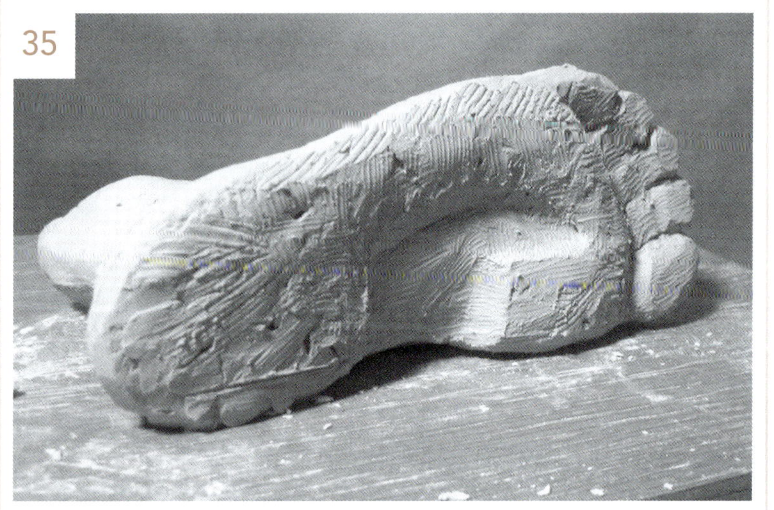

35

35. Legen Sie für den Ballen des großen Zehs eine Fläche an und zwar dort, wo der Ballen aus der Wölbung hervorgeht.

Formen Sie Flächen für die Sohle der Ferse und die Außenkante des Fußes.

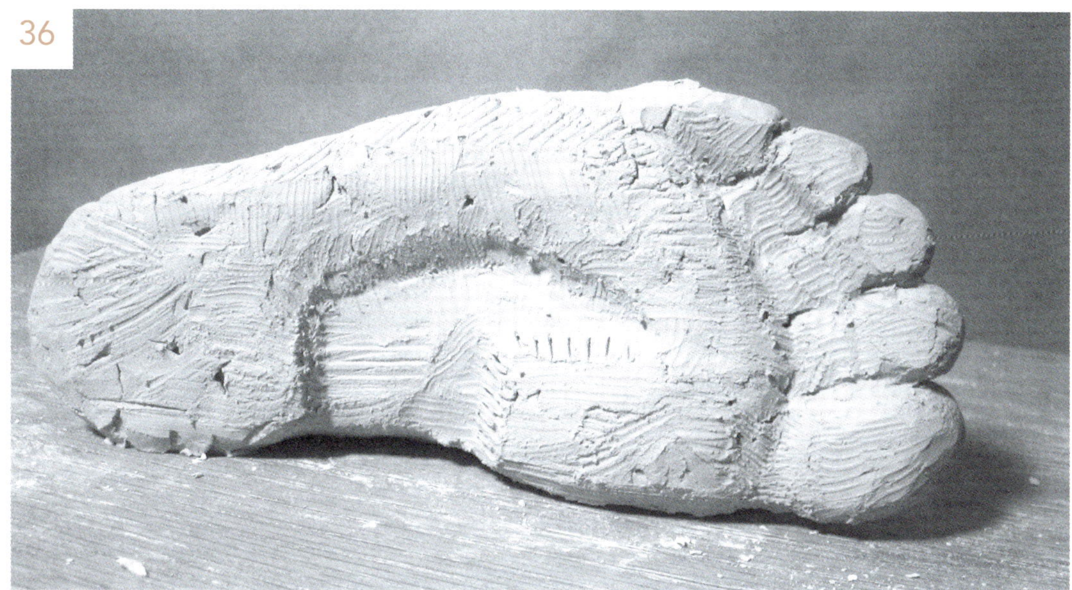

36. Formen Sie das Mittelglied der Zehen und die Zehenbeeren. Beachten Sie die schmale Fläche, die um die Ferse und die Sohle herum bis zum Ballen des großen Zehs zieht.

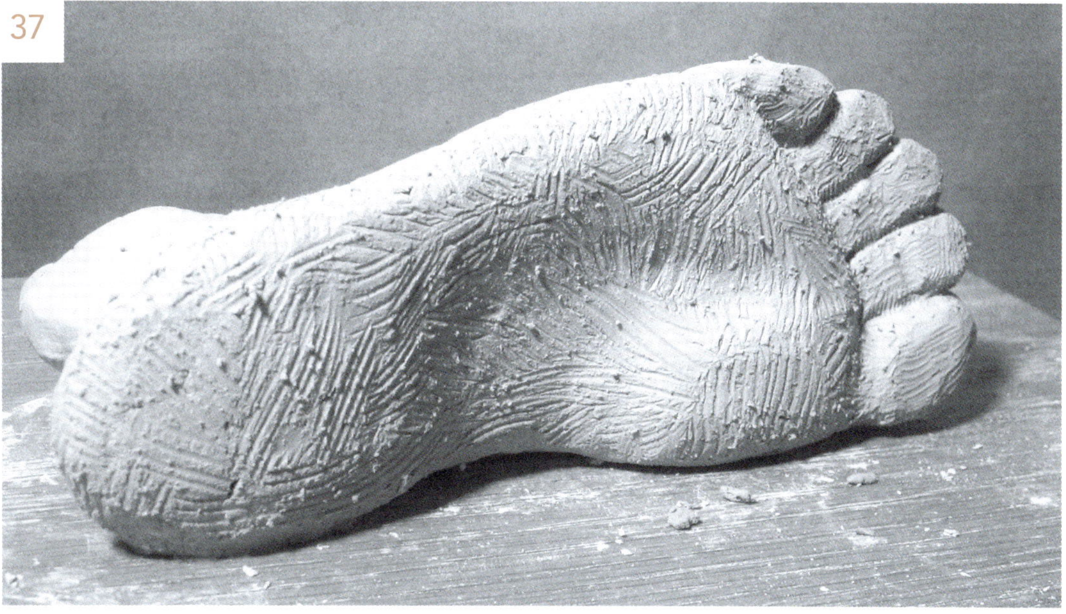

37. Harken Sie über die Flächen der Sohle, um die Übergänge anzugleichen und ihre Form und den rhythmischen Verlauf der einzelnen Bereiche herauszuarbeiten. Folgen Sie der Konturlinie entlang der Außenseite des Fußes. Beginnen Sie am großen Zeh, fahren Sie weiter bis zum kleinen Zeh, über die Außenkante des Fußes an der Ferse entlang, in das Längsgewölbe und um den Ballen des großen Zehs.

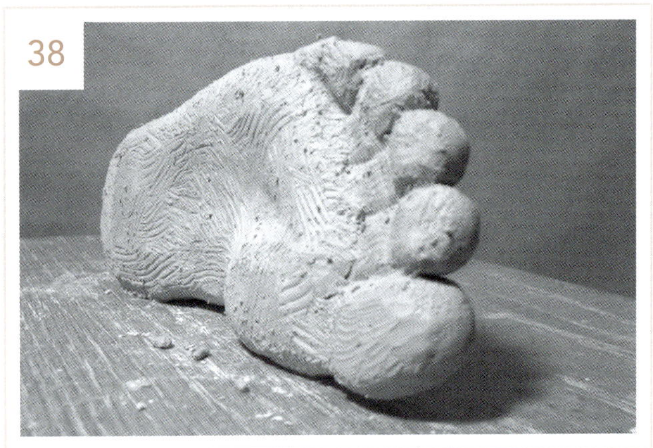

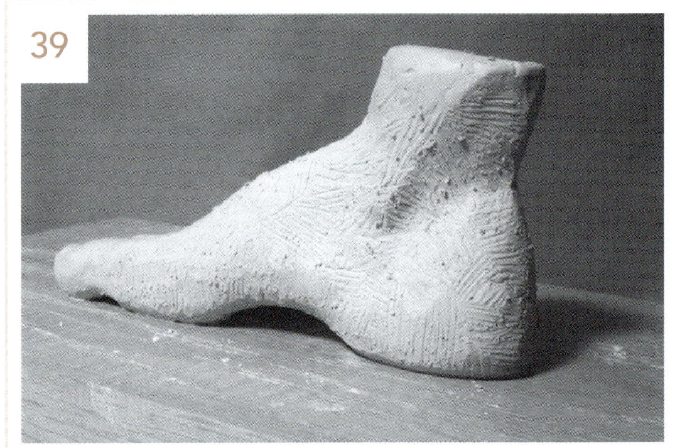

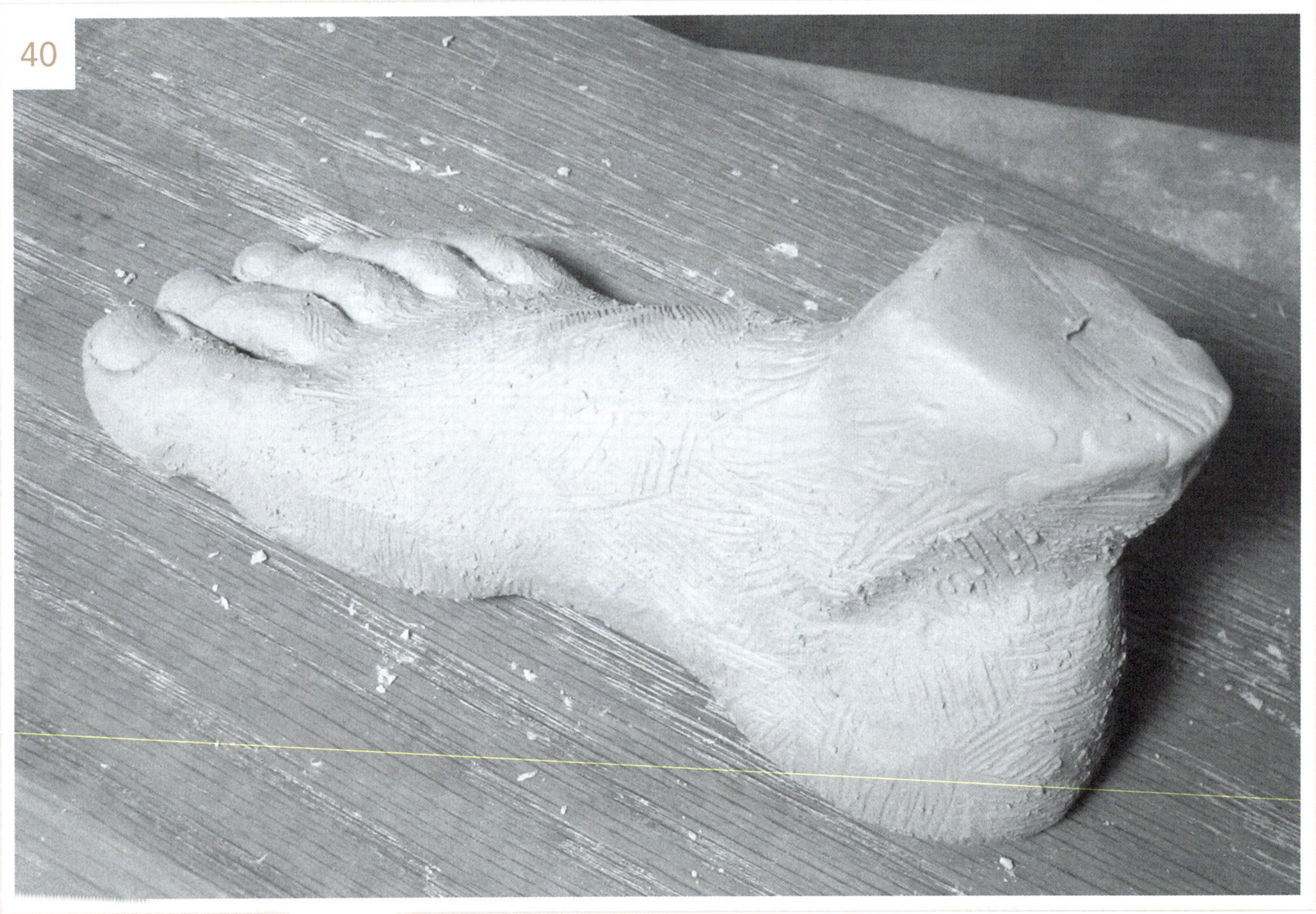

40

38., 39. & 40. Bevor Sie fortfahren, machen Sie sich Gedanken über die Beziehungen innerhalb der Form. Folgen Sie dem Verlauf der Oberfläche über die Zehenbeeren in die Furche über dem Ballen des großen Zehs, in das Längsgewölbe und hoch zur Ferse.

Sehen Sie sich auch die Form der Ferse an, von der Achillessehne bis zur Rundung des Längsgewölbes, die hohen Knochen des Spanns, den Ballen und die Zehenbeere des großen Zehs. Und beachten Sie die langen flachen Knochen (Phalanges) der Zehenglieder und die Positionen der Knöchel.

41

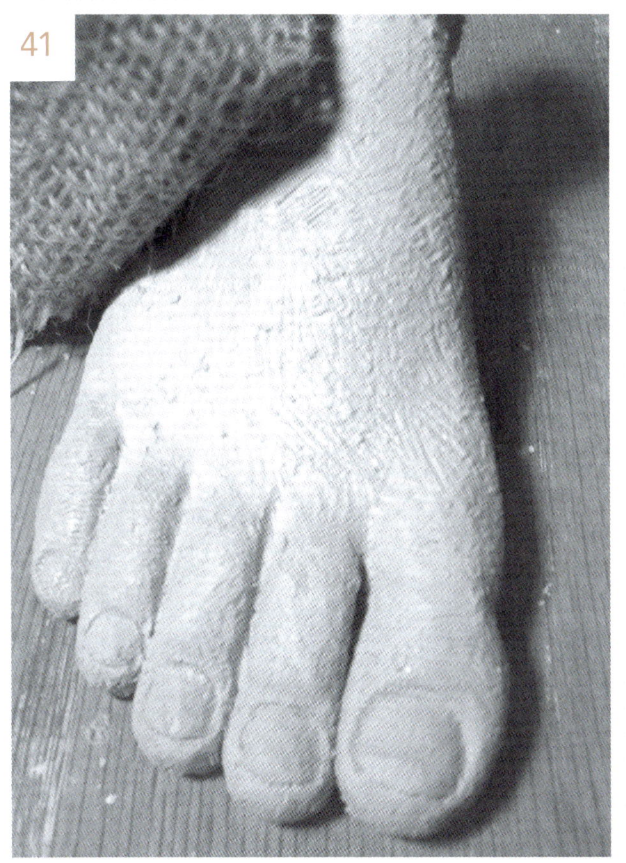

42

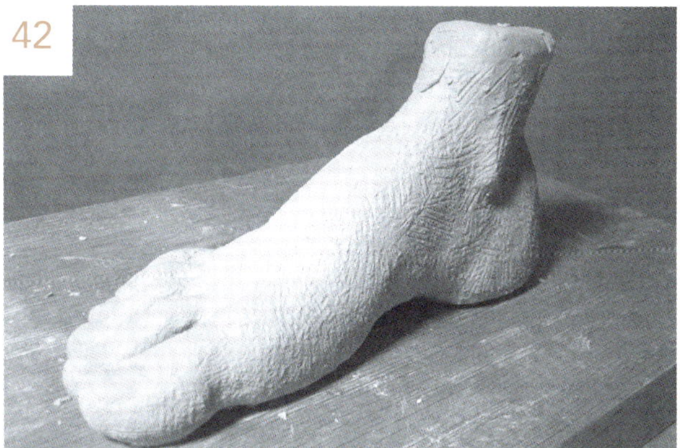

41., 42. & 43. Bündeln Sie ein Stück Jute, besprühen Sie es mit Wasser und drücken Sie es auf die Tonoberfläche, um ein weiche Textur entstehen zu lassen.

43

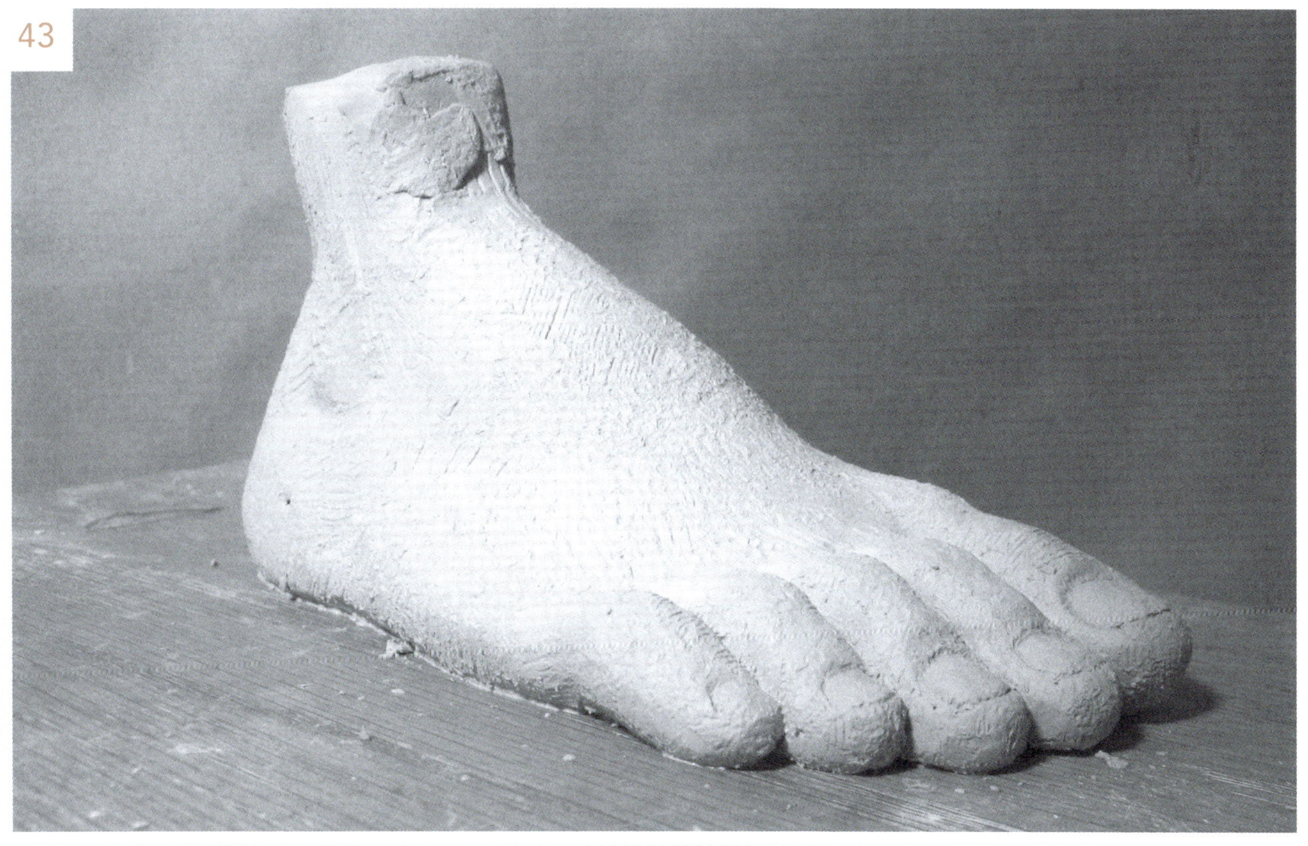

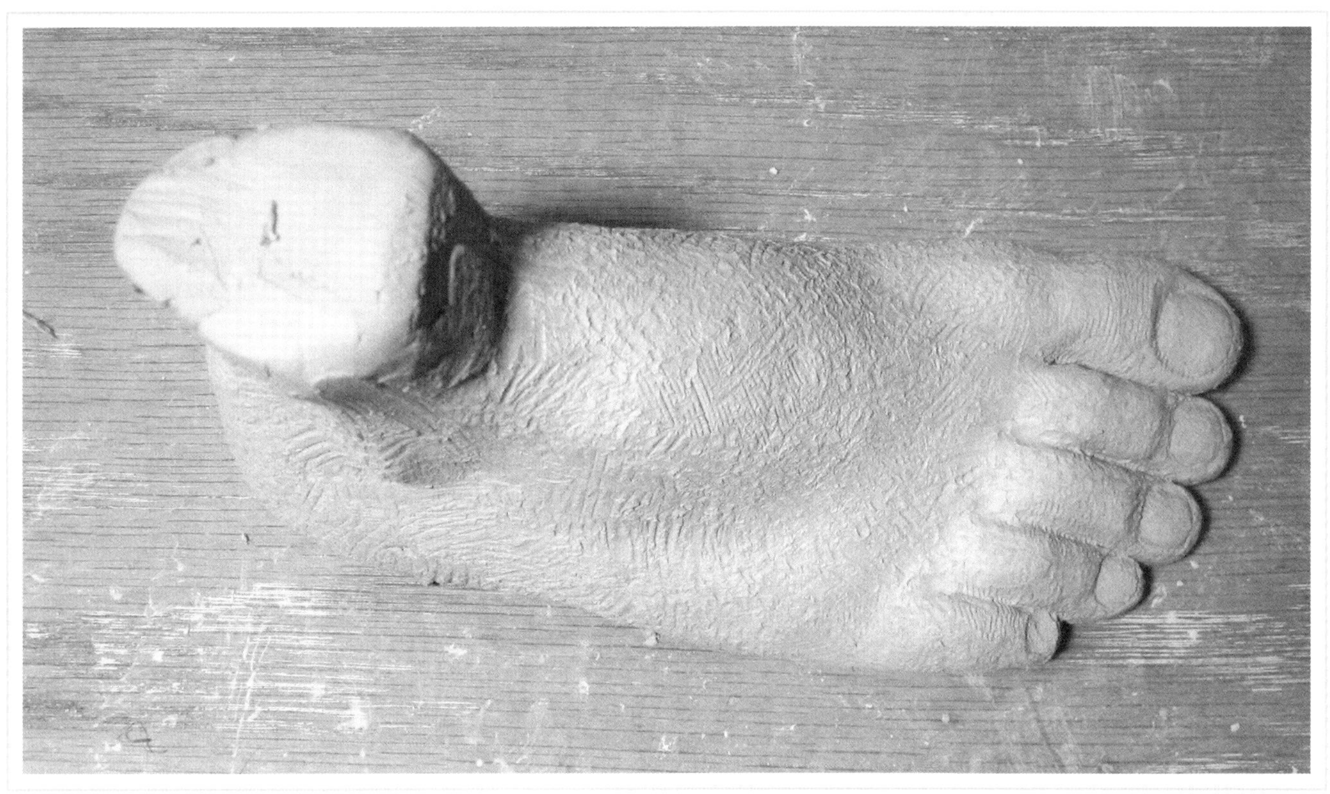

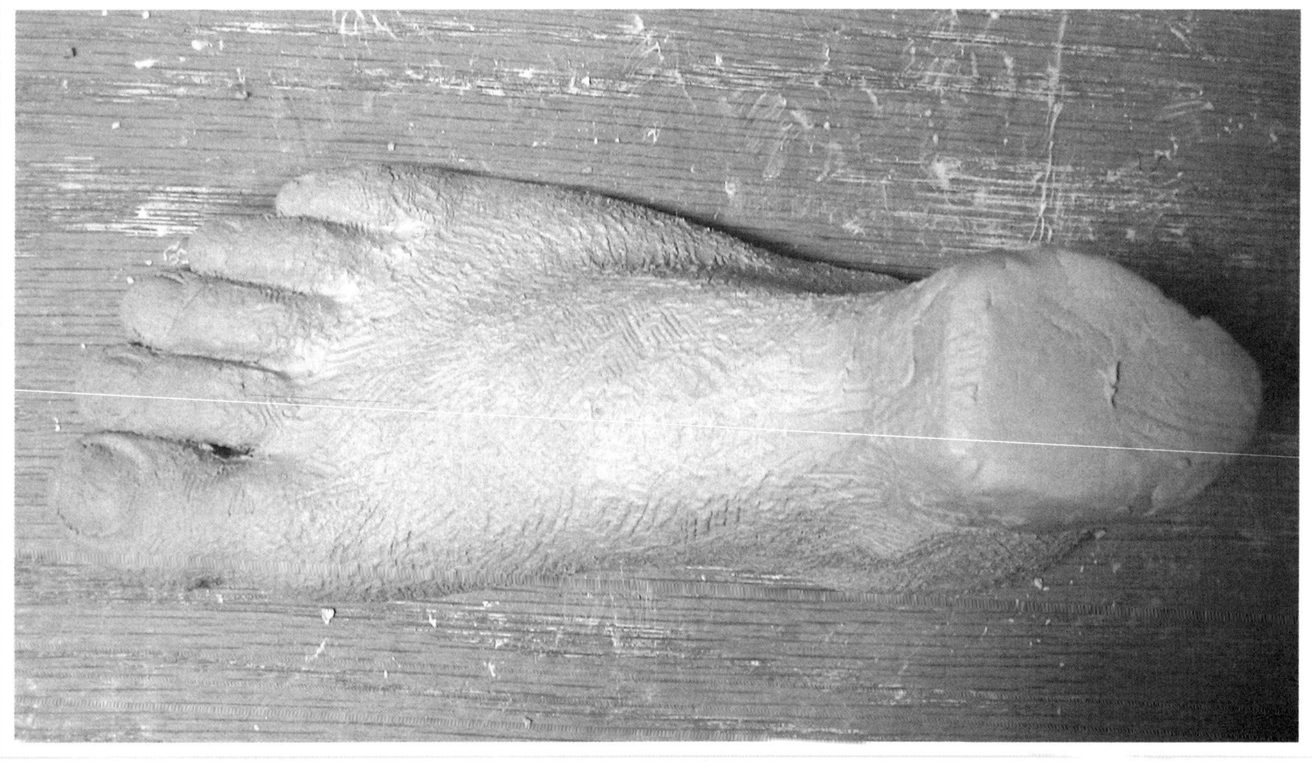

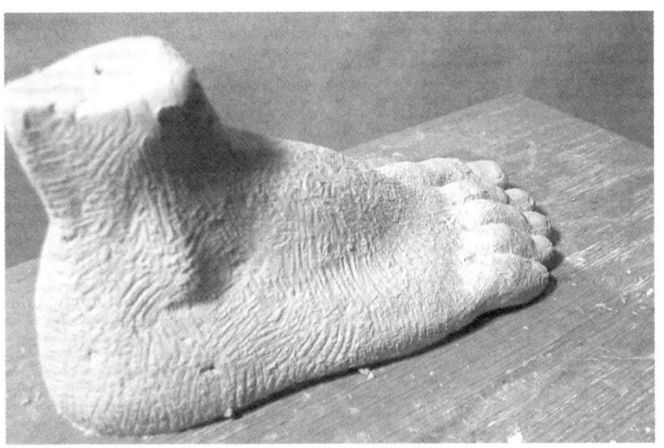

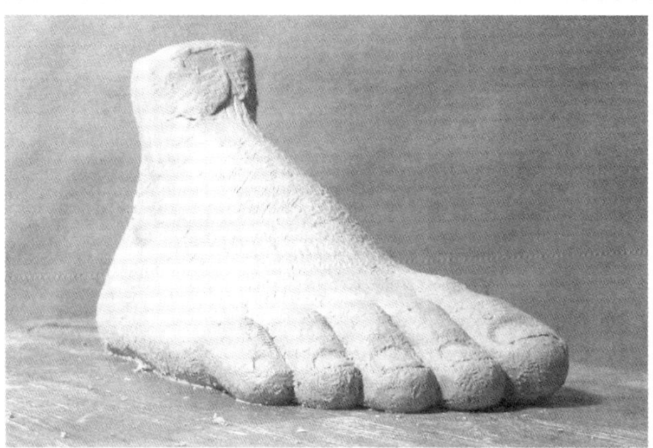

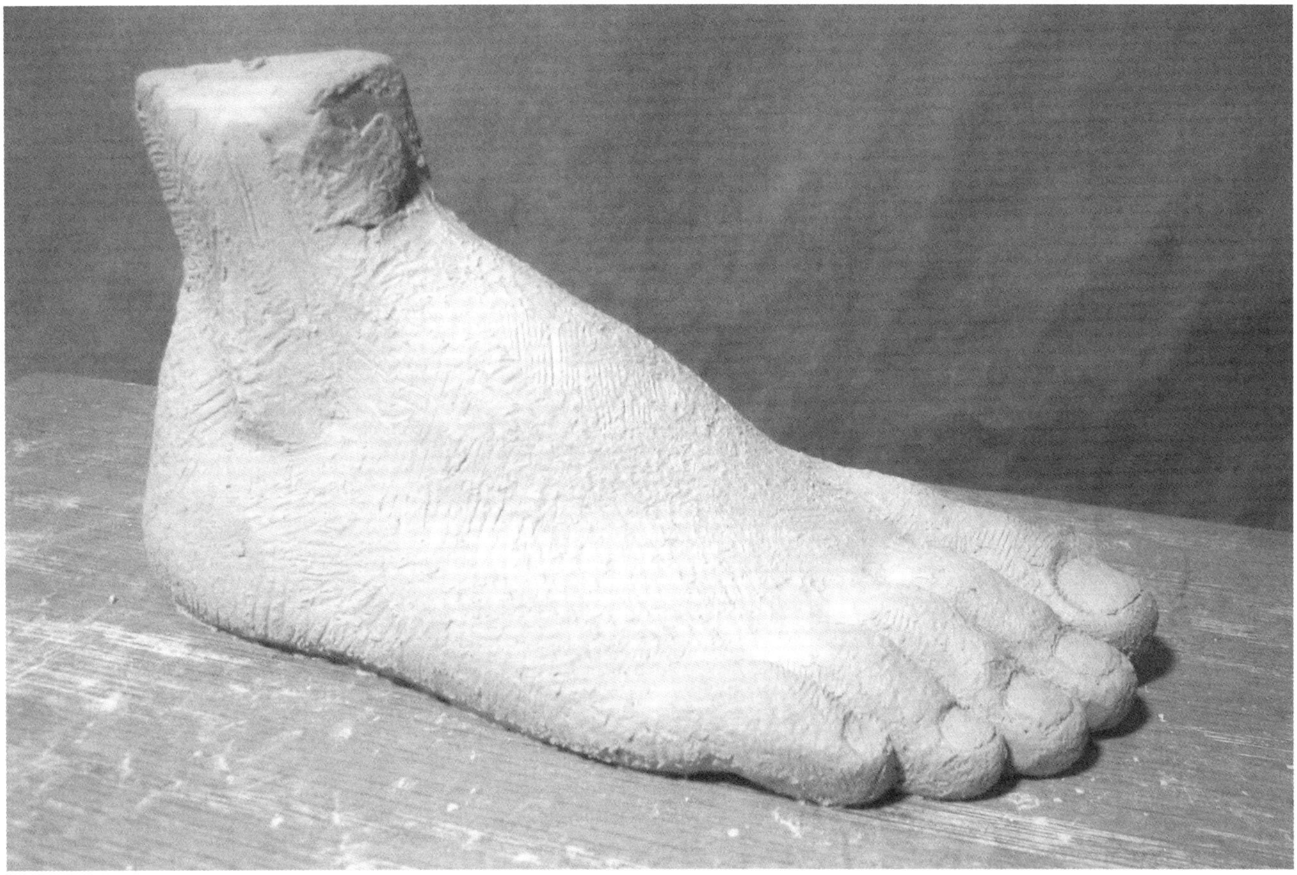

Der fertige Fuß von oben und von verschiedenen Seiten aus gesehen.

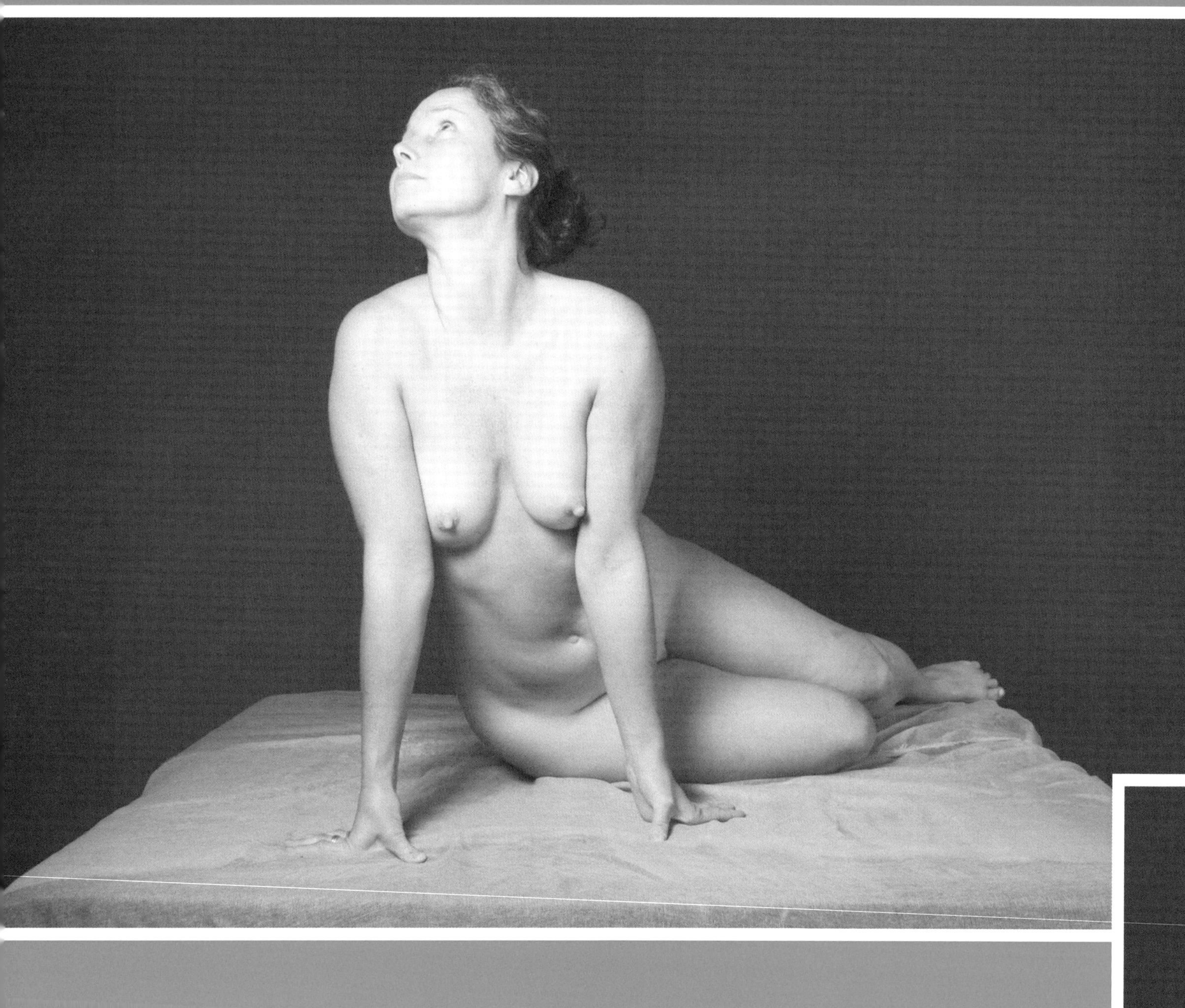

TEIL 5

POSEN ZUM NACHSCHLAGEN

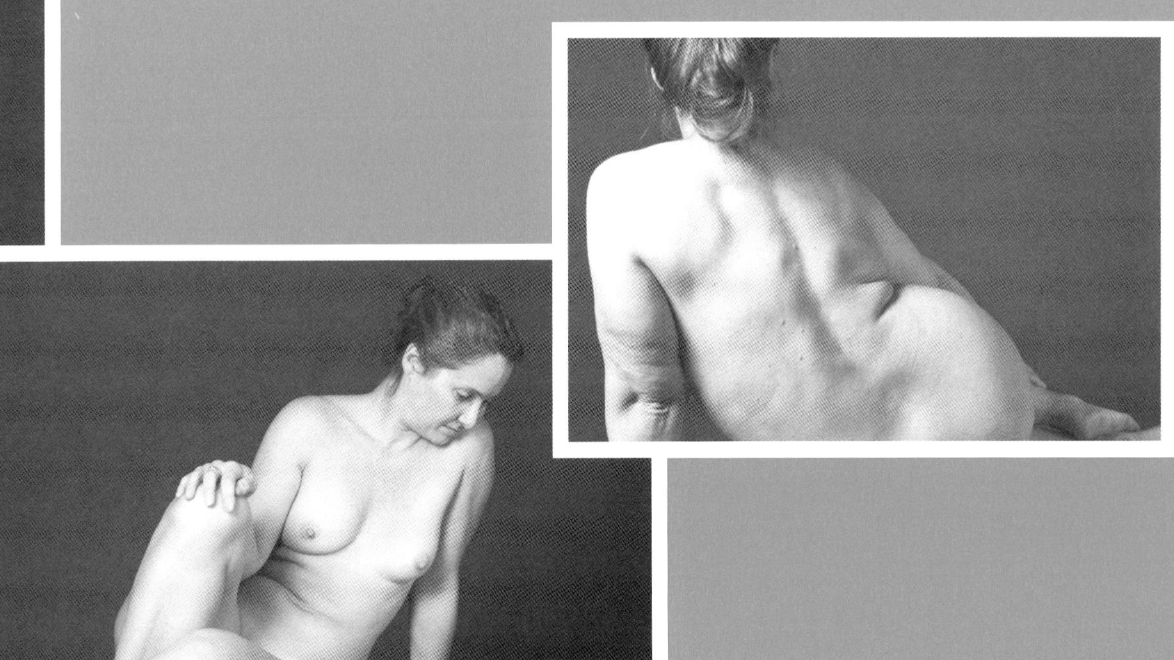

ARM AUF DEM KOPF

In diesem Teil des Buches finden Sie Bilder von Posen, die eine Studiosituation simulieren. Sie können das Modell von allen Seiten betrachten, die Posen sind in der Reihenfolge fotografiert, in der Sie sie sehen, wenn Sie um das Modell herumgehen. Außerdem zeigen wir Ihnen ein paar Einzelbilder von eindrucksvollen Posen und einige Details, bei denen der Blick in Augenhöhe und der Blick von oben in Nahaufnahmen verglichen werden. Mit den Modellen begegnen Sie zwei unterschiedlichen Körpertypen und können so Ihre Vorstellungskraft und Ihre Ausdrucksmöglichkeiten erweitern. Die Posen zum Nachschlagen bieten Schülern eine unkomplizierte und preiswerte Möglichkeit, zu Hause zu modellieren. Das ist besonders wichtig für Leute, die Schwierigkeiten haben, einen Modellierkurs zu besuchen oder die einfach kein weibliches Modell finden können. Die Posen zum Nachschlagen sind nicht nur für die bildhauerische Gestaltung gedacht; diese Fotos möchten auch zum Zeichnen und Malen anregen. Jeder Künstler, der sich mit der menschlichen Gestalt beschäftigt, wird von diesem Kapitel profitieren. Gehen Sie mit Leidenschaft zu Werke!

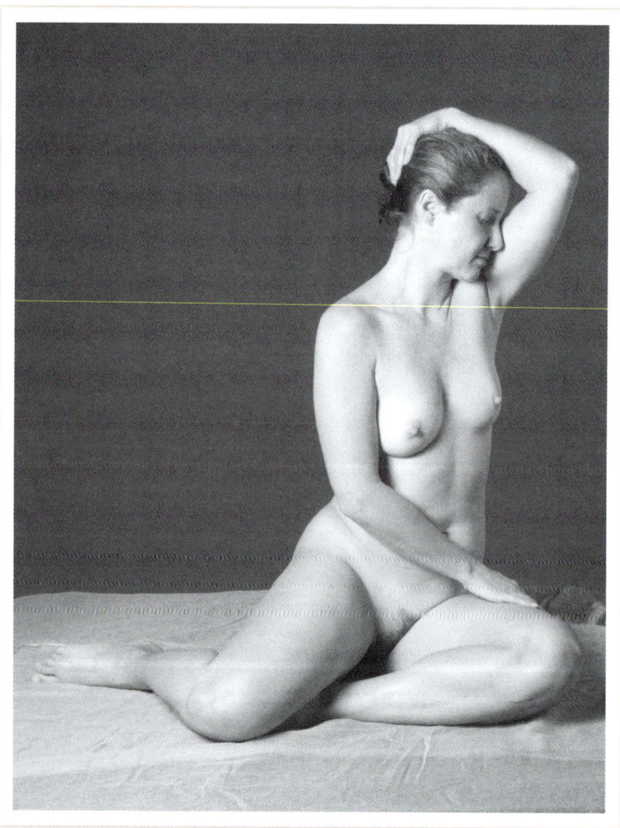

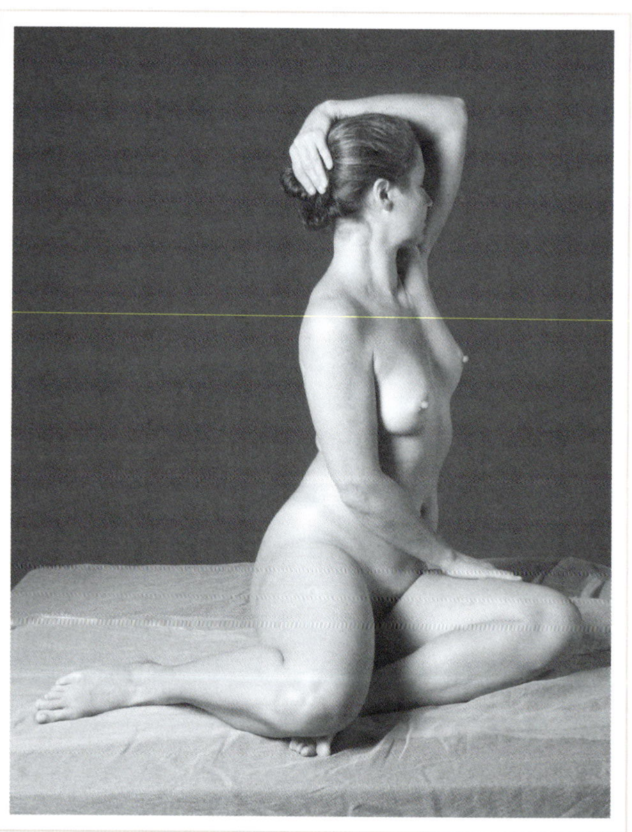

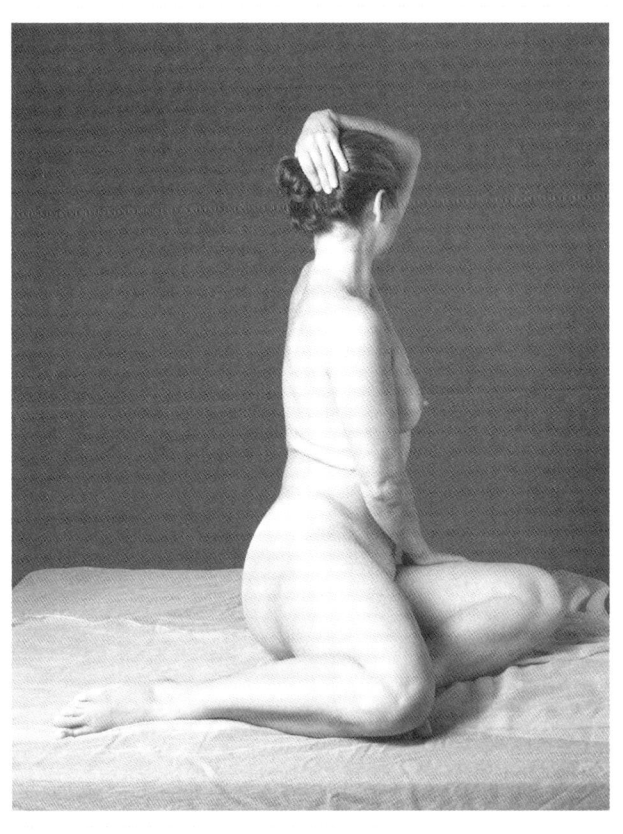

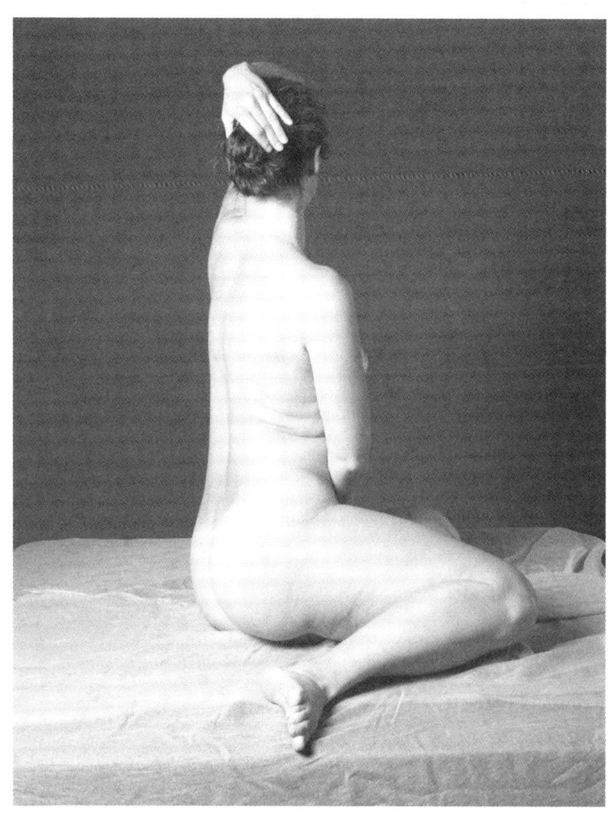

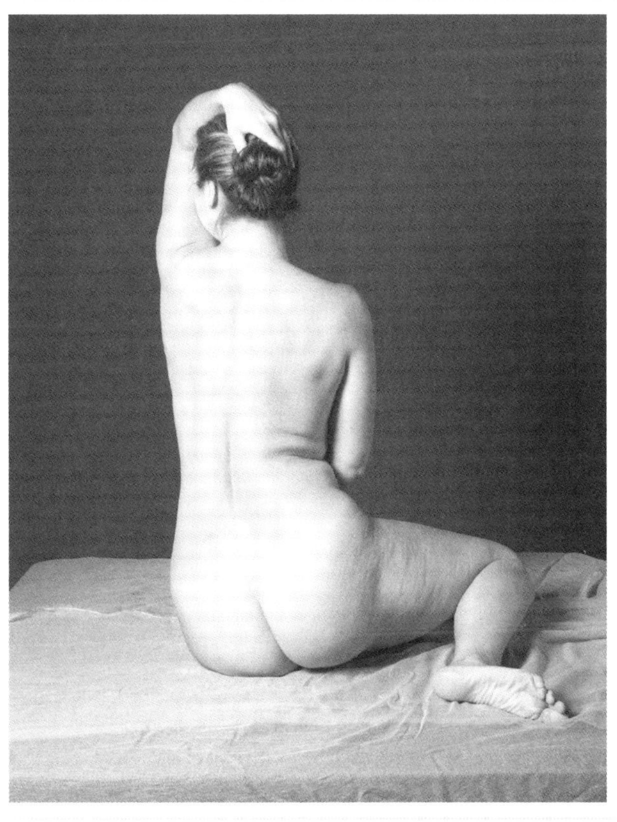

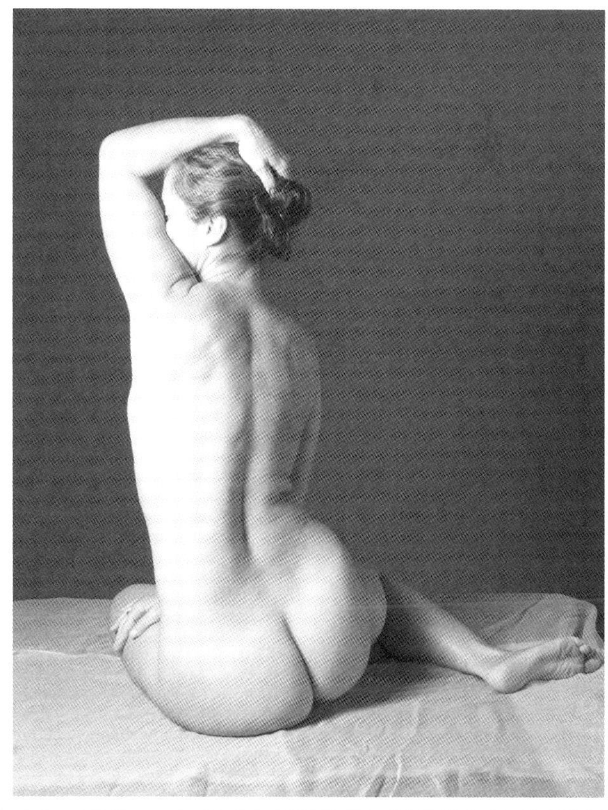

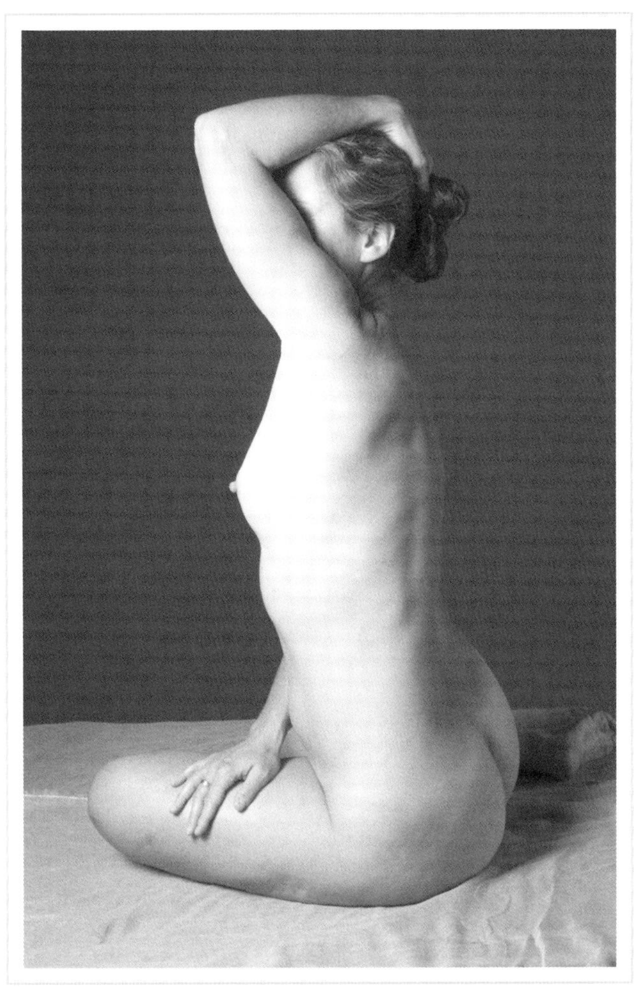

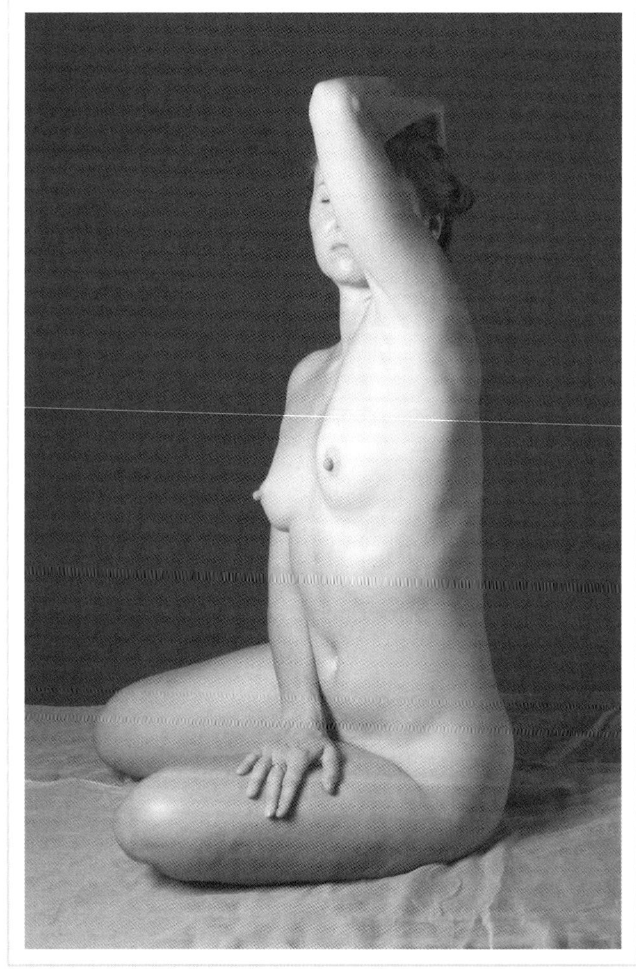

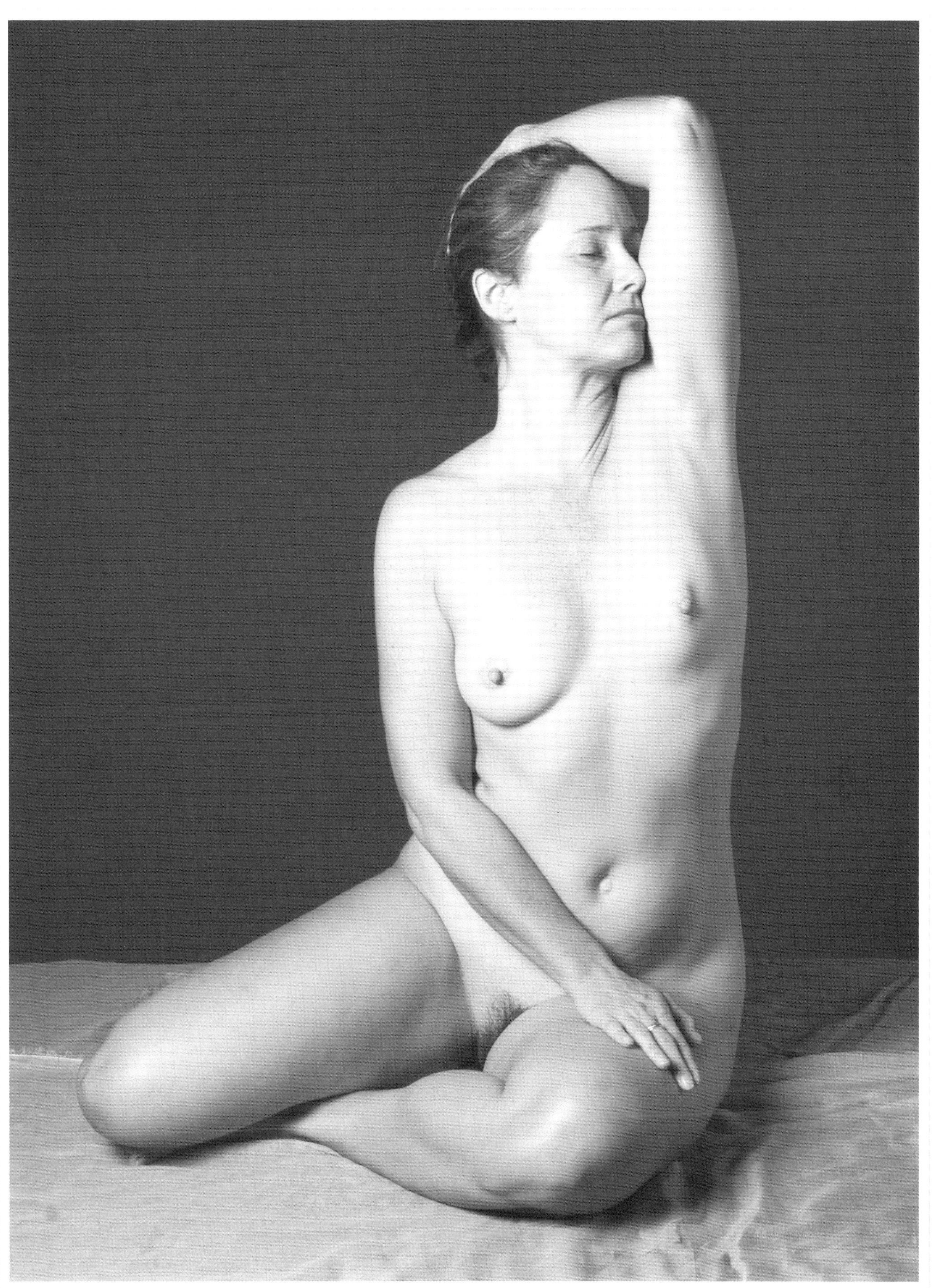

HAND AUF DEM KNIE

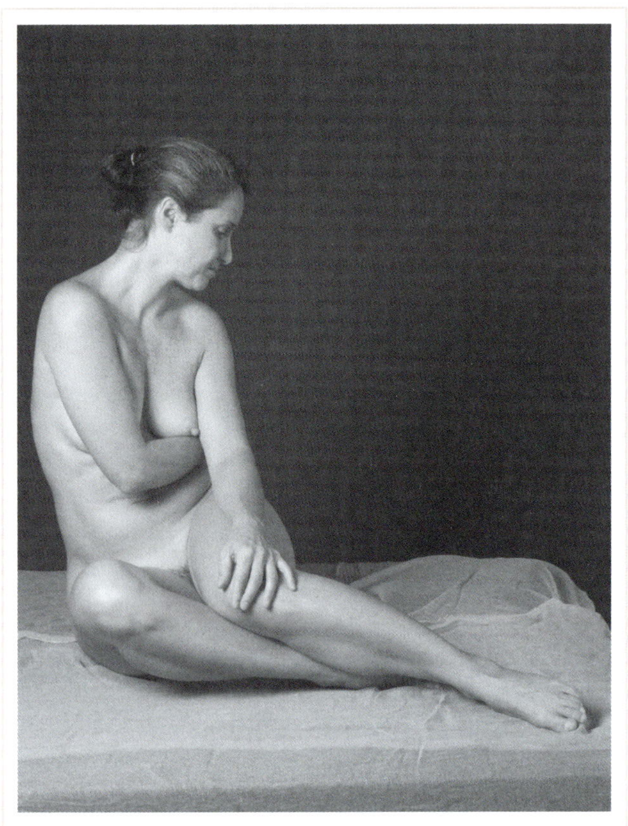

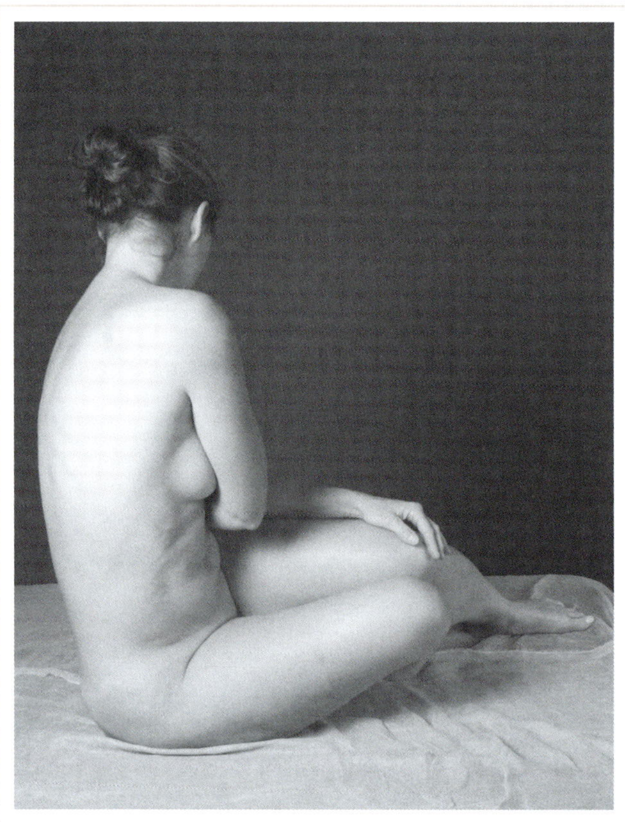

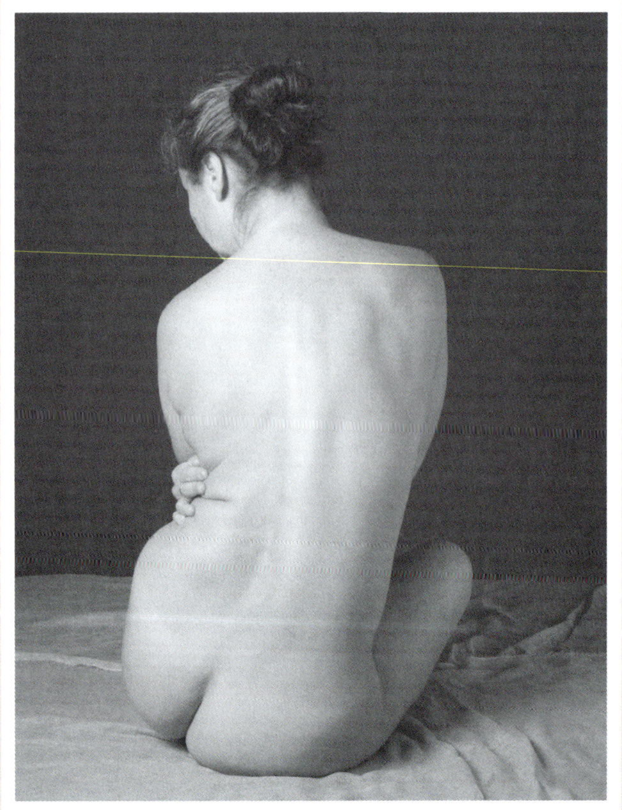

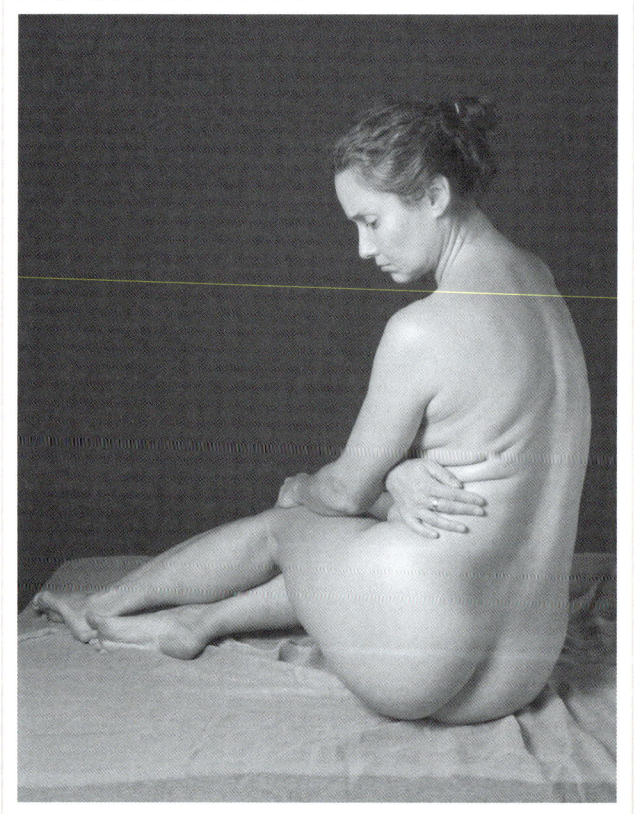

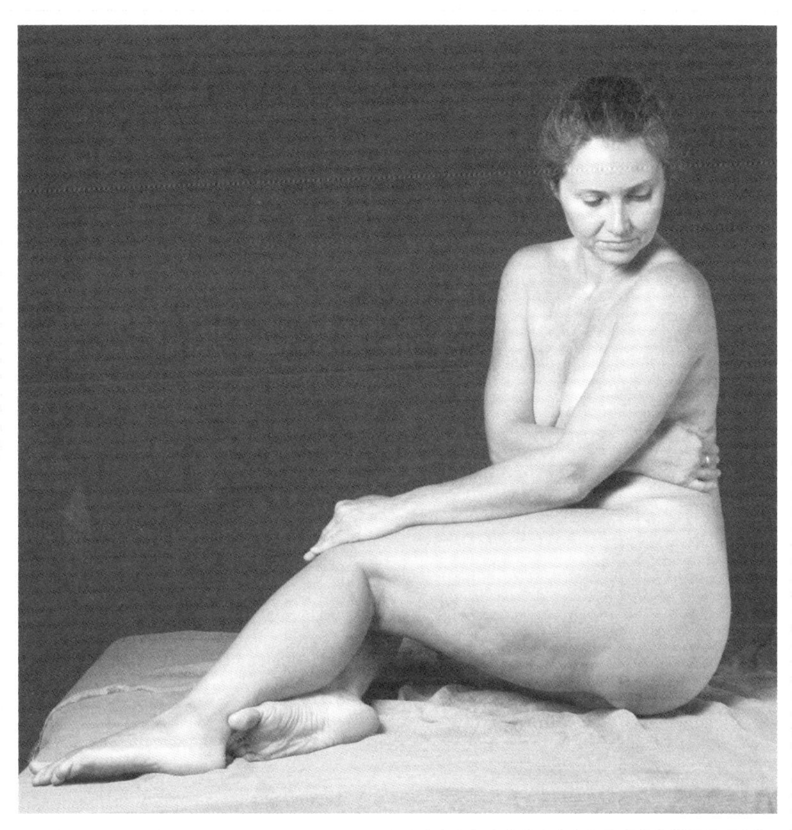

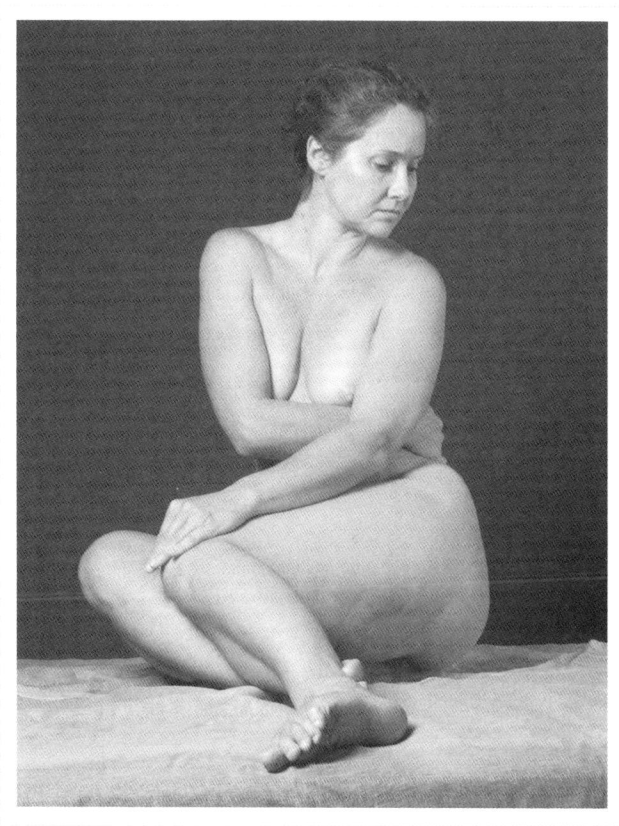

HAND AUF DER SCHULTER

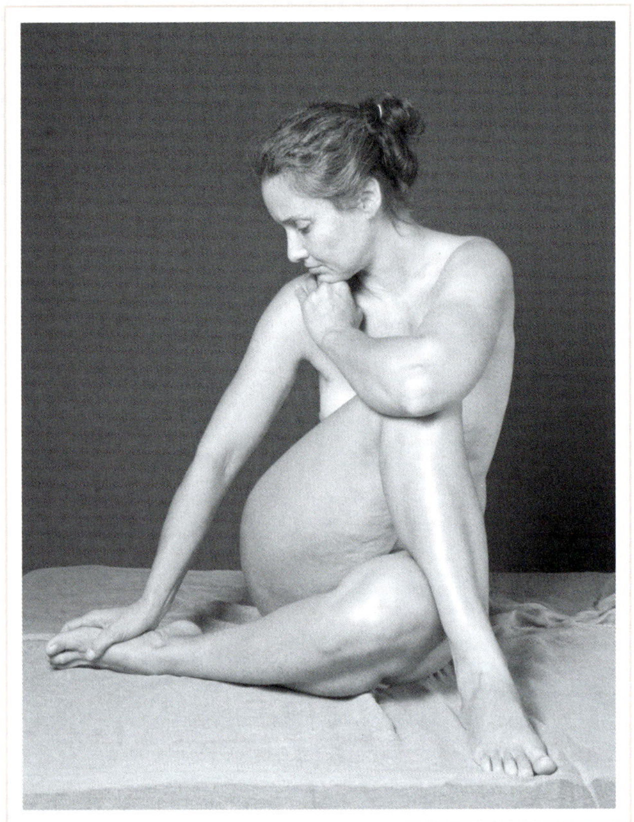

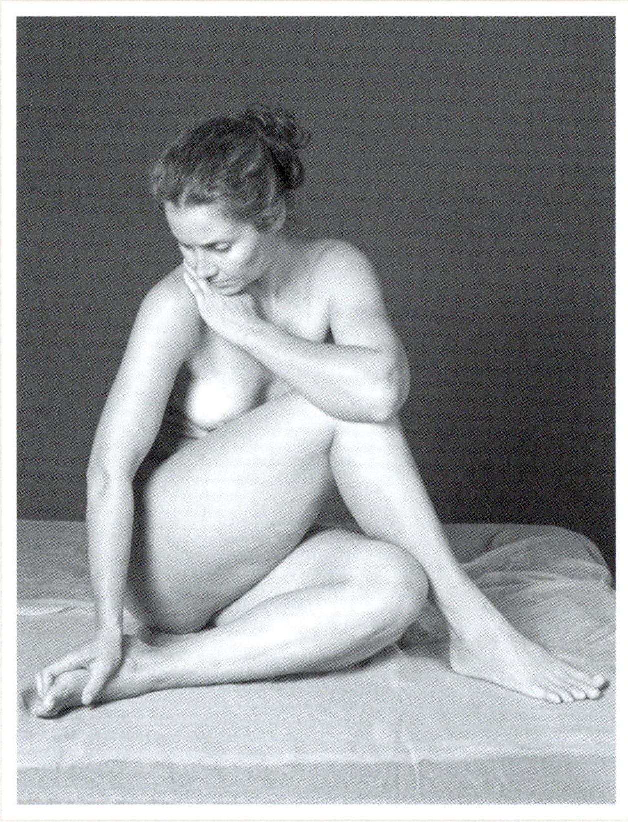

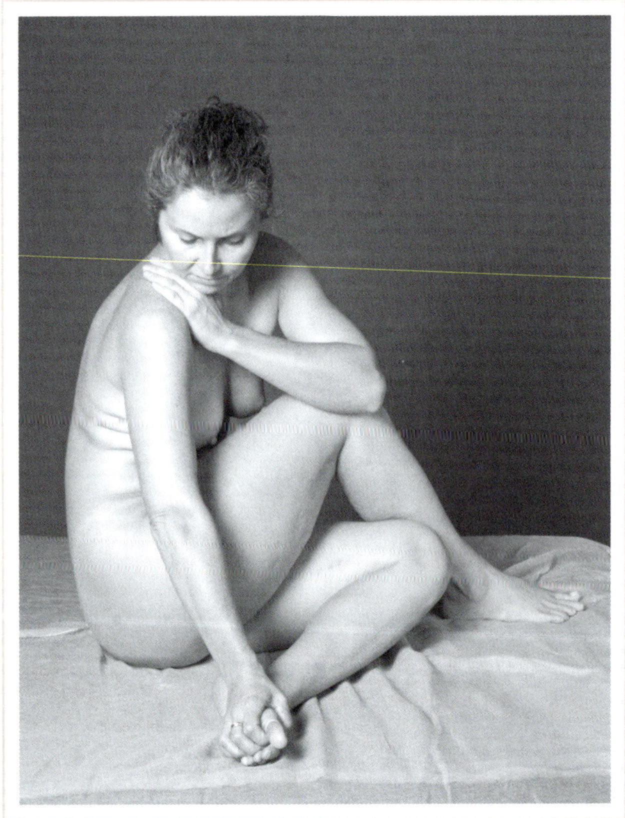

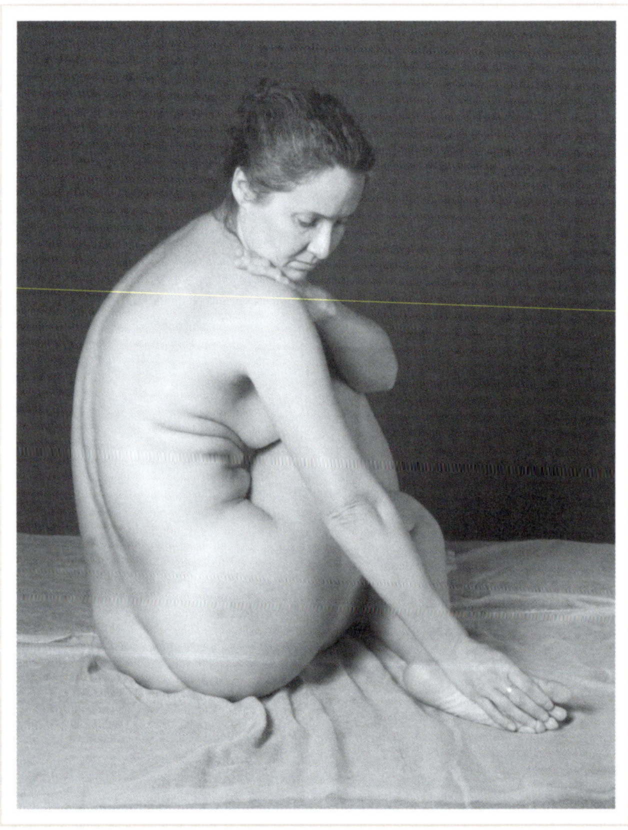

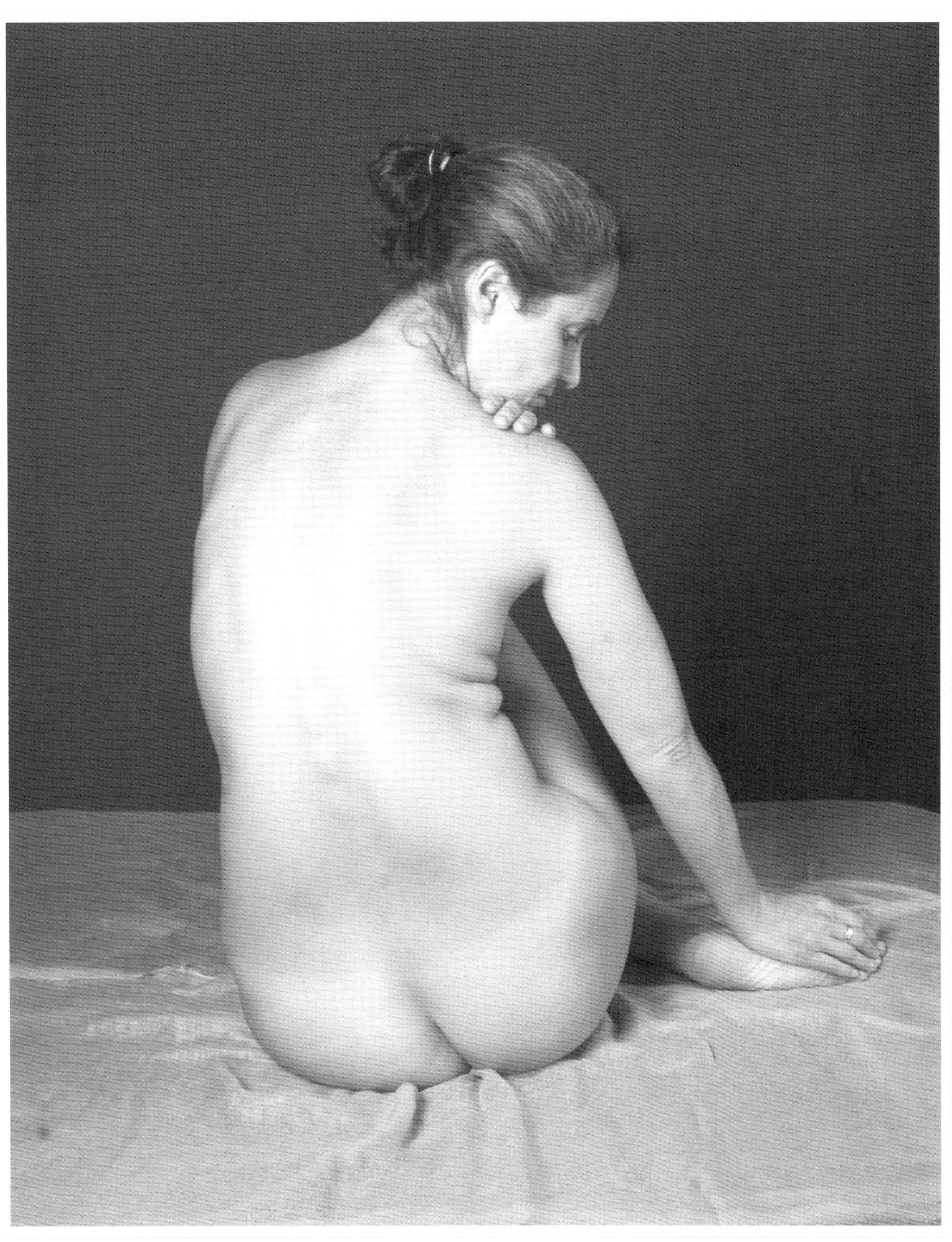

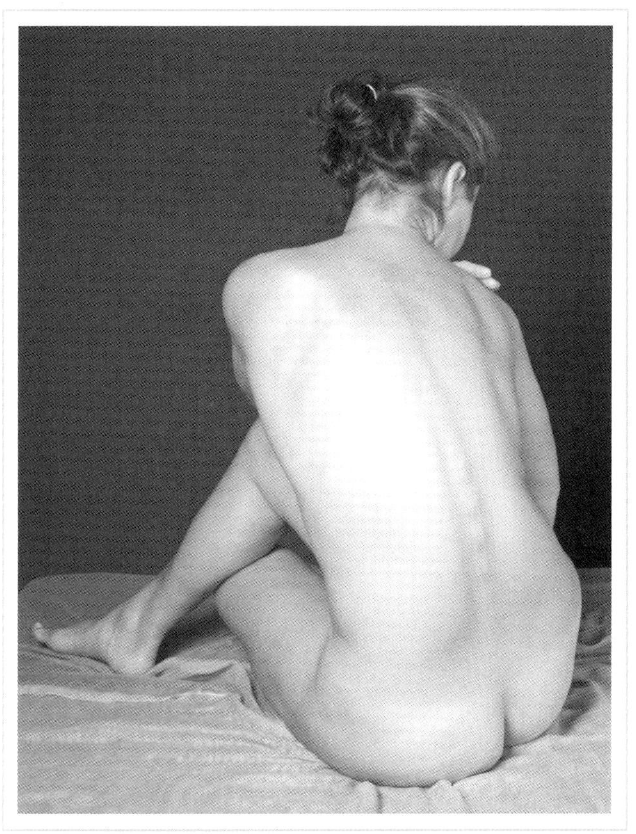

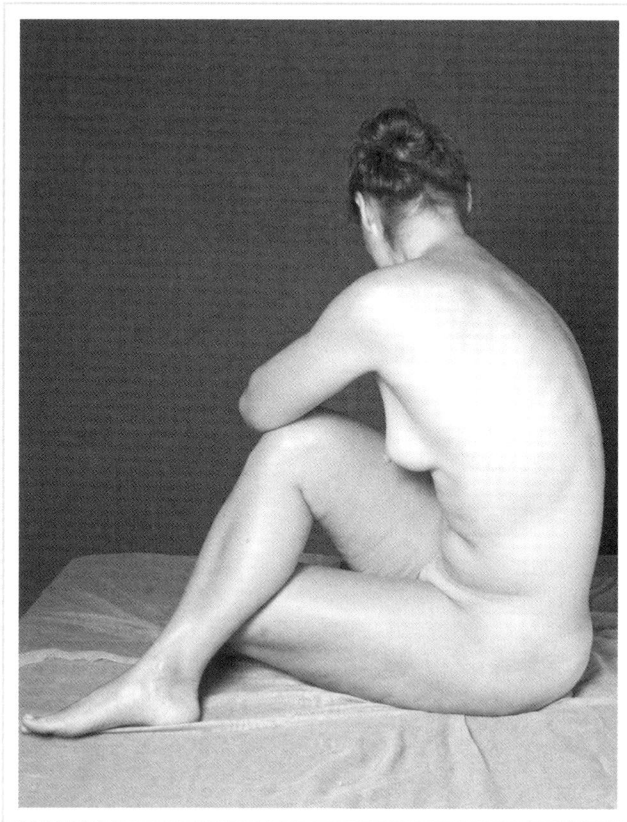

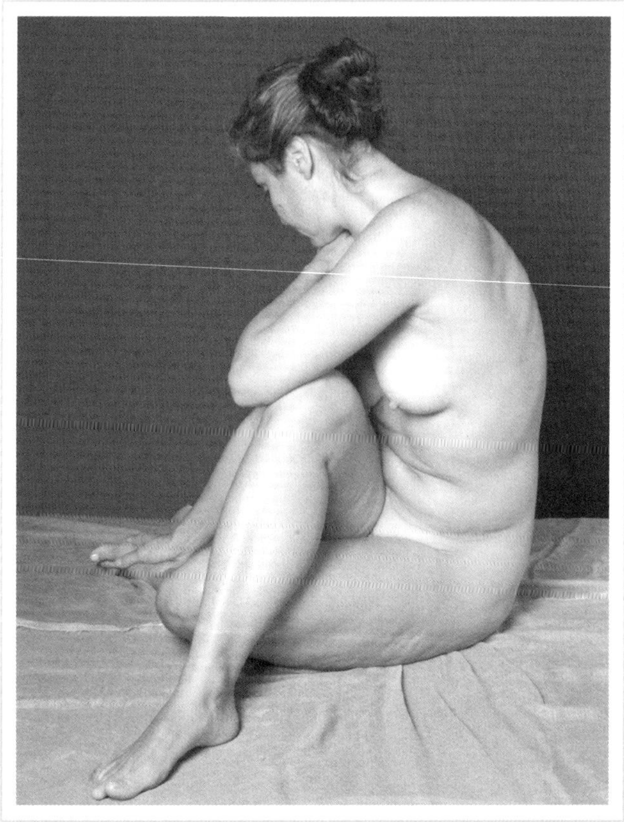

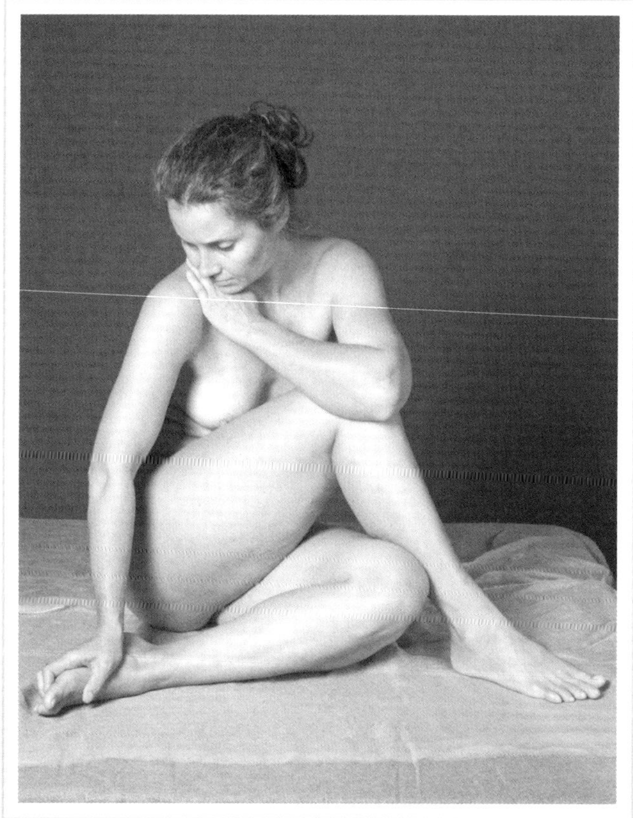

▶ ALTERNATIVE POSEN: KINN AUF DER SCHULTER

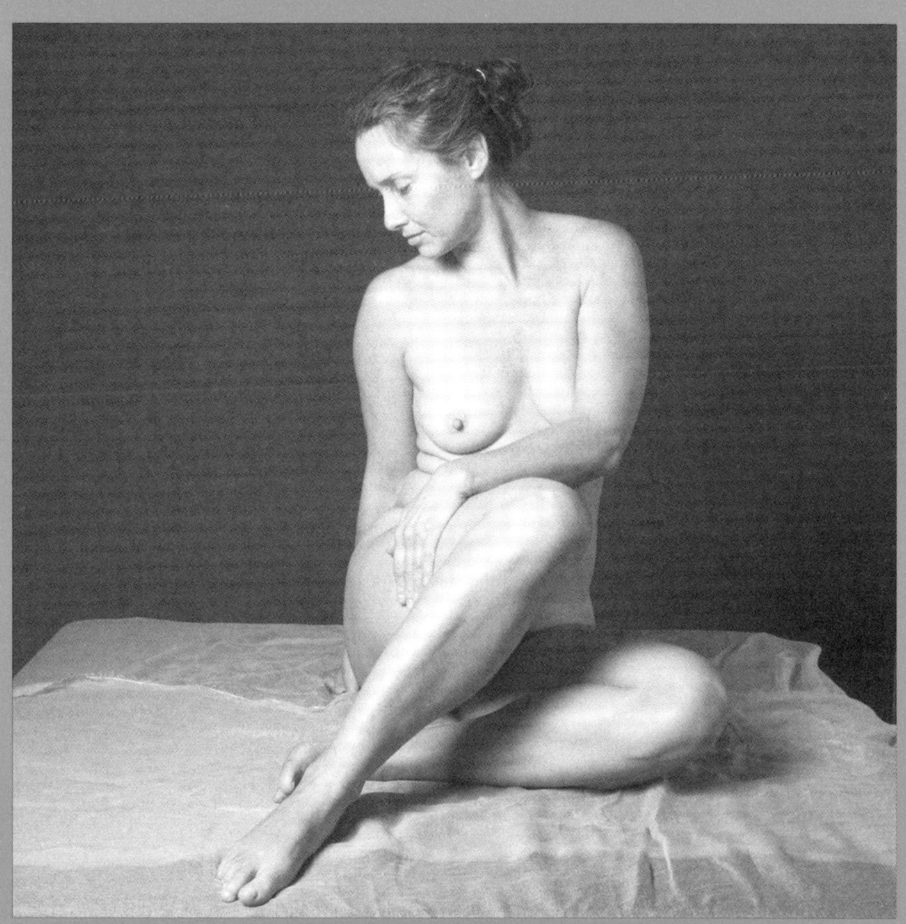

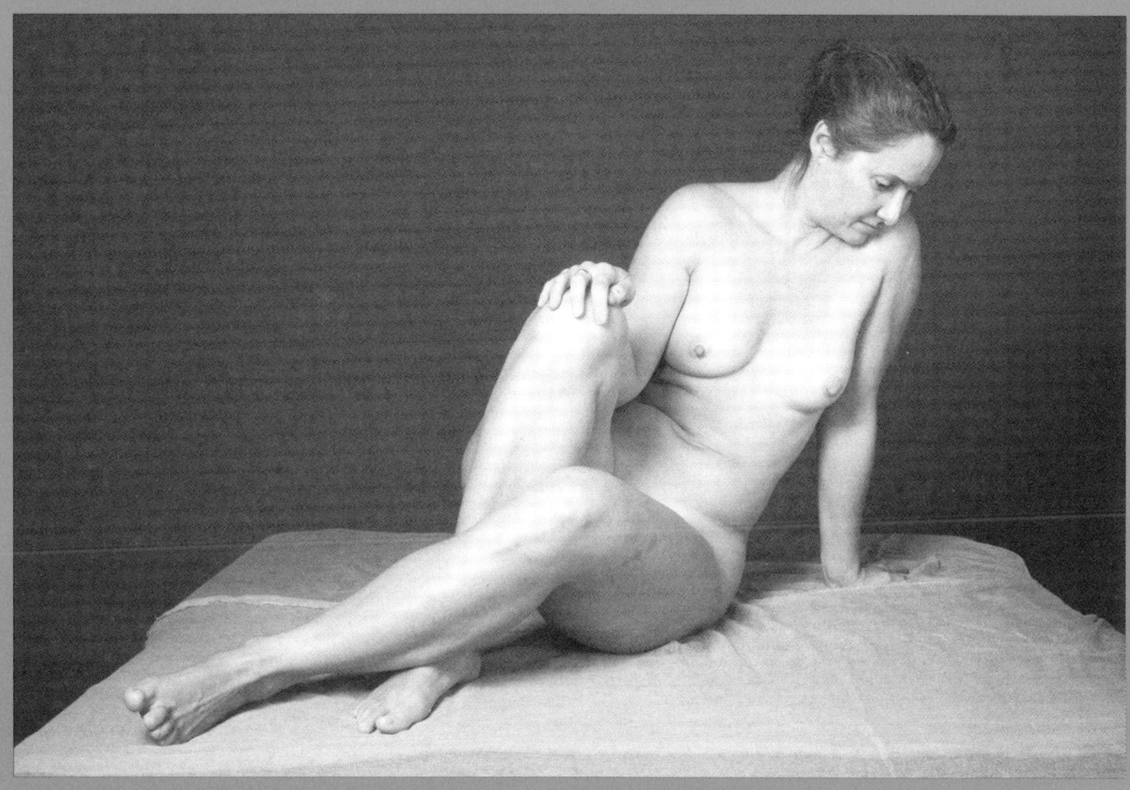

AUFBLICKEN

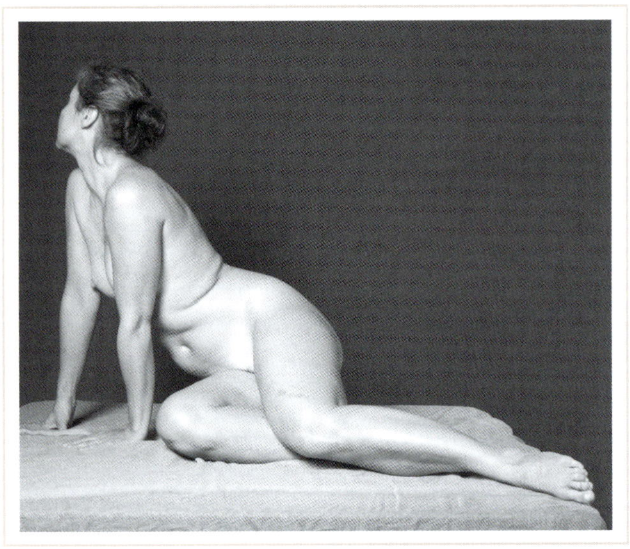

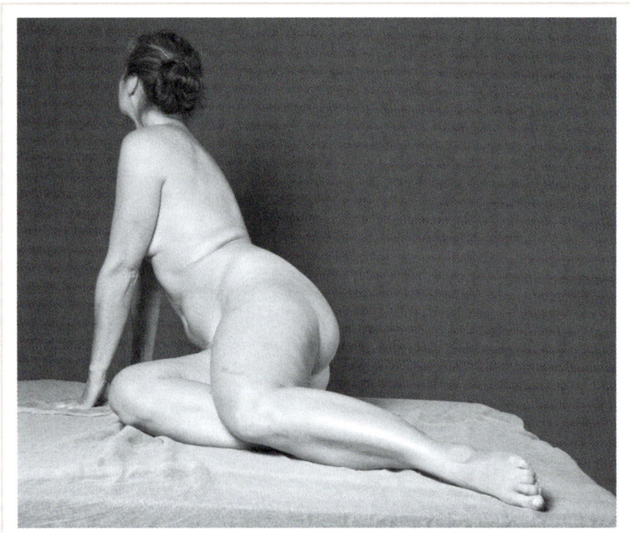

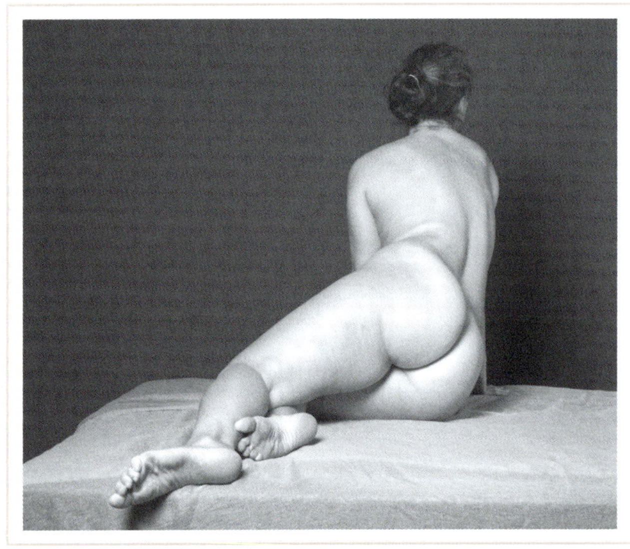

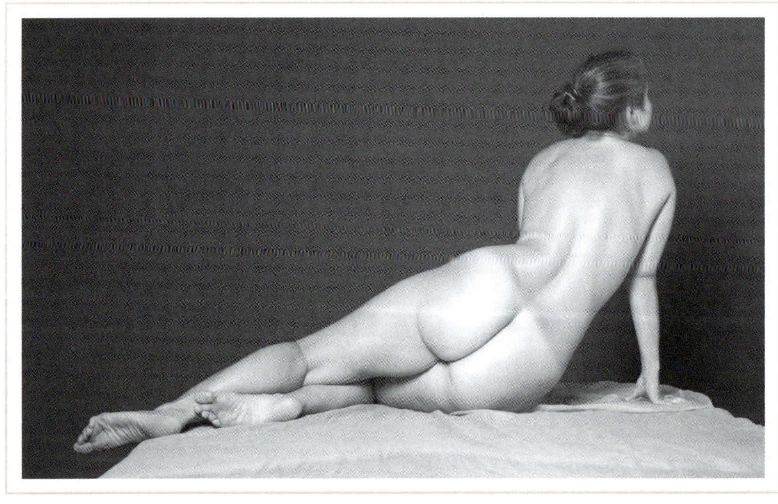

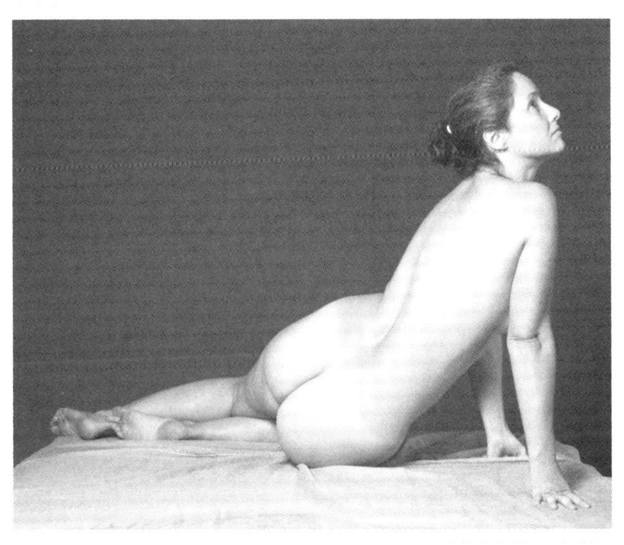

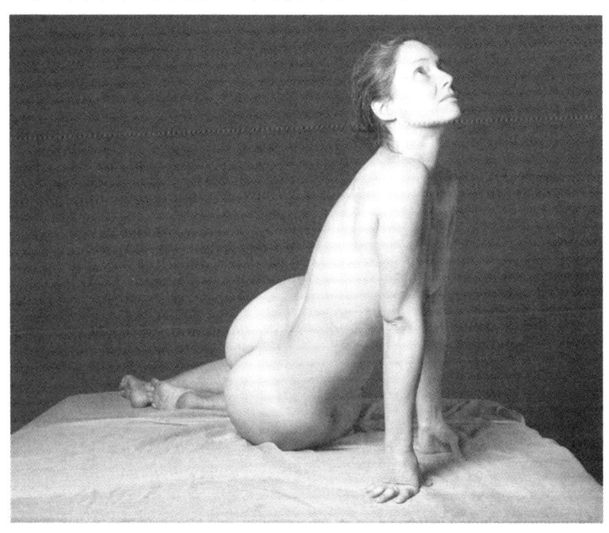

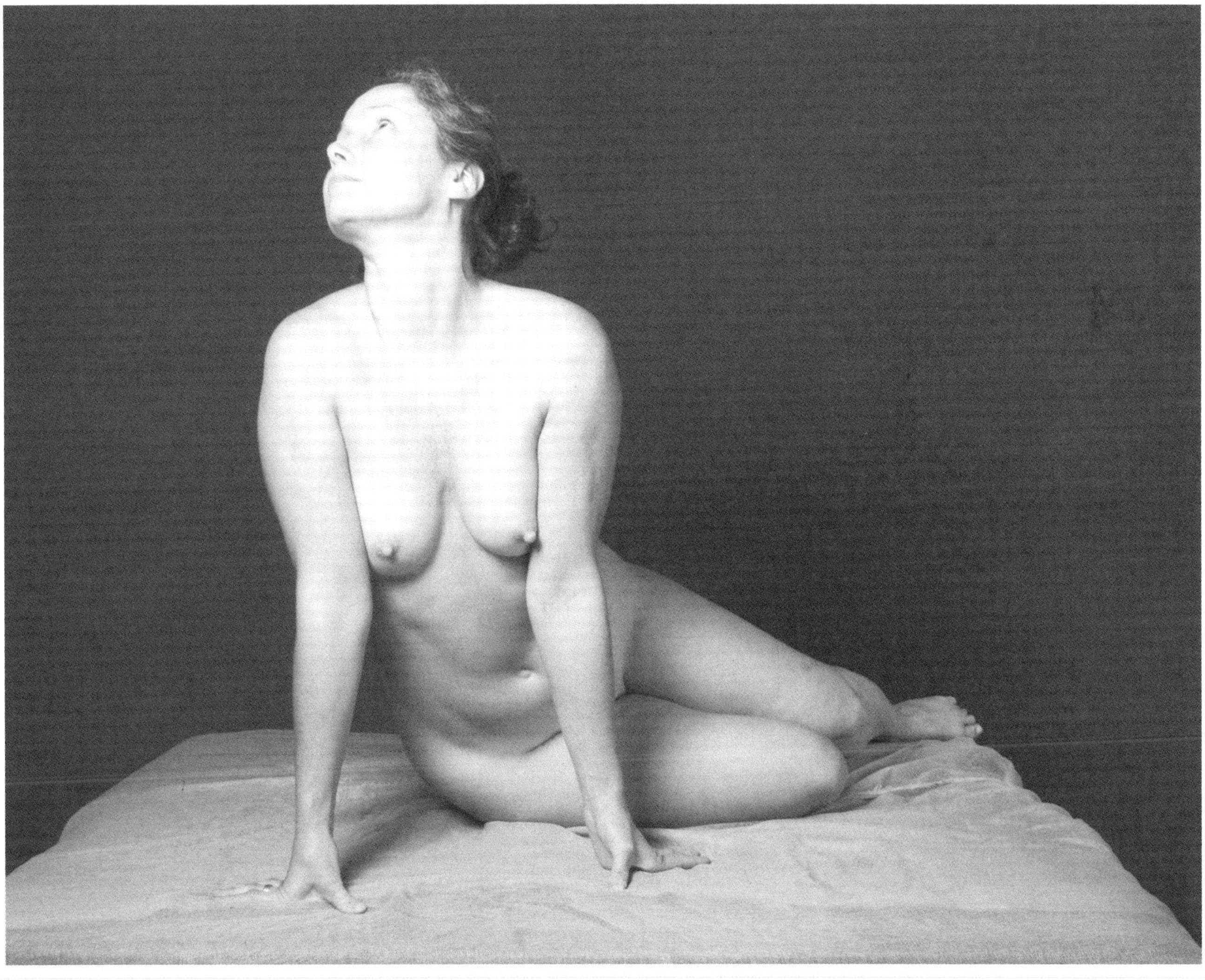

ARM AUF DEM BEIN

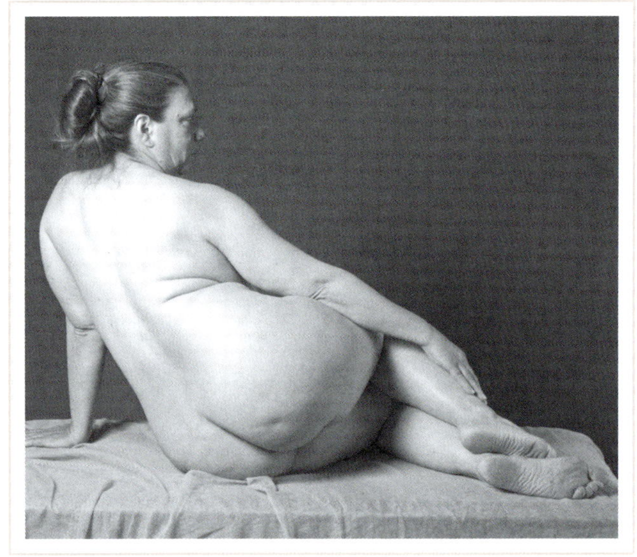

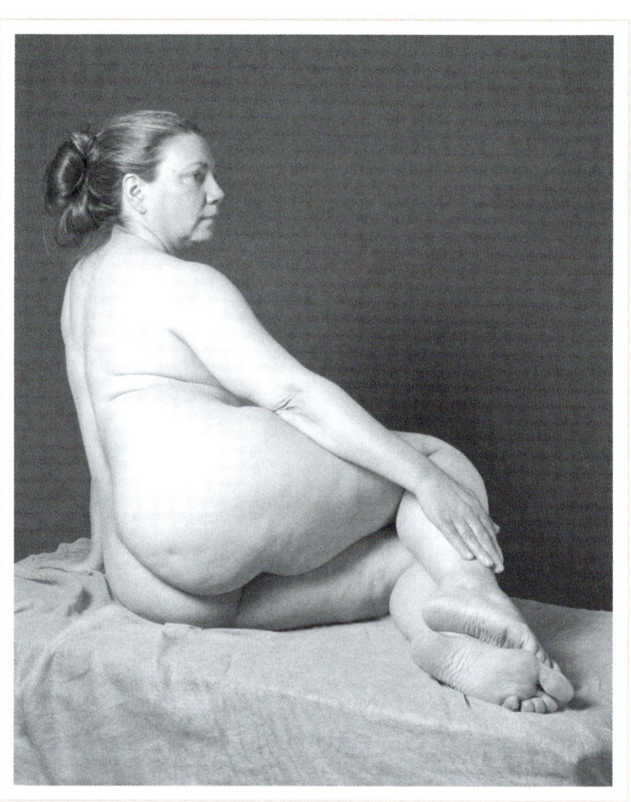

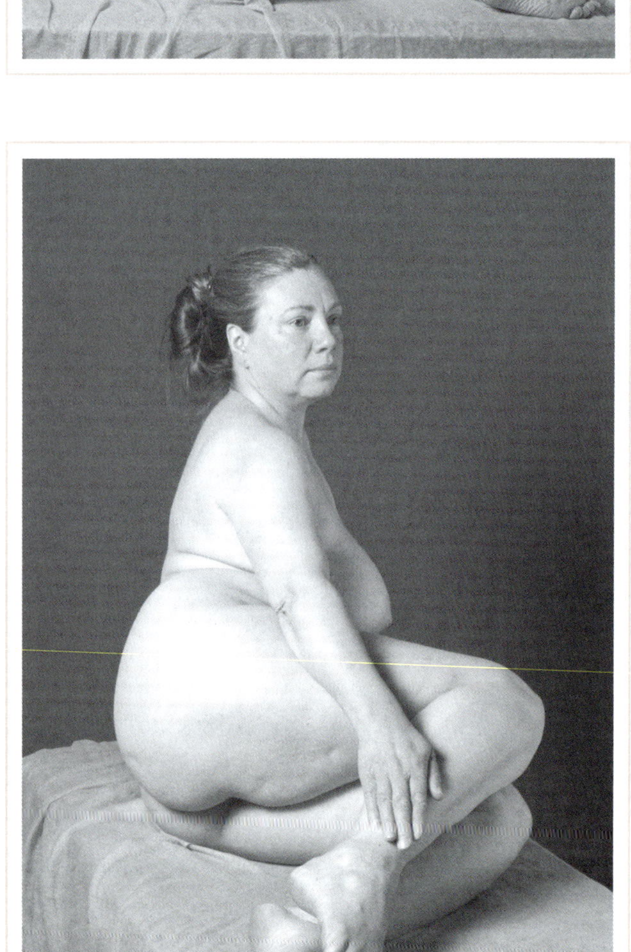

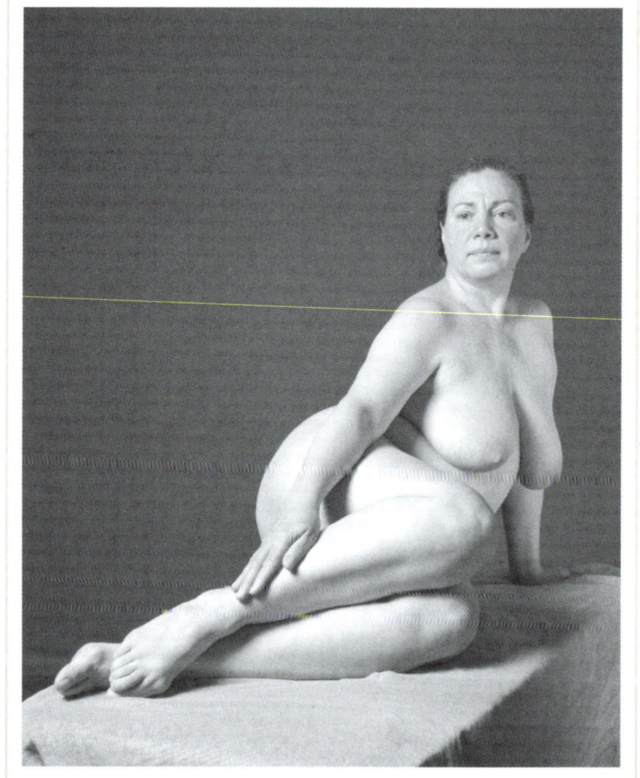

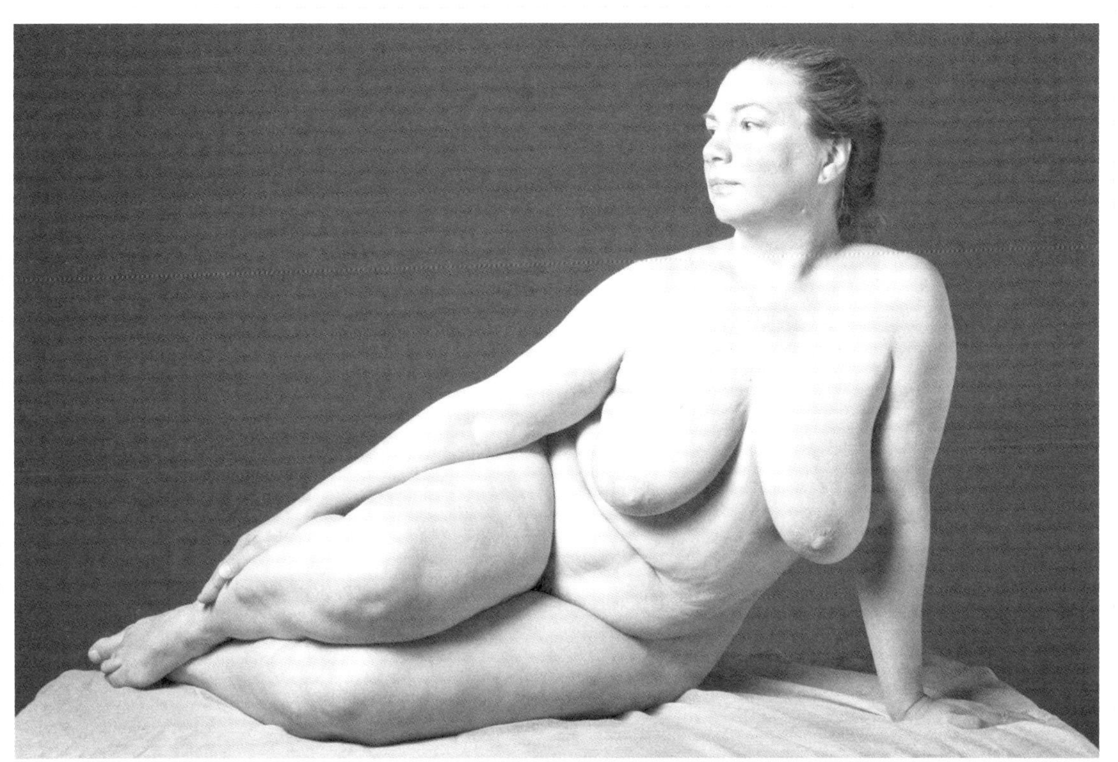

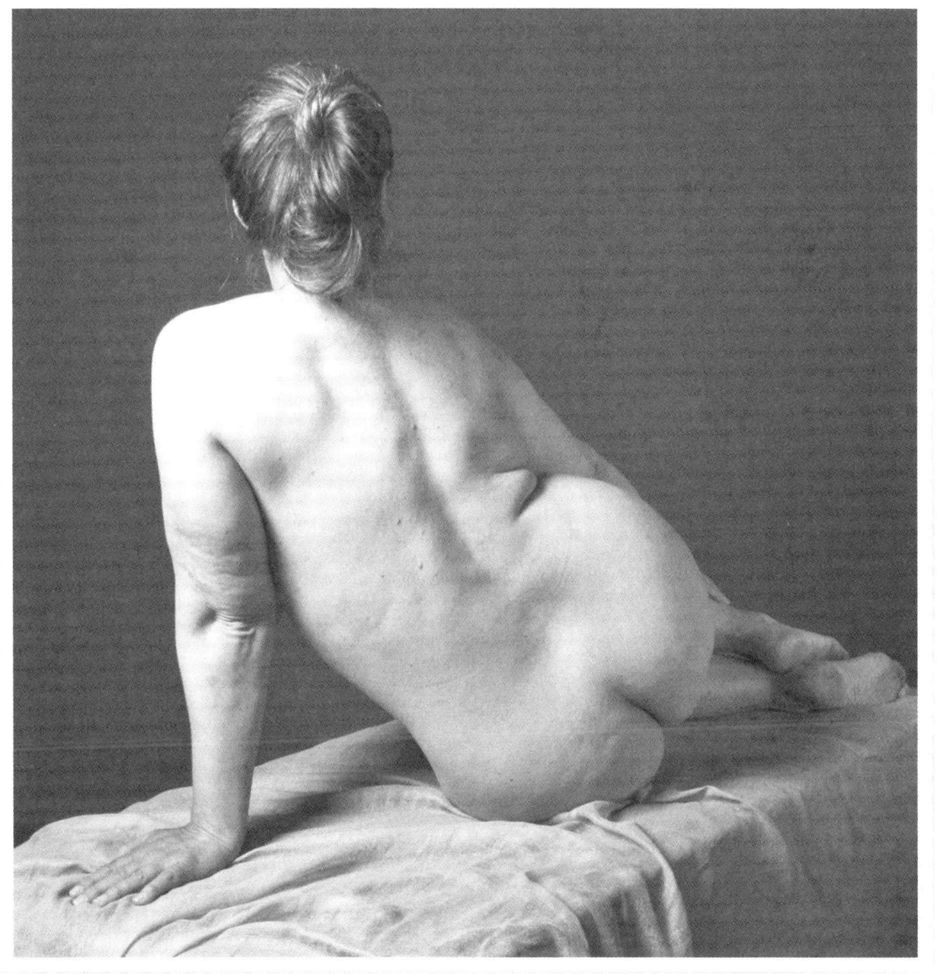

KINN AUF DER HAND

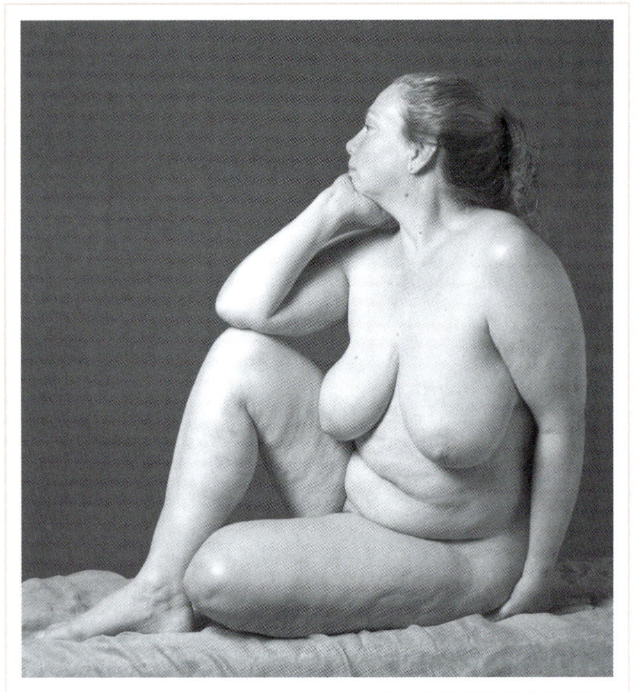

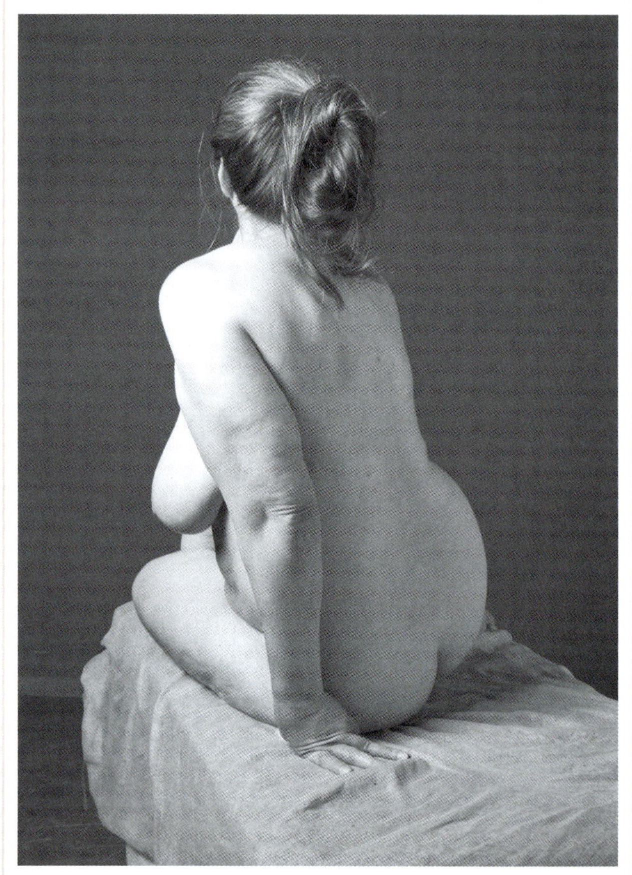

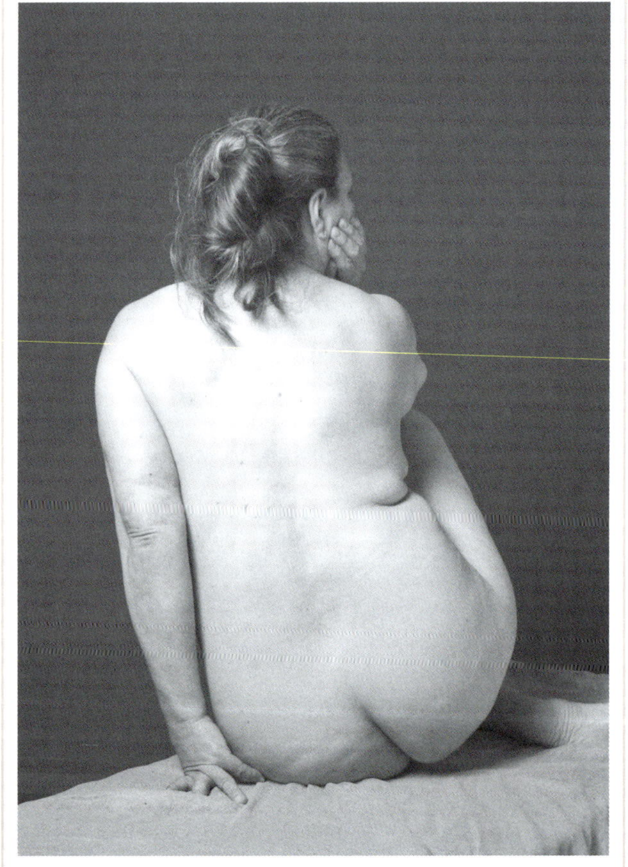

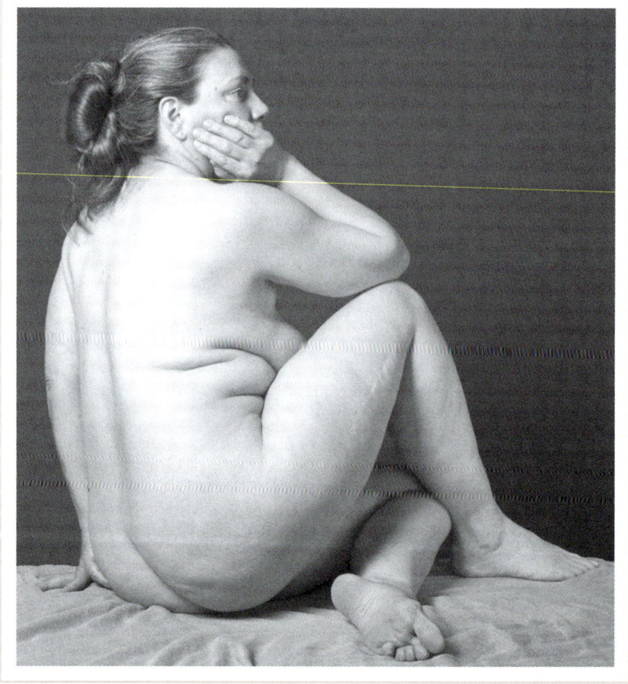

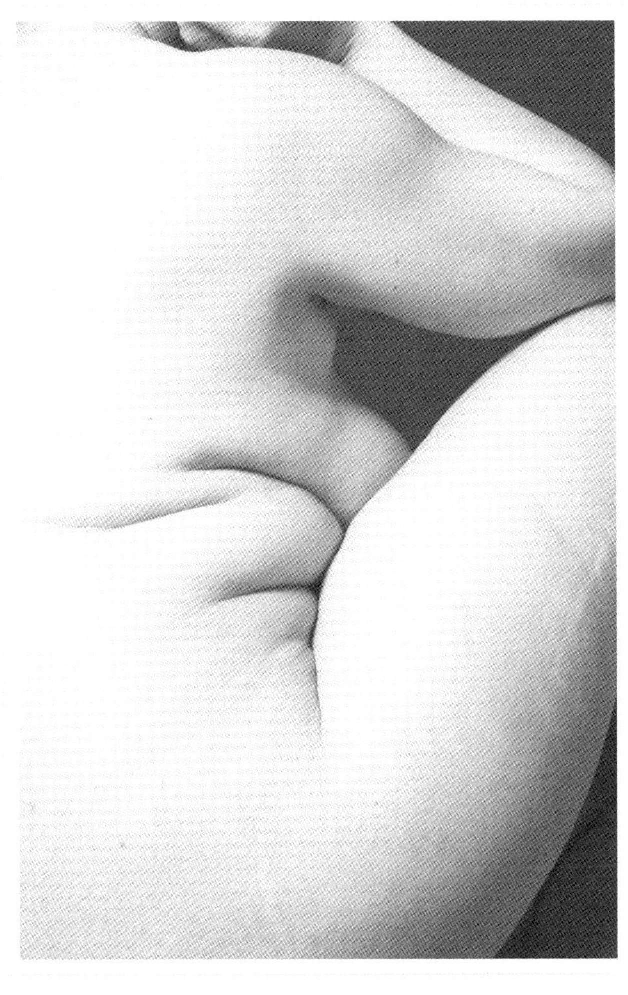

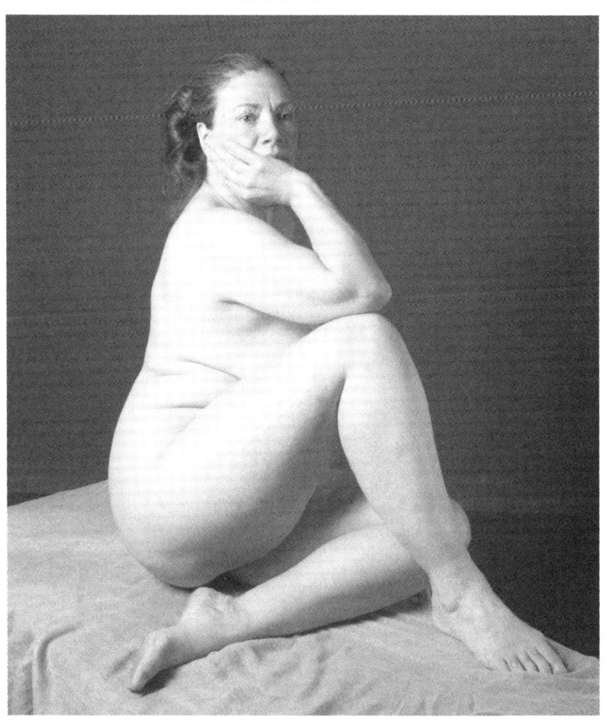

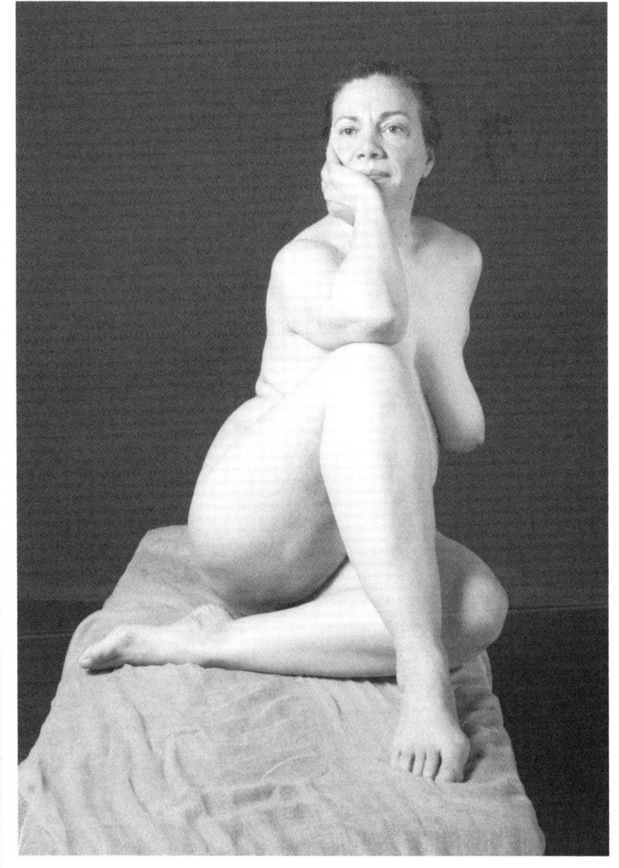

AUF EINEM HOCKER

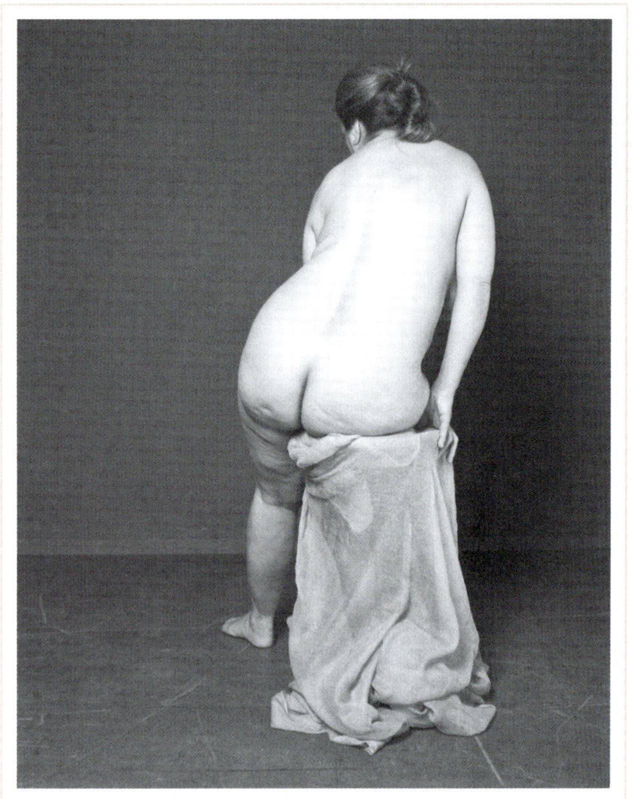

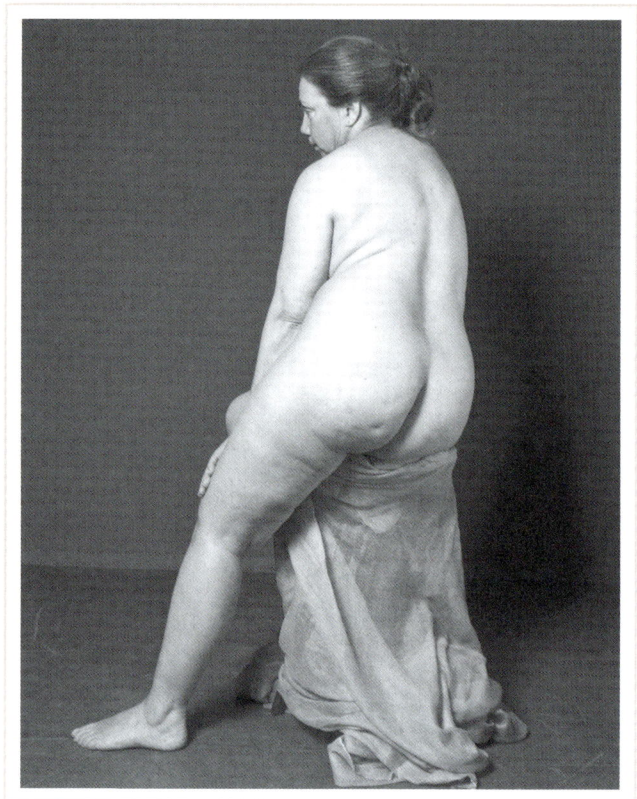

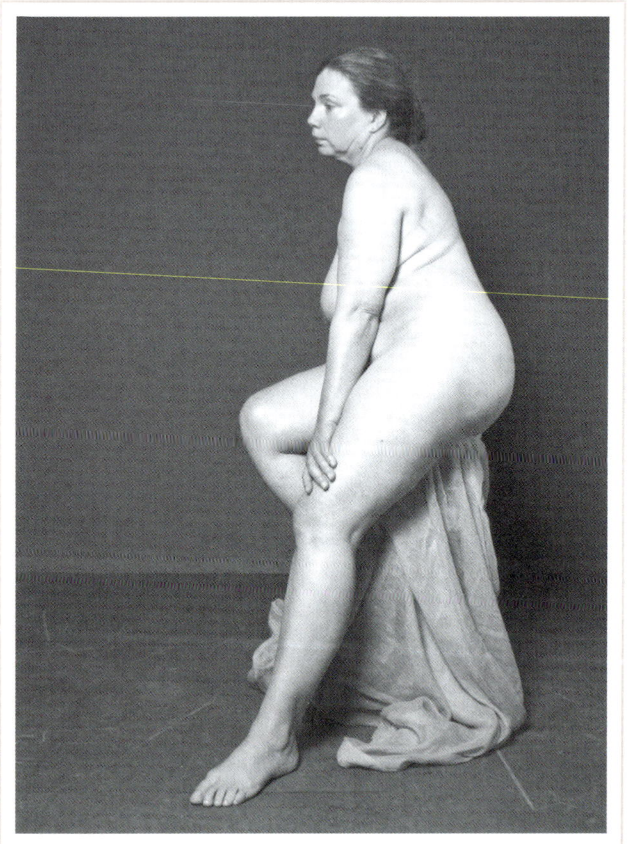

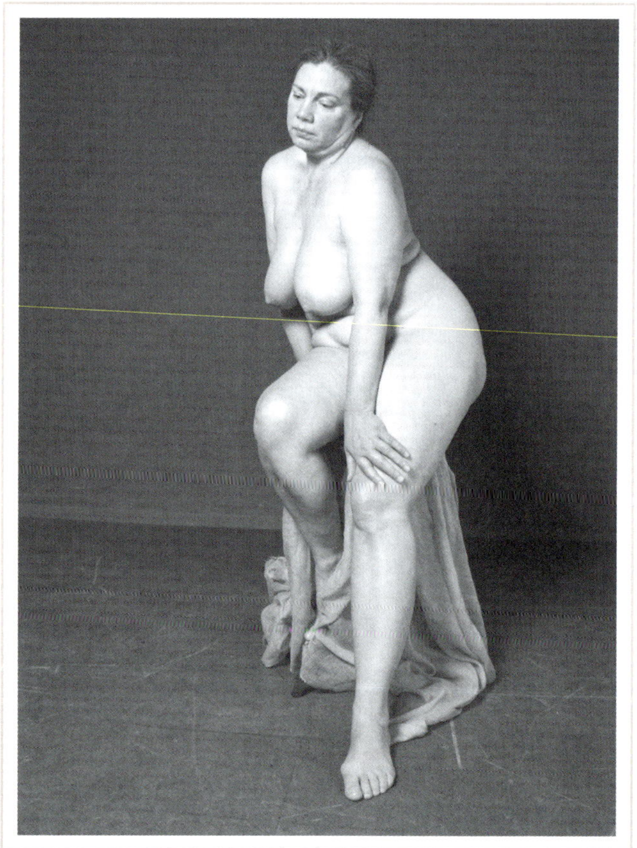

▶ ARMVARIATION

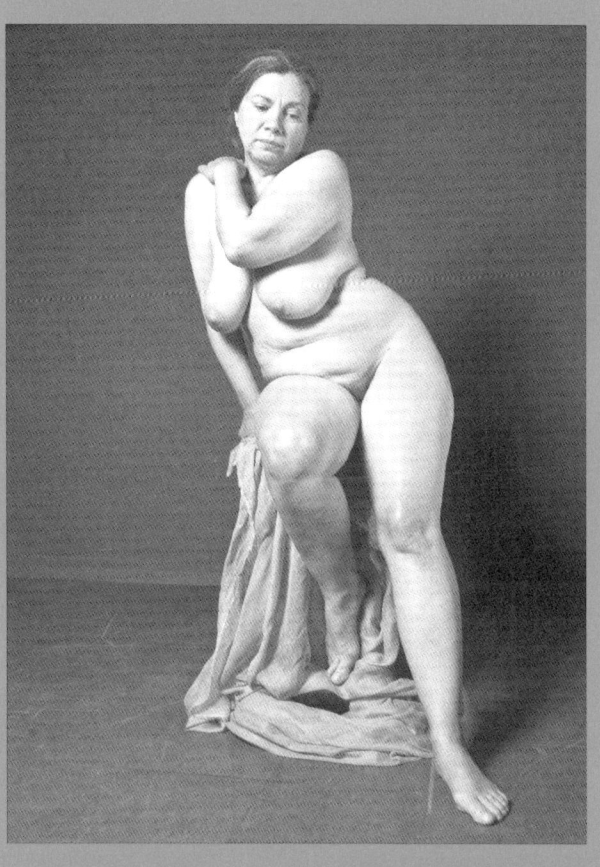

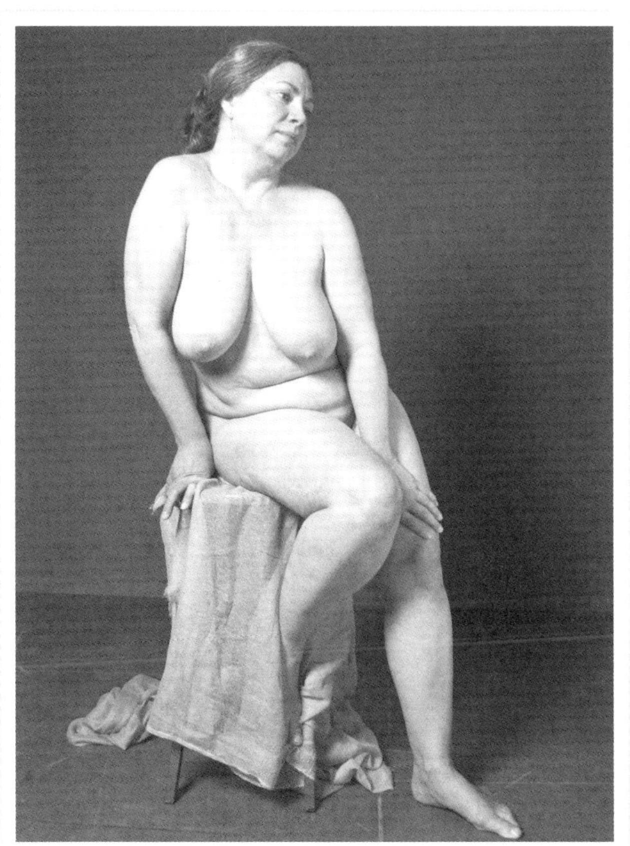

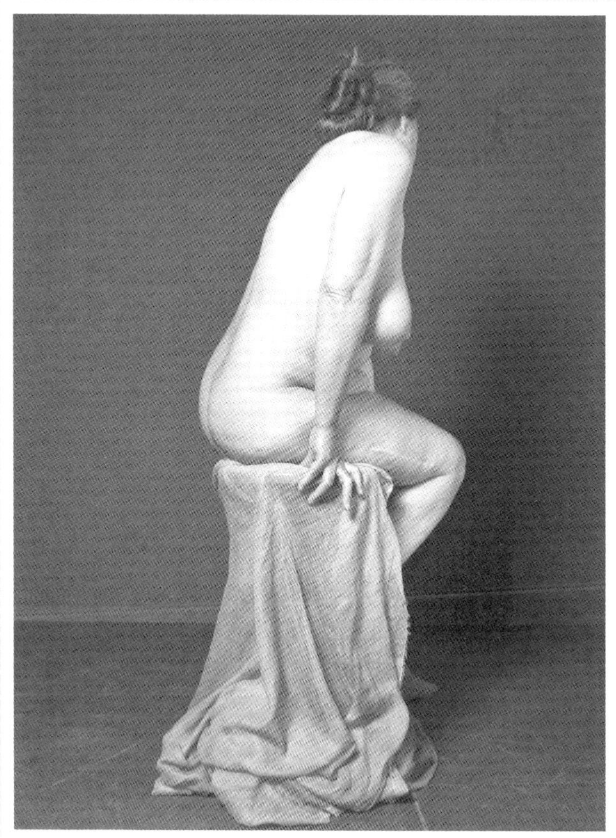

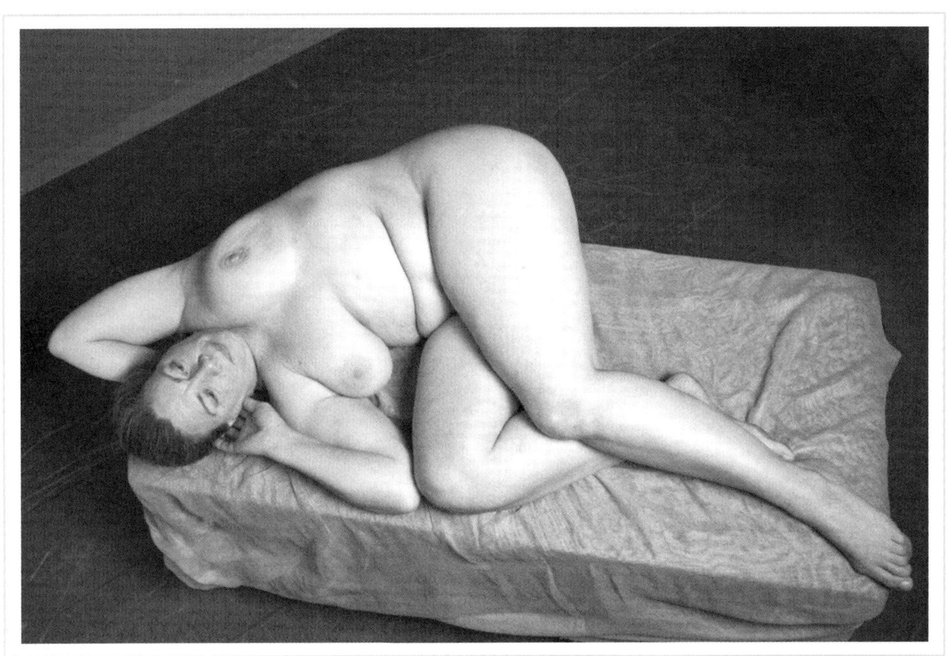

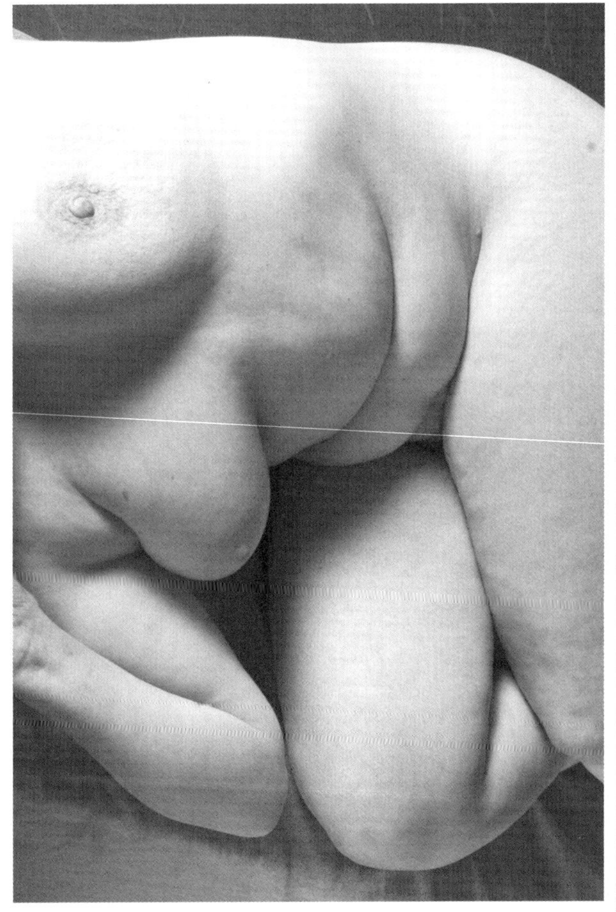

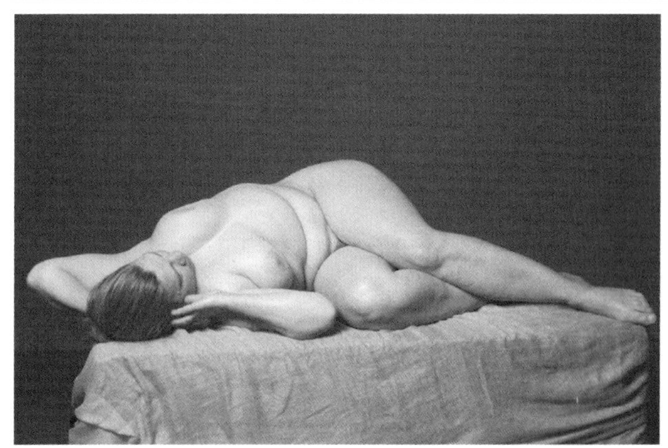

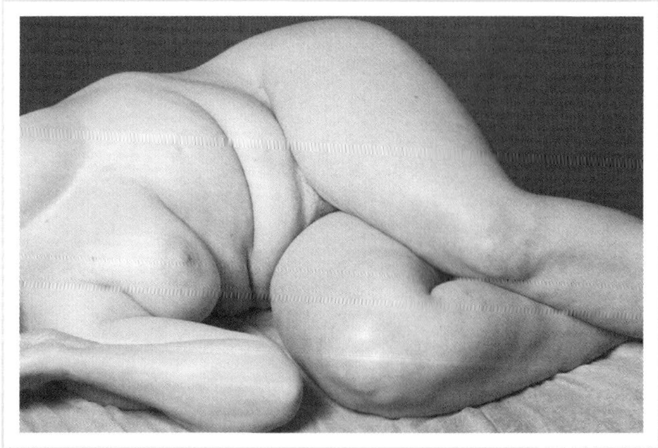

ADRESSEN (siehe auch www.sculpture.org)

Ranieri Sculpture Casting
2701 47th Ave.
Long Island City, NY 11101-3409
Dominic Ranieri
ph: 718-752-0167
Provides custom mold making and casting in all mediums, custom bases, mountings, restoration, and enlargement work.

Argos Foundry
Route 312
Brewster, NY 10509
ph: 914-278-2454
Bronze casting.

The Clay Place
60 East Ave
Norwalk, CT 06851
Dale Shaw
ph: 203-847-6464
Provides clay services, pottery, and classes.

The Compleat Sculptor
90 Vandam Street
New York, NY 10013-1007
ph: 212-243-6074 or 800-972-8578
www.sculpt.com
Tools and sculpture supplies online.

Greenwich Art Society
299 Greenwich Avenue
Greenwich, CT 06830
ph: 203-629-1533
www.greenwichartsociety.org
Sculpture and art classes.

New Canaan Sculpture Group
New Canaan, Connecticut
ph: 203-966-9181

National Academy Museum and School of Fine Art
5 East 89th Street
New York, NY 10128
ph: 212-996-1908
www.nationalacademy.org

Armory Art Center
1700 Parker Ave.
West Palm Beach, FL 33401
ph: 561-832-1776
www.armoryart.org
Sculpture workshops.

Scottsdale Artists' School
3720 North Marshal Way
Scottsdale, AZ 85251
ph: 800-333-5707
www.scottsdaleartschool.org
Sculpture workshops.

Il Chiostro
241 West 97th Street, Ste. #13N
New York, NY 10025
ph: 800-990-3506
www.ilchiostro.com
Sculpture workshops in Italy.

REGISTER